디지털 강탈

디지털 강탈

랜섬웨어, 디도스를 포함한
사이버 강탈 공격 방어하기

다냐 타카르 지음

김수연 · 박소현 · 차현준 옮김

Packt>

다냐 타카르^{Dhanya Thakkar}

보안뿐 아니라 차세대 엔터프라이즈급 기업 중심의 비즈니스 리더이며, 20년 넘게 일해온 전환 전문가로 조직이 혁신, 준수, 비즈니스 효율성을 추구하는 동시에 보안을 손상시키지 않는 범위에서 위험을 관리하는 방법을 이해한다. 톱티어^{Top-tier} 기술 회사와 다양한 스타트업에서 팀을 이끈 경험을 통해 업계의 리더로 인정받고 있다. 무역, 국가와 국제 언론에 관한 정보 보안, 사이버 범죄, 기술의 미래를 둘러싼 문제를 보도할 때 자주 거론된다.

기술 통찰력과 비즈니스 기술력을 갖춘 매우 역동적이고 숙련된 경영진으로서, 조직에 영향력 있는 도구, 프로세스, 인력으로 사이버 보안 정책을 운영하는 방법을 입증하는 데 증명된 실적을 보유하고 있다.

두 가지 특허 기술을 공동 개발하고, 소프트웨어 기술에 관한 연구서를 발표했다. 인도 마하라자 사야지라오^{Maharaja Sayajirao} 대학에서 컴퓨터공학 학사 학위를 취득했으며, 퀸즈 비즈니스 스쿨^{Queen's School of Business}에서 전문가 프로그램을 수료했다. 또한 여러 기술 사업과 상품을 만들어 시장을 선도하는 위치로 성장시키는 데 공헌했고, 전 세계 콘퍼런스 및 포럼에 발표자로 자주 참석한다.

> 1984년 "On the structuring of Sanskrit drama: structure of drama in Bharata and Aristotle(산스크리트 드라마의 구조: 바라타와 아리스토텔레스 드라마의 구조)"를 쓰신 아버지, 아버지의 저서를 거의 이해하지 못했다. 언젠가 아버지에게 호의를 돌려줄 것이라고 결심했다.

| 기술 감수자 소개 |

아비짓 모한타 Abhijit Mohanta

10년 이상 사이버 보안 분야에서 일해온 전문가다. 시만텍Symantec, 맥아피Mcafee, 사이포트 Cyphort 멀웨어 연구소에서 보안 연구원으로 일하면서 웹 애플리케이션 취약점, 운영체제 취약점, 멀웨어 등 다양한 사이버 공격을 다뤄서 경험이 풍부하다. 멀웨어 리버스 엔지니어링, 취약점 연구, 윈도우 프로그래밍의 전문가이며, 멀웨어 연구와 관련된 블로그를 몇 개 운영하고 있다. 또한 머신 러닝, 빅데이터 같은 새로운 기술을 탐험하는 데 열정적이며, 사이신포Cysinfo 같은 보안 커뮤니티에 가입해 활동하고 있다.

컴퓨터 분야를 넘어, 피트니스 중독자이며 식도락가다. 매일 피트니스 센터에 가고, 수영과 요가를 좋아한다.

삶에서 새로운 것들을 경험할 수 있게 용기와 영감을 주는 가족과 친구들에게 감사한다.

| 옮긴이 소개 |

김수연(infs2go@gmail.com)

컴퓨터 공학을 전공하고 현재 현대오토에버에서 모니터링 및 분석 업무를 주로 맡고 있으며, 융합보안연구회에서 차량 보안 관제 전문가로 활동 중이다. 커넥티드 카 환경의 보안 설계 연구에 빠져 있다. 주요 관심 분야는 데이터 분석 및 보안 아키텍처 설계이다.

박소현(hyoni1215@gmail.com)

수학과 컴퓨터 과학을 전공한 후, 정보 보안으로 석사학위를 취득했다. 현대오토에버에서 네트워크 보안 담당자로 재직했다. 지금은 독일의 한 보안 연구소에서 박사 과정 연구원으로 자동차 보안 분야에 관한 연구를 진행하고 있다. 주요 관심 분야는 임베디드 보안, 차량내부통신in-vechicle 네트워크 보안 등이며 이외에도 IoT, 스마트 홈 등 다양한 분야의 보안과 관련된 연구를 진행하고 있다.

차현준(chahjun@gmail.com)

컴퓨터 공학을 전공하고 대학원에서 차량 임베디드 소프트웨어를 공부했다. 현재 현대오토에버에서 정보 보안 시스템을 운영하고 블록체인 플랫폼을 개발하는 소프트웨어 개발자로 재직 중이다. 주요 관심 분야는 차량 제어기 보안 모듈, IoT 환경에 맞는 블록체인 플랫폼이다.

| 옮긴이의 말 |

디지털 시대인 오늘날 데이터는 중요 자산이고, 비즈니스의 필수 요소다. 우리의 생활 환경은 점점 더 디지털화되고 있다. 이와 더불어 데이터를 해킹하거나 암호화해 데이터에 접근하지 못하게 만들고, 그 대가를 요구하는 디지털 강탈 위협도 끊임없이 발생하고 있다.

디지털 강탈은 이제 생소한 개념이 아니다. 특정 지역이나 국가에 국한되지 않고 전 세계적으로 발생하고 있으며, 기업의 규모에 관계없이 중요 정보 및 서비스 가용성을 노린 기업형 공격과 개인을 대상으로 하는 등 공격 대상도 가리지 않는다. 강탈을 통해 이익이 발생하는 형태에 따라 공격 방식도 다양해지고 있다.

따라서 디지털 강탈에 대한 체계적인 이해와 대응이 필요한 시점이라고 생각되며, 디지털 강탈 정의, 종류를 알고 분석한 후 그 유형에 따라 대응하는 방법 및 보안 도구도 알아야 한다.

이 책은 지속적으로 발생하는 디지털 환경에서의 강탈 방법과 범죄 조직에 대해 설명한다. 대표적인 강탈 방법인 DDoS, 랜섬웨어를 비롯한 희생자를 속이는 다양한 방식을 분석하며, 동시에 공격에 따른 방어 기술을 소개한다. 디지털 강탈의 개념을 이해하고 기업, 개인, 모바일, IoT 등 다양한 환경에서 강탈에 대비하는 데 큰 도움이 되기를 바란다.

끝으로 융합보안연구회원이자 역자로 함께한 박소현, 차현준 외에도 많은 부분에서 도움을 준 임재우, 신유진, 위미선 회원에게도 감사의 말을 전한다.

| 차례 |

지은이 소개 5

기술 감수자 소개 6

옮긴이 소개 7

옮긴이의 말 8

들어가며 21

1장   사이버 강탈   27

사이버 범죄 정의의 모호성 29

사이버 범죄의 개념 30

사이버 범죄의 결정적인 속성 31

장소와 방법: 영역 31

이유: 범행 동기 32

누가: 범죄 행위 구성 요소 32

사이버 범죄의 대표적인 유형 32

소비자를 대상으로 하는 사이버 범죄 33

비즈니스를 대상으로 하는 사이버 범죄 33

컴퓨터 범죄 전반에 관련된 사이버 범죄 34

지역에 따른 사이버 범죄: 내가 사는 곳에는 어떤 위협이? 35

북아메리카와 남아메리카 35

유럽 36

아시아 36

아프리카 37

호주와 오세아니아 37

숫자로 보는 사이버 범죄 38

특이한 관점: 절대, 정규 수치로 보는 사이버 범죄 39

디지털 강탈..42

  디지털 강탈의 특이한 시작.....................................43

    초기 강탈 실험..44

  강탈 기반의 멀웨어...45

    가짜 안티바이러스 멀웨어...................................45

    PGPCoder/GPCode와 강력한 암호화 기법.........46

    서드파티 지불 관문 도입.......................................46

    CTB 로커...47

  디지털 강탈 유형...48

    분산 서비스 거부 공격(DDoS)..............................48

      DDoS 공격의 분류...49

      전형적인 DDoS 공격..50

      분산 반사 서비스 거부 공격(DRDoS).............50

      주목할 만한 DDoS 공격...................................51

    데이터 도용 강탈..53

      데이터 도용 강탈 방어.....................................55

    모바일 강탈...55

      안드로이드...55

      iOS..57

    몸캠 피싱...59

      몸캠 피싱 기술..61

    버그 포칭...62

    기업을 대상으로 하는 강탈..................................63

랜섬웨어..64

  크립토 랜섬웨어...65

  로커 랜섬웨어...65

  랜섬웨어 전파 기술...66

    트래픽 리디렉션..66

    이메일 첨부 파일..66

    봇넷..67

    사회 공학...67

    서비스형 랜섬웨어(RaaS).....................................67

랜섬웨어의 진화 67

통계로 보는 랜섬웨어의 진화:

불법 애플리케이션에서 암호화 랜섬웨어로의 전환 68

스파이셰리프 68

지피코더 68

크라이집 69

아카비어스 69

Randsom.C 69

SMS 랜섬웨어 69

MBR 랜섬웨어 69

랜섬웨어의 부상 70

경찰 랜섬웨어: 레베톤 70

패치된 멀웨어 71

암호화 랜섬웨어의 재출현 71

크립토락커 72

TROJ_UPATRE 72

WORM_CRILOCK.A 72

크립터비트 73

암호 화폐 탈취 73

앵글러 익스플로잇 킷 73

2016년의 랜섬웨어와 그 이후 73

록키 74

페트야 74

케르베르 75

샘샘 75

직소 75

랜섬웨어는 재정적으로 성공할 수 있는가 76

랜섬웨어의 가격 변동성 77

국가에 따른 가격 변동 77

피해자에 따라 달라지는 가격 78

지불 방법의 변화 78

비트코인: 이상적인 몸값 지불 방법 79

산업과 서비스에 끼치는 영향: 당신의 회사는 위협받고 있습니까? 80

    사이버 공격의 주요 목표가 되는 산업 81

        헬스케어 81

        제조업 82

        금융 서비스 82

        정부 기관 83

        운송 분야 83

    랜섬웨어 통계: 멀웨어 변종과 영향 받는 기기들 83

        전체 멀웨어 84

        모바일 멀웨어 84

        루트킷 멀웨어 85

        맥OS 멀웨어 85

        랜섬웨어 85

        악성 signed binaries 85

        매크로 멀웨어 86

        세계적으로 유행하는 봇넷 86

        네트워크 공격 86

요약 87

2장   DDoS 강탈   **89**

DDoS 강탈: 랜섬웨어의 또 다른 유형 90

    위험에 처한 특정 영역 92

    DDoS 공격에 방어하기 어려운 이유 94

DDoS 공격 기술 96

    DDoS 공격 유형의 진화 96

    DDoS 공격 해부 97

        대역폭 공격 98

        DNS 공격 99

        애플리케이션 공격 100

        HTTP 공격 100

        낮은 대역폭의 HTTP 서비스 거부 공격 101

공격 도구 103

 DDoS 도구로서의 봇넷 104

공격 그룹 105

 아르마다 콜렉티브 106

 리자드 스쿼드 110

 DD4BC 111

 사칭범 115

  카디로브치 116

  레드도어 119

  ezBTC 스쿼드 121

방어 기술 122

 DDoS 공격 방어 도구 124

 완화 기술 126

  대역폭 고갈 공격의 경우 126

  리소스 고갈의 경우 126

  애플리케이션 기반 공격의 경우 127

 기업을 위한 선도적인 전략 128

향후 경향 129

요약 130

3장 데이터 도용 강탈 방지   131

데이터 도용 132

 기업적 관점 138

 데이터 유출에 묶여 있는 이메일 체계 139

 유출 방법 142

 주요 유출 방법인 해킹 또는 멀웨어 142

계정 도용: 계정 판매 144

 휴대 전화, 이베이, 우버, 페이팔 계정 판매 144

 은행 로그인 자격 증명의 판매 146

 브랜드에 상관없이 판매되는 신용카드 148

 개인식별정보 가격은 공급 과잉으로 인해 떨어진다 ... 149

 확인된 화폐 가치 150

데이터와 계정 도용 강탈에 대한 방어 151

　　기업 보안 조치 152

기업 이메일 침해(BEC) 157

　　주변을 노리는 사칭범들 160

　　사칭범이 당신을 속이는 방법 162

　　BEC 통계 163

BEC 사기의 공격 방식 163

　　사칭범의 이메일 접근 방식 166

　　　일회용 사칭 이메일 167

　　　대화 사칭범 168

　　BEC 사기의 주요 대상 169

BEC 방어 방안 169

　　이런 유형의 스캠에 맞서 싸우는 법 171

　　BEC 스캠 대처 방법 173

요약 173

4장　로커 랜섬웨어 완화 　　　　　　　　　　　　　　　　　　　175

로커웨어가 주요 필드 플레이어인 이유 178

화면 잠금 과정 179

　　지불 바우처의 편의성 180

레베톤: 경찰이 당신의 화면을 잠그면 181

　　전달부터 실행까지 182

　　　로커웨어 전달 183

　　　페이로드 매개체 183

　　　감염 확산 184

　　　로커웨어 실행 184

　　　데스크톱 잠금 기술 184

로커웨어 개발 단계 185

　　환경 준비 185

　　익스플로잇 킷 186

　　트래픽 리디렉션 186

　　감염의 확산 186

현금 인출 방법: 자금 세탁 기술 187

로커 랜섬웨어 원록의 진화 188

레베톤의 세계 장악 190

최근의 변종 랜섬웨어 193

OS X의 레베톤 공격 195

Android.Lockscreen 196

ANDROIDOS_LOCKER.A: 같은 전술의 새 이름 198

로커웨어를 완화하는 모범 사례 199

고급 멀웨어 완화 전략 세 가지 200

API 호출 모니터링 200

파일 시스템 활동 모니터링 201

디코이 기법 설치 201

로커웨어 완화: 포괄적인 조치 검토 202

대응 계획 개발 202

보안 인식 및 교육 203

패치 203

견실한 모니터링 204

불필요한 서비스 제한 204

서비스 비활성화 204

소프트웨어 제한 204

IP 주소 차단 204

사용하지 않는 장치 제거 205

파일 교환 관리 205

이메일 보안의 효과 205

소프트웨어 업데이트 206

데이터 백업 206

클라우드 스토리지 및 보안 솔루션 207

파일 기록 또는 시스템 보호 복구 208

디셉션 기술에 의한 완화 208

공격을 받는 기업이 지켜야 할 5단계 208

요약 210

암호화 랜섬웨어 212

　　암호화 랜섬웨어: 시나리오 및 변종 215

　　　크립토락커 215

　　　록키 219

　　　테슬라크립트 221

　　　크립토웰 224

　　　CTB 로커 224

랜섬웨어의 표적 226

　　전 규모의 기업들 226

　　　헬스케어 부문 227

　　　공공 기관: 교육 기관과 사법 기관 227

　　　금융 기관 228

　　　개인 사용자 230

　　　　랜섬웨어의 공격 단계 231

　　초기 감염 및 착취 232

　　　워 드라이빙 232

　　　　이메일 첨부 파일 233

　　　　드라이브 바이 다운로드 234

　　　　피싱 캠페인 234

　　　표적 공격 234

　　　　명령 제어 서버 235

　　암호화/잠금: 전달 및 실행 237

　　　파일 암호화 237

　　　랜섬웨어 파일 암호화 239

　　　　공개 키 다운로드 240

　　　　내장된 공개 키 240

　　　　내장된 키 241

　　　랜섬웨어 화면 잠금 241

　　　윈도우 및 모바일 로커 랜섬웨어 241

　　인질 잡기 243

　　전파 244

심층 방어 245

보안 아키텍처 정의 246

보안 아키텍처의 필요성 246

최소 권한의 원리를 따른다 247

경계 방어 통제 248

엔드 포인트 방어 250

방화벽 250

방화벽의 분류 251

주요 요구 사항 254

침입 차단 시스템 255

신뢰성 요구 사항 257

주요 네트워크 보안 제어 258

취약성 평가 262

구성 관리 263

패치 관리 264

취약점 치료 관리 264

포트, 서비스, 프로토콜 평가 265

소프트웨어 설치 보안 266

구체적 조치 266

요약 268

6장   모바일 강탈 분석   269

모바일 멀웨어: 보안 위험 증가 270

모바일 랜섬웨어 271

일반적인 감염 벡터 272

멀웨어 명령 제어 통신 273

멀웨어 자체 방어 274

모바일 멀웨어 샘플 분석: SMS 좀비 276

분석 관찰 276

정적 분석 277

랜섬웨어 타임라인 279

　안드로이드 디펜더 280

　경찰 랜섬웨어 285

　심플로커 287

　　심플로커 배포 벡터 290

　　영문 심플로커 291

　로커핀 293

　　로커핀의 공격적인 자체 방어 297

　지셋 298

휴대 전화를 보호하라 303

미래 예측 304

요약 305

7장　돈의 흐름 307

암호 화폐 308

　블록체인 310

　　블록체인의 거래 흐름도 311

　　블록체인 기술에 대한 일반적인 오해 312

　비트코인 313

　　비트코인 훑어보기 314

　　화폐의 액면가 315

　　　거래와 블록의 샘플 318

　　프로토콜의 문제점 319

　　보안 관련 우려 사항 320

　　비트코인의 경제학 322

　　비트코인에 대한 통념 타파 322

공격자를 잡기 어려운 이유 324

서비스형 랜섬웨어 326

　RaaS의 하나인 케르베르 파헤치기 327

　돈의 흐름을 따라서 333

요약 334

지불할 것인가 지불하지 않을 것인가 336

　할리우드 장로 병원: 영향도 기반 시나리오 340

분석 및 응답 341

　방안 1: 사고 대응(IR) 팀이 제어하는 상황 341

　방안 2: 보안 솔루션 구현(정보 보안 팀이 없는 경우) 342

　방안 3: 데이터 복구 시도 343

　방안 4: 몸값 지불 344

사이버 보험 검토 345

　사이버 위협 환경 및 사이버 위험의 영향 345

　사이버 보험의 필요성 증가 346

　사이버 보험 적용 범위 347

　사이버 보험 시장의 성숙 348

　사이버 보험이 제공하는 대표적인 혜택 348

　일반적인 사이버 보험 인수 절차 349

　　사이버 보험 선택 시 고려 사항 350

　　　제3의 벤더가 지원하는 방법 351

　사이버 보험 중심 위험 평가 352

　　현 상태에 대한 사이버 위험 평가 수행 352

　　사이버 보험 옵션 평가 353

　　적합 간격 분석 353

　　개발 전략 및 권고 353

멀웨어의 도덕적 딜레마 354

　엔드 포인트 보안 솔루션의 사용 357

　시스템 강화 357

　　포트, 서비스, 프로토콜 357

　　보안 소프트웨어 설치 358

　　정보 자산 및 개인 정보 취급 359

　　스팸 및 피싱으로부터 보호 359

　　사회 공학적 공격으로부터 보호 360

백업 361

    왜 백업을 해야 하는가 361

    복구란 무엇인가 361

요약 362

9장   랜섬웨어의 미래   **363**

미래의 랜섬웨어 364

기능적인 보안에 초첨을 맞추다 365

어디에나 존재하는 랜섬웨어 367

    손목 위의 멀웨어 368

    웨어러블 장비의 멀웨어 370

사물인터넷과 만난 멀웨어와 강탈 행위 371

    사물인터넷 373

    내장형 사물인터넷 장비를 평가하다 374

    일반적인 보안 관측 376

변화하는 비즈니스 모델 378

요약 379

찾아보기 380

│ 들어가며 │

디지털 시대인 오늘날, 데이터를 해킹한 후 암호화해서 접근하지 못하게 하는 범죄는 아주 흔한 일이 되어가고 있다. 비즈니스의 규모에 관계없이, 이런 공격을 해결하려면 비용이 많이 든다. 사이버 강탈로부터 스스로를 보호하려면 다양한 공격 방식과 각 방식이 비즈니스에 끼치는 영향을 알아야 한다. 이 책에서는 사이버 공격 프로세스를 간략하게 살펴보고, 사이버 공격을 완화하거나 제거하는 방법을 알려준다. 사이버 공격만 알려주는 게 아니라, 실제적인 내용을 통해 공격을 완화시킬 수 있는 방법을 알려준다. 컴퓨터, 스마트폰, 서버, IoT 기기 등 어떤 환경이든 보호할 수 있는 실용적인 방법을 단계별로 배울 수 있다. 이뿐만 아니라 다양한 보안 도구를 활용하는 방법도 살펴본다.

▌ 이 책에서 다루는 내용

1장, 사이버 강탈　사이버 범죄의 개요와 사이버 강탈이 사이버 범죄에 어떻게 부합하는지 다룬다.

2장, DDoS 강탈　서비스, 서버, 웹 사이트를 중단하겠다고 협박해, 기업에게서 돈을 뜯어내려는 모든 종류의 DDoS 공격을 다룬다.

3장, 데이터 도용 강탈 방지　공격자가 중요한 데이터를 인질로 잡고 사용자와 기업을 강탈하려는 공격에 대한 통찰력을 제공한다.

4장, 로커 랜섬웨어 완화　로커 랜섬웨어를 깊숙이 파고들어, 로커 랜섬웨어 방어 방법을 색다른 측면에서 살펴본다.

5장, 암호화 랜섬웨어 방어 기술　암호화 랜섬웨어를 단계별로 다룬다.

6장, 모바일 강탈 분석   모바일 랜섬웨어 강탈을 실제 사례와 함께 살펴본다.

7장, 자금의 흐름   사이버 범죄 세계와 디지털 화폐를 자세히 다뤄서 다양한 유형의 강탈에 따른 자금의 흐름을 배운다.

8장, 인질 잡기: 다음 단계   사이버 보험을 자세히 알아보고, 시스템이 침해당했을 경우 대응할 수 있는 다양한 방법을 살펴본다.

9장, 랜섬웨어의 미래   미래의 모바일 및 IoT에 대한 견해를 제시하고, 앞으로 서버를 공격할 때 머신 러닝이 공격과 방어에서 수행하는 역할에 대해 논의한다.

▌ 준비 사항

이 책을 이해하기 위해 프로그래밍 경험이 필요한 것은 아니다. 이 책은 디지털 강탈 분야에 대한 에피타이저이며 흥미를 유발시키기 위한 것이다.

▌ 이 책의 대상 독자

IT 보안 매니저, IT 보안 엔지니어, 보안 분석가를 비롯해 기관을 목표로 하는 디지털 강탈을 예방하려는 전문가를 주요 독자로 삼는다. 몇몇 공격에 대해 들어본 적은 있지만 다양한 유형과 기술, 비즈니스에 끼치는 영향 등은 잘 모를 것이다.

▌ 이 책의 편집 규약

이 책에서는 독자의 이해를 돕고자 다루는 정보에 따라 다음과 같이 글꼴 형식을 다르게 적용했다. 다음은 다르게 적용된 스타일의 예제와 의미 설명이다.

문장 중에 사용된 코드, 데이터베이스 테이블 이름, 사용자 입력, 트위터 처리 등은 다음과 같이 표기한다.

"위험한 파일은 실행 파일 계열에 속하며 .exe, .js, .vbs, .ps 파일과 같은 피싱 가능성이 있는 첨부 파일이 있는 이메일이나 .doc, .xls 또는 .xlm 같은 매크로를 지원할 수 있는 문서 파일은 사용자가 특히 조심해야 한다."

커맨드라인 입력값 또는 출력값은 다음과 같다.

```
%USERPROFILE%\Start Menu\Programs\Startup\[reveton_filename].dll.lnk
%USERPROFILE%\AppData\Roaming\Microsoft\Windows\StartMenu\Programs\Startup\
[reveton_filename]dll.lnk
```

 주의해야 하거나 중요한 내용은 이와 같이 표기한다.

 참고 사항이나 요령은 이와 같이 표기한다.

독자 의견

이 책에 대한 독자의 의견은 언제나 환영이다. 좋은 점 또는 고쳐야 할 점에 대한 솔직한 의견은 앞으로 더 좋은 책을 발행하는 데 큰 도움이 된다. 독자 의견을 보낼 때는 이메일 제목란에 구입한 책 제목을 적은 후 feedback@packtpub.com으로 전송한다. 독자가 특정 분야의 전문가로서 저자가 되고 싶다면 http://www.packtpub.com/authors를 참조한다.

▌ 고객 지원

이 책을 구입한 독자라면 다음과 같은 지원을 받을 수 있다.

오탈자

정확한 편집을 위해 세심한 주의를 기울였음에도 실수가 발생하곤 한다. 본문에서 발견한 오류 혹은 코드상 오류에 대해 보고해주시면 매우 감사하겠다. 독자의 참여를 통해 또 다른 독자들이 느낄 불편을 최소화해주고 이 책의 후속 판을 개선하는 데 도움이 된다. 오탈자를 발견하면 http://www.packtpub.com/submiterrata에 신고해주기 바란다. 해당 서적을 선택한 후에 Errata Submission 링크를 클릭하고, 오류에 대한 자세한 내용을 기술하면 된다. 오류 내용이 확인되면 웹 사이트에 그 내용이 올라가거나 해당 서적의 정오표에 내용이 추가될 것이다. https://www.packtpub.com/books/content/support로 가서 검색어 항목에 서적을 입력하면 지금까지의 정오표를 확인할 수 있다. 한국어판은 에이콘출판사 도서정보 페이지 http://www.acornpub.co.kr/book/digital-extortion 에서도 찾아볼 수 있다.

저작권 침해

인터넷을 통한 저작권 침해는 모든 매체가 골머리를 앓고 있는 심각한 문제점이다. 팩트 출판사에서는 저작권 및 라이선스 관련 문제를 매우 심각하게 생각한다. 인터넷에서 어떤 형태로든 팩트 책의 불법 복제본을 발견한다면, 적절한 조치를 취할 수 있게 주소나 웹 사이트명을 즉시 알려주길 부탁드린다. 불법 복제물로 의심되는 링크를 copyright@packtpub.com으로 보내주기 바란다. 더 좋은 책을 만들기 위한 팩트출판사와 저자들의 노력을 배려하는 마음에 깊은 감사의 뜻을 전한다.

질문

이 책에 관련된 질문이 있다면 questions@packtpub.com으로 문의하기 바란다. 최선을 다해 답하겠다. 한국어판에 관한 질문은 이 책의 옮긴이나 에이콘출판사 편집 팀(editor@acornpub.co.kr)으로 문의할 수 있다.

사이버 강탈

거대하고 근본적인 변화가 일어나고 있다.

인터넷이나 스마트 기술이 영향을 미치지 않는 분야를 찾아보기 어려운 데도, 과거에 의존해 미래를 예측하려는 실수를 저지르곤 한다. 오늘날 사람과 프로세스, 데이터, 사물은 점점 더 단단하게 연결돼 이전에는 없던 새로운 지능형 네트워크를 만들어 나가고 있다. 새로운 지능형 네트워크는 기하급수적으로 성장해, 그 결과는 개인뿐 아니라 비즈니스 분야에까지 영향을 끼치고 있다. 사물인터넷을 넘어 만물인터넷Internet of Everything 시대로 접어들고 있는 것이다.

이제 인터넷 없이 비즈니스를 한다는 것은 상상할 수도 없게 됐다. 인터넷은 현재 제품과 서비스를 위한 필수적인 도구일 뿐 아니라, 혁신과 새로운 상업적 돌파구를 위한 오아시스 역할을 한다. 변화의 혁명은 공공 부문을 휩쓸고 있다. 이 혁명은 선구자적인 기업에 영향을 주고 공급자와 피드백을 주고 받는 소비자에게 확산된다. 그 결과 소비자는 지속적으로 새로운 제품을 얻고 요구한다.

첨단 기술은 기계와 기계 사이의 통신에만 국한되는 게 아니라, 이론적으로 센서를 장착할 수 있는 모든 것을 연결하면서 복잡한 네트워크를 형성한다. 클라우드 컴퓨팅과 클라우드 기반 애플리케이션은 사람과 기관을 위해, 거대하면서 저렴한 저장 공간을 제공하고, 여러 방법으로 데이터를 전파하는 기능을 제공한다.

인터넷의 본질을 생각해보자. 비즈니스의 물리적인 경계가 모호해지고 있다. 가상 데이터를 보호하려면 새로운 보안 특성인 암호화 기법을 반드시 적용해야 한다.

사물인터넷의 소용돌이 속에서 많은 기회가 발생하고, 동시에 전례 없는 위험도 도사리고 있다. 사람들은 인터넷에 올려놓은 데이터가 보호되고 폐쇄된 정보라고 생각하곤 한다. 이것은 잘못된 생각이다. 이메일을 전송하는 것은 편지 봉투에 담긴 편지를 전달하는 것과는 다르다. 이메일은 엽서와 거의 같다. 누구나 손만 뻗으면 내용을 읽을 수 있기 때문이다.

인터넷을 오픈 비즈니스 플랫폼으로 활용하고자 하는 사람이 있는 반면, 인터넷을 악용해 법망을 회피하거나 컴퓨터 네트워크상에서 수익을 창출할 만한 금전적인 이익, 자산, 자본 등을 불법으로 취득하려는 사람도 있다.

'연결됐다'라는 말에는 치명적인 의미가 담겨있다. 사이버 공간의 규모가 커지면서, 취약한 정보를 침해하려는 시도도 전 세계에서 증가하고 있다. 최근 등장한 비즈니스의 영역은 범죄자에게 지속적으로 위협을 받고 있다. 같은 맥락에서 사이버 공간, 사이버 범죄, 사이버 보안이라는 단어는 자주 눈에 띈다.

이 책의 내용으로 돌아가자. 이 책에서 다루는 내용은 다음과 같다.

- 사이버 범죄
- 디지털 강탈
- 랜섬웨어

사이버 범죄 정의의 모호성

사이버 범죄를 적절하게 정의하지 못하고 국가적, 지역적, 세계적 범위에서 사이버 범죄를 규제하지 않는 것은 사이버 범죄를 지속적으로 발전하도록 조장한다. 법을 규정하지 않는 한 범죄를 막을 수 없다. 1989년 감염된 플로피디스크를 통해 전송된 AIDS 트로이 목마 바이러스가 처음 나타난 이래 전 세계 사법 기관과 학계, 주 정부는 지속적으로 바이러스의 변화 과정을 연구해왔다.

사이버 범죄 행위의 시작은 특이했지만, 재미를 느껴서는 안 된다. 사이버 범죄는 심각하고 위험한 것이다.

학술 연구나 국가적, 지역적 사이버 보안 전략 수준에서 사이버 범죄를 규정짓기 위해 많은 노력을 기울이고 있다. 하지만 사이버 범죄 현상의 본질이 진화할수록 사이버 범죄의 의미도 달라져야 한다. 관련 연구 보고서는 아직도 범죄 내용을 서술하는 수준에 있고, 사이버 범죄가 축소 보도되는 것도 큰 문제다. 이에 반해, 기업은 현대 범죄자들이 점점 인터넷으로 정보를 얻으면서 자신들의 범죄 기술을 강화시키고 있다는 사실을 모르고 있다. 이 때문에 기업은 더욱 범죄에 노출된다.

 아시아 사이버 법학 대학의 아수시 샤(Asushi Shah)와 스리니드히 라비(Srinidhi Ravi)는 지난 30년 동안 발생한 범죄 행위 중 사이버 범죄로 취급할 수 있는 74가지의 독창적이고 창조적인 범죄 행위를 모아 사이버 범죄 목록을 작성했다. 이들 사이버 범죄 행위는 이메일부터 스마트폰, 개인 PC, 기업 내 인트라넷까지 범죄 대상으로 삼는다. 범죄 행위에 쓰인 피기배킹(Piggybacking), 조 잡(Joe job), 이스터 에그(Easter Egg)는 만화의 이름처럼 들릴 수도 있다. 하지만 이런 수법의 진정한 본성은 범죄 스릴러와 같다.

사이버 범죄의 개념

사이버 공간은 전 세계 컴퓨터와 데이터가 연결돼 만들어진 공동체다. 사이버 범죄의 개념에는 컴퓨터와 인터넷을 이용해 저지르는 전통적인 범죄뿐만 아니라 컴퓨터나 네트워크와 관련된 범죄 행위까지 포함된다.

비즈니스가 사람들에게 개방되고, 널리 보급되면서, 데이터의 자유와 제한 사이의 경계가 허물어지고 있다. 수도 없이 많은 전자상거래가 이뤄지고, 병원에서는 환자의 병력을 기록해 보관하고, 학생은 시험을 보고, 24시간 온라인에서는 결제가 점점 더 많이 처리되고 있다. 이런 환경에서 범죄자들이 끊임없이 사이버 공간에 침입해 빈틈을 찾는 시도를 하는 현상은 더 이상 놀라운 일이 아니다.

인터넷에는 눈에 보이는 출입국 관리소가 없지만, 비즈니스 분야에서 사이버 범죄로 의한 피해를 예방하려면 사이버 범죄의 성격을 이해하고, 적절한 방법으로 특정 비즈니스 정보에는 접근할 수 없게 제한해야 한다.

사이버 범죄를 하나의 현상으로 보는 시각 대신, 마지드 자르^{Majid Yar}는 ICT 분야 관련 범죄 활동에 대한 공통 분모 접근법을 제안한다. 자르는 『Cybercrime and Society』(1994)에서 토마스^{Thomas}와 로더^{Loader}가 정립한 사이버 범죄의 개념을 다음과 같이 언급했다.

> "불법이거나 불법으로 간주되며, 전 세계 전자 네트워크에서 수행될 수 있는 컴퓨터 매개 활동이다."

자르는 범죄와 일탈의 차이를 강조해 두 행위를 정의하는 데 있어 중요한 차이점을 자세히 설명한다. 범죄 행위는 법에 명시적으로 금지돼 있어 제재를 받지만, 일탈은 비공식적인 사회적 규범을 위반하는 것이다. 이 차이는 매우 중요하다. 이것은 불법으로 수익을 내는 새로운 방식을 끊임없이 생각하는 범죄자들에 의해 변질되고 있는 사이버 범죄의 정의를 포함한다.

국제 사법 기관은 다음과 같이 사이버 범죄를 두 범주로 분류한다.

- 진보한 사이버 범죄 또는 최첨단 기술을 사용한 범죄
- 사이버상에서 일으킬 수 있는 범죄

국제 경찰 조직인 인터폴에 따르면 새로 등장해 컴퓨터 하드웨어와 소프트웨어를 대상으로 하는 정교한 공격도 첫 번째 범주에 속한다.

전형적인 범죄 행위는 두 번째 범주에 속한다. 예를 들어, 어린아이에게 불법 콘텐츠를 노출하는 범죄, 지불 카드 사기와 자금 세탁, 위조지폐, 보안 문서 복사와 같은 금융 범죄, 사회 공학 기법, 심지어 테러 행위도 두 번째 범주에 속한다.

1989년 시작돼 진화해온 사이버 범죄가 끼치는 영향은 막대하다. 복잡한 네트워크는 하루가 다르게 생성되고 있다. 이런 환경은 개인과 기업이 막대한 타격을 받을 수 있는 새로운 범죄가 증가하는 장이 되고 있으므로 세계적 차원에서 대응할 필요가 있다. 사이버 범죄는 상업적 요소를 수용하는 서비스로 간주된다. 다시 말해, 사이버 범죄자는 돈을 제일 많이 내는 최고 입찰자에게 제품이나 서비스를 판매하려는 사업가처럼 행동한다.

사이버 범죄의 결정적인 속성

사이버 범죄 개념을 간략히 설명할 때는 다음 중요한 세 가지 질문의 답이 들어있어야 한다.

- 범죄 행위가 어디에서 발생하고 또 어떤 범죄 기술이 사용되는가?
- 위반 행위의 이유는 무엇인가?
- 범죄 행위의 주체는 누구인가?

장소와 방법: 영역

사이버 범죄는 온라인, 디지털 영역에서 발생할 수도 있고, 전통적인 공격 방식으로 발생할 수도 있다. 온라인, 디지털 또는 가상의 존재의 사이버 범죄 구성 요소가 사이버 범죄 본질에 포함되지 않더라도, 사이버 범죄는 여전히 전통적이고 현실적인 의미의 범죄로 취

급됐을 것이다. 이런 맥락에서, 사이버 범죄의 특성이 발전함에 따라 사법 기관장은 현실 세계의 법률에 의존해 온라인에서 발생하는 문제를 해결해야 한다. 그렇지 않으면 사이버 범죄를 막는 행위는 정체되고 무의미해진다.

이유: 범행 동기

사이버 범죄에서 '사이버'라는 단어를 디지털 분야에 적용할 때는 오해의 소지가 있다. 디지털 세계에서는, 행위를 추론하여 악의적인 행위와 사이버 범죄 행위를 구별하는 것이 중요하다. 이를 통해 목적을 명확히 규명할 수 있다. 이전에는 정확하게 규정할 수 없던 행위를 정의할 수 있고, 사이버 범죄의 정의를 확장시킬 수도 있다.

범죄자는 금전적 이득, 인기, 만족감 같은 이기적인 이유로 부정적인 행동을 저지른다. 행위의 의도가 잘못 해석될 경우 혼란이 발생할 수 있으며, 사이버 범죄가 아닌 행위가 범죄로 취급돼 형사 고발을 당할 수도 있다.

누가: 범죄 행위 구성 요소

범죄 행위에는 반드시 가해자가 있다. 가해자에 따라, 특정 위협은 범죄 영역에 한해 해석되거나, 국가 안보를 공격하거나 테러 공격 같은 더 큰 규모의 범죄로 해석될 수 있다.

의심의 여지 없이, 사이버 범죄의 개념은 개선이 필요하다. 사이버 범죄를 세계적 수준으로 정의 내리는 작업이 현재 진행 중이다. 국가 규제 당국은 세계적인 사이버 범죄 계획과 더불어, 사이버 범죄 행위를 사례별로 분류하기 위해 지속적으로 법률적, 정책적 전략을 시행하고 있다. 이를 통해 사이버 범죄 행위를 막을 수 있게 대책도 강화하고 있다.

사이버 범죄의 대표적인 유형

사이버 범죄에 대한 인식을 높이기 위해, 영국의 국가 범죄 수사국^{NCA, National Crime Agency}은 사이버 범죄에 취약한 대상을 분석해 일반적이고 유명한 사이버 범죄 행위를 구분했다.

개인과 기관 모두 사이버 범죄자의 목표가 될 수 있지만, 사이버 범죄라는 행위로 인해 돌이킬 수 없는 피해를 입는 쪽은 비즈니스와 소비자의 관계다.

소비자를 대상으로 하는 사이버 범죄

개인 소비자를 대상으로 하는 사이버 범죄의 형태로는 다음과 같은 것이 있다.

- **피싱**Phishing: 악성 행위가 담겨 있는 이메일을 전송해 수신자의 보안 정보 및 개인 정보를 수집한다.
- **웹캠 매니저**Webcam manager: 개인의 웹캠을 탈취하는 중대한 불법 행위다.
- **파일 하이재커**File hijacker: 개인의 파일을 탈취한 후 파일을 '인질'로 잡아 피해자에게 몸값을 요구한다.
- **키로깅**Keylogging: 개인이 누른 키보드 자판을 알아내는 범죄다.
- **스크린샷 매니저**Screenshot manager: 개인 컴퓨터의 화면을 캡처한다.
- **광고 클리커**Ad Clicker: 컴퓨터 사용자에게 성가시게 나타나, 피해자가 컴퓨터에 나타나는 유해한 링크를 클릭하도록 유도한다.

비즈니스를 대상으로 하는 사이버 범죄

개인 소비자를 대상으로 하는 사이버 범죄가 있듯이, 비즈니스를 대상으로 하는 사이버 범죄도 있다.

- **해킹**: 해킹은 기본적으로 컴퓨터 데이터에 공식적으로 인정되지 않은 방법으로 접근하는 행위를 의미한다. 해커는 컴퓨터에 특정 소프트웨어를 주입해 컴퓨터 내 네트워크나 시스템을 제어하려고 시도한다. 해커가 해킹에 성공하면, 훔친 데이터를 다크 웹에 팔기도 하고, 개인 및 기업의 민감한 정보와 제품의 프라이버시를 침범하고 남용해 사람들의 무결성과 안전을 위협한다. 해킹은, 특히 대중교통 같은 물리적 인프라를 관리하는 시스템을 위협하면 큰 위험을 초래할 수 있다.

- **분산 서비스 거부 공격**^{DDoS}: 온라인 서비스가 DDoS 공격을 받으면, 봇넷이 동시에 전송한 데이터로 인해 통신 링크에 오버플로우가 발생한다. 봇넷은 사용자가 온라인 서비스에 접근하지 못하게 차단하는 제어 컴퓨터 집단이다. 봇넷의 공격을 받은 시스템은 대량의 트래픽을 처리할 수 없기 때문에 정상적으로 서비스를 제공할 수 없다.

컴퓨터 범죄 전반에 관련된 사이버 범죄

인터넷과 컴퓨터를 이용한 범죄 관련 국제 조약(부다페스트 협약)이 2001년 부다페스트에서 최초로 채택됐다. 협약의 목적은 사이버 범죄와 관련된 국가 간의 법규를 비슷하게 맞추고, 사이버 범죄 조사 방법을 개선해 국가 간의 협력을 증진시키는 것이었다. 이 협약의 초안은 유럽 옵서버 주, 캐나다, 일본, 남아프리카 공화국, 미국 협의회가 적극적으로 참여해 작성했고, 프랑스 스타라스부르의 유럽 평의회에서 작성했다. 반면 브라질과 러시아는 협약 준비 과정에 포함되지 않은 것을 근거로 협약 문서에 서명하는 것을 거부했다.

마르코 게르케^{Macro Gercke}는 2011년 발간된 『The Understanding Cybercrime: A Guide to Developing Countries』에서 중요한 점을 언급했다.

> "컴퓨터 범죄와 관련된 모든 것이 사이버 범죄 범주에 해당되는 것은 아니다. 사이버 범죄는 반드시 컴퓨터 네트워크가 포함돼야 하기 때문에 컴퓨터 관련 범죄의 범주보다 개념이 좁다. 반면, 일반적으로 컴퓨터 관련 범죄는 독립형 컴퓨터 시스템에까지 영향을 미칠 수 있다."

사이버 범죄 정의에 대한 진전은 있었지만, 최종 합의는 이뤄지지 않았다. 사이버 범죄를 정의하려면 정의 과정에 대한 이력을 염두에 두고, 유동적이고 개발적 접근을 고려해 관행이나 법적인 해석을 적용해야 한다. 마지막으로, 지속적인 위협에 맞서는 일반적이고 안전한 기반을 마련하려면 국제적으로 준수되지 않는 사항이 해결돼야 한다.

지역에 따른 사이버 범죄: 내가 사는 곳에는 어떤 위협이?

2014년부터 2015년까지 유로폴의 히트맵heat map은 UN의 지리적 구분을 기반으로 지리적 분포에 따른 사이버 범죄에 대한 연구 결과를 발표했다. 보고서에는 사이버 범죄와 사이버 사기 행각에 대한 데이터는 포함돼 있었지만, 아동을 대상으로 하는 아동 성 학대를 조사한 결과는 포함시키지 않았다.

북아메리카와 남아메리카

북아메리카 대륙의 압도적인 크기를 고려하면, 전 세계 사이버 범죄와 관련된 악성 콘텐츠 사용 비율 및 북아메리카 지역 내 사이버 범죄 피해자 수 등의 사이버 범죄 관련 항목이 상위권에 있다는 사실은 그리 놀라운 일이 아니다.

미국은 2014년, 전 세계 지휘-통제 서버의 20%~40% 가까이 관리했다. 또한, 미국은 현재 전 세계 45% 이상의 피싱 도메인을 관리하고 있으며, 전 세계에서 스팸 메일을 가장 많이 생성하는 국가다. 전 세계 16%~20%의 봇이 미국에 있으며, 멀웨어 판매처의 3분의 1 이상과 모든 랜섬웨어 사고의 40% 이상이 미국에서 탐지됐다. 20개의 EU 소속 주는 미국 내 범죄 행위가 의심스러운 집단을 고발하기 위해 형사 절차를 밟기 시작했다. 게다가 단일 유럽 지불 구역에 위치한 국가의 70% 이상이 미국의 칩과 PIN 기술 없이 지불할 수 있는 독특한 카드 지불 방식 때문에 카드 스키밍으로 인한 손해를 입었다.

남아메리카에서도 사이버 범죄가 발생하고는 있지만, 산업 보고 및 범죄 조사 부분에서 참여 범위가 모두 미국보다 작다. 에콰도르, 과테말라, 볼리비아, 페루, 브라질은 멀웨어 감염 규모가 지속적으로 높은 상태에 있고, 상황은 변하지 않고 있다. 아르헨티나와 콜롬비아는 상위 10대 스팸 메일 생성 국가 자리를 지키고 있다. 브라질은 멀웨어 판매, ATM용 멀웨어, 스키밍 기기 부분에서 큰 비중을 차지하고 있다.

유럽

빠르고, 최신식이며, 신뢰할 수 있는 유럽의 ICT 인프라는 유럽을 잠재적인 사이버 범죄의 무대로 만드는 주요 요소다. 2015년 인터넷 조직 범죄 위협 평가 보고서IOCTA에 따르면 사이버 범죄자들은 서유럽 국가에서 악성 콘텐츠를 호스팅하고 대륙 안팎에서 공격 하겠다고 말했다. EU 국가들은 전 세계 악성 URL의 약 13%를 호스팅하고 있으며, 그 중 네덜란드가 1위, 독일, 영국, 포르투갈 순으로 그 뒤를 따르고 있다. 독일, 영국, 네덜란드, 프랑스, 러시아는 봇 C&C 인프라와 피싱 도메인 호스팅 비중이 높고, 이탈리아, 독일, 네덜란드, 러시아, 스페인은 전 세계 스팸 메일 발생국 중 상위권에 속한다. 멀웨어 감염률이 가장 낮은 곳으로는 스칸디나비아 반도에 있는 국가와 핀란드가 유명하다.

멀웨어 감염률이 가장 높은 나라는 프랑스, 독일, 이탈리아, 영국으로 EU 내에서 봇의 비율이 가장 높은 것으로 나타났다. 하지만 이 같은 결과는 많은 EU 인구수에 의해 나온 것으로 보인다. EU 회원국 중 절반이 네덜란드, 독일, 러시아, 영국 내에 범죄 기반 시설과 범죄 용의자가 있음을 확인했다. 유럽 법 진행 기관의 3분의 1 이상이 앞에서 언급한 범죄 기반 시설이 오스트리아, 벨기에, 불가리아, 체코, 프랑스, 헝가리, 이탈리아, 라트비아, 폴란드, 루마니아, 스페인, 우크라이나와 연관이 있다는 사실을 확인했다.

아시아

인터넷 보안의 알려진 위협과 관련해, 아시아 국가 중에서 중국이 차지하는 비율은 미국과 맞먹는다. EU 국가에서 조사 중인 사이버 범죄 용의자의 50%가 중국 국적을 가지고 있다. 심지어 전 세계 네트워크 공격의 3분의 1이 중국에서 시작됐다고 언급하는 국가도 있다. 인도와 한국 기업의 입장에서 봤을 때, 중국은 봇넷 C&C 인프라를 호스팅하는 상위 10개국 중 3위이며, 세계에서 멀웨어 감염률이 가장 높다. 인도, 인도네시아, 말레이시아, 대만, 일본도 다수의 봇을 운영하고 있다.

일본은 사이버 범죄 발생의 시작점인 동시에 사이버 범죄의 피해자로서 상당한 부분을 차지한다. 스팸 메일 대량 생성지일 뿐만 아니라, EU 사법 기관에서 확인한 바로는 사이버 범죄자 수가 아시아 국가 중 상위 3개국 안에 든다. 한편, 일본은 한국, 필리핀과 함께 동아시아와 동남아시아 지역에서 몸캠피싱 캠페인을 운영하는 범죄 조직이 있는 것으로 유명하다.

아시아 국가 중에서 베트남, 인도, 중국은 스팸 메일 출처 부분에서 상위권에 속한다. 또한, 중국과 홍콩은 피싱 도메인을 운영하는 곳으로 유명하다. 다른 관점에서 보면, 태국과 파키스탄의 국가 코드 최상위 인터넷 도메인ccTLDs은 일반적으로 피싱 공격에 사용된다. 이 지역에서는, 단일 유럽 지불 구역에 속한 대부분의 국가들이 스키밍에 의한 손해를 봤다고 보고했다. 실제로 상위 6개국 중 5개국(인도네시아, 필리핀, 한국, 베트남, 말레이시아)이 아시아에 속한다.

아프리카

아프리카는 결합되고 정교한 사이버 범죄 행위로 유명하다. 유럽 경찰의 히트맵 보고서 데이터에 따르면 아프리카 지역에는 유럽 블랙마켓 중 하나와 연관된 서비스형 랜섬웨어가 있다. 아프리카의 사이버 범죄자는 서비스형 랜섬웨어 제품을 통해 수익을 창출한다. 나이지리아는 EU 사법 기관이 집계한 사이버 범죄자 및 관련 인프라 분야에서 상위 10개국에 들었다. 또한 피싱에 사용되는 상위 5개 최상위 도메인 중 .cf, .za, .ga, .ml 4개의 도메인이 아프리카에 속한다.

호주와 오세아니아

호주에는 사이버 범죄와 관련된 중요한 사실이 두 가지 있다.

- 호주는 봇의 수량, 랜섬웨어 탐지, 네트워크 공격 발신자를 포함해 사이버 보안 산업 상위 10개 순위에 올라 있다.
- 미크로네시아에 있는 팔라우 섬의 국가 코드 최상위 도메인은 피싱에 사용하는 도메인 중 두 번째로 높은 비율을 차지하는 최상위 도메인으로, 중국 공격자에게 대량으로 사용된다.

숫자로 보는 사이버 범죄

사이버 범죄 전문가들은 지난 몇 년 동안 디지털 강탈 행위가 번성하고 있다고 말한다. 사이버 범죄는 2015년과 2016년에 걸쳐 엄청난 규모로 성장했다. 사이버 범죄의 위협이 급증하고 있지만, 각 랜섬웨어 측면을 숫자로 표현하기는 어렵다. 사이버 범죄와 관련된 수치를 축소해서 보고하는 것은 학술 연구 분야와 실생활에 문제가 되지 않는다. 기업은 사이버 범죄의 의해 피해를 받아도 이를 공개하기 꺼려하기 때문에, 기업을 목표로 하는 위협이 전 세계적으로 증가하고 있다. 기업을 대상으로 하는 강탈의 범위는 잘 알려져 있지 않은데, 기업이 이 같은 문제를 공개해서 해결하기보다는 몸값을 지불하고 피해 범위를 보고하는 것을 원하지 않기 때문이다. 공공 서비스를 제공하는 공기업이나 조직을 강탈 대상으로 삼는다면 피해는 더 커질 수 있다. 이에 따라 정부 기관, 병원, 운송 회사, 교육 기관을 목표로 한 디지털 강탈이 점점 더 많아지고 있다. 사이버 범죄자는 공격 대상이 평판이 하락하는 것을 막기 위해 몸값을 지불할 용의가 있고, 서비스 중단을 피하고 싶어 할 것이라 생각한다.

CEO와 CIO가 피해 사실을 밝히지 않는다면, 실제로 발생한 사이버 범죄의 수를 확인하기는 어렵다. 실제 사이버 범죄 사실을 확인하려면, 미디어나 전문가들을 통해서 뿐만 아니라 알려지지 않은 범죄와 함께 보안 전문가가 신중하게 다루는 것을 확인해야 한다.

 인텔 보안 팀은 2015년 2분기에 랜섬웨어 공격이 58% 증가했다고 발표했다. 2016년 1분기에만 사이버 범죄자들은 디지털 강탈을 통해 2억 900만 달러를 탈취했다. 범죄자들은 기업과 당국에게 비교적 작은 액수인 평균 1만 달러를 몸값으로 요구함으로써, 현명한 비즈니스적 움직임을 보이기 시작한다. 이 정도의 금액으로 기업은 타격을 입지 않는다. 또한 몸값 지불 거부로 인해 사업을 중단하고, 고객을 잃는 재정적 손실을 피하기 위해 기업은 범죄자에게 몸값을 지불해 사업을 지속하려고 한다.

강탈자들은 몸값 지불의 본질이 비즈니스와 기관에 미치는 영향을 정확히 알고 있다. 사이버 범죄자들은 유능한 기업가처럼 시장이 돌아가는 방식을 잘 알고 있다. 따라서 큰 공황을 일으키고 심각한 법률 조치를 취할 수 있는 불합리한 가격을 책정하기보다는 몸값을 낮은 수준으로 유지한다. 이런 방법으로 사이버 범죄자는 또 다른 피해자를 범죄 대상으로 삼으며 법적 조치를 당하지 않고 계속해서 범죄를 저지르는 것이다.

특이한 관점: 절대, 정규 수치로 보는 사이버 범죄

> "사이버 공간에서 보안 관련 통계를 정확하게 파악하려면, 일반적으로 범죄 통계를 나타내는 인구 대비 범죄 건수 방식인 '1년에 1,000명당 15건의 살인 사건 발생'처럼 사이버 범죄에 관한 통계를 인터넷 규모 대비 사이버 범죄 건수로 나타내야 한다."

에릭 쟈딘Eric Jardine이 2015년 인터넷 거버넌스 글로벌 위원회GCIG, Global Commission on Internet Governance에서 발표한 성명은 사이버 범죄 통계에 관한 새로운 관점을 제시했다. 그것은 사이버 범죄 통계에 변화하는 범죄 환경과 사이버 공간을 고려해야 한다는 것이다.

이 접근 방법은 사이버 범죄를 사이버 공간의 변화와 동떨어져 바라보게 되면 실제 사실을 왜곡하게 된다고 가정한다. 이 보고서는 범죄에 대한 통계를 정규화하여, 절대 수치의 제한된 신뢰성을 통해 결론을 도출할 때, 부정적이며 현실적인 사이버 범죄 시나리오를 피하는 것을 목표로 했다.

일반적으로, 절대 수치가 잘못 해석되는 세 가지 경우가 있다.

- 절대 수치는 실제 현상을 부정적으로 왜곡할 수 있지만, 정규화 수치는 상황이 나아지고 있는지 여부를 보여줄 때
- 절대 수치와 정규화 수치 모두 상황이 나아지고 있는 것을 보여주지만, 정규화 수치가 더 빨리 상황이 나아지고 있는 것을 보여줄 때
- 절대 수치와 정규화 수치 모두 악화되는 상황을 보여주지만, 정규화 수치가 절대 수치보다 느리게 상황이 악화되는 것을 보여줄 때

GCIG 보고서에는 인터넷 시대에 수행된 경험적 연구의 본질에 대한 몇 가지 훌륭한 추론이 포함돼 있다. 대다수의 사람과 사물이 네트워크에 연결된 상태에서 데이터를 쉽게 수집할 수 있지만, 대부분의 정보는 다수의 개인에게 흩어져 있다. 일반적으로, 이런 환경은 디지털 세계에서 사이버 범죄 존재를 명확하게 보여준다. 데이터를 여러 곳에서 모으고 누락된 정보를 가상의 숫자로 수정하면, 사이버 범죄에 관한 최종 결과는 왜곡될 수 있다.

위와 같은 관찰 결과를 염두에 두고, GCIG 보고서는 8개 측면에서 사이버 공간의 규모를 측정했다.

- 활성화된 모바일 광대역 구독 수
- 사용자에게 판매된 스마트폰의 수
- 도메인과 웹 사이트 수
- 전체 데이터 흐름의 크기
- 모바일 데이터 흐름의 크기
- 연간 구글 검색 수
- 인터넷의 GDP 공헌도

위 항목은 사이버 범죄와 사이버 공간의 규모가 커진다는 내용을 소개하면서 여러 번 설명했다. 기업과 개인은 위협에 대처하기 위해 보안 조치를 강화하고 보안 영역에 더욱더 많은 예산을 투입해야 한다.

최근 CIGI-Ipsos^{Centre for International Governance Innovation-Ipsos}는 호주, 브라질, 캐나다, 중국, 이집트, 프랑스, 독일, 영국, 홍콩, 인도, 인도네시아, 이탈리아, 일본, 케냐, 멕시코, 나이지리아, 파키스탄, 폴란드, 남아프리카 공화국, 대한민국, 스웨덴, 튀니지, 터키, 미국 총 24개국에서 23,376 인터넷 사용자로부터 수집한 데이터를 분석했다.

분석 결과에 따르면 64%의 사용자가 전년도에 비해 온라인 개인 정보 보호에 더 많은 관심을 보였고, 78%의 사용자가 자신의 금융 인증서가 해킹될 것을 우려했다. 또한, 77%의 사용자가 개인 사진 또는 메시지 등이 사이버 범죄자에게 도용당할 것을 우려했다. 이런 인식을 바탕으로 사용자의 행동에 변화가 생겼다. 2014년 CIGI–Ipsos 조사 결과와 비교했을 때 43%의 사용자가 특정 사이트 및 애플리케이션 사용을 피하기 시작했고, 39%의 사용자는 정기적으로 비밀번호를 변경했으며, 10%의 사용자는 인터넷 사용 시간을 줄였다.

GCIC 보고서는 다양한 사이버 보안 영역을 보여준다. 많은 사이버 보안 측면이 시간이 갈수록 악화되고 있지만, 일부는 지속적으로 현상을 유지하고 있으며, 여러 면에서 놀랄만큼 향상되고 있다. 쟈딘은 〈Summary Statistics for the Security of Cyberspace〉의 〈표 2〉에서 13가지 기준을 통해 사이버 공격을 조작하는 특정 국가의 범죄율 추세와 사이버 공간의 보안을 비교한다(GCIC 보고서 6쪽).

	최솟값	최댓값	평균	표준 편차
새로운 취약점	4,814	6,787	5,749	781,880
악성 웹 도메인	29,927	74,000	53,317	13,769.99
제로데이 취약점	8	24	14.85714	6,336
새 브라우저 취약점	232	891	513	240.570
모바일 취약점	115	416	217.35	240.570
봇넷	1,900,000	9,437,536	4,485,843	2,724,254
웹 기반 공격	23,680,646	1,432,660,467	907,597,833	702,817,362
1인당 평균 비용	188	214	202.5	8.893818078
조직 비용	5,403,644	7,240,000	6,233,941	753,057
탐지 및 확대 비용	264,280	455,304	372,272	83,331
응답 비용	1,294,702	1,738,761	1,511,804	151,502.2526
비즈니스 손실 비용	3,010,000	4,592,214	3,827,732	782,084
피해자 신고 비용	497,758	565,020	565,020	30,342

표를 볼 때 근본적으로 발생할 수 있는 논쟁을 염두에 둬야 한다. 사이버 범죄 비용에 대한 통계는 전 세계적으로 통용될 수 없다. 저자는 미국의 사이버 범죄 비용이 전 세계 수준의 비용이라고 가정한다. 하지만, 이 가정은 틀렸다. 많은 나라가 미국보다 사이버 범죄 비용을 현저히 낮게 지불하기 때문이다. 저자는 앞서 세운 가정의 결함을 보완하기 위해 측정값에 대해 비교값을 제공한다. 2013년 미국에서 기업이 데이터 유출에 들인 비용은 600만 달러가 안 되지만, 〈Ponemon Institute's Annual Cost of Data Breach Study〉(from 2011, 2013, and 2014 via Jardine, p.7)에서 미국을 포함한 전 세계 데이터 유출 비용은 2,282,095달러다.

결론적으로 미국이 실제 비용을 늘려 전 세계 비용 결과를 왜곡시킨 것으로, 정규화된 숫자가 절대 수치에 의해 제공되는 것보다 더 정확한 결과를 반영한다는 보고서의 제안에 반하는 것이다.

▌ 디지털 강탈

20007년, 샤르마Sharma와 타쿠르Thakur는 디지털 강탈을 다음과 같이 정의했다.

> "불법으로 기업 시스템에 침입해 기밀 데이터를 탈취하거나, 해커에 의해 시스템이 날아가는 것을 막기 위해 상당한 금액을 지불하도록 강요하는 것이다."

디지털 강탈에 대한 첫 번째 주요 쟁점은 모든 연령대의 사람이 디지털 강탈을 할 수 있다는 점이다. 어린이도 해커가 될 수 있다. 두 번째 주요 쟁점은 국경을 넘나들어 범죄가 시작된 곳을 찾기 어렵다. 디지털 강탈 수법은 지난 30년간 진화해왔기 때문에 현재 두드러지게 사용되는 수법을 파악하지 않고는 앞으로 어떤 결과를 초래하게 될지 예측하기 어렵다.

디지털 강탈의 특이한 시작

강탈은 새로운 개념이 아니다. 범죄자들은 언제나 사람들에게 가치있는 물건을 교환하는 조건으로 몸값을 요구한다. 디지털 시대에 발생한 최초의 몸값 사건, 편의상 랜섬웨어라고 할 수 있는 이 사건은 1989년에 발생했는데, 특이하게도 실제 바이러스와 관련 있는 것으로써, 영화 소재가 될 만한 컴퓨터 바이러스 이야기다.

이 사건은 AIDS 전염병이 창궐했을 때 발생했다. 후에 정신적으로 건강하지 않다고 밝혀진 진화 생물학자 조셉 포프Josef Popp 박사는 20,000장의 플로피디스크를 AIDS 환자를 관리하는 질병 연구 단체에 보냈다. 이 단체는 AIDS 연맹의 대표단과 저널 가입자로 구성된 것으로 확인됐다. 우편물은 미국 밖에 있는 피해자들에게 발송됐고, 우편물에는 유령 회사 PC 사이보그Cyborg의 도장이 찍혀 있었다.

우편물의 내용은 AIDS 교육 소프트웨어처럼 보였지만, 오늘날의 랜섬웨어가 포함돼 있었다. AIDS 트로이 목마로 알려진 이 바이러스는 피해자가 하드 디스크를 재부팅할 때 컴퓨터에 있는 파일들을 암호화한다.

랜섬웨어 메시지에는 189달러나 378달러를 파나마에 있는 우편 사서함으로 보내라는 내용이 담겨 있었다. 다행히 포프 박사가 만든 멀웨어는 완벽하지 않아 추적이 가능했고, 대칭 키 암호화 기법을 사용한다는 결점이 있었다. 보안 전문가가 멀웨어에 사용된 암호화 기법을 알아냈을 때, 범죄를 저지른 사람을 알아내서 잡는 것은 어려운 일도 아니었다.

포프 박사는 특이한 윤리적 사고를 가진 사람으로, 랜섬웨어를 통해 벌어들인 돈을 실제로 AIDS 연구 목적에 쓰려고 했다.

플로피디스크의 시대가 지나간 후, 데이터는 놀라울 만큼 창의적이고 다양한 방식으로 전송되고 있다. 디지털 통신, 사회적 상호작용, 온라인 금융 거래는 그 양이 엄청나게 증가하고 있다. 커넥티비티의 주요 측면은 디지털 데이터, 컴퓨팅 기기, 인터넷의 발전이다.

랜섬웨어가 널리 퍼짐에 따라 랜섬웨어는 공공 및 개인 기관의 주요 우려가 됐다. 악성 소프트웨어는 피해자를 공황에 빠뜨릴 수 있다. 합법적인 모습을 가장한 이메일, 웹 사이트, 애플리케이션의 다운로드 링크, 광고에 있는 랜섬웨어 코드를 클릭하면 피해자의 중요한 데이터는 몸값을 내지 않는 이상 풀 수 없어 영원히 사용할 수 없게 된다.

초기 강탈 실험

1989년에 발생한 AIDS 트로이 목마가 디지털 강탈 시대를 연 이후, 랜섬웨어 분야는 범죄가 목적이 아닌, 굶주린 아마추어가 자신의 컴퓨터 기술과 전문성을 증명하기 위해 멀웨어 범죄를 저지르는 고요한 시기가 있었다.

2015년 햄튼Hampton, 쥬베어Zubair, 베이그Baig는 2000년대 초반 멀웨어가 금융 분야를 공격 대상으로 삼기 시작했다고 말했다. 그 당시 랜섬웨어를 이용한 비즈니스가 출범했고, 랜섬웨어 비즈니스는 당당히 디지털 세상에 나타났다. 민감한 암호나 은행 계좌 정보 및 광고 수익 같은 정보를 직접 훔치는 방법으로 수익도 냈다.

악성 소프트웨어는 봇넷 형태를 하고 있었다. 봇넷은 사회적 확산 요소로 인해 기업을 공격하는 데 엄청난 성공을 거뒀다. 훼손된 시스템을 모아 봇 네트워크를 구축함으로써 사이버 범죄자는 규모가 큰 기관을 목표로 삼아 범죄를 저질렀다. 봇넷 네트워크는 최대 입찰가를 제공한 범죄자에게 임대돼 회사의 돈을 강탈하는 데 사용됐다. 다양한 방법으로 멀웨어를 전파해 기업의 이익을 공격하므로 봇넷 멀웨어의 가치는 매우 컸다. 멀웨어는 민감한 정보를 훔치거나, 사용자의 하드 드라이버를 손상시키고 중요한 데이터를 훔칠 수 있는 감염된 소프트웨어를 활성화할 수 있는 피싱 캠페인을 운영하는 데 사용될 수 있다. 멀웨어는 백그라운드에서 정보를 조용히 훔쳐가며, 사용자에게는 정상적인 상태로 보인다.

강탈 기반의 멀웨어

2012년경 금융 분야에서 수익을 내는 랜섬웨어가 나타났다. 이 시기 전에는 범죄자가 사용자를 공격해 정보를 현금화하는 정교한 방법이 없었다. 사용자를 직접 강탈하는 행위는 가짜 안티바이러스 소프트웨어가 도입된 2011년에 시작됐다.

가짜 안티바이러스 멀웨어

가짜 안티바이러스가 초기 멀웨어 변종으로 여겨지지만 가짜 안티바이러스의 최신 버전은, 특히 모바일폰에서 지속적으로 나타나고 있다. 존재하지 않는 바이러스의 백신 소프트웨어를 판매하려고 귀찮게 구는 광고를 보고 싶어하는 사람은 아무도 없다. 실제로 이런 광고는 멀웨어이며, 함정에 빠지는 순간 기기가 감염돼 중요한 데이터를 도둑 맞게 된다. 바이러스 백신 사기는 사회 공학 기법을 이용해 관련 지식이 없는 사용자에게 이미 존재하는 악성 소프트웨어에 대해 경고함으로써 가짜 멀웨어 방지 도구를 설치하도록 유도한다. 최근의 가짜 안티바이러스 도구는 주로 기업보다 개인을 목표로 삼는다. 대기업은 전문 안티 멀웨어 방지 소프트웨어를 설치하고 있어 미끼를 물 가능성이 적기 때문이다. 이런 종류의 사기는 신용카드 지불 기능을 방지해 성공적으로 제거됐다. 이렇게 가짜 안티바이러스 수법은 곧바로 사그라들고 서비스 거부Dos, Denial of Service 전술을 사용하는 좀 더 진화하고 복잡해진 로커Locker에게 자리를 넘겨주게 된다.

초기 서비스 거부 로커는 기기의 부트 기능을 해킹해 요구한 돈을 받을 때까지 접근을 차단했다. 서비스 거부 멀웨어는 복구 안티바이러스 소프트웨어가 구현되어 지니고 있는 약점이 빠르게 정복됐다.

PGPCoder/GPCode와 강력한 암호화 기법

가역적인 DoS 공격을 위해 강력한 암호화 기법을 구현하는 것은 2000년대 중반까지 크게 알려지지 않았었다. 초기 GPCode 변종은 버그가 많았고, 감염되어 삭제된 내용을 쉽게 복구할 수 있었다. 하지만 시간이 흐르면서 GPCode는 계속해서 진화했고, 초기의 약점을 극복해 기존의 삭제 기능을 더욱 강화했다. 잘못 구현된 암호화 루틴과 안전하지 않은 암호화 키 대신, 복잡한 암호화 체계와 향상된 키 길이로 비교할 수 없을 만큼 강력해졌다.

서드파티 지불 관문 도입

멀웨어의 고유한 특성은 발전했지만, 공격을 받은 피해자에게 몸값을 받는 방법은 여전히 위험하고 복잡했다. 암호화 로커는 타사의 결제 지원을 받아야 지불이 처리됐다. 이런 방식으로 몸값을 받기는 불가능했다. 범죄자는 피해자와 수많은 연속적인 접점을 사용해, 몸값을 받는 전체 과정을 길고 위험하고 복잡하게 만들었다. 몸값 지불을 완료하고 도난당한 데이터를 복구하려면 공격자가 피해자와 직접 소통해야 했지만, 전체 과정을 마무리하려면 독립적인 지불 관문이 꼭 필요했다. 그렇기 때문에 정교한 암호화 로커를 사용하고도 실제로 강탈이 완료되지는 못했다. 이런 상황에서도 악성 소프트웨어는 정보와 리소스를 절도해 이득을 챙겼다.

정상적으로 동작하는 랜섬웨어는 다음 세 가지 중요 기술 위에서 동작한다.

- 강하고 가역적인 암호화 로커
- 키와 복호화 도구 교환을 위한 익명 시스템
- 감춰진 몸값 지불 방법: 디지털 강탈의 출처와 연결된 것을 탐지하지 못하는 방법

CTB 로커

CTB 로커는 세 가지 기술이 접목된 랜섬웨어다. CTB[Curve, Tor, Bitcoin] 로커는 몸값 지불 프로세스에 필요한 세 가지 요소가 결합되어 있다. CTB 로커는 파일 내용을 빠르고 안전하게 암호화할 수 있는 타원 곡선 암호화 기법을 기반으로 한다. 어니언 라우팅 프로토콜[Tor]을 통해 익명 통신이 가능해졌고, 비트코인으로 추적할 수 없는 안전한 암호 화폐 거래를 할 수 있게 됐다.

최근의 CTB 로커는 다양한 플랫폼, 대상 네트워크 공유, 이동식 미디어를 수용하고 광범위한 기술 전략을 개발함으로써 네트워크 효율성을 저하시키고, 하드 디스크 백업 성공 가능성을 감소시킨다. 이런 방법은 일반적으로 복잡한 멀웨어 방지 보안 솔루션을 사용하는 대규모 기업의 보안에는 위협적이지 않을 수 있다. 그러나 백업 및 방어 시스템에 자원을 충분히 투자하지 않는 소기업의 시스템은 위험해질 수 있다.

케라즈[Kharraz], 햄튼[Hampton], 쥬베어[Zubair], 베이그[Baig]는 디지털 강탈이 허상이 아니라 미디어에서 일반적으로 표현되고 다뤄지는 그대로라고 말한다. 대부분의 랜섬웨어는 멀웨어 방지 전문가가 중단시킬 수 있는 결함이 있다. 그렇다고 해서, 랜섬웨어를 일시적인 현상으로 과소 평가해서는 안 된다. 랜섬웨어 관련 사례 연구와 결과에 따르면 랜섬웨어에는 인기와 보안을 기반으로 발전하고, 방어 전략에 신속하게 적응하는 경향이 있다고 한다. 따라서 현재의 방어 체계는 얼마 지나지 않아 비효율적인 방법이 될 수 있다.

사이버 범죄자는 비즈니스의 기반까지 흔들 수 있는 막대한 이익을 얻기 위해 대기업을 목표로 랜섬웨어 공격 전략을 부지런히 개발하고 있다. 보안 전문가는 랜섬웨어의 경향을 분석해 랜섬웨어의 향후 개발 흐름을 예측하고, 새로운 랜섬웨어로 사용자를 공격하기 전에 랜섬웨어 위협을 차단해야 한다.

10년 전, 러시아에서 시작된 다양한 종류의 랜섬웨어 변종이 유럽과 북미 지역으로 퍼져나가면서 서서히 전 세계를 덮치고 있다. 현재 멀웨어 방어 전략을 강화하기 위해 멀웨어 역사 사례를 검토하는 것은 매우 가치 있는 일이다.

디지털 강탈 유형

창의적인 디지털 강탈 행위가 사이버 범죄자에게 보람과 수익을 준다는 것은 사실을 심각하게 왜곡한 것이다. 사이버 범죄자는 "뜻이 있는 곳에 길이 있다."라는 말을 마음에 새기며 개인과 기업 보안의 결함을 찾아내기 위해 끊임없이 혁신적인 방법을 찾는다. 이 절에서는 비즈니스 조직에 매우 치명적인 디지털 강탈 유형을 살펴본다.

분산 서비스 거부 공격(DDoS)

하나의 컴퓨터와 하나의 인터넷 연결을 사용해 대상 서버를 공격하는 서비스 거부 공격[DoS]과는 달리 분산 서비스 거부 공격[DDoS]은 다수의 컴퓨터에서 시작되고 동기화된 다수의 인터넷 연결을 사용한다. DDoS는 요청과 정보 패킷을 이용해 대상 서버 또는 네트워크 자원을 공격한다. 이런 공격을 받으면 서버는 사용할 수 없게 되고, 심지어 네트워크까지도 무용지물로 만들 수 있다.

DDoS는 사이버 범죄자가 선택한 컴퓨터 시스템의 취약한 부분을 찾아내 컴퓨터를 DDoS 마스터로 만든다. 해커는 마스터 컴퓨터를 이용해 다른 시스템을 감염 시킨다. 해커가 수행할 수 있는 DDoS 공격은 여러 가지다. DDoS를 수행하는 방법 중 하나는 네크워크를 범람시켜 합법적인 통신을 방해하는 것이다. 변종 DDoS는 사용자의 시스템 접속을 방해해 서비스를 액세스할 수 없게 하거나 정보를 수신할 수 없게 한다.

DDoS 공격은 컴퓨터가 가장 먼저 손상된 피해자만을 대상으로 하지 않는다. 손상된 시스템은 모두 DDoS 공격의 피해자다. 최초로 타격을 입은 컴퓨터 시스템을 좀비 또는 봇이라고 한다. 이후로 타격을 입은 컴퓨터 집단을 좀비 부대 또는 봇넷이라 한다. 공격자는 수천 대 이상의 컴퓨터가 포함된 네트워크에 다수의 공격 도구를 적재하여 공격을 진행한다. 공격자는 단일 명령을 통해, 봇넷이 공격 목표를 대상으로 범람 공격을 시도하여 서비스 거부를 발생시킨다.

DDoS 공격을 완벽하게 막을 수 있는 방법은 없지만, 컴퓨터가 초기에 감염돼 네트워크 내 좀비 부대를 생성하는 경향을 줄일 수는 있다. 일반적으로 바이러스 백신과 방화벽 설치를 정기적으로 유지 관리해야 하고, 지속적으로 스팸 메일을 차단해야 한다.

DDoS 공격을 직관적으로 식별하기는 어렵다. 서비스는 기술적인 문제나 시스템 유지 관리 문제로 중단되기도 하지만 다음과 같이 DDoS를 판별할 수 있는 몇 가지 지표가 있다 (McDowell, 2016).

- 일반적이지 않은 네트워크 성능 저하
- 특정 웹 사이트 사용 불가
- 웹 사이트 접속 불능
- 스팸 메일의 급격한 증가

일반적으로 DDoS 공격에 대응한다는 것은 힘든 일이며, 숙련된 보안 전문가가 수행해야 한다.

DDoS 공격의 분류

2004년 패트리카키스[Patrikakis], 마시코스[Masikos], 주라라키[Zouraraki]는 DDoS 공격은 '악성 코드에 감염돼서 손상된 다수의 컴퓨터가 동시에 작동하여, 단일 공격자의 통제하에 피해자의 시스템에 침입해 시스템 내 자원을 소모시키고, 피해자의 고객에게 서비스를 거부하게 만들 때' 발생한다고 말했다.

저자들은 DDoS 공격을 두 개의 주요 범주로 구분했다.

- 전형적인 DDoS 공격
- 분산 반사 서비스 거부 공격[DRDoS]

전형적인 DDoS 공격

전형적인 방식으로 분류된 DDoS 공격 부대는 마스터 좀비와 슬레이브 좀비로 구성된다. 두 가지 좀비 유형 모두 검색 공격에 취약하고 악성 코드에 감염된 시스템에 위치한다.

좀비 부대에는 명령 계층이 있어서 해커가 마스터 좀비를 제어하고, 마스터 좀비는 슬레이브 좀비를 통솔한다. 마스터 좀비는 몰래 동면 상태에서 공격자의 명령이 도착하기를 기다린다. 마스터 좀비에게 공격자의 명령이 도착하면, 실제 공격을 진행하고 피해자에게 대량의 쓸모없는 패킷을 전송하는 슬레이브 좀비에게 명령이 하달된다. 이런 과정을 통해 피해자의 시스템 내 자원을 차단하고 소모시키며, 시스템을 손상시킨다.

전형적인 DDoS 공격에서 해커는 거짓 IP 주소를 사용한다. 주소를 변조하는 데는 두 가지 이유가 있다. 주소를 변조하면 좀비의 존재를 숨겨 공격자를 추적하지 못하게 할 수 있고, 악의적인 트래픽 공격을 필터링할 수 없게 만든다.

분산 반사 서비스 거부 공격(DRDoS)

DRDoS 공격에는 추가 인원이 있다. 마스터 좀비와 슬레이브 좀비 외에 제3의 공격자인 리플렉터가 있다. 리플렉터는 감염되지 않은 기기에서 공격을 수행하지만, 리플렉터 본인은 공격에 참여하고 있는 것을 인지하지 못한다.

DRDoS 공격 시작 프로세스는 DDoS 공격 프로세스와 거의 같다. 해커는 마스터 좀비를 지휘하고 마스터 좀비는 슬레이브 좀비를 지휘한다.

프로세스상에서 차이점은 슬레이브 좀비가 피해자의 IP 주소를 공격 소스 IP로 속여 대용량의 패킷을 감염되지 않은 리플렉터에 보낸다. 리플렉터는 희생자와 연결되고, 희생자에게 대량의 트래픽을 전송한다. 리플렉터 입장에서는 희생자가 공격의 주동자로 보이기 때문이다.

DRDoS 공격은 일반적인 DDoS 공격보다 더 큰 피해를 줄 수 있다. DRDoS 공격은 더 큰 규모의 컴퓨터 네트워크를 사용하고 기존 방식보다 더욱 분산된 공격으로 더 큰 트래픽을 생성한다.

주목할 만한 DDoS 공격

위에서 말한 패트리카키스, 마시코스, 주라라키는 DDoS 공격 유형을 분류했을 뿐만 아니라 사이버 공간에서 디지털 강탈 도구로서 존재해온 짧은 역사에서 가장 눈에 띄는 DDoS 공격을 거론했다.

- **아파치2**Apache2: 이 시나리오는 클라이언트가 많은 HTTP 헤더를 가진 요청을 아파치 웹 서버에 요청하는 것이다. 공격을 받은 웹 서버는 많은 수의 요청을 처리할 수 없기 때문에 내부 충돌이 발생한다.
- **주소 결정 프로토콜**ARP **변조**: 사용자의 LAN에 접근할 때, 해커는 알고 있는 IP 주소를 MAC 주소로 변조해 실체가 있는 LAN을 우회한다.
- **백 공격**: 다시 말하지만, 아파치 웹 서버가 URL에 슬래시 문자가 포함된 많은 수의 요청을 수신하면 백 공격이 실행된다. 백 공격을 당하면 일반적인 수의 요청을 처리할 수 없게 되고 결국 서비스 거부가 발생한다.
- **랜드 공격**: 공격자가 동일한 소스와 목적지 IP 주소를 가진 TCP SYN 패킷을 피해자에게 보내, 결과적으로 피해자의 시스템을 완전히 잠기게 한다.
- **메일 폭탄**: 메일 폭탄 공격이란 이름은 적절하게 잘 지어졌다. 공격을 받은 메일 서버에 다량의 메시지가 쏟아져 시스템 내 오버플로우가 발생하고 결국 시스템에 장애가 발생하게 된다.
- **SYN 플러드 공격**: SYN 플러드 공격은 원형 시스템에서 세 개의 별도 연결로 구성된 TCP 연결을 시작할 때 수행하는 3방향 핸드셰이크 과정에서 발생한다. 일반적인 TCP 연결은 무의미한 정보를 추가하지 않고 작동한다.

  먼저, 클라이언트가 서버에 TCP SYN 패킷을 보내서 새로운 연결을 요청한다. 그다음, 서버가 SYN/ACK 패킷을 클라이언트에 전송하고 연결 요청을 큐에 저장한다. 마지막으로 클라이언트가 SYN/ACK 패킷을 받았음을 알린다. 플러드 공격의 경우에는 상황이 다르다. 공격자는 다수의 TCP SYN 패킷을 희생자에게 보낸다. 다수의 패킷을 통해 공격자는 희생자에게 TCP 연결과 반응 프로세스를 진행하게 한다. 따라서 공격자는 3방향 핸드셰이크 마지막 단계를 수행하지 않는다. 공격의 결과로, 피해자의 큐는 반만 열린 TCP 연결 때문에 부담을 갖게 되고, 새로운 연결 요청을 못하게 된다.

- **핑오브데스**Ping of death : 대형 패킷 데이터를 생성하는 방법을 사용한다. 공격자는 인터넷 프로토콜에서 정의한 한계 값 65,536바이트를 초과하는 패킷을 생성한다. 오버플로우를 발생시키는 패킷은 일반적으로 시스템 장애와 재부팅을 통해 피해자의 컴퓨터를 손상시킨다.

- **프로세스 테이블 공격**: 새로운 TCP/IP 연결을 생성하는 순간, 프로세스 테이블 공격은 일부 네트워크 서비스의 기능을 악용해 매번 새로운 프로세스를 생성한다. 공격자는 피해자의 시스템이 연속된 프로세스를 생성하도록 강제하기 위해 다수의 미완료 연결을 생성하려고 한다. 시스템에서 처리할 수 있는 프로세스의 수는 한정적이기 때문에 피해자 시스템은 추가 요청을 처리하지 못한다.

- **스머프 공격**: 스머프 공격은 인터넷 제어 메시지 프로토콜ICMP의 반향 패킷을 기반으로 한다. 핑 범람 공격과 유사하게 희생자의 주소를 소스 주소로 생각하며 대량의 ICMP 패킷을 전송하는 방식이다.

- **SSH 프로세스 테이블**: SSH 프로세스 테이블 공격은 표준 프로세스 테이블 공격과 유사한 기술을 사용해 로그인 프로세스를 완료하지 않고 시큐어 셸SSH 프로토콜을 사용해 피해자와 다수의 연결을 설정한다.

- **시스템 로그 데몬**Syslogd : 솔라리스 2.5 서버와 관련이 있다. 이 공격은 유효하지 않은 소스 IP 주소에서 보낸 메시지를 통해 서버에 있는 시스템 로그 데몬 프로그램에 충돌을 일으킨다.

- **TCP 리셋**: 피해자의 TCP 연결 요청을 모니터링해 악성 행위를 시작한다. 공격자는 피해자에게 전송된 TCP 연결 요청을 찾는다. 그리고 거짓 TCP 리셋 패킷을 보내 피해자의 TCP 연결을 차단한다.

- **티어드롭**Teardrop **공격**: 티어드롭 공격은 패킷의 조각화 과정을 통해 이뤄진다. 공격의 원점에서 공격 대상 시스템으로 패킷이 가는 도중에 패킷은 작은 조각으로 쪼개진다. 이런 방법으로 크기가 큰 IP 조각들로 과부하가 발생한 오프셋 필드의 흐름이 생성된다. 이 흐름은 공격 대상 호스트가 조각을 모아 퍼즐을 완성하려고 할 때 문제를 일으킨다. 티어드롭 공격은 일반적으로 시스템 충돌이나 재부팅을 발생시킨다.

- **UDP 스톰**: 사용자 데이터그램 프로토콜 스톰UDP Storm 공격은 문자를 생성해 끊임없이 쓸모없는 부하의 흐름을 생성해 네트워크를 뒤죽박죽으로 만든다. 문자 생성 서비스character generation는 매번 일련의 문자를 생성하고, UDP 패킷을 수신한다. 반면 에코 서비스는 수신한 문자를 반영한다. 두 가지 서비스를 남용해, 공격자는 잘못 읽힐 수 있는 패킷을 다른 시스템에 전송하여 마치 피해자의 시스템에서 보낸 것처럼 만든다. 이 과정은 이전 시스템의 에코 서비스와 지속적으로 동작하는 피해자의 기계에 의해 지속된다. 피해자의 기기와 후속 피해자의 기기 사이에 데이터가 반복되어, 무한 스트리밍이 끊임없이 생성된다.

데이터 도용 강탈

데이터 도용을 목적으로 하는 강탈은 새로운 것이 아니다. 데이터 도용 강탈 행위는 사람을 납치하고 몸값을 요구하는 것과 같은 비열한 방법을 사용한다. 앞서 언급한 범죄와의 차이점은 적어도 직접적으로 사람이 관련되지 않는다는 점이다.

데이터 도용 강탈에서 사이버 범죄자는 피해자 컴퓨터 내부의 데이터와 파일을 인질로 삼고, 몸값이 입금될 때까지 피해자에게 간접적으로 피해를 입힌다.

데이터 도용 강탈 범죄자는 규모가 크고 범죄를 저지르기 편한 대상을 범죄 대상으로 삼는다. 데이터 도용 강탈 범죄자는 중소기업을 범죄 대상으로 삼아, 가치 있는 데이터를 수집하고, 정상적인 업무 수행을 막는다. 또한 개인 및 공공 기관, 대기업 처럼 대용량의 중요 데이터를 다루는 곳을 자신의 범죄 대상으로 삼고, 범죄의 대상이 되는 사람들의 사생활에 큰 혼란을 야기시킨다. 이처럼 누구나 데이터 도용 강탈 범죄의 대상이 될 수 있다. 경찰, 병원, 이동 통신사, 대학, 운송 회사 등도 이 같은 범죄의 피해자가 될 수 있으며, 데이터 도용 강탈의 위협은 외부뿐만 아니라 내부에서도 발생할 수 있다.

> www.techopedia.com에 따르면 "데이터 도용은 본질적으로 기밀 정보, 개인 정보, 재정 정보의 불법 전송 또는 저장 행위를 의미하며, 도용의 대상은 비밀번호, 소프트웨어 코드, 알고리즘 또는 특허로 등록된 과정 지향 정보 또는 기술 등이다. 반면에, 데이터 도용 강탈에는 강탈 요소가 더 많이 들어있다."

데이터 자체는 피해자에게 귀중한 가치가 있기 때문에, 블랙마켓에서 팔거나 범죄자가 소유할 수 있다. 범죄자는 강탈한 데이터를 이용해 위력을 행사한다. 예를 들어, 의료 기록은 공인되지 않은 멀웨어 공격 애플리케이션으로 탈취할 수 있다. 의료 기록에는 계좌 정보, 개인 의료 기록, 주민등록번호, 집 주소, 지불 영수증 같은 수많은 부가 정보가 들어있다.

의료 기록은 피해자와 병원 모두에게 가치가 있다. 데이터 강탈로 인해 발생할 수 있는 피해는 다양한 경로를 통해 받는 재정적 피해뿐만 아니라 병원을 방문하는 환자를 잃고, 평판 하락, 보험 청구, 소송, 심지어 생명도 큰 타격을 입을 수 있다. 하지만 사이버 범죄의 주요 목적은 공격 대상을 테러하는 게 아니라 금전적 이익이기 때문에 위와 같은 일이 발생하는 경우는 매우 드물다. 해커들은 공격 대상에게 불필요하게 과한 관심을 쏟는 것을 피한다. 공격이 실패할 수 있고, 강탈에 대한 협상이 실패로 돌아갈 수 있기 때문이다. 데이터 도용 강탈은 개인 및 기업에 유해한 결과를 초래하는 심각한 보안 및 개인 정보 침해 행위라고 할 수 있다.

사이버 범죄자가 데이터 도용 강탈을 시도하는 일반적인 방법은 멀웨어 공격이다. 허가받지 않은 악성 소프트웨어를 적용함으로써, 공격자는 피해자에게서 몸값을 받기 위해 데이터를 훔치거나 피해자가 데이터에 접근하지 못하게 막는다. 몸값 지불이 완료되면 데이터는 복구된다. 멀웨어가 데이터 도용에 유일하게 사용되는 침입 기술은 아니지만, 멀웨어는 데이터 도용 강탈에 쓰이는 중요한 요소다. 이 밖에도 다양한 방법으로 데이터를 도둑 맞을 수 있다. USB 드라이브, 이동용 하드 드라이브는 데이터를 도용하기 편하고 저렴하게 사용할 수 있는 기술이다. 한편, 메모리 카드와 개인 단말기는 내부에 있는 데이터를 훔치기 쉬운 구조로 되어 있다. 이메일 전송, 출력, 원격 공유 등도 불법 데이터 전송에 사용된다.

데이터 도용 강탈 방어

데이터 도용을 방지할 수 있는 시스템이 있다. 예를 들면 파일에 불법 접근 차단, 위험한 시스템과 기기의 주기적인 점검, 네트워크 사용 제한, 노트북 잠금, 생체 보안 장치 기능이 있는 보안 데이터 관리 시스템 등이다. 멀웨어 공격과 데이터 도용 강탈을 방지하는 가장 효과적인 방법은 기밀 정보, 민감 정보, 개인 정보를 암호화하고, 멀웨어 방지 소프트웨어를 사용하는 것이다.

모바일 강탈

초창기 사이버 공격은 윈도우 운영체제를 사용하는 컴퓨터를 대상으로 했지만, 안드로이드와 iOS 사용자도 점차 대중적인 사이버 범죄 대상이 되고 있다. 모바일 기기를 공격 대상으로 만드는 요소로는 개인 및 비즈니스 환경에서 모바일 기기에 대한 의존성, 모바일 기기에 저장된 개인 정보 및 개인 소유권, 무료 소프트웨어 시장에 보급되는 수많은 애플리케이션 등이 있다.

안드로이드

모바일을 대상으로 하는 사이버 위협은 대부분 안드로이드 소프트웨어를 사용하는 모바일 기기에서 발생한다. 안드로이드는 가장 인기 있는 모바일 소프트웨어 플랫폼이며, 모바일 사용자의 79%가 사용한다. 안드로이드는 모바일 개발자가 제작한 애플리케이션을 제출할 수 있는 구글 플레이에서 오픈소스 리눅스를 기반으로 동작하기 때문에, 상대적으로 멀웨어를 이용해 공격하기가 쉽다.

SMS 메시지, 개인 및 비즈니스 연락처, 달력 데이터 등 매우 민감한 데이터는 유출될 수 있고 사용자의 사생활을 위협할 수 있다. 게다가, GPS 센서 데이터를 이용하면 사용자의 동선을 추적하거나 모니터링할 수 있다. 또한 모바일 기기는 바이러스나 트로이 웜 같은 멀웨어 공격을 받을 위험이 있다.

 2015년 구글 안드로이드 보안 보고서(Google Android Security Annual 2015 Report)는 구글이 매일 수억 개의 기기와 설치된 애플리케이션 60억 개를 조사하고 점검해 사용자 보호 장치를 구현했다고 한다. 이 보고서는 멀웨어 위협이 전년도와 비교했을 때 감소한 사실을 발견했다. 이는 구글의 월간 보안 업데이트가 수행된 결과라 볼 수 있다. 또한 보안 업데이트를 통해 시스템에 있는 잠재적인 취약점이 제거됐다. 보고서에 따르면 안드로이드 사용자에게 가장 큰 위험이 되는 것은 잠재적으로 해로운 애플리케이션(PHA)을 설치하는 것이라고 한다.

모바일 안전에 대한 위협은 모바일 기기의 편의성에서 비롯되기도 한다. 이는 이용 약관을 읽는 상황과 비슷한데, 사용자가 T&A 매뉴얼을 거의 읽지 않는 것과 유사한 상황이라고 생각하면 된다. 이와 비슷하게, 사용자는 애플리케이션 인증서를 확인하지 않고 다양한 애플리케이션을 다운로드한다. 사이버 범죄자는 초대장 없이도 사용자의 관리를 악용하고 피해자의 정보를 현금화할 수 있다. 편의성과 관련된 또 다른 위협 요소는 사용자에게 멀웨어가 포함된 소프트웨어를 다운로드받도록 유도하는 서드파티 애플리케이션이다.

주목할 만한 안드로이드 랜섬웨어 사건

최근 안드로이드에 발생한 위협은 사람들에게 매우 인기가 높은 포켓몬고 게임의 가짜 버전을 통해 발생했다. 포켓몬고의 가짜 버전 중 하나는 안드로이드 기기에 원격으로 접근해 트로이 목마를 설치하고, 다른 하나는 포켓몬고 얼티밋이라는 가짜 잠금 화면 애플리케이션을 설치했다. 이때 설치된 애플리케이션은 사용자에게 기기를 재부팅하게 한 후, 백그라운드에서 동작하며 사용자가 알지 못하는 포르노 광고를 클릭하도록 한다.

모바일 멀웨어가 랜섬웨어 수준으로 성장하면서 디지털 강탈의 인기가 높아지고 있다. 안드로이드 기반의 트로이 목마인 마처Marcher는 영국의 주요 은행 고객을 대상으로 설계돼, 2013년 은행 인증서를 훔칠 수 있는 피싱 멀웨어로 처음으로 등장했다. 초창기 마처 트로이 목마는 가짜 지불 화면을 띄워 서비스형 멀웨어처럼 동작했다. 모바일 기기를 대상으로 하는 멀웨어 변종은 메시지를 탈취, 전송하고 사용자 모르게 전화를 거는 스파이웨어였다.

최근 트로이 목마 변종은 어도비 플래시 플레이어 같은 합법적인 앱을 통해 등장했는데, 전통적인 랜섬웨어가 동작하는 방식으로 잠금 기능이 있는 멀웨어처럼 동작한다. 이 트로이 목마는 러시아에서 최초로 나타났는데, 적어도 유럽 국가 내 40,000대가 넘는 안드로이드 기기가 감염됐다. 멀웨어는 사용자가 설치한 은행 애플리케이션을 모니터링하고, C&C 서버를 통해 피싱 파일을 다운로드하고, 동작하고 있는 애플리케이션에 업로드한다. 도난당한 정보는 사이버 범죄자가 사용자의 은행 계좌를 터는 데 사용된다. 트렌드 마이크로 사가 중국 시장을 분석해 최근 작성한 보고서(Gu, 2014)에 따르면 모바일 시장 규모가 클수록 위협도 커진다고 한다. 스마트폰은 전반적인 사이버 범죄와 디지털 강탈 분야에서 악용돼 실생활과 사이버 공간에서 범죄 행위를 벌이기에 가장 좋은 도구다. 사이버 범죄자는 직접적으로 모바일을 남용하는 방법과 간접적인 남용 방법을 찾는다. 모바일 기기는 강탈-몸캠 피싱 범죄뿐 아니라 민감한 정보를 미끼로 몸값이 지불되지 않으면 개인 사진과 동영상을 공개하는 방식으로 사용자의 성적인 부분과 사생활을 공격하기에 매우 효과적으로 사용할 수 있다.

iOS

랜섬웨어가 사이버 보안 분야를 더욱 위협하고 있기 때문에, 위협으로부터 안전한 운영 체제 플랫폼은 없다고 할 수 있다. 기존 랜섬웨어는 몸값이 지불될 때까지 파일 암호화나 화면 잠금으로 사용자 계정을 해킹하지만, iOS 기기를 대상으로 하는 랜섬웨어의 경우는 다르다.

iOS 플랫폼은 보안적인 면에서 '벽으로 둘러 싸인 정원'이라는 특성을 가지고 있다. iOS 의 이런 특성은 사용자로 하여금 애플 기기가 멀웨어 위협으로부터 안전하다는 생각을 갖게 했다. iOS보다 안드로이드 플랫폼 사용자에게 더 많은 위협이 존재한다는 점은 사실이지만, 과거의 사건을 통해 iOS 소프트웨어가 보안과 개인 정보 유출 위험으로부터 100% 안전할 수 없다는 것을 확인할 수 있다. 2014년 카스퍼스키^{Kaspersky} 연구소는 OS X 멀웨어의 위협이 2003년부터 급격하게 증가해 현재 3,600% 증가했다고 말한다. 증가의 원인이 개인 및 비즈니스에서 사용하는 iOS 기기의 수가 증가했기 때문이라는 가정은 틀린 말은 아니다. 모바일 시장 내 iOS 사용자의 비율은 크지 않지만, 사용자는 새로운 기기와 관련 애플리케이션을 구매하려는 경향을 보이고 있다. 이런 점이 iOS 사용자를 잠재적인 공격 대상으로 만든다.

주목할 만한 iOS 랜섬웨어 사건들

iOS 사용자는 iCloud를 통해 계정을 관리한다. iOS 기반 랜섬웨어 사건 중 사이버 범죄자가 iCloud 계정을 해킹해 연결된 기기에 접근한 사건이 있다. 2016년 2월 사이버 공격으로 4천만 대 이상의 기기가 악성 소프트웨어에 감염됐고, iCloud 계정이 탈취돼 사용자의 기기가 잠겼다.

 해커가 사용자의 계정을 탈취하면 기존 암호를 변경하고 '내 아이폰(iPhone) 찾기' 기능 중 전화 잠금 기능을 설정해 개인 소유의 iOS 기기를 즉각 잠근다. 또한, 같은 기능을 이용해 몸값 메시지를 보내고, 공황에 빠져있는 피해자에게 50달러를 지불해야 기기를 다시 사용할 수 있을 것이라고 속였다.

실제 공격을 받은 아이폰 사용자는 iOS 기반 기기에서 특정 잠금 화면을 보게 된다. 기존의 잠금 화면인 밀어서 잠금 해제 슬라이드 대신 계정이 손상됐다는 알림이 뜬다. 실제 경고에는 기기가 잠겼으니 50달러의 몸값을 지불하면 잠금이 해제될 것이라는 메시지가 담겨 있었다. 메시지의 끝에는 이메일 주소 helpappledevice@gamil.com이 적혀 있다. 사용자는 패스 코드로 기기의 잠금을 해제하고, 실제로 기기를 소유하고 있음을 증명해 위협에 대처할 수 있지만, 겁을 먹고 범죄자에게 50달러를 지불한 사용자도 있었다.

그렇지만 해커가 기기에 있는 데이터를 삭제할 수 있는 관리자 권한을 가지고 있기 때문에, 아이폰이나 아이패드iPad에 있는 데이터를 삭제할 수 있다는 점을 기억해야 한다. iCloud 계정의 암호를 변경해 해커가 기기에 접근하지 못하게 차단하는 것이 위와 같은 위협을 막을 수 있는 추가 보호 조치다.

몸캠 피싱

사이버 범죄자는 피해자가 수치심을 느끼게 하는 비열한 방법으로 금전적 이득을 챙기려고 한다.

 성적 강탈 행위, 몸캠 피싱(sextortion)은 해커가 컴퓨터, 전화기, 웹캠 등을 통해 개인의 사진, 영상 등을 훔쳐, 피해자에게 돈을 주지 않으면 사진과 영상을 온라인에 배포하겠다고 협박하는 행위다.

해커는 다양한 방법으로 개인의 사진이나 영상 같은 디지털 매체를 얻을 수 있다. 예를 들어, 피해자와 연인 사이였던 사람이 피해자의 사진을 제3자들과 공유할 수 있다. 또 다른 방법으로는, 피해자가 자신의 사진을 개인적으로 전송하도록 유혹하거나 압박할 수 있다. 또한, 해커가 피해자의 온라인 계정을 탈취해 사진을 훔치거나 원격 접근 트로이 목마를 감염시켜 피해자의 컴퓨터를 원격으로 제어할 수도 있다.

몸캠 피싱으로 인해 피해자가 받는 충격은 피해자의 삶을 완전히 파괴할 정도로 크다. 전세계에서 발생한 몸캠 피싱 결과에 대한 인터폴의 보고서를 보면, 피해자는 자살 또는 심각한 자해를 저지른다고 한다. 피해 사실을 알리고 싶지 않은 몸캠 피싱 범죄의 성격을 고려하면, 피해자가 범죄자에게 몸값을 지불하고 범죄 사실을 신고하지 않는 경우가 많아서 범죄율을 정확히 알 수는 없다. 범죄의 대상이 미성년자일 때, 이런 범죄는 더욱 위험할 수 있다.

비극적인 결과와 공공 보도를 통해, 15살의 캐나다 소녀 아만다 토드(Amanda Todd)의 사건은 취약 계층의 미성년자에게 몸캠 피싱 범죄가 발생했을 때 얼마나 충격적인 결과를 초래하는지 알려준다. 아만다의 나체 사진이 온라인에 퍼지면서 충격적인 사이버 폭력은 끝났다. 범죄자의 성적 취향으로 자행된 범죄로 인해 2012년 아만다는 15살이라는 어린 나이에 자살을 했다. 이 사건을 통해 대중은 몸캠 피싱이라는 범죄에 관심과 분노를 보였고, 아만다는 이후 '세상을 깨운 소녀'로 알려졌다.

아이들의 가치는 돈으로 환산할 수 없을만큼 매우 귀하다. 2016년 미국 아동 착취 방지 및 차단 정의 국가 전략 기관에서 조사한 결과, 조사 응답자의 60%가 몸캠 피싱이 증가했다고 답했다. 아이들은 몸캠 피싱 범죄로 인해 고통받을 뿐 아니라 후에는 자해 행위, 우울증, 학업 중단, 낮은 성적, 자살 또는 자살 시도 같은 증상을 보인다.

당연한 것이겠지만, 이런 위협으로부터 안전할 수 있는 가장 쉬운 방법은 개인적인 사진이나 영상을 찍지 않는 것이다. 개인 사생활을 지킬 수 있는 확실한 방법이 없기 때문이다. 하지만 그다지 효과적인 방법은 아니다. 사람의 행동 방식이 하루 아침에 바뀔 수 없기 때문에, 암호화 보호 메커니즘을 연구하고 몸캠 피싱 범죄에 대한 인식을 재고하는 것이 더 합리적인 방법이다.

강도 높은 협박을 가하는 범죄자는 종종 조직적으로 범죄를 저지른다. 이런 유형의 몸캠 피싱 범죄는 범죄자가 조직적으로 네트워크상에서 많은 희생자를 목표로 한다. 몸캠 피싱을 통해 피해를 입히는 방법은 무궁무진하다. 몸캠 피싱 범죄 조직은 콜센터 같은 비즈니스 센터에서 웹 사이트, 소셜 미디어, 데이팅 애플리케이션, 웹캠 탈취, 성인 포르노 사이트를 통해 범죄를 저지른다. 피해자가 많아질수록 범죄자의 수입도 증가하게 된다. 디지털 세계에 처음으로 나타난 몸캠 피싱은 새로운 범죄 방식이 아니라는 점에 주목해야 한다. 온라인에 있는 자료와 커넥티비티 시대의 강탈 용이성은 사이버 범죄자가 새로운 방식으로 범죄를 저지르는 데 도움이 된다.

몸캠 피싱 기술

몸캠 피싱 공격은 다양한 방법으로 이뤄진다. 범죄자가 피해자에게 매력적인 사람처럼 접근해, 피해자의 신뢰를 얻고 성행위나 나체 사진과 영상을 제작한다. 그 후, 몸값을 주지 않으면 피해자의 자료를 온라인에 유포하거나 피해자의 가족, 친구에게 배포한다고 협박한다.

파렴치한 몸캠 피싱 범죄 중 하나는 피해자와 범죄자의 성행위에 아동이 나오는 경우에 발생한다. 이런 경우 피해자는 사법 기관에서 발신한 것으로 보이는 경고를 받으며, 일정 금액의 벌금을 지불해야 한다는 협박이나 이와 관련된 수사가 재기될 것이라는 협박을 받는다. 당연한 얘기지만, 경찰은 이런 방식으로 일하지 않는다. 하지만 감정적으로 혼란스럽고 공포를 느끼는 순간 피해자는 범죄자에게 굴복하여 당혹감을 해소하고, 기소를 피하기 위해 범죄자에게 돈을 주게 된다. 특정 상황에서는, 피해자는 신용카드 정보를 제공하는 성인 사이트에 회원으로 등록될 수 있다.

범죄 대상을 정하는 일반적인 방법은 없다. 범죄 대상을 물색하는 방법을 찾는 유일한 방법은 범죄 조직의 방식을 확인하는 것이다. 범죄 조직은 스케터샷scatter-shot이라는 사진 기법을 사용해 범죄 대상의 범위를 확장한다. 인터폴은 범죄자들이 범죄 대행사를 모집하고 최고의 범죄자에게 보너스를 제공하는 방식으로 일한다는 사실을 확인했다. 몸캠 피싱은 피해자가 범죄 신고를 꺼려하기 때문에 위험이 낮고, 고수익을 올릴 수 있는 범죄다. 범죄자는 이 사실을 누구보다 잘 알고 있으며, 몸캠 피싱 범죄 행위를 신고하지 않은 피해자에게 받은 평균 몸값을 몸캠 피싱 몸값으로 책정한다. 몸캠 피싱의 평균 몸값은 500달러 정도지만, 수천만 달러의 몸값을 받은 사례도 있다.

몸캠 피싱 같은 강탈 행위에 도움이 되는 환경은 의사소통과 신뢰에 의해 생성된다. 범죄자가 진짜 소셜 네트워킹 연락망을 모방할 때, 소셜 네트워크에 특정한 위협이 발생한다. 인터폴은 몸캠 피싱 범죄 조직이 주요 공격 대상으로 삼은 곳은 영국, 미국, 호주, 싱가폴, 홍콩, 인도네시아, 말레시아 같이 영어를 모국어로 사용하는 국가라고 말한다. 몸캠 피싱 범죄는 불어권 국가인 아프리카와 프랑스에서도 발생한다. 극동 아시아에서 발생하는 몸캠 피싱 사건은 일본, 대한민국, 필리핀을 대상으로 하며, 피해자가 아시아 문화권의 규범과 가치를 어겼을 때 느끼는 굴욕감을 이용한다.

버그 포칭

버그 포칭Bug poaching의 본질을 이해하기 위해, 범죄자가 피해자의 보안 감각을 공격하는 사이버 범죄 시나리오인 버그 포칭의 특수한 본질을 설명한 IBM의 비유를 빌려왔다. 비유하자면 버그 포칭은 가택 침입자와 비슷하다. 여기서 가택 침입자는 특이하게도 집에 들어와 물건은 훔치지 않고, 개인 물품 사진만 찍는다. 그 후에 어떻게 침입했는지 알고 싶으면 돈을 달라고 요구하는 메시지를 보낸다. 메시지에는 도둑질에 관한 내용은 없고 집의 보안 취약점에 대한 내용만 들어있다. 버그 포칭은 해커가 피해자의 집이 아닌 회사 데이터 네트워크에 있는 중요한 비즈니스 데이터에 침입했을 때 발생한다. 버그 포칭 범죄자는 실제로 데이터 시스템의 취약점을 찾아낸 후 많은 돈을 받고 그 결과를 피해자에게 공개한다.

버그 포칭 범죄자는 좋은 의도로 시스템의 취약점을 알려주는 것이라고 주장한다. 하지만 이것은 버그 포칭의 진정한 모습이 아닌 거짓된 모습이다.

사이버 범죄자는 피해자의 웹 사이트 내 결함을 찾아 버그 포칭을 시작한다. IBM 보안 팀은 버그 포칭에 사용되는 주요 공격 기법을 SQL 인젝션Injection으로 가정한다. 이때 공격자는 결함을 찾기 위해 출시되기 직전의 침투 테스트 도구를 사용한다고 가정한다. 범죄자는 민감하고 개인적인 데이터와 정보를 갈취해 클라우드 스토리지에 저장한다. 이 단계가 마무리되면, 피해 기업에게 기업 네트워크 내 침입 정보가 있는 클라우드 스토리지에 접속할 수 있는 링크와 데이터가 도난됐다는 내용이 담긴 이메일을 보낸다. 마지막으로 해커는 데이터를 도난당한 시스템의 결함 정보를 주는 대가로 몸값을 요구한다. 공격자는 데이터를 안전하게 보관했고 대중에게 공개한다는 위협을 하지 않는다고 주장하지만, 그 주장은 굉장히 의심스럽다. 피해자는 범죄에 사용된 클라우드 스토리지가 안전한지, 이후 범죄자가 데이터를 유출하지 않을지 어떤 보장도 받을 수 없다.

기업이 몸값을 지불하면 취약점의 가치를 알 수 있게 된다고 주장하는 전문가도 있다. 하지만 바보 같은 주장이다. 먼저, 공격자는 약속과 지불 여부에 관계없이 취약점에 대한 정보를 제공하지 않을 수도 있다. 또한 처음으로 발생한 버그 포칭이 마지막이라고 보장할 수도 없다. 몸값을 지불하면 희생자는 사이버 범죄자에게 강탈을 위한 편리한 통로를 제공하는 것과도 같다. 가장 좋은 방법은 사건이 발생하기 전에 정기적으로 취약점을 점검하고, 침입 테스트, 웹 방화벽 등의 강력한 침입 차단 메커니즘을 적용하는 것이다. 버그 포칭이 데이터 강탈 공격보다 덜 악의적인 것처럼 보이지만, 기업은 버그 포칭을 심각하게 인식해 전략적으로 방지해야 한다.

기업을 대상으로 하는 강탈

랜섬웨어와 관련된 변종 사이버 범죄 중 하나는 기업을 대상으로 하는 강탈이다. 기업을 대상으로 하는 강탈은 주로 대기업을 대상으로 부정적인 온라인 리뷰, 비즈니스 관련 저작물에 대한 불만, 전화 통화 방해, 부적절한 배포 등을 통해 기업의 평판을 떨어뜨린다.

 기업을 대상으로 한 강탈 중 눈에 띄는 사건은 2014년 도미노 피자의 데이터 도용 강탈 사건이다. 이 사건에서 렉스 문디(Rex Mundi)라는 해커 조직은 592,000명의 프랑스 고객과, 50,000건의 벨기에 고객 정보에 접근했고, 30,000유로를 내지 않으면 데이터를 공개하겠다고 위협했다.

기업을 대상으로 하는 강탈로 분류되더라도, 다른 유형의 사이버 범죄와 동일한 특성을 가진다. 해커는 일반적으로 신용카드 정보, 주민등록번호 같은 고객의 민감한 정보를 목표로 하며, 기업에게 이런 기록을 블랙마켓에 팔아버리겠다고 협박한다. 피해자와 직접 소통하려는 사이버 범죄자도 있지만, 이런 경우 범죄의 주요 목표는 대기업과 공공 및 민간 조직이다.

▎ 랜섬웨어

1996년 아담 영^{Adam Young}과 모티 융^{Moti Yung}은 컬럼비아 대학에서 최초로 랜섬웨어를 학술적 수준으로 구현했다.

첫 번째 랜섬웨어 공격은 크립토바이럴^{Cryptoviral} 강탈, 제로이제이션^{Zeroization}, 하이브리드 암호화 프로세스를 기반으로 했으며, 키 쌍을 포함하는 실제 시나리오의 기본을 모방한 실험실의 데모 버전을 통합했다.

10년 정도 지난 후, 영과 융은 악성 코드가 컴퓨터 시스템에 잠입한 후 동작하는 방법에 관한 책 『Malicious Cryptography : Exposing Cryptovirology(John Wiley & Sons 출판사, 2004년)』을 출간했다. 영과 융은 서문에서 이 책은 사이버 범죄자에게는 비판의 의미를, 보안 전문가에게는 경고의 의미를 담고 있다고 했다.

저자들이 랜섬웨어에 대해 언급한 경고의 말은 실제 랜섬웨어의 진정한 성격과 공포에 미치지 못한다.

> "랜섬웨어는 실제로 여러분의 파일을 암호화한다. 랜섬웨어는 컴퓨터를 인질로 잡고 강탈자가 만들어 놓은 통신 채널 이외에는 어떤 것에도 접근할 수 없게 한다."

수많은 종류의 멀웨어가 알지 못하는 사이에 컴퓨터와 모바일 기기의 백그라운드에서 동작하지만, 랜섬웨어는 멀웨어와 달리 조용히 있지 않는다. 일반적으로 해체 코드와 특정 금액의 돈이나 비트코인과 교환할 것을 메시지로 보낸다.

몸값은 그저 용돈 수준의 금액이 아닌 100달러에서 1,000달러 사이가 된다. 강탈이 지속되는 방식은 디지털 세계와 현실 세계가 크게 다르지 않다. 협박 공격이 끝났다고 해서 협박이 다시는 발생하지 않는다는 보장은 없다. 또 다시 랜섬웨어에 감염되면 몸값은 증가할 것이다. 멀웨어의 침투 능력이 커지면 컴퓨터에 있는 백신의 방어 능력을 무용지물로 만들 수 있다.

새로운 랜섬웨어는 멀웨어 방지 소프트웨어와 함께 발전한다. 요즘 가장 유명한 암호화 랜섬웨어는 크립토락커CryptoLocker다.

크립토 랜섬웨어

크립토Crypto 랜섬웨어는 사용자 시스템에 멀웨어 코드를 주입해 사용자의 파일과 데이터를 잠근다. 일반적으로 FLV, PDF, RTF, MP3, MP4, PPT, CPP, ASM, CHM, TXT, DOC, XLS, JPG, CGI, KEY, MDB, PGP 같은 확장자를 가진 파일과 데이터가 대상이 된다.

크립토 랜섬웨어나 데이터 로커Locker는 백그라운드에서 조용히 목표 파일을 찾는다. 이때 사용자의 운영체제와 애플리케이션은 정상적으로 작동해서, 사용자는 랜섬웨어나 데이터 로커가 시스템 내부에 있을 것이라는 의심을 하기 어렵다. 멀웨어는 파일과 데이터를 암호화하면서 시스템 기능을 서서히 잠식해간다. 몸값이 지불되고 해독키를 교환하기 전에 사용자가 파일에 접근할 수 있는 방법이 없다.

로커 랜섬웨어

로커Locker 랜섬웨어는 키보드와 마우스를 잠궈 컴퓨터나 모바일 기기 접근을 차단시킨다. 화면에서 알림을 깜빡이며, 멀웨어는 마우스와 숫자 키의 기능을 제한해 사용하게 하고, 사용자가 복구된 데이터에 정상적으로 접근할 수 있을 때, 몸값을 입력할 수 있다. 데이터 로커 멀웨어와는 달리, 로커 랜섬웨어의 좋은 점은 시스템을 기존 운영 모드로 유지하고 파일을 손상시키지 않는다는 것이다.

랜섬웨어 전파 기술

랜섬웨어가 컴퓨터를 감염시키는 방법은 여러 가지다. 사용자가 손상된 웹 사이트를 클릭하면 기기가 감염될 수 있다. 크립토락커 멀웨어는 감염된 이메일에 파일을 첨부해 시스템을 감염시킨다. 악성 광고의 형태로 동작하는 멀웨어는 악성 콘텐츠가 포함된 광고를 클릭하거나 페이지를 탐색할 때 시스템을 감염시킨다. 또한, 대다수 멀웨어 변종이 구형 소프트웨어 버전의 취약점을 공격 대상으로 삼고 있어, 오래된 소프트웨어는 더욱 위험하다.

바르다위Bhardwaj, 아바스시Avasthi, 사스트리Sastry, 슈브라만얌Subrahmanyam이 2015년에 작성한 보고서 『Ransomware: A Rising Threat in a New Age Digital Extortion』에는 랜섬웨어 전파 방법과 더불어 범죄자가 악성 소프트웨어를 시스템에 주입했을 때, 보호 기술이 수행하는 일반적인 행동을 기술했다.

트래픽 리디렉션

트래픽 리디렉션traffic redirection은 사용자를 악성 서버로 리디렉션하는 고전적인 미끼 기술 중 하나다. 범죄자는 무료 애플리케이션 업그레이드 또는 감염을 유발하는 게임의 다운로드 서비스를 제공해 피해자를 속인다. 그다음, 악성 사이트는 피해자의 운영체제에 있는 취약점을 조사하고 공격하는 동안, 다운로드된 게임 애플리케이션이 실행돼 악성 멀웨어를 설치한다.

이메일 첨부 파일

이메일은 사용자를 악성 콘텐츠로 유인하는 가장 잘 알려진 전형적인 방법이다. 멀웨어가 포함된 웹 사이트의 링크를 클릭하거나 상대방이 보낸 이메일의 첨부 파일을 여는 방식을 통해, 멀웨어는 사용자 시스템, 일반적으로 기설치된 이메일 서버의 제어권을 탈취한다. 악성 이메일은 친구나 공공 기관에서 보낸 메시지로 가장해 수신된다. 일반적으로 악성 소프트웨어는 이메일에 첨부된 파일에 포함돼 공공 기관에서 보내는 것처럼 가장해 사용자 시스템에서 수신된다.

봇넷

봇넷^{botnet}은 2단계로 동작한다. 봇넷은 시작 단계에는 악성 코드가 포함돼 있지 않다.

1. 봇넷은 사용자 시스템에 숨어서 움직인다. 봇넷은 합법적인 애플리케이션이나 게임으로 가장해 다운로드되고 정기적으로 작동한다.
2. 그 후 봇넷은 악성 소프트웨어를 다운로드한다.

사회 공학

어떤 멀웨어는 사용자의 아웃룩^{Outlook} 주소록과 전화번호 목록을 대상으로 해, 감염된 이메일이나 SMS을 보내서 다른 사용자의 시스템을 감염시키는 방법으로 전파된다. 사용자는 랜섬웨어가 잘 알려진 합법적인 곳에서 오는 것이기 때문에 아무런 의심없이 수신한다. 이런 이유로 사회 공학^{social engineering} 기법은 전염성이 매우 크다.

서비스형 랜섬웨어(RaaS)

악명 높은 멀웨어인 직소^{Jigsaw}와 스탬파도^{Stampado}는 서비스형 랜섬웨어^{RaaS, Ransomware-as-a-Service} 범주에 속한다. 재능이 있고, 경험과 지식이 풍부한 프로그래머는 다크 웹에서 악성 소프트웨어를 판매하며 사이버 범죄자가 된다. 사이버 범죄는 마피아 같은 특성을 바탕으로 누구나 멀웨어 패키지를 구매할 수 있고 피해자에게 몸값을 요구할 수 있으므로, 프로그래머와 아마추어 사이버 범죄자가 비트코인을 강탈해 피해자에게서 불법 수익을 얻을 수 있다.

랜섬웨어의 진화

유명한 랜섬웨어는 약 10년 전 러시아에서 처음 발생했다. 초기 랜섬웨어는 DOC, XLS, JPG, ZIP, PDF 등의 널리 사용되는 특정 파일 유형과 확장명의 파일을 암호화했다. 다음에 발생한 랜섬웨어는 사이버 범죄자들이 가짜 바이러스 백신 프로그램과 잘못된 애플리케이션의 파괴적인 하위 범주의 적용을 시작한 2008년과 2009년 사이에 발생했다. 2011년과 2012년에는 사이버 범죄자들이 점차 가짜 백신 프로그램 도구로부터 경찰 랜섬웨어와 암호 랜섬웨어를 포함한 침범용 강탈 행위까지 가담했다.

통계로 보는 랜섬웨어의 진화: 불법 애플리케이션에서 암호화 랜섬웨어로의 전환

지난 10년 동안 특정 랜섬웨어 변종의 인기는 변동을 거듭했다. 이런 변화에도 랜섬웨어 변종은 시간이 흘러도 비율의 차이는 있어도 어느 정도 남아있었다.

처음 몇 년 동안은 멀웨어의 절반 이상이 잘못된 애플리케이션에서 유래됐지만, 나머지 멀웨어는 암호화 랜섬웨어의 모습을 갖췄다.

몇 년 후, 악성 애플리케이션은 전체 랜섬웨어 시장의 대부분을 차지했고, 종종 암호화 랜섬웨어와 함께 새롭게 나온 가짜 바이러스 백신 소프트웨어가 여기 저기서 나타났다. 지난 몇 년 동안 암호화 랜섬웨어가 급속히 성장해 주류 랜섬웨어가 되어 상황이 크게 바뀌었다.

스파이셰리프

스파이셰리프SpySheriff는 가짜 안티바이러스의 변종으로 자체 웹 사이트에 게재해, 가짜 멀웨어 감염을 실제처럼 보고했다. 스파이셰리프에 감염되면, 컴퓨터의 배경 화면은 랜섬웨어 메시지를 담은 죽음의 블루스크린으로 바뀐다. 사용자가 스파이셰리프를 제거하려고 하면, 가짜 멀웨어가 재설치된다는 메시지를 표시한다.

지피코더

지피코더GPcoder 트로이 목마는 2005년 5월 러시아에서 나왔다. 이 트로이 목마는 암호화 키와 복호화 키가 같은 대칭 키 암호화 알고리즘을 적용해 형편없는 자체 제작 암호화 기술을 구현했다.

크라이집

다음 해에 발생한 사건에 TROJ_CRYZIP.A라는 버전의 랜섬웨어가 들어있었다. 크라이집Cryzip 멀웨어는 특정 파일 유형을 압축하고, 원본 파일을 덮어 쓰며, 파일을 복구하고 싶으면 300달러를 달라는 랜섬웨어 메시지가 담긴 텍스트 파일을 생성한다. 사용자의 시스템에는 암호가 걸려 있는 ZIP 파일만 남게 된다.

아카비어스

아카비어스Archiveus 트로이 목마는 2006년에 크라이집과 함께 나타났다. 아카비어스는 암호로 보호된 보관 파일을 사용했지만, 금전적인 보상은 요구하지 않았다. 이런 이상한 상황에서 피해자는 지정된 약국 URL에서 인터넷을 통해 의약품을 구입하고 주문 ID 번호를 제출해야 보관된 파일의 복호화 키를 얻을 수 있었다.

Randsom.C

최초의 순수 컴퓨터 잠금 멀웨어인 Randsom.C 트로이 목마는 2008년 초에 발견됐다. 이 멀웨어는 컴퓨터를 잠그고, 불법 보안 메시지를 보내고, 보안 소프트웨어 라이선스를 갱신하기 위해 프리미엄 요금이 붙는 번호로 전화를 하라고 요청한다.

SMS 랜섬웨어

2011년, TROJ_RANDOM.QOWA는 멀웨어에 감염된 컴퓨터 사용자에게 돈을 강탈하기 위해 프리미엄 전화번호를 사용한 랜섬웨어 변종이다. 사용자가 지정된 전화번호로 전화를 하기 전까지 사용자에게는 반복되는 랜섬웨어 페이지만 나타난다.

MBR 랜섬웨어

러시아에서 발생한 유명한 랜섬웨어 중 하나로 MBRMaster Boot Record이 있다. 이 랜섬웨어는 운영체제에 있는 MBR을 공격하고, MBR의 업로드를 차단했다. 이 멀웨어는 원본 MBR을 복사하고, 기존 MBR 자리에 악성 코드를 주입한다. 러시아어로된 알림이 화면에 나오는 동안, 시스템이 강제로 재시작되면서 감염이 확산된다.

랜섬웨어의 부상

랜섬웨어는 수익성 있는 비즈니스 모델로 변했다. 2012년 3월까지, 랜섬웨어 감염은 유럽 전역에서 시작해 북아메리카까지 퍼져나갔다.

랜섬웨어의 새로운 특성은 일반적인 몸값 메시지 대신, 사법 기관이 보낸 첫처럼 꾸민 알림 페이지를 보여주며 사용자를 위협했다는 점이다. 초기 사기성 법률 멀웨어 변종은 레베톤 및 경찰 랜섬웨어로 알려져 있었다.

 이 시기 주목할 만한 사례는 인기 있는 온라인 프랑스 제과산업 웹 사이트 Laduree.fe가 TROJ_RANSOM.BOV에 의해 피해를 입은 것이다. 랜섬웨어 공격 목표가 될 가능성이 낮은 유명한 케익, 패스트리 가게가 공격을 받았다는 사실은 누구나 사이버 공격의 희생자가 될 수 있음을 상기시키는 좋은 예다.

이 멀웨어는 프랑스와 일본 기업의 온라인 웹 사이트를 감염시키기 위해 워터홀 전략을 사용했다. 랜섬웨어는 프랑스 경찰(Gendarmerie Nationale)이 보낸 것으로 가장한 메시지를 보여줬다. 이 공격은 블랙홀 킷을 이용했다. 이 멀웨어 유형은 이전에 다른 사법 기관(독일 BundenPolizei)을 가장하는 데 사용된 멀웨어와 같은 유형에 속한다.

경찰 랜섬웨어: 레베톤

레베톤^{Reveton}은 피해자의 지리적 위치를 추적해, 그 지역의 국가 사법 기관을 사칭하는 경찰 랜섬웨어 중 하나다. 경찰 랜섬웨어 또는 경찰 트로이 목마는 피해자에게 현지 경찰로부터 불법 온라인 활동 혐의로 적발됐다고 알리는 통지문을 보여주는 것으로 악명이 높다.

 2012년 산초(Sancho)와 헤퀘보드(Hacquebord)가 레베톤을 심층분석한 결과, 레베톤이 지리적 위치를 이용해 해당 지역의 사법 기관을 확인한다는 사실을 알아냈다. 또한 대체로 독일, 스페인, 프랑스, 이탈리아, 벨기에, 영국, 오스트리아에 있는 사용자들이 영향을 받는다는 사실도 알아냈다. 이와 같이, 레베톤 트로이 목마는 전 세계적으로 영향을 끼쳤다. 미국에 있는 피해자는 미국의 FBI에게 통지문을 받은 것처럼 보이지만, 프랑스에 있다면 프랑스 헌병에게 통지문을 받은 것처럼 보이게 된다.

레베톤의 특징은 공격 시, 이전 공격에서 사용한 지불 방법과 다른 지불 방법을 적용한다는 것이다. 레베톤에 감염된 시스템을 복구하고 치료하려면 반드시 유럽 내에 있는 신문 가판대, 주유소, 약국, 특정 키오스크에서 우카시, 페이세이프카드, MoneyPak-payment 바우처를 구입해 몸값을 지불해야 한다. 범죄자는 이런 방법을 통해 자신을 추적하기 어렵게 만든다.

2012년 후반 레베톤 변종들이 나타났다. 하나는 강탈 메시지를 피해자의 모국어로 녹음하는 오디오 녹음 기법을 사용했고, 다른 하나는 가짜 디지털 서명과 인증서를 사용했다.

패치된 멀웨어

패치된 멀웨어는 악성 코드 추가나 주입을 통해 수정된 합법적인 파일이다. 사이버 범죄자를 위한 합법적 파일 수정의 이점은 파일 사용 빈도에 있다. 파일이 많이 사용될수록 악성 코드가 실행될 기회가 많아진다.

암호화 랜섬웨어의 재출현

2013년 들어 암호화 랜섬웨어가 다시 주목을 받았다. 낮은 수준의 사회 공학과는 달리, 암호화 랜섬웨어는 무엇을 원하는지 명확하게 보여준다. 암호화 랜섬웨어는 훔친 데이터를 대가로 몸값 지불을 요구하는 명확한 강탈 메시지를 보여준다. 변종 암호화 랜섬웨어는 기존에 통용되던 몸값을 올리고, 강탈 행위를 비즈니스 수준으로 확대했다. 일반적인 몸값은 컴퓨터 1대당 300달러다. 다수의 컴퓨터가 연결된 대규모 컴퓨터 네트워크를 사용하는 비즈니스 환경에서 고급 수준의 암호화 랜섬웨어의 영향력을 계산해보면, 암호화 랜섬웨어를 이용해 대기업을 대상으로 하는 범죄를 선호한다는 점은 명백하다.

크립토락커

2013년 최신 멀웨어는 파일을 암호화하고 시스템을 잠그는 두 가지 범죄 행위를 동시에 했다. 이런 방법으로 공격을 받은 단체는 멀웨어를 제거하기 위해 몸값을 지불해야 했다.

크립토락커라고 하는 랜섬웨어 변종은 피해자의 배경 화면에 경고문을 출력한다. 정해진 시간 내에 지정된 링크를 클릭해 몸값을 지불하지 않으면 크립토락커가 복호화 키를 파괴한다는 내용이 경고문에 담겨있다. 복호화 키가 파괴되면 파일에 접근할 수 없게 될 뿐만 아니라 파일도 손상된다. 제시간에 복호화 키를 이용하지 않으면 파일을 영원히 잃게 된다. 그렇게 되면 피해자는 패닉에 빠진다.

크립토락커 몸값 공지는 RSA-2048 암호화 방식을 사용한다. 하지만 실제 랜섬웨어는 AES 암호화 알고리즘과 RSA 암호화 알고리즘의 조합을 사용한다. RSA 암호화 알고리즘은 비대칭암호화 기법이다. RSA 암호화 알고리즘은 개인 키와 공개 키를 사용해 데이터를 암호화하고 복호화한다. 공개 키는 누구나 사용 가능하지만, 개인 키는 개인만 사용할 수 있다. AES 암호화 알고리즘은 대칭 키를 사용한다. 데이터 암호화와 복호화에 같은 키를 사용한다. 크립토락커는 AES 알고리즘을 이용해 파일을 암호화한다. 여기에 사용된 키는 RSA 공개 키로 암호화되고, 복호화에는 개인 키를 사용한다.

TROJ_UPATRE

크립토락커는 TROJ_UPATRE 악성 첨부 파일이 포함된 스팸 메시지를 통해 전파됐다. TROJ_UPATRE는 지봇ZBOT 변종 멀웨어를 다운로드하는 상대적으로 작고 간단한 멀웨어 유형에 속하며, 지봇을 다운로드 후 크립토락커 멀웨어를 다운로드한다.

WORM_CRILOCK.A

WORM_CRILOCK.A는 2013년에 출현했고, 예전보다 개선된 방법을 통해 확산됐다. 이 유형은 이전 CRILOCK 변종에는 적용할 수 없었던 이동식 드라이브를 통해 전파됐고, 피어 투 피어 파일 공유 사이트에 있는 소프트웨어 액티베이터로 가장했다.

크립터비트

크립터비트Cryptorbit 또는 크립토디펜스CryptoDefense는 TROJ_CRYPTRBIT.H로 검출됐다. 데이터베이스에서 나온 바이너리 형식이 아닌 파일인 웹, MS 오피스, 동영상, 이미지, 스크립트, 텍스트 등을 암호화할 뿐 아니라 백업 파일을 삭제한다.

암호 화폐 탈취

암호 화폐 탈취Cryptocurrency theft는 2014년 비트크립트BitCrypt라는 이름의 새로운 멀웨어로 출현했다. 이 멀웨어는 암호 화폐 지갑에서 자산을 훔쳤다.

알려진 비트크립트의 변종은 다음과 같다.

- TROJ_CRIBIT.A: 암호화된 파일에 .bitcrypt 확장자를 추가하고 오직 영어로만 작성된 몸값을 표시하는 랜섬웨어다.
- TROJ_CRIBIT.B: 파일 이름에 .bitcrypt2 확장자를 추가하고 몸값 통지에 10가지 언어를 제공한다.

앵글러 익스플로잇 킷

앵글러Angler 익스플로잇 킷은 2015년 등장과 동시에 큰 인기를 얻었고, 통합이 쉽다는 이유로 아직도 사용되고 있다. 앵글러는 대중적인 뉴스 및 미디어 웹 사이트를 통해 연속적인 악성 광고 공격에 사용됐다. 앵글러는 유명한 해킹 캠페인 해킹 팀Hacking Team과 폰 스톰Pawn Strom에 도입됐고, 여러 플래시Flash 익스플로잇을 포함하기 위해 지속적으로 업데이트를 하며 기능을 유지했다.

2016년의 랜섬웨어와 그 이후

2016년 랜섬웨어는 가격 변동성, 대체 지불 관문, 지불을 하지 않는 피해자를 향한 공격적인 결과 등 정교한 특성을 추가 구현하면서 계속해서 발전하고 있다. 카운트다운 타이

머 및 감염은 새로운 배포 방법으로 네트워크와 서버에 퍼진다. 다음은 2016년에 발생한 랜섬웨어다.

록키

록키Locky는 2016년 2월 랜섬웨어의 세계에 나타났다. 록키는 특별한 배포 방식과 의료 시설 공격 관련성으로 유명했다. 같은 달, 병원 근무자를 내부 비상 상황에서 일하도록 만든 미국 켄터키 주, 헨더슨에 있는 감리교 병원 공격 뒤에는 록키 랜섬웨어가 있었다.

 록키의 첫 번째 사례는 워드 문서의 매크로로 나타났다. 록키는 합법적인 청구서 이메일로 위장해 사용자 시스템에 침입했다. 위장된 청구서 이메일에는 ATTNL Invoice J-98223146 이라는 제목의 악성 매크로 첨부 파일이 포함돼 있었다.

록키는 꾸준한 업데이트를 통해 새로운 버전을 내놓는 가장 유명한 변종 멀웨어 중 하나다. 록키는 셰도우 복사본을 삭제해 백업 파일로 사용할 수 없게 만들어 시스템에 손상을 입힌다. 록키의 주목할 만한 사항으로는 키 파일에 .locky라는 확장자를 붙인다는 점이다. 파일은 뒤죽박죽이 되고, 파일 이름이 변경되는데, 공격자가 주는 복호화 키로 원본 파일을 복구할 수 있다.

페트야

페트야Petya는 록키의 뒤를 이어 2016년 3월에 나타났다. 페트야는 드롭박스Dropbox 같은 합법적 클라우드 스토리지 서비스를 통해 이메일을 전달할 때, 이메일 첨부 파일에 있는 멀웨어에 대한 우회로를 제공한다. 공격을 받은 사용자는 구직 신청서처럼 보이는 이메일을 받게 되는데, 이메일 내용에는 지원자의 드롭박스 링크가 들어 있어 지원자의 이력서를 다운받을 수 있는 것처럼 보인다. 페트야는 사용자를 잠그기 위해 MBR을 덮어 쓴다.

상업적 클라우드 스토리지가 급격하게 성장한 점을 고려하면, 페트야 위협은 사이버 범죄자에게 유리한 비즈니스 솔루션을 통해 살아남을 수 있는 좋은 기회를 제공한다.

케르베르

케르베르^{Cerber} 랜섬웨어는 다음과 같이 매우 짜증나는 음성 메시지를 전달한다. "주의! 주의! 주의! 당신의 문서, 사진, 데이터베이스, 기타 중요한 파일이 암호화되었습니다!" 케르베르 랜섬웨어는 감염 범위가 광범위하기 때문에, 수백만 명의 마이크로소프트 오피스 365 사용자의 컴퓨터를 위험에 빠뜨릴 수 있다.

케르베르 랜섬웨어는 배포자가 구성 요소를 수정할 수 있어 다크 웹에서 판매하기 적절하다. 암호화된 파일을 복호화할 수 있는 유일한 방법은 케르베르 복호화 키를 얻는 것이다. 케르베르 복호화 키는 1.24비트코인 또는 500달러에서 800달러 사이의 값을 지불하면 얻을 수 있다. 지불은 반드시 1주일 안에 Tor를 통해 완료해야 하며, 기간을 어길 시 매주 두 배씩 값이 오른다.

케르베르 랜섬웨어는 피해자의 파일을 암호화한 후, Decrypt My Files라는 이름의 TXT, HTML, VBS 파일을 생성한다. 이 파일에는 몸값 지불 방식에 대한 설명이 들어있고, 암호화된 파일이 들어있는 폴더로 전달된다.

샘샘

악성 URL 링크 또는 스팸 메일을 통한 전형적인 랜섬웨어 설치 방법이 아닌, 샘샘^{Samsam} 랜섬웨어는 패치되지 않은 서버의 취약점을 조사하고, 취약점을 남용해 다른 컴퓨터를 손상시킨다.

직소

⟨쏘우^{Saw}⟩라는 폭력적인 스릴러 영화를 본 적이 있다면 빌리더퍼펫^{Billy the Puppet}에 대한 정신적인 공포와 호러 영화 매니아들에게서 얻는 인기에 대해 알 것이다. 직소^{Jigsaw} 랜섬웨

어는 영화에서처럼 사용자를 압박하는 공포 전략을 사용해 획기적인 디지털 강탈 기술을 만들었다.

직소 랜섬웨어는 피해자의 컴퓨터에 빌리더퍼펫 이미지와 몸값 통지문을 띄운다. 이미지와 통지문에 더해, 몸값이 지불되지 않으면 암호화된 파일의 특정 부분을 삭제해 피해자에게 압박을 가하는 카운트다운 타이머를 보여준다. 섬뜩하게 새빨간 시계는 몸값 지불이 완료돼야 재부팅할 수 있다. 시간이 흘러가면, 암호화된 파일은 한 시간마다 삭제된다. 몸값도 한 시간마다 인상되는데, 지불해야 하는 몸값은 최소 20달러에서 150달러 사이이다.

직소는 양날의 검을 사용했다. 피해자는 많은 양의 파일이 삭제됐을 때 받을 피해와, 높은 몸값을 지불하는 것을 피해야만 했다. 직소의 특징은 강탈자가 피해자와 연락할 수 있는 채팅 기능이 포함됐다는 점이다.

랜섬웨어는 재정적으로 성공할 수 있는가

사이버 범죄자가 더 이상 사람들의 인정과 영광에 만족하지 않는다는 점은 분명하다. 하지만 사이버 범죄자는 강탈을 통해 수익을 내려고 부지런히 일한다. 디지털 강탈을 통해 얻은 정보가 조직화된 사이버 범죄와 연관된 사실은 분명하다.

사이버 범죄자가 자신들의 이익을 위해 범죄를 저지르는 것은 분명한 사실이지만, 가치 있는 데이터에 접촉하지 못하면, 데이터와 금전적 가치 사이의 연결고리는 모호해져 일반적인 지식 수준, 애매한 언론 보도, 단순한 가정에 머무를 수밖에 없다.

대부분의 랜섬웨어가 탈취한 데이터를 재판매하려는 목적으로 만들어지는 것은 아니지만, 몸값 강탈과 금전적 보상을 위해 블랙마켓에서 개인 정보와 예민한 기록을 판매하는 다수의 랜섬웨어가 존재한다. 블랙마켓은 기존 시장과 비슷한 방식으로 사이버 범죄로 얻은 데이터에 맞춤형 가격을 책정한다.

1989년 조셉 포프 박사가 만든 AIDS 트로이 목마의 의도는 왜곡된 윤리의 한 부분에서 비롯됐지만, 지금도 트로이 목마에는 가격표가 붙어 있다. 최근 랜섬웨어 사건에서 범죄자는 피해자에게 21달러에서 700달러 사이의 값을 몸값으로 요구한다. 이 범위에서 계산된 평균 몸값은 300달러이며, 이 가격은 30년 전인 1989년 트로이 목마의 가격에 인플레이션이 적용된 가격이다. 단일 사용자를 대상으로 한 랜섬웨어의 가격 변동이 적은 원인을 파악하려면 범죄자들의 범죄 동기를 잘 파악해야 한다.

분명한 것은 사이버 범죄자가 피해자의 능력 범위 안에서 몸값을 결정한다는 것이다. 사건의 주요 요점은 공격과 피해자의 유형이다. 기업을 대상으로 하는 강탈은 의심할 여지 없이 개인의 강탈보다 더욱 공격적이다. 결국 강력한 법률이 중요하다. 모든 사이버 범죄 관련 사건이 보고되진 않지만, 사법 기관에 의해 기소와 선고가 이뤄지고 있다. 사이버 범죄자 스스로 자신이 저지른 범죄가 형사 고발을 피할 수 있을 정도라고 판단한다면, 범죄자는 피해자가 위협에 맞서기 위해 기기를 버리는 것을 기대한다. 그런 상황에서, 공격을 받은 단체가 컴퓨터 보안 전문가가 아니라면, 몸값 지불 외에는 할 수 있는 것이 없다. 피해자가 지불할 수 있을 정도로 몸값을 책정해, 강탈자들은 돈을 벌기 위해 피해자와 협상을 진행한다.

랜섬웨어의 가격 변동성

전 세계에 퍼져 있는 피해자를 공격할 때 지불할 몸값이 피해자의 경제 수준에 맞게 책정돼야 몸값을 지불할 확률이 높아진다. 다시 말해, 공격을 당한 사람이 실제로 몸값을 곧바로 준비할 수 있을 때, 몸값을 지불할 가능성이 높아진다. 실제 몸값 지불이 오히려 문제를 해결하는 데 드는 시간, 걱정과 돈을 아낄 수 있는데 범죄 신고를 고려해야 할 이유는 무엇일까?

국가에 따른 가격 변동

미국 국민과 개발도상국 국민이 평균 300달러에 달하는 몸값에 느끼는 부담감은 다르다. 전 세계에서 동일한 랜섬웨어를 사용하려면, 사이버 범죄자는 통화 가치를 현지 구매 능력에 맞게 조정해야 한다. 이런 특성은 크립토웰Cryptowall이나 트로이 목마에 기록되어 있다. 크립토디펜스는 지리적 위치에 따라 가격 모델을 적용한다.

피해자에 따라 달라지는 가격

기업과 공공 기관을 대상으로 하는 공격은 2016년에 발생한 전체 랜섬웨어 사건 중에서 주요한 부분을 차지하고 있고, 시간이 갈수록 증가하고 있다.

공격자가 개인에게 받는 몸값과 다른 몸값을 비즈니스 사용자에게 요구하는 것은 일반적이지 않은 일이다. 데이터의 가치는 돈과도 같다. 사이버 범죄자는 이런 사실을 누구보다 잘 알고 있다. 또한 비즈니스 데이터가 민감한 데이터와 연관이 있을 때 가치가 더 커진다는 사실을 인지하고 있다. 여기서의 말하는 가치는 현금과 물질만을 의미하는 것이 아니다. 다양하고 민감한 개인 또는 비즈니스 기록은 기업의 평판 같은 요소에 잠재적으로 영향을 미친다. 또한 계약이 훼손되어 기업은 계약 파기, 소송, 클레임으로 인한 비용 손실이 발생할 수 있다.

보고된 바에 의하면 기업을 대상으로 한 공격의 몸값 범위는 100달러에서 1000달러 사이다. 여기서 말하는 몸값은 오직 비용 측면만 고려한 것이다. 이 금액에는 2차 피해로 인한 비용은 포함되지 않았다. 비즈니스를 대상으로 하는 데이터 암호화 공격은 최대 5,000달러의 몸값을 요구하기도 한다. 기업이 사법 기관에 기소하지 않고 지불할 만한 몸값은 반올림해서 평균 10,000달러 정도가 적당하다.

지불 방법의 변화

지불 방법은 랜섬웨어와 함께 진화했다. 전자 지불 방식이 증가했고, 최근에는 전자 화폐가 등장했다.

1989년, 최초의 암호화 랜섬웨어 AIDS 트로이 목마는 파나마에 있는 우체국 사서함으로 수표를 보내라고 요구했다.

2009년, Trojan.Ransomlock이 출현하면서 사이버 범죄자는 화폐전보환서비스를 도입해 프리미엄 문자 메시지를 보내고, 프리미엄 가격의 통화를 이용했다.

출금 전표가 생겼을 때, 범죄자들은 전국적으로 발행된 출금 전표 시스템을 사용하기 시작했다. 범죄자가 사용한 출금 전표 시스템은 전 세계적으로 이용 가능한 페이세이프카드와 머니팩, 영국 기반의 우카시, 북아프리카의 중동 지역에서 사용 가능한 CashU, 우크라이나의 MoneXy가 있다.

비트코인: 이상적인 몸값 지불 방법

오늘날 대부분의 사이버 공격자는 몸값으로 비트코인 암호 화폐를 요구한다. 어떤 공격자는 라이트코인[LTC]이나 도지코인[DOGE] 같은 대체 암호 화폐를 사용하기도 한다. 이런 종류의 암호 화폐는 범죄자의 익명성을 보장해 불법으로 취득한 이익을 간단하게 합법화할 수 있기 때문이다.

비트코인은 피해자가 몸값 지불 수단으로 구매하고, 공격자가 피해자에게서 받은 몸값을 현금화하면서 가용성이 증가하고 있다. 지급된 몸값은 사이버 범죄자를 식별해내려는 사법 기관의 노력을 거의 무용지물로 만들어버리는 다크 웹(Tor를 통해 접속)을 통해 지불된다.

암호화 랜섬웨어 공격자는 암호 화폐를 선호하는 반면, 록커 랜섬웨어를 사용하는 공격자가 출금 전표 시스템을 선호하는 지불 방법으로 사용하는 것은 논리적으로 볼 수 있다. 이는 앞에서 말한 두 랜섬웨어의 기능이 다르기 때문이다.

록커 랜섬웨어는 사용자의 컴퓨터 접근을 불가능하게 만든다. 이런 경우 피해자가 온라인에서 암호 화폐를 구입할 수 있는 방법이 없다고 가정한다. 피해자는 키오스크에 가서, 출금 전표를 받고 출금 코드를 입력하는 것이 훨씬 쉬울 것이다. 반면, 암호화 랜섬웨어는 일반적으로 컴퓨터 접근을 차단하지 않으므로, 피해자는 인터넷을 사용해 암호 화폐를 구입할 수 있다. 더욱이, 암호화 랜섬웨어는 피해자가 비트코인을 쉽게 구매할 수 있도록 비트코인 구매 사이트 링크, 구매 방법, 비트코인 특성에 관한 교육 비디오를 보낸다.

산업과 서비스에 끼치는 영향: 당신의 회사는 위협받고 있습니까?

보안 업계를 선도하는 기업들은 사이버 공격자들이 비즈니스 보안 시스템을 뚫지 못하도록 끊임없이 노력하고 있다. 보안 업계에 소속된 기업은 사이버 범죄 시장을 분석하고, 관련 이론을 배우고, 전략을 개선하는 데 상당한 노력과 투자를 늘려왔다. 이런 투자의 목적은 사이버 보안 분야의 과거를 분석하는 것뿐 아니라 미래의 모습을 그리는 데 있다. 보안에서 예측은 중요한 요소다. 그리고 실제 발생한 일을 통해 파악한 현시대의 동향과 통계 자료는 미래에 발생할 수 있는 사이버 범죄로 인한 비용 손실을 피할 수 있는 매우 귀중한 자료다.

2015년 IBM이 발간한 「X-Force Cyber Security Intelligence Index Report」에서, 보안 전문가들은 비즈니스를 목표로 한 연평균 사이버 공격 횟수를 16,856회로 추정했다. 따라서 비즈니스를 대상으로 하는 사이버 범죄는 하루에 46회, 시간당 2회 정도 발생한다고 볼 수 있다. 이런 상황에서, 기업은 일반적으로 자신들이 설치해 놓은 보안 방어 체계로 자신들을 보호하고 있다. 하지만 평균 주 1.7회 비즈니스 대상 공격이 성공하고 있다.

2015년 IBM 보안 서비스를 이용하는 고객사들은 연간 총 5,300만 건의 보안 관련 사건을 계측했다. 보안 관련 사건의 정의는 다음과 같은 경우를 포함한다.

> "정보 시스템 자원 또는 정보 그 자체를 수집, 거부, 방해, 저하 또는 파괴를 시도하는 악의적
> 인 행위가 상관 분석 도구에 의해 식별된 경우"

위 표현은 디지털 강탈에 관련된 행위보다 넓은 범위의 행위를 말하며, 사이버 범죄 사건의 수, 범위, 다양성을 평가할 때 가치 있는 기준이 된다.

더욱이, IBM은 고객사에서 신고한 공격의 수가 2014년 평균 12,017건에서 2015년 평균 1,157건으로 크게 감소했다고 발표했다. 이런 수치의 변화는 사이버 범죄자가 휴가를 즐기고 있다는 뜻이 아니라, 사이버 보안 기업이 연구 진행과 더불어 조사가 필요한 보안 이벤트를 처리하기 위한 보안 정책을 최적화하기 위해 부지런히 노력했다는 의미다. 한편,

IBM이 서비스를 제공하는 고객사에서는 평균 178건의 보안 사고가 발생했다. 2014년에 발생한 109건의 보안 사고 수의 1.63배에 해당하는 수치다. 64% 증가한 수치는 기업 내 보안 전문가의 분석이 필요한 경우가 포함된다.

사이버 공격의 주요 목표가 되는 산업

모든 산업이 해당되는 것은 아니지만, 특정 산업은 사이버 범죄자의 공격 대상에서 높은 우선순위를 차지하고 있다. 금융 기관은 더 이상 사이버 범죄의 최우선으로 삼는 대상이 아니다. 사이버 범죄자들은 서비스 분야에서 더 큰 이득을 취득할 수 있다고 예상한다. 한마디로 똑같은 젖소(금융 기관)에서 우유(부당 이득)를 짜는 행위를 멈춘 것으로 보인다. IBM은 2015년 헬스케어 영역이 사이버 범죄자의 공격 대상 순위에서 1위를 차지했다고 발표했다. 하지만 IBM 발표 내용과는 달리, 언론은 공중 보건 기관을 목표로 한 공격에 큰 관심을 보였다. 제조업이 헬스케어 영역 다음으로 2위를 차지했고, 금융 서비스, 정부 기관, 교통 분야가 그 뒤를 따랐다. 2015년 공격 위협 산업 분야에서 5위 안에 들었던 산업이 하위권을 차지했다.

헬스케어

2010년 이후, 1백만 건 이상의 기록이 손상돼 가장 큰 충격을 줬던 5가지 주요 헬스케어 보안 침해 사건이 2015년 상반기에 발생했다. 이 사건으로 인해 1억 개 이상의 의료 기록이 훼손됐다. 블랙마켓에서 개인 의료 기록으로서 판매되는 물품은 없다. 병원 기록에는 환자의 병력뿐 아니라 악용될 수 있는 민감한 데이터(신용카드 번호, 주민등록번호, 은행 인증서, 이메일 아이디, 채용 경력)가 들어있다. 이런 데이터는 사람의 삶에 가치 있는 정보다. 시간이 흘러도 의료 기록의 가치는 변하지 않는다. 사이버 범죄자는 이 데이터를 이용해 피싱 공격, 데이터 사기, 의료 기록 절도를 통해 감염을 전파한다.

제조업

자동차, 전자, 섬유, 제약 분야가 속한 제조업은 산업 공격 대상 순위에서 2위를 확고히 지키고 있다. 2015년에는 제조업 분야를 대상으로 하는 대규모 공격이 발생하지 않았지만, 제조 분야는 여전히 범죄자들에게 높은 공격 우선순위 대상이다. 사이버 범죄의 새로운 추세를 분석하면, 자동차 제조 분야를 목표로 한 공격이 증가해 전체 공격 건수의 30%를 차지하고, 화학 분야는 근소한 차이로 뒤를 따르고 있다. 보안 전문가들은 범죄자들이 원격 해킹을 통해 스마트 차량을 대상으로 범죄를 저지를 수 있다고 발표했다. 이는 스마트 자동차와 연결된 교통 시스템을 대상으로 하여 새로 발생한 위협이 자동차 제조 분야를 사이버 공격 대상 목록에 올렸다고 볼 수 있다. 대규모 사이버 공격으로 초래될 수 있는 인명 피해를 고려할 때, 자동차와 화학 분야에 대한 공격은 무시무시한 결과를 초래할 수 있다. 하지만, 사이버 범죄자의 범행 동기는 대량 살상이 아닌, 기업을 공격해 가치있는 데이터와 수익을 얻을 수 있는 정보를 얻으려는 것이다.

금융 서비스

실력이 뛰어난 신참내기가 나타나 주목을 받으면, 기존 사람에 대한 평가는 몇 단계 낮아질 것이다. 2015년 의료 서비스 분야와 제조업 분야가 주요 공격 대상 순위에서 1위와 2위를 차지했고, 금융 서비스 분야는 3위를 차지했다. 금융 서비스 분야의 순위가 하락된 원인은 보안 전문가가 산업 분야를 위해 개발한 첨단 보안 메커니즘뿐 아니라 산업계의 인식, 긴장, 보안 개선을 위한 노력이라고 볼 수 있다. 이전 조사에서 산업 분야 중 주요 대상이 되는 원인도 앞서 말한 요인들 때문이다.

지불 방법의 접근성과 고객 편의를 주요 목적으로 하는 은행 서비스의 보급은 금융 산업 분야를 주요 공격 목표 산업 순위에서 상위권을 유지할 수 있게 할 것이다. 소비자는 자신의 자산을 빠르고 효율적으로 관리하기를 원하는데 ATM, 신용카드, 모바일 애플리케이션 같은 서비스의 취약점은 날로 증가하고 있다.

한편, 기업에서는 다이어^{Dyre} 트로이 목마와 드라이덱스^{Dridex} 트로이 목마의 공격으로 수백만 달러의 손실이 발생했다. 금융 서비스 분야의 디지털 강탈은 전년 대비 80% 증가했다.

정부 기관

IBM은 미국, 터키, 일본의 정부 기관을 대상으로 한 보안 침해 사건에 대해 언급했다. 미국의 경우, 직원 100만 명의 사회 보장 번호, 집 주소, 디지털화된 지문 정보가 유출됐다. 5천만 명이 넘는 터키 국민의 정보가 정부 기록에서 유출돼 국민은 신분 도용의 위험에 노출됐고, 일본은 연금 서비스 이메일에 첨부된 악성 파일을 열게 하는 고전적인 방법으로 공격당했다.

운송 분야

운송 수단이 사이버 범죄의 목표가 되는 두 가지 방식이 있는데 그 중 하나는 강탈이다. 항공사, 버스, 지하철, 철도뿐 아니라 전 세계 화물을 운송하는 화물선 등 모든 운송 산업이 공격을 받고 있다. 경우에 따라 정치적 의도로 운송 분야를 공격할 수도 있다. 이런 사이버 공격은 혼란을 일으켜 운송 차단을 목표로 한다. 그러나 원칙적으로 악성 코드와 DoS 공격의 주요 목적은 재정적 이익이다.

랜섬웨어 통계: 멀웨어 변종과 영향 받는 기기들

랜섬웨어 관련 통계와 유사하게, 기기에 관련된 수치는 상대적이다. 유형 및 기기별 랜섬웨어 영향의 전체 그림은 전 세계 수준에서 컴퓨터 및 보안 회사에 대한 심층적인 조사, 즉 장기간의 노력과 추적 조사를 통해 얻을 수 있다. 하지만, 연구 주제가 새롭고 분산돼 있기 때문에 완전한 일반 통계가 없는 경우, 관련 당사자가 연구한 결과에 의존해야 한다. 일반적으로, 신뢰할 수 있는 보안 회사는 서비스를 개선하고 고객을 유치하기 위해 시장 탐사에 노력을 쏟는다.

2016년 3월에 나온 맥아피^{McAfee} 연구소의 위협 관련 보고서에서, 인텔 보안 부서는 2015년 3, 4분기 동안 랜섬웨어 변종 수를 비교 차트로 작성해, 기업에 보고된 사건의 랜섬웨어 통계를 조사했다. 인텔 보안 전문가는 멀웨어 샘플, 모바일 멀웨어, 새로운 맥OS 멀웨어, 루트킷 멀웨어, 랜섬웨어, 매크로^{macro} 멀웨어, 의심스러운 새 URL, 새로운 피싱 URL, 새로운 스팸 메일 URL뿐 아니라 글로벌 스팸과 이메일 규모를 비교했다.

이 값은 짧은 기간 동안 제한된 환경에서 일부만 반영해 얻은 수치이므로, 일반화할 수 없다는 점을 명심해야 한다. 말할 필요도 없이 보안 업계는 사이버 범죄의 개념화와 측정에 꾸준히 힘쓰고 있으며, 위 과정에서 수집된 결과는 통계와 경험에 그 목적을 두고 있다.

전체 멀웨어

2015년 시작 이래, 3분기 동안 하락세를 보이던 전체 멀웨어 샘플의 수는 2015년 4분기에 다시 상승세로 돌아섰다. 이 증가 추세는 새로운 모바일 위협 수에 의해 부분적으로 유발됐으며, 3분기에는 230만 개로 증가했다.

모바일 멀웨어

새로운 모바일 멀웨어 샘플이 2015년 4분기에 72% 증가했다. 인텔 보안 부서는 2015년 8월부터 구글의 월간 안드로이드 업데이트를 발표하고, 정교한 멀웨어 변종으로 변경 사항을 추적할 수 있는 멀웨어 제작자에 의한 후속 조치를 마련했다. 멀웨어의 증가는 지리적 위치에 따라 다르게 나타났다. 아프리카에 있는 클라이언트 기업은 13%, 아시아의 클라이언트는 10%, 남아메리카와 북아메리카 클라이언트는 각각 9%와 6% 증가해 증가율 순위 3위와 4위를 차지했다. 유럽과 호주는 가장 적은 영향을 받아 4% 증가했다. 인텔 보안 부서가 측정한 병렬 결과를 바탕으로, 2014년 4분기 평균 16%에서 2015년 4분기에는 평균 7%로 감소한 모바일 사용자의 비율을 반영하여 결과를 읽는 것이 중요하다.

루트킷 멀웨어

2015년 새로운 루트킷Rootkit 멀웨어 샘플이 급격히 감소했다. 인텔 보안 부서는 사용자가 64비트 인텔 프로세서와 64비트 윈도우 운영체제를 지속적으로 채택하면서 계속해서 감소하기 시작했다고 말했다. 인텔 프로세서와 윈도우 운영체제에는 루트킷 멀웨어를 막기 위해 함께 작동하는 커널 패치 보호 및 보안 부팅 같은 기본 기능이 있다.

맥OS 멀웨어

인텔은 소수의 멀웨어 군에 의해 제어되는 맥OS 멀웨어 샘플을 분석했다. 맥OS 멀웨어는 2015년 약 1,500개의 샘플을 평균 분기별로 증가시킨 것에 비해, 2015년에는 평균 18,000개의 새로운 샘플이 평균 분기별로 증가했다.

랜섬웨어

2015년 4분기에는 새로운 랜섬웨어 샘플이 26% 증가했다. 맥아피 연구소는 오픈소스 랜섬웨어의 출현을 근거로 앞서 언급한 결과를 정당화했다. 오픈소스로 된 코드에는 히든 티어Hidden Tear, EDA2이 있고, 서비스형 랜섬웨어 변종으로는 랜섬32Ransom32, 인크립터Encryptor, 테슬라크립트TeslaCrypt, 크립토월 3CryptoWall 3이 있다. 맥아피 연구소는 돈세탁 가능성이 높고 체포 가능성이 낮은 특성을 바탕으로 랜섬웨어 캠페인이 성장한다고 결론을 내렸다.

악성 signed binaries

맥아피 연구소는 두 가지 주요 논쟁으로 인해 새로운 signed binaries가 지속적으로 감소한다는 사실을 확인했다. 더 강력한 해시 기능과 다크 웹에서 인기 있는 만료 혹은 폐지된 오래된 인증서를 포함하고 있는 기업이 쟁점의 내용이다. 또한 스마트스크린 기술은 악성 바이너리가 멀웨어 작성자에게 서명하는 것을 복잡하게 만드는 추가 신뢰 테스트였다.

매크로 멀웨어

매크로 멀웨어 샘플 수는 2014년 4분기 22만 건에서 2015년 4분기 41만 건으로 증가했다.

세계적으로 유행하는 봇넷

같은 보고서에서 인텔 보안 부서는 세계적으로 인기 있는 8가지 주요 봇넷의 비율 데이터를 공개했다. 와포메^{Wapome} 34%, 무이블랙캣^{Muieblackcat} 14%, 샐리티^{Sality} 9%, 다크니스^{Darkness} 8%, 램닛^{Ramnit} 6%, 차이나 초퍼 웹셸^{China Chopper Webshell} 5%, 마즈벤^{Maazben} 4%, 에이치워크^{H-Work} 3%를 차지하고 있으며, 나머지 18%는 그 밖의 유형에 해당한다.

보고서의 결과는 미국, 독일, 러시아, 네덜란드, 프랑스, 대한민국, 영국, 우크라이나 같은 봇넷 제어 서버를 호스팅하는 상위 8개국을 보여준다. 미국은 전 세계 봇넷 서버 중 32%, 3분의 1에 해당되는 서버를 호스팅하며 위 8개국 중 봇넷 서버 호스팅 점유율을 차지했다. 다음 3분의 1은 나머지 7개 국가에 분포돼 있으며, 각 국가는 3%~5%의 적은 점유율을 차지한다. 8개국을 제외한 국가가 나머지 3분의 1을 차지한다.

네트워크 공격

맥아피 연구소는 브라우저, 무차별 대입 공격, 서비스 거부, SSL, 스캔, DNS, 백도어 공격을 측정해 네트워크 공격 순위를 산출했다. 브라우저 공격이 36%를 차지해 압도적으로 1위를 했고, 무차별 대입 공격과 서비스 거부 공격이 19%와 16%로 2위와 3위를 했다. SSL 공격은 11%로 근소한 차이로 그 뒤를 따르고 있다. 그 밖의 네트워크 공격 유형은 비율이 낮았다.

요약

현재 관점에서, 랜섬웨어는 항상 존재하는 것으로 보인다. 이 장의 서두에서 밝힌 것처럼 랜섬웨어 사건만 말하는 것은 아니다. 이 장을 시작하면서 사이버 범죄의 탄생과 개념과 더불어 사법 기관, 학계, 보안 전문가가 사이버 범죄에 대응할 때 직면하는 문제들을 살펴봤다. 또한 지리적 위치, 산업, 기기와 관련된 다양한 수치를 보며 사이버 범죄가 지니고 있는 영향력을 볼 수 있었다.

1장에서는 디지털 강탈 분야의 규제가 지금도 너무 부족해, 강탈하는 것이 매우 쉽다는 사실을 알 수 있었다. 디지털 강탈과 관련된 수치, 멀웨어 변종, 암호화 기술, 강탈 대상이 된 피해자를 주제로 한 논의를 통해 랜섬웨어의 진화가 멈추지 않을 것을 확신할 수 있었다. 또한, 조직화된 그룹에서 일하는 사이버 범죄자들이 사용하는 다양한 수단, 범죄 동기, 디지털 강탈에 대한 재정적인 수익에 익숙해질 수 있었다.

역사를 통해 주목할 만한 랜섬웨어 사건의 기본적인 측면을 분석해 현재의 적절한 위협, 록커 랜섬웨어, 암호화 랜섬웨어에 대한 아이디어를 얻을 수 있었다. 몸캠 피싱, 버그 포칭, 기업 강탈 같은 현대적인 강탈 범죄의 개념이 더해져 사이버 보안 관련 어휘 및 일반적인 지식은 더욱 풍성해졌다. 또한 모바일 기기가 랜섬웨어로부터 안전하지 않다는 것을 확인할 수 있었다.

마지막으로 사이버 공격의 대상 산업 분야를 살펴보고, 탐구심이 강한 최상위 정보 책임자가 최전선에서 대응해야 할 사전 대응적 완화 접근법을 알 수 있었다. 대응의 초점은 예측 지능에 있다.

2장에서는 DDoS 강탈과 DDoS 강탈을 일삼는 범죄 조직에 대해 다룬다.

02

DDoS 강탈

DDoS는 공격자가 대형 네트워크상의 봇넷을 이용해 다른 시스템의 연결이나 프로세서에 과부화를 일으켜 실제 수신 트래픽의 서비스를 거부하게 하는 공격이다. DDoS 강탈은 사이버 범죄자들 사이에서 주요 공격 기술로 가장 획기적인 방법 중 하나다. 2장에서는 서비스, 서버 또는 웹 사이트를 다운시키겠다고 협박하여 회사에 몸값을 요구하는 DDoS 공격에 관한 모든 것을 다룬다. 누가 이런 공격의 대상이 되고, 왜 이런 공격을 방어하기 어려운지도 설명한다. 또한 최근의 사기 형태와 2017년 이후를 예측해본다.

2장에서 다루는 내용은 다음과 같다.

- DDoS 강탈
- DDoS 공격 기술

- DDoS 공격과 강탈 방어
- 향후 트랜드

▌DDoS 강탈: 랜섬웨어의 또 다른 유형

사이버 범죄, 특히 사이버 강탈은 공공 및 사설 기업의 수많은 비즈니스와 단체를 대상으로 매일 증가하고 있다. 국경 없는 조직 범죄와 유사하게 DoS 또는 DDoS는 복잡하고 자원 집약적인 글로벌 현상이다.

랜섬웨어는 최근 많은 주목을 받고 있지만 랜섬웨어의 또 다른 유형인 DDoS 강탈 추세가 크게 증가함에 따라 이에 대한 더 많은 관심이 요구된다. DDoS는 사이버 범죄자의 공격 도구 중에서 가장 무기화된 방법 중 하나이며, 공공 및 민간 산업에 수백만 달러의 손해를 끼치고 있다.

이런 공격은 인터넷에 의존하는 기업의 아킬레스건이 될 수 있고, 그 영향은 재정 및 브랜드 평판에 큰 영향을 줄 수 있다. 업계가 다양한 랜섬웨어 캠페인에서 보았던 것처럼 DDoS는 가끔 더 위협적인 사이버 범죄 활동의 대표적 사례로 사용되기도 한다.

기존 환경에서 보면 DDoS 공격이 새로운 것은 아니지만, 최근 새로운 방법이 다수 개발됐고, 강탈 시 지불 방법은 주로 비트코인이 사용되고 있다. 많은 산업체가 몸값을 지불하지 않았을 때의 보복으로 DDoS 공격을 하는 강탈 계획의 희생자가 됐다. 이런 공격은 비즈니스 포털, 서버, 인프라 환경 같은 비즈니스 정보 시스템을 대상으로 하여 일반 사용자가 정상적으로 접근할 수 없게 만든다.

일반적으로 공격 단계에서 문제를 해결하게 되면 공격이 반복되는 것을 막을 수 있다. 그러나 강탈의 경우는 사이버 범죄자가 돈을 지불받기 전까지는 공격을 막을 수 없다는 차이가 있다.

이런 공격의 영향은 매년 더 정교해지고 복잡해지고 있다. 공격이 증가하는 동안 많은 기업은 기존의 경계 보안 시스템으로 스스로를 보호하는 데 주력해 왔다. 강탈은 대상 조직을 공격함으로써 상황의 심각성과 대상 조직의 재정적 손실 가능성을 모두 높인다.

DDoS 강탈의 증가 추세와 아래와 같은 요인들로 다른 위협에 비교할 때 더 큰 위협으로 간주되어야 한다.

- 목표 유형(예: 산업 또는 조직 규모)
- 공격자의 도구 세트
- 기술 수준(공격 뒤에 있는 범죄 조직의 수준) 또는 상대적으로 쉬운 실행

DDoS 공격은 특정 웹 포털이나 주변 장치만 겨냥한 것이 아니라 네트워크 자체를 고갈시키는 데도 사용된다. 여기에는 라우터, 방화벽(애플리케이션과 기존 방화벽)을 포함하되 이에 국한되지 않는 모든 주변 장치가 포함되며, 서버에는 여러 가지 DDoS 상황 및 과부하로 인해 오류가 발생할 수 있는 제한된 리소스(전체 처리량과 용량)가 포함된다.

DNS 서버 및 네트워크 인프라에 대한 공격은 여러 보안 관제 센터^{SOC}에서 연중 무휴로 통보된다.

DDoS 강탈과 공격은 전 세계에 걸친 위협이자 대량 무기다. 오늘날의 고급 보안 솔루션의 탐지를 피하도록 설계된 이 공격은, 대상 비즈니스를 신속하게 중단시켜 수백만 달러의 생산성과 이익에 손실을 발생시킬 수 있다. 서버, 네트워크 링크, 주변 장치, 웹 애플리케이션에 전 세계 봇넷에서 발생하는 가짜 트래픽을 이용한 대량 공격이 발생하면 인터넷 시스템이 마비될 수 있다.

최근의 봇넷은 최소한의 비용만으로도 시간당 임대가 가능하기 때문에 사이버 범죄자가 DDoS 공격을 성공시키기 위해 많은 비용을 쓸 필요가 없다. 수년간 LOIC 같은 오픈소스 도구를 사용해 왔고 비용도 무료다. LOWC는 수천의 개인이 특정 피해자를 대상으로 공격하는 하이버마인드^{Hivermind} 기능이 포함되면서 인기도 높아졌다. 사이버 범죄자는 대상

의 URL만 필요로 하며 클릭 몇 번으로 작업이 끝난다. 이런 활동 뒤에는 저비용의 DDoS 강탈 공격을 알리는 협박 이메일이 뒤따른다.

최근에는 DDoS 공격으로 중소기업을 대상으로 한 서비스 방해 공격과, 몸값을 요구하는 것이 사이버 범죄의 주를 이루고 있다. DDoS 공격으로 조직을 강탈하는 것이 이익을 얻는 주요 통로가 됐기 때문에 여러 그룹의 사이버 범죄자들이 이런 기회를 이용한다. 사이버 범죄자는 경쟁 업체에 DDoS 공격을 목표로 하는 업체가 DDoS 공격을 통해 이익을 얻을 수 있도록 지원하고 있다. 최근의 공격도 암호화 비트코인에 대한 DDoS 공격을 통해, 환율이 50% 넘게 떨어지져서 사이버 범죄자가 비트코인을 더 저렴하게 구입할 수 있게 됐다. 따라서 인터넷의 사용 및 의존도가 증가할수록 DDoS 강탈 및 다양한 영역에 걸친 모든 규모의 비즈니스에 대한 공격을 야기한다.

위험에 처한 특정 영역

DDoS 강탈 공격은 중소/중견 기업이건 대기업이건 가리지 않고 모든 주요 산업을 대상으로 삼는다. 2000년대 초반에 시작됐고 중소기업의 사이버 보안 방어 시스템이 대기업만큼 견고하지 않아 주요 목표로 설정됐다.

가끔 웹 스타트업을 목표로 할 때는 요구하는 금액을 낮게 설정한다. DDoS 공격의 희생자는 일반적으로 공격 및 비즈니스 손실 방어 비용이 더 높은 것에 비해 강탈 정도에 가중치를 부여하며, 때로는 비용을 지불하기로 결정한다.

지금까지는 도박 웹 사이트 및 가상 화폐 기반 비즈니스를 비롯한 중소/중견 기업 등을 DDoS 강탈 공격의 주요 대상으로 삼았지만, 이제는 범위를 넓혀 다양한 산업 분야, 지역, 대규모 조직으로 대상을 다양화하고 있다.

> 시만텍 사가 발표한 보고서에 따르면 BBC가 가장 최근 받은 공격은 사이버 범죄의 대표적인 사례 중 하나다. 영국의 TV와 라디오 서비스를 인터넷으로 볼 수 있도록 제공하는 아이플레이어(iPlayer)를 비롯해 BBC 웹 사이트 및 관련 서비스는 새해 전 날 몇 시간 동안 먹통이었다. 이는 가장 거대했던 DDoS 공격 사례로 알려져 있으며, 뉴월드해킹(New World Hacking)에 따르면 반이슬람 국가 조직이 자신들의 소행임을 인정했다고 한다. 사이버 범죄자들은 DDoS 공격이 최대 602Gbps에 도달했다고 주장했다.
>
> 더 자세한 정보는 다음 링크를 참고하라.
>
> http://www.bbc.com/news/technology-35204915.

2015년 5월 홍콩의 여러 은행도 DDoS 공격의 대상이 됐는데, 공격 후 몸값을 요구했다. 이번 공격은 사이버 강탈을 일삼는 해커 그룹 중에서도 선두를 이끌고 있는 곳 중 하나인 DD4BC(DDoS for Bitcoin)의 소행으로 의심 받았다. 온라인 투자 웹 사이트가 목표가 된 경우도 있었다.

때로는 사이버 범죄자들이 대량의 DDoS 공격을 하고 아주 낮은 금액의 몸값을 요구할 때도 있다. 예를 들어, 2014년 소셜 네트워킹 사이트 https://www.meetup.com의 공격자는 300달러를 요구했다. Meetup.com의 서버는 네트워크 서비스를 중단시킨 엄청난 양의 트래픽으로 공격 받아, 1,600만 명의 사용자가 피해를 입었다. DDoS 공격은 오늘날 널리 사용돼 많은 기업과 웹 사이트가 1년 365일 항상 일정량의 트래픽 공격을 받고 있다.

2016년 6월 DDoS 솔루션 제공 업체 중 한 곳은 자신들의 네트워크에서 라우팅된, 363Gpbs(Gigabits per second) 57Mpps(Million Packets per second) 공격을 능가하는 가장 큰 DDoS 공격 중 하나를 완화시켰다. 이 공격은 유럽의 미디어 조직을 겨냥해 하이브리드 공격 방법을 사용했다.

다섯 가지 이상의 공격 벡터로 이루어진 공격은 다음과 같다.

- Syn
- UDP 프래그먼트
- Push

- TCP
- DNS
- UDP DDoS 플러드

공격을 분석한 결과 DNSSEC로 구성된 도메인을 남용하는 DNS 증폭 기술로 확인됐다. 이 공격 기법은 DNSSEC의 요청을 통해 대용량의 응답을 생성했다. 공격 제공자의 공격 기법과 지속 시간은 지하 시장에서 DDoS 공격을 서비스 임대처럼 쉽게 사용할 수 있음을 의미한다.

업계에 널리 퍼져있는 DDoS 공격은 주로 금전적 이익과 다양한 이유로 서비스를 중단시키려는 데 목적이 있다. 공격 기법이 공격 실행 용이성 측면에서 더욱 정교하고 유연해짐에 따라 전반적인 보안 평형 상태도 나빠지고 있다.

DDoS 공격에 방어하기 어려운 이유

현재의 DDoS 위협 추세는 기존의 기업 전략으로는 더 이상 방어가 어렵다는 것을 보여준다. 대규모 하이브리드 공격의 규모가 증가함에 따라 이에 대응해 네트워크 용량을 늘려야 한다. 이 외에도 DDoS 공격의 종류가 더욱 정교해지면서 조직 전반에 걸쳐 유연한 대응이 필요하며 인터넷에 노출된 애플리케이션 결함을 수정하는 데 중점을 둬야 한다.

게다가 최근에는 DDoS 공격에 기술적인 요소가 거의 필요하지 않다. 일반적으로 리소스 증폭 또는 수천 대의 감염된 호스트가 포함된 봇넷을 통해 공격이 시작되고, 타겟에 치명적인 동시 공격을 시작하도록 지시할 수 있다.

모든 규모의 기업에서 중요한 발전 사항 중 하나는 네트워크 경계가 없어진 것이다. 기업이 클라우드를 수용하고 공공 또는 사설 클라우드로 솔루션을 마이그레이션하는 데 많은 투자를 하면서, 클라우드에서 애플리케이션을 개발 및 배포하고 있다. 이런 변화로 인해 기존의 방어는 잠재적인 DDoS 공격 방어에 부적합하다.

DDoS 공격은 전문화된 대응 없이는 피하기 어렵다. DDoS 공격에 대응하는 것은 인터넷 기반의 회사에게 중요한 과제다. 네트워크 장치 및 경계 보안 기술인 기존 방어 방식은 기업의 전반적인 보안 전략의 중요한 측면을 이루지만 DDoS에 대한 보호를 제공하지는 않는다. 기업에서는 현재의 DDoS 위협만 방어하기보다는, 복잡하고 사기성이 강한 공격 경로를 탐지하고 무력화하는 기능으로 구성된 안전한 생태계를 구축하는 것이 중요하다.

IoT와 같은 새로운 기술 발전 또한 DDoS 공격에 사용되고 있다. 현재 다양한 분야, 특히 소비재 및 생활 가전 제품의 형태로 소비자 부문까지 스마트 기기가 보급돼 기본적인 생활 편의를 제공한다.

 2016년 버라이즌 IoT 보고서에 따르면 홈 모니터링 솔루션은 2014년부터 2015년까지 50% 성장했으며 스마트 시티 기술 및 네트워크는 연간 성장률 43%를 기록했다.

스마트 장치의 성장과 사용은 점차 주류를 이루고 있다. 가트너에 따르면 2020년까지 약 20억 개의 장치가 연결될 것으로 예측된다. IoT 제품과 관련된 잠재적인 규모를 DDoS에 대한 컴퓨팅 성능과 연관시키면 DDoS 공격이 얼마나 강력할지를 예측할 수 있다.

이런 유형의 공격은 이미 시작됐다. 보안업체 스쿠리Sucuri의 연구원은 25,000개 이상의 CCTV 장치가 DDoS 공격에 감염돼 사용되고 있다고 지적한 보고서를 발표했다. 이 연구원은 시장에서 일부 벤더에 의해 노출된 원격 코드 실행(RCE) 결함을 지적했다. 이 사례는 사이버 범죄자의 기술 사용으로 인한 잠재적 영향을 다시금 보여준다. IoT 관점에서 IoT 제품을 감염시키는 것은 패치되지 않은 취약점을 확인하고 그 허점을 통해 봇넷을 만드는 것만큼 복잡하지 않다. 대부분의 IoT 제품은 비밀번호 보호 기능이 없고 대부분의 경우 로컬 액세스를 위해 공급 업체의 기본 비밀번호를 그대로 사용한다.

 더 많은 정보는 다음 링크를 참고하라.
http://securityaffairs.co/wordpress/48807/iot/cctv-devices-ddos.html

이런 점을 손쉽게 식별할 수 있는 사이버 범죄자는 대량의 제품을 빠르게 희생시키고 악의적인 목적으로 이용할 수 있다. 실제 사례로는 리자드스트레서^{Lizardstresser} DDoS 봇넷이 있다. 보안 회사인 아버 네트웍스^{Arbor Networks}는 이 봇넷을 운영하는 이들이 이미 장치 클래스에서 기본 비밀번호를 공유하는 IoT 장치를 목표로 하기 시작했다고 말했다.

따라서 다각적인 접근 방식을 사용하는 조직만이 다양한 유형 및 종류의 DDoS 공격을 막아낼 수 있다. 조직은 사전에 대응하고 반응할 수 있는 계획을 수립해야 한다. DDoS 강탈 공격의 대안은 공격자와 협상하여 돈을 지불하는 것인데, 이는 잠재적으로 또 다른 강탈을 가능하게 만드는 것이다.

▌ DDoS 공격 기술

DDoS 공격은 기준에 따라 다양한 방식으로 분류된다. 다음 절에서는 공격 방식, 생성된 트래픽의 양, 공격 속도를 기반으로 현재의 DDoS 공격 유형과 해당 기술 정보를 살펴본다.

DDoS 공격 유형의 진화

앞 절에서 논의했듯이 DDoS 강탈 및 공격은 전 세계 모든 조직에 엄청난 위협이 되고 있다. 다른 한편으로는 이를 방어하기 위한 많은 방어 메커니즘이 끊임없이 제안되고 발전하고 있지만, 공격자도 이런 방어 메커니즘을 우회하기 위해 공격 도구를 지속적으로 수정하고 있으며, 보안 분석가는 새로운 공격 경로에 대응하기 위해 전략을 수정한다.

DDoS 피해는 조직에서 배포한 취약한 방어 메커니즘과 DDoS 보호 프레임워크 외에도 누구든지 공격을 시작할 수 있는 용이성 때문에 주로 발생한다. 봇넷 임대 및 유료 DDoS 서비스를 통한 포괄적인 DDoS 공격 수행 방법에 대한 자세한 학습 프로그램을 비전문가도 쉽게 이용할 수 있다.

사이버 범죄자들은 목표를 놓치지 않으려고 공격 전략을 변경한다. 현대의 공격은 조직의 네트워크 인프라 및 애플리케이션의 여러 구성 요소를 대상으로 하는 단일 DDoS 공격에서 여러 단계의 공격 경로를 설정한다. 이런 공격은 대역폭 및 네트워크 리소스를 소모시킬 뿐만 아니라 대부분 비즈니스에 민감한 서버 및 애플리케이션의 리소스를 소모시킨다.

DDoS 공격 해부

DDoS 공격은 근본적으로 인터넷 프로토콜과 소스에서 대상으로 전달되는 거의 모든 패킷의 동작을 악용한다. DDoS 공격은 탐지가 어려운데 사용자 접근을 위해 여러 네트워크 자산(장치 및 서버)이 있거나, 정상적인 패킷에서 이상 패킷을 인식하기 어렵기 때문이다. 차세대 방화벽(NGFW) 및 침입 탐지 및 방지 시스템(IDS/IPS)이 수행하는 시그니처 기반 식별은 이제 통하지 않는다. 오늘날 대부분의 공격은 하이브리드 형태이며 스푸핑된 소스 IP 주소를 사용하므로 휴리스틱 기반 분석을 사용하는 모니터링 도구를 피할 수 있다.

소니 플레이스테이션 네트워크에 대한 사이버 공격은 여러 측면에서, 특히 평판과 재정적 피해를 입힌 고전적인 사례다. 침입자에 의해 시작된 DDoS 공격 캠페인은 정확한 목표(데이터 유출)를 목표로 분산시킨 사례다. 사이버 범죄자들은 잘 계획된 공격을 구현함으로써 7천 7백만이 넘는 소니 플레이스테이션 네트워크 사용자 계정 정보를 획득할 수 있었다. 소니는 초기 DDoS 공격을 처리하는 데 주력했기 때문에 정보가 완전히 유출당했다는 사실을 오랫동안 알지 못했다.

이제까지의 DDoS 공격은 대상 영역이 제한적인 하위 레벨의 프로토콜 공격이 대부분이었다. 반면에 오늘날의 DDoS 공격은 다각적인 접근 방식을 사용해 여러 계층에 걸친 다양한 공격 벡터를 가지고 있다. DDoS 공격은 각각의 공격 특성에 따라 크게 두 가지로 분류할 수 있다. 첫 번째로 공격 유형에는 대역폭 소모를 목표로 하는 공격(네트워크 및 시스템 자원 고갈)과 두 번째로 애플리케이션 또는 7 계층 리소스의 취약성을 이용하는 공격이 있다. 두 유형 모두 지정된 대상에 대한 개별적인 유형과 효과가 있다.

대역폭 공격

이런 유형의 공격에서 사이버 범죄자들은 처리할 수 있는 것보다 더 많은 네트워크 대역폭을 보낼 수 있는 장치를 목표로 삼는다. 이 공격의 주요 목적은 정상적인 트래픽이 대상 비즈니스 서비스에 도달하는 것을 방해하는 것이다. 이것은 대역폭이 소비할 수 있는 것보다 더 많은 네트워크 트래픽을 피해자에게 보내는 DDoS 공격의 가장 일반적인 유형 중 하나다. 대상이 된 희생자가 100Mbps 인터넷 연결을 사용하는 경우 사이버 범죄자는 100Mbps의 DDoS 트래픽을 전송하기만 하면 되며, 그 이상의 트래픽은 사용자의 정상적인 서비스 사용을 방해한다. 전 세계적으로 감염된 수십 대의 봇만으로도 피해자의 서비스를 마비시킬 수 있다.

주로 피해자의 시스템 리소스를 소모시켜 네트워크 리소스를 마비시키는 공격자 그룹이 있다. 우리가 알고 있듯이 모든 서비스는 특정 리소스 제한 사항(설계에 따른 물리적 디자인과 프로그래밍 방식)이 있는 서버에 프로비저닝된다. 예를 들어 단일 애플리케이션 서버는 5,000개의 동시 HTTP 기반 사용자 세션 또는 1,000개의 HTTPS 기반 사용자 세션을 처리할 수 있다. 5,000개의 사용자 세션이 초기화되면 이전 세션 중 일부 세션이 만료될 때까지 해당 서버에 대한 세션을 더 이상 만들 수 없다.

이것은 공격자가 시스템에서 여러 세션을 생성해 대상 시스템의 자원을 소모하도록 수동 수행하거나, 봇넷이 사용되는 경우 공격자가 수천 또는 수백 개의 봇에게 수천 개의 동시 연결을 지시함으로써 피해자 서버의 세션을 유지할 수 있는 가장 쉬운 공격 중 하나다. 이렇게 하면 사용자가 정상적으로 서버에 연결해 원하는 서비스를 받을 수 없게 된다.

데이빗 홈즈David Holmes의 DDoS 위협(The DDos Threat Spectrum) 보고서에 따르면 대역폭 공격 내에서 가장 일반적인 공격은 공격 대상 서버에 엄청난 양의 인터넷 트래픽을 보내기 위해 다수의 노드를 연결하는 플러드flood라는 네트워크 공격이다. 이런 공격을 공격 대상 서버 앞단에서 공격 대상 서버나 주변 장치에 가한다.

공격자는 다수의 클라이언트 또는 봇(대여 가능한)을 사용함으로써 트래픽 패턴을 완전히 제어해 공격량을 증폭시킨다. 봇의 경우, 보안 장치는 악의적인 트래픽을 추적 및 차단할 수 없거나 트래픽의 의도를 분석할 수 없을 수도 있다. 왜냐하면 전 세계에서 발생하는 실제 사용자의 트래픽으로 보일 수 있기 때문이다. SYN 플러드 및 커넥션 플러드Connection flood는 방화벽이나 침입 차단 시스템IPS 등의 연결 상태를 모니터링하는 스테이트풀 장치의 플로우 테이블을 채우는 것에 중점을 두는 단순한 형태의 분산 공격을 말한다.

최신 DDoS 공격은 공격 대상의 처리 용량을 초과하지만 대상 데이터 센터 내의 일반적인 네트워크 주변 장치 및 보안 장치는 한계치에 도달하기 전에 장애가 발생한다.

오늘날에도 다음과 같은 3계층 및 4계층 공격이 여전히 사용되며 때때로 최신 애플리케이션 기반 공격 기술과 함께 사용된다.

DNS 공격

도메인명 주소(예: https://www.test.com)는 DNS에 의해 숫자 주소(예: 192.168.1.2)로 변환된다. 거의 모든 시스템이 대상 서비스에 도달하기 위해 DNS 쿼리를 사용하기 때문에 DNS가 모든 서비스에서 중요하며 공개돼 있다. DNS 또는 DNS 서비스가 중단되면 피해자의 데이터 센터에서 제공하는 모든 비즈니스 서비스가 영향을 받게 된다. 인터넷에 노출돼 있거나 디지털 상태인 모든 비즈니스에서 DNS는 공격자의 잠재적인 공격 대상이며 구조적으로 단일 장애점이 된다.

DNS 공격은 실행하기는 쉽지만 방어하기가 매우 복잡한 가장 일반적인 공격 중 하나다. 희생자 서버 공격이 초기화되기 전에 사이버 범죄자가 피해자의 IP를 쿼리하는 많은 경우 조차도 DNS 서버에 대한 간접 공격이 수행된다.

다음은 DNS 공격의 특정 모듈이다.

- **UDP 플러드**: 라드웨어Radware의 DDoS 핸드북에서는 UDP를 두 장치 간에 세션을 생성할 필요없이 통신을 하는 IP 패킷에 포함된 데이터 그램을 사용하는 비연결형 프로토콜로 정의한다(다시 말하면, 핸드셰이크 과정이 필요없다).

- NSQUERY와 NXDOMAIN은 DNS 서버를 손상시키는 형태의 요청에 중점을 둔 다른 형태의 공격이다.

애플리케이션 공격

이 범주의 DDoS 공격은 일반적으로 애플리케이션 동작에 초점을 맞추고 있으며 사이버 범죄자는 주로 호스팅 인프라가 제공하는 애플리케이션의 취약점을 악용하는 데 중점을 둔다. 이 공격은 TCP 및 HTTP와 같은 컴퓨팅 리소스를 바인딩해 트랜잭션 또는 요청을 처리하거나 처리하지 못하게 함으로써 이점을 얻을 수 있는 프로토콜 및 서비스 동작을 악용한다.

애플리케이션 공격은 목표 시스템 기능 및 사이버 범죄자의 의도에 따라 여러 가지 형태를 취할 수 있다. 예를 들어, 사이버 범죄자는 애플리케이션 계정이 잠길 때까지 잘못된 비밀번호를 여러 번 입력해 로그인 기능을 막을 수 있다.

HTTP 공격

대부분의 하위 수준의 DDoS 공격은 HTTP 플러드 공격이다. HTTP 플러드는 네트워크 공격과 달리 공격자가 잘못된 패킷으로 리소스를 소모시켜야 되는 점에서 실제 HTTP 웹 요청처럼 보인다.

일반적으로 기존의 방화벽 기술로는 HTTP 요청의 표준 일반 트래픽과 구별할 수 없기 때문에 웹 서버로 공격이 그대로 전달된다. 따라서 수천 또는 수백만 개 공격 봇의 대량 요청을 통해 웹 서버를 제압한다.

HTTP 플러드 공격에는 크게 두 가지 주요 유형이 있다. 가장 일반적인 것은 사이버 범죄자가 동일한 요청을 계속 반복하는 경우다. 이런 종류의 공격은 프로그래밍하기도 쉽고 탐지 및 필터링하기도 쉽다. HTTP 플러드의 또 다른 고급 방식은 재귀적 GET 서비스 거부 공격이다. 이 공격을 사용하는 공격자는 메인 애플리케이션 페이지를 요청하고 응답을 구문 분석한 다음 사이트에 있는 모든 객체를 HTTP GET을 사용해 재귀적으로 요청한다. 이런 공격은 일반적으로 모든 연결 요청이 사이트 내의 고유하고 정상적인 개체를 대상으로 하기 때문에 탐지 및 필터링하기가 매우 어렵다.

낮은 대역폭의 HTTP 서비스 거부 공격

널리 알려진 애플리케이션 공격 중 하나는 다중 슬로로리스Slowloris 스크립트로 실행할 수 있는 대역폭 공격이다. 슬로로리스는 일반적으로 웹 서버와의 연결을 초기화하고 HTTP 헤더에 충분한 데이터를 보내서 연결을 유지한다. 보통 299초마다 5바이트가 연결된다. 이것은 웹 서버의 연결 테이블을 채운다.

이 공격은 일반적인 보안 모니터링 솔루션에서 캡처되지 않을 수 있기 때문에 까다로운 공격일 수 있다. 일반적으로 아파치를 실행하는 웹 서버(이전 버전)에 슬로로리스는 394개의 연결만으로 서비스 거부를 성공시켰다.

슬로로스트Slowlost와 슬로포스트Slowpost 공격은 낮은 대역폭 접근 방식을 사용하는 다른 변형 중 하나다. 차이점은 HTTP 헤더 대신 HTTP POST 명령을 시작한 다음 POST 헤더의 페이로드를 약 2분당 1바이트 정도의 속도로 매우 느리게 전송하는 경우가 있다. 전체 메시지가 기술적으로 볼 때 정확하고 완료됐기 때문에 대상 서버 유휴 시간 초과가 호출되지 않으며 서버는 콘텐츠 길이 헤더에 지정된 모든 데이터 바이트가 서버에 수신될 때까지 연결을 유지한다. 이런 공격은 눈에 잘 띄지 않아 여러 산업 분야의 다양한 애플리케이션을 감염시킬 수 있다.

또 다른 낮은 대역폭 공격은 해시 충돌 DoS 공격이다. 이 공격은 매우 강력하고 자원 집약적이며 모든 주요 웹 서버 플랫폼에 효과적이다. 해시 충돌 DoS 공격 시나리오에서 사이버 범죄자는 여러 매개 변수가 있는 특수하게 조작된 POST 메시지를 전송한다. 매개 변수는 기본적으로 서버 측에서 해시 충돌을 일으키는 방식으로 작성되므로 응답 처리 속도가 크게 저하된다.

DDoS 위협 스펙트럼에 관한 F5 보고서에 따르면 이 공격을 분석하는 보안 전문가들은 30Kbps 연결(사실상 핸드셋일 수 있음)이 있는 단일 클라이언트가 인텔 i7 코어를 한 시간 동안 마비시킬 수 있음을 입증했다. 이것을 일반화하면 공격자 그룹의 1Gbps 연결로 10,000개의 i7 코어를 무기한 마비시킬 수 있다.

웹 서버가 TLS 연결을 종료하는 경우 SSL/TLS 재협상 공격에 취약할 수도 있다. THC SSL DoS(THC는 The Hackers Choice의 약자다)로도 불리는 이 공격은 정규 SSL/TLS 핸드세이크를 시작한 다음 바로 암호화 키의 재협상을 요청한다.

공격자는 모든 서버 리소스가 소모될 때까지 이러한 재협상 요청을 계속해서 반복한다. 서버는 SSL/TLS 클라이언트가 세션을 생성하는 것보다 많은 암호화 계산을 한다. 따라서 단일 SSL/TLS 클라이언트로 웹 서버를 공격하고 제압할 수 있으므로 전체 온라인 보안 서비스 팜을 무력화시킬 수 있다.

공격	공격 벡터	설명
슬로로리스	커넥션 테이블	HTTP 헤더를 느리게 전송해 연결 상태를 유지한다.
슬로포스트	커넥션 테이블	연결을 열어두기 위해 POST 방식으로 데이터를 느리게 전송한다.
해시도스(HashDos)	CPU	백엔드 플랫폼에서 해시 테이블을 과적시킨다.
SSL 재협상	CPU	암호화 연산의 비대칭성을 악용한다.

위의 표는 F5-DDoS 위협 스펙트럼 보고서에 따른 낮은 대역폭 HTTP 공격을 보여준다.

최신 웹 애플리케이션과 서버는 단순한 낮은 대역폭 공격에 잠재적으로 취약한 대상이다. 이러한 '낮고 느린' 공격은 특정 애플리케이션 취약점을 대상으로 하므로 사이버 범죄자가 은밀하게 서비스 거부를 유발할 수 있다. 이런 공격은 탐지하고 완화하기가 어렵기 때문에 취약점을 새로운 공격 경로로 만들 수 있다.

공격 도구

최근까지도 DDoS 공격 도구는 실행을 위해 충분한 지식을 필요로 했지만, 이제는 이런 도구가 변형돼 여러 플랫폼에서 사용하기가 훨씬 쉬워졌다. 따라서 비즈니스 서비스를 방해하는 것을 목표로 삼는 모든 개인이 있을 수 있기에 더욱더 위험하다.

가장 일반적인 도구는 다음과 같다.

- LOIC^{Low Orbit Ion Cannon}
- HOIC^{High Orbit Ion Cannon}
- #RefRef
- HPing
- Slowloris
- RUDY
- TRUNO

LOIC은 익명 사용자가 사용하는 단순하고 일반적인 도구 중 하나다. 익명 사용자가 이 도구를 사용할 때 직면하는 유일한 문제는 이 도구를 사용해 사용자 IP 주소를 가릴 수 없다는 점이었고, HOIC로 업그레이드하게 됐다.

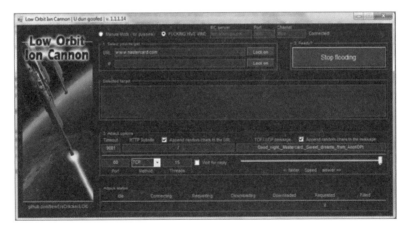

LOIC 도구

HOIC은 익명으로 사용됐으며 여러 공공 기관에 광범위한 영향을 미쳤다.

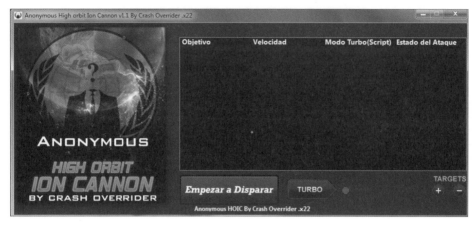

HOIC 도구

DDoS 도구로서의 봇넷

봇넷은 사이버 범죄자가 사용하는 가장 일반적인 도구 중 하나이며 봇을 통해 명령 및 제어 서버에서 여러 대상에 대한 공격을 실행할 수 있다. 여러 사이버 범죄자가 기본적으로 감염된 시스템 모음인 '봇넷'을 호스팅해 사용자에게 DDoS 및 기타 여러 가지 공격 경로로 대상을 공격하게 만든다.

이러한 봇넷 임대료는 규모에 따라 영향을 받는 여러 요소에 따라 5달러에서 1,500달러 사이로 다양하다. 잠재적으로 잘 알려진 봇넷의 일부는 다음과 같다.

봇넷	예상 크기	DDoS 공격 유형
러스톡(Rustock)	2,400,000	커넥션 플러드
커트웨일(Cutwail)	2,000,000	페이크 SSL 플러드(Fake SSL flood)
akbo	1,300,000	알 수 없음
TFN2K	알 수 없음	SYN 플러드, UDP 플러드, ICMP 플러드, 스머프
LOIC	15,000	HTTP 플러드, SYN 플러드, UDP 플러드

(이어짐)

봇넷	예상 크기	DDoS 공격 유형
HOIC	알 수 없음	HTTP 플러드
RefRef	알 수 없음	SQL 서버 취약점을 통한 DoS

위의 표는 F5-DDoS 위협 스펙트럼 보고서에 따라 전 세계의 상위 프로파일 봇넷 중 일부를 보여준다.

공격 그룹

다음은 일부 공개된 DDoS 공격 그룹 목록이다.

- 아르마다 콜렉티브The Armada Collective
- 리자드 스쿼드Lizard Squad
- DD4BC
- 사칭범
- 최근 스캠

강탈 방법은 주류가 되었고, 특히 DDoS 공격 위협의 형태로 가상 공간에서 매우 인기가 있다. 실제로 여러 사이버 범죄자 그룹이 DDoS 강탈 캠페인을 시작해 매우 효과적이다. 그룹 중 일부는 매우 뛰어나고 대다수의 그룹은 원래 그룹의 모방자다. 아르마다 콜렉티브, DD4BC, 카디로브치Kadyrovtsy, ezBTC, 리자드 스쿼드, 레드도어RedDoor가 그 중 일부다. 대부분의 그룹은 다양한 볼륨에서 DDoS 공격을 할 수 있는 능력을 보여 주었다. 그들은 잠재적으로 위협의 심각성을 보여주는 짧은 데모 공격을 했고, 그 다음에는 몸값을 요구했다. 이런 위협은 대기업만큼의 강력한 보안 방어력을 갖추지 못한 중소/중견 기업을 포함해 모든 규모의 비즈니스를 대상으로 삼았다.

아르마다 콜렉티브

아르마다 콜렉티브Armada Collective는 현재는 활동이 뜸하지만 잘 알려진 DDoS 강탈 그룹이다. 캠페인 및 운영 방식은 DD4BC 그룹과 매우 유사하다. 이들은 비트코인을 통해 몸값이 지불될 때까지 온라인 비즈니스에 대한 DDoS 공격 경고 이메일을 보내 피해자를 위협한다.

이 캠페인의 가장 최근 피해자 중 하나는 알파 북키핑 서비스Alpha Bookkeeping Services의 소유주인 엘리자베스 항구 출신의 에티엔 델포트Etienne Delport다. 2016년 9월 5일 델포트Delport는 그룹에서 받은 전자 메일을 게시해 제시받은 몸값을 알렸다. 이 그룹은 피해자에게 제시한 계좌로 1비트코인(~615달러)의 대가를 지불하지 않으면 다음번에는 10~300Gbps DDoS 공격을 하겠다고 위협했다. 사이버 범죄자들은 DDoS 공격을 시작한 이후에 피해자가 공격을 중단하기를 원한다면 가격을 배(20비트코인)로 청구할 것이라고 밝혔다.

```
We are a HACKER TEAM - Armada Collective

1 - We have checked your information security systems, setup is poor; the systems are very vulnerable and obsolete.
2 - We'll begin attack on Tuesday 06-09-2016 8:00 p.m.!!!!!
3 - We'll execute some targeted attacks and check your DDoS servers by the 10-300 Gbps attack power
4 - We'll run a security breach test of your servers through the determined vulnerability, and we'll gain the access to your databases.
5 - All the computers on your network will be attacked for Cerber - Crypto-Ransomware
6 - You can stop the attack beginning, if payment 1 bitcoin to bitcoin ADDRESS:
1Pnv9xaEdBFGXzhX6EDo2XAgrDxxdg25WU
7 - If you do not pay before the attack 1 bitcoin, the price will increase to 20 bitcoins
8 - You have time to decide! Transfer 1 bitcoin to ADDRESS: 1Pnv9xaEdBFGXzhX6EDo2XAgrDxxdg25WU
Bitcoins e-money https://en.wikipedia.org/wiki/Bitcoin
Bitcoins are very easy to use.
Instruction:
1.You have to make personal bitcoin wallet. It is very easy. You can download and install bitcoin wallet to your PC.
There are lots of reliable wallets, such as: https://multibit.org/ https://xapo.com/
But there are much easier options as well. You can make bitcoin wallet online,
for example blockchain.info or coinbase.com and many others.
You may also transfer money directly from exchanger or bitcoin ATM to the decryption address provided to you.
2. You can top up the credit on your bitcoin wallet in most convenient way:
- To buy bitcoins in the nearest bitcoin ATM; refer to the address on a website: coinatmradar.com/countries/
- by means of credit card or different payment systems such as PayPal, Skrill, Neteller and others or by cash,
for example:
https://localbitcoins.com/buy_bitcoins
https://exchange.monetago.com
https://hitbtc.com/exchange
How to make bitcoin wallet with Google for the additional information
```

한 피해자가 받은 강탈 이메일

이런 유형의 강탈 시도는 DD4BC 그룹의 사이버 범죄자가 이를 사용하기 시작하면서 최근에 매우 자주 발생했다. 유로폴Europol이 DD4BC 그룹 멤버를 체포했지만 다른 유사한 그룹이 등장했는데 아르마다 콜렉티브가 그 중 하나다.

Subject: Ransom request: DDOS ATTACK!

FORWARD THIS MAIL TO WHOEVER IS IMPORTANT IN YOUR COMPANY AND CAN MAKE DECISION!

We are Armada Collective.

All your servers will be DDoS-ed starting Friday if you don't pay 20 Bitcoins @

When we say all, we mean all - users will not be able to access sites host with you at all.

Right now we will start 15 minutes attack on your site's IP (victims IP address). It will not be hard, we will not crash it at the moment to try to minimize eventual damage, which we want to avoid at this moment. It's just to prove that this is not a hoax. Check your logs!

If you don't pay by Friday , attack will start, price to stop will increase to 40 BTC and will go up 20 BTC for every day of attack.

If you report this to media and try to get some free publicity by using our name, instead of paying, attack will start permanently and will last for a long time.

This is not a joke.

Our attacks are extremely powerful - sometimes over 1 Tbps per second. So, no cheap protection will help.

Prevent it all with just 20 BTC @

Do not reply, we will probably not read. Pay and we will know its you. AND YOU WILL NEVER AGAIN HEAR FROM US!

Bitcoin is anonymous, nobody will ever know you cooperated.

확인된 아르마다 콜렉티브의 이메일

이 그룹의 가장 유명한 공격 중 하나는 이메일 제공 업체인 프로톤메일ProtonMail에 대한 것으로 대량의 DDoS 공격을 막으려면 약 6,000달러를 지불하라고 강요했다. 처음에는 프로톤메일이 이메일을 무시해서 15분 동안 오프라인으로 서비스를 시작한 저녁 시간에 공격이 시작됐다. 또 다른 공격은 서비스 제공 업체가 이를 대응하기 위해 적절한 조치를 취한 단계인 다음날 발생했다. 그 시점에서 공격은 더 많은 ISP 공급자의 업스트림 인프라에 정교하면서도 100Gbps 이상의 대량의 대역폭으로 네트워크의 취약한 부분을 공격했다. 전체 ISP에 다운타임이 발생한 90분 뒤에 프로톤메일은 마침내 대응을 포기했고 아르마다 콜렉티브에게 몸값을 지불하기로 결정했다.

프로톤메일 사건이 끝난 후, 여러 회사가 DD4BC 유사 강탈에 대해 보고하기 시작한 2016년 겨울까지 해당 그룹의 강탈 시도가 있었다.

Subject: DDoS Attak

FORWARD THIS MAIL TO WHOEVER IS IMPORTANT IN YOUR COMPANY AND CN MAKE DECISION!

We are Armada Collective.

http://lmgtfy.com/?q=Armada+Collective

You will be DDoS-ed starting Thursday (April 21) if you don't pay protection fee - 20 Bitcoins @

If you don't pay by Thursday, attak will start, yours service going down permanently price to stop will increase to 40 BTC and will go up 20 BTC for every day of attak.

This is not a joke.

Our attaks are extremely powerful - sometimes over 1 Tbps per second. And we pass CloudFlare and others remote protections!

So, no cheap protection will help.

Prevent it all with just 20 BTC @ 1Paks2kYKDhBoiqr3WSPSekVpLeUYEbpyJ

Do not reply, we will not read. Pay and we will know its you. AND YOU WILL NEVER AGAIN HEAR FROM US!

Bitcoin is anonymous, nobody will ever know you cooperated.

아르마다 콜렉션 사칭 이메일

보안 에반젤리스트들은 아르마다 콜렉티브 그룹의 강탈 시도를 멈추게 하지 못했고, 강탈 횟수는 기하 급수적으로 늘어났으며 몸값 지불이 가능한 대기업뿐만 아니라 일반 웹 사이트 소유자도 그 대상으로 삼았다.

클라우드플레어CloudFlare는 이메일에서 비트코인 주소의 명확한 목록을 사용하는 한 그룹의 사이버 범죄자들이 아르마다 콜렉티브의 이름으로 웹 사이트에 DDoS 공격을 시작하겠다고 위협했지만 통하지 않았다고 전했다. 초기 사건 직후, 아르마다 콜렉티브가 사용하는 형태의 협박 이메일이 스위스의 소기업들을 겨냥했다.

한때, 프로톤메일의 성공적인 공격에 따라 많은 유사 공격자와 실제 아르마다 콜렉티브 협박 이메일을 구별할 수 없었다.

결과적으로 여러 사이버 범죄 그룹에서 행동 방식을 복제해 유사한 집단 그룹으로 확산시켰고 주요 그룹은 계속해서 위협과 공격을 개시했다.

현재까지 이 그룹은 프로톤메일, 허시메일Hushmail, 런박스Runbox 등의 공급자를 비롯해 호주, 일본, 스위스, 태국 금융 기관을 대상으로 하는 것으로 알려져 있다.

델포트가 받은 가장 최근의 협박 이메일은 공격의 배후에 있는 이러한 사이버 범죄자들이 전술에 새로운 요소를 통합하고 있음을 보여준다. 이메일에서 그들의 인프라가 전 세계적인 감염 때문에 최근 주목받고 있는 케르베르 랜섬웨어에 의해 공격받게 될 것이라고 언급하고 있다.

Ransom request: DDoS Attack

Armada Collective [BM-2cXaL6GHsqbVf1tuUxRtJW8hWdj29Wk83k@bitmessage.ch]

Extra line breaks in this message were removed.

Sent: Mon 16/11/2015 13:39
To: info@bitbargain.com

FORWARD THIS MAIL TO WHOEVER IS IMPORTANT IN YOUR COMPANY AND CAN MAKE DECISION!

We are Armada Collective.

Have you heard of us before? If not, use Google - recently, we have launched one of the largest DDoS attacks in history!
Our attacks are extremely powerful - sometimes over 1 Tbps per second. So, no cheap protection will help.

Your site is going under massive DDoS attack if you don't pay 5 BTC to
1Q2JDJ ████████████████████ 1S5HN

Usually we ask for more, but we believe that you company is small so asking for lower amount, at this moment.

Right now we will start 15 minutes attack on your site's IP (188.227.224.121).
It will not be hard, we will not crash it at the moment and to prevent bigger damage.

We will wait a few hours to give you enough time to make decision.

If we find out that you are ignoring us, massive attack will start and price to stop will double up and will keep going up for every 1 hour of attack.

This is not a joke.

Prevent it all with just 5 BTC @ 1Q2JI ████████████████ 1S5HN

Do not reply, we will not read.

Pay and we will know its you. AND YOU WILL NEVER AGAIN HEAR FROM US!

And nobody will ever know you cooperated.

아르마다 콜렉티브에서 영국 비트코인 교환 회사인 비트바겐(BitBargain)에게 보낸 이메일

리자드 스쿼드

리자드 스쿼드Lizard Squad는 주로 게임 산업에 대한 DDoS 공격 협박으로 잘 알려진 사이버 범죄 그룹이다. 리자드 스쿼드는 2014년 크리스마스에 소니 플레이스테이션 네트워크와 마이크로소프트 엑스박스Xbox 온라인 게임 서비스에 대량의 DDoS 공격을 가한 데서 명성을 얻었다.

두 회사의 서비스는 1억 5800만 명 이상의 가입자에게 완전히 오프라인이 됐다. 언론이 왜 네트워크를 공격했는지 묻자 사이버 범죄 그룹의 구성원은 '가능했기 때문에'라고 응답했다. 마이크로소프트는 초기 공격 직후에 엑스박스 라이브 서비스를 복원했지만, 소니는 플레이스테이션 네트워크를 복구하는 데 2일 이상이 걸렸다.

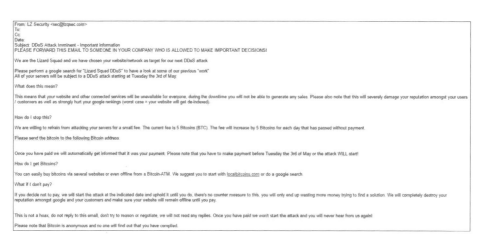

리자드 스쿼드의 가짜 랜섬 위협

최근에 아르마다 콜렉티브 그룹의 이메일과 비슷한 이메일이 해커 그룹인 리자드 스쿼드로부터 나온 것으로 보여진다. 클라우드 플레어에 따르는 아르마다 콜렉티브 사칭 그룹이 널리 알려짐에 따라 다른 DDoS 그룹과 동일한 취급을 받게 되었고, 그룹의 강탈 능력에도 영향을 주었다. 향후에는 또 다른 범죄 집단의 이름을 사용해서 나타날 것으로 보인다.

이메일은 이전의 몸값 전자 메일과 거의 동일한 방식으로 동작한다. 리자드 스쿼드 그룹은 마감일 전에 비트코인 주소로 요구된 금액을 지불하지 않는다면 DDoS 공격을 가하겠다고 협박한다. 이 사이버 범죄 그룹에 의해 피해자에게 게시된 각 이메일은 비트코인 주소를 포함해 반복해서 사용된다. 비트코인 주소를 재사용한다는 것은 이러한 그룹의 사이버 범죄자가 어떤 회사가 자신의 몸값을 지불했는지 식별할 수 있는 방법이 없음을 의미한다. 그룹이 확실한 경우 대상마다 고유한 비트코인 주소가 표시될 것으로 예상된다.

DD4BC

DD4BC는 DDoS 강탈 시도가 점차 더 활발해지고 빈도가 늘어나고 있는 또 다른 사이버 범죄 그룹이다. DD4BC는 처음에는 게임 및 지불 처리 산업에 중점을 두다가, 점진적으로 미국, 아시아, 유럽, 호주, 뉴질랜드를 비롯한 여러 국가에서 금융 기관(은행, 거래 플랫폼, 보험 등)을 포함한 여러 산업을 대상으로 하고 있다.

다음은 DD4BC 강탈 라이프사이클이다.

1. 그룹의 역량을 증명하기 위해 수분에서 수시간에 이르는 테스트 DDoS 공격을 초기화한다.
2. 비트코인으로 몸값을 요청해 피해자가 DDoS 취약성을 인식하도록 한다.
3. DD4BC의 '지금 지불하거나 나중에 더 많이 지불하라는' 의도를 보여주며 더 높은 몸값을 요구하는 더욱 강력한 공격을 한다.

```
Hello,

To introduce ourselves first:
http://www.coindesk.com/bitcoin-extortion-dd4bc-new-zealand-ddos-attacks
http://bitcoinbountyhunter.com/bitalo.html
http://cointelegraph.com/news/113499/notorious-hacker-group-involved-in-ex-
coin-theft-owner-accuses-ccedk-of-withholding-info
Or just google "DD4BC" and you will find more info.

So, it's your turn! All servers of [REDACTED] group (internationally) are going
under DDoS attack unless you pay 40 Bitcoin. Pay to 16HH1Se5zhXgqe4EBAKZxdyMump5Mi-
YgrQ Please note that it will not be easy to mitigate our attack, because our cur-
rent UDP flood power is 400-500 Gbps. Right now we are running small demonstrative
attack on one of your IPs: [REDACTED]. Don't worry, it will not be hard (we will
try not to crash it at the moment) and will stop in 1 hour. It's just to prove that
we are serious.

We are aware that you probably don't have 40 BTC at the moment, so we are giving
you 24 hours to get it and pay us. Find the best exchanger for you on howtobuybit-
coins.info or localbitcoins.com You can pay directly through exchanger to our BTC
address, you don't even need to have BTC wallet. Current price of 1 BTC is about
250 USD, so we are cheap, at the moment. But if you ignore us, price will increase.

IMPORTANT: You don't even have to reply. Just pay 40 BTC to 16HH1Se5zhXgqe4EBAKZx-
dyMump5MiYgrQ — we will know it's you and you will never hear from us again.
We say it because for big companies it's usually the problem as they don't want
that there is proof that they cooperated.


If you need to contact us, use Bitmessage: BM NC1jRewNdHxX3jHrufjxDsRWXGdNisY5 But
if you ignore us, and don't pay within 24 hours, long term attack will start, price
to stop will go to 100 BTC and will keep increasing for every hour of attack. Many
of our "clients" believe that if they pay us once, we will be back. That's not how
we work - we never attack the same target after we are paid. If you are thinking
about reporting this to authorities, feel free to try. But it won't help. We are
not amateurs.

REMEMBER THIS: It's a one-time payment. Pay and you will not hear from us ever
again!
We do bad things, but we keep our word.
Thank you

***********************
```

DD4BC의 이메일 샘플

한 DDoS 보호 벤더에 의한 최근 연구에 따르면 실제 공격의 대부분은 UDP 프로토콜의 장점을 취하는 UDP 증폭 공격이라고 설명했다. 앞에서 설명한 것처럼, 봇넷을 통한 UDP 플러딩은 원치 않는 UDP 트래픽을 보내는 것만으로 전체 네트워크를 차단하는 훨씬 유연하고 쉬운 공격 형태다. 이런 공격 벡터는 기술적으로 가장 쉽고 효과적인 공격 벡터 중 한 가지로 임대 가능한 봇넷과 공개적으로 사용 가능한 스크립트 덕분에 더욱 쉽게 만들 수 있다.

DD4BC에 대한 통계에 따르면 사전 경고 공격은 일반적으로 10~15Gbps 범위이나 피해자가 강탈 요구를 거부하는 경우 40~60Gbps까지 올라간다. 다만 DD4BC에서 DDoS 용량이 400~500Gbps에 이른다고 이메일로 협박을 했지만 실제로 사용하지는 못했다.

> Hi guys! Really sorry - our server is offline right now. A person tried to blackmail us today with threats of a DDoS attack on our server. He started the attack and told us to send him 2 BTC to end the attack.
>
> The details of the person are his email address of: dd4bc@outlook.com
>
> And Bitcointalk Username of: DD4BC
>
> And he asked us to pay into: 16JEzTkXGeCFPrCoPo9hnSVZWLHMau31fg
>
> https://blockchain.info/address/16JEzTkXGeCFPrCoPo9hnSVZWLHMau31fg
>
> The hosting company contacted us about the attack and our server is offline right now. We are migrating the server to a location with better DDoS protection ASAP.
>
> All player balances are safe! No coins have been lost, our security is intact, we have just been targeted by someone who doesn't have a better way to make money than by extorting people Sad
>
> Thanks so much for your patience. This might delay the Treasure Hunt promo, but hopefully not by too long! I'll keep you updated.

DD4BC 피해자의 공격 및 몸값 요구에 관한 정보

DD4BC의 배후에 있는 사이버 범죄자들은 150회가 넘게 공격했으며 그 중 50% 이상이 금융 서비스 회사를 대상으로 했다. 이는 의료, 관광 등에서 사업을 하는 다른 기업들 같은 서비스 중단 시간이 분단위로 영향을 주는 사업BFSI과 연관되어 있다.

대부분의 DD4BC의 공격은 SSDP 및 NTP 반영 또는 증폭 공격이었으며 특정 7 계층 공격도 있었다. 몇몇의 경우 요구된 대가가 지불되지 않았고 테스트 공격이 희생자에 의해 완화되면 7계층 공격 기술을 찾는 캠페인을 시작했다.

일부 캠페인에서 DD4BC는 희생자들의 환경에 존재하는 DDoS 취약성을 알리고 비트코인 결제 대가로 DDoS 방어 계획을 제공했다.

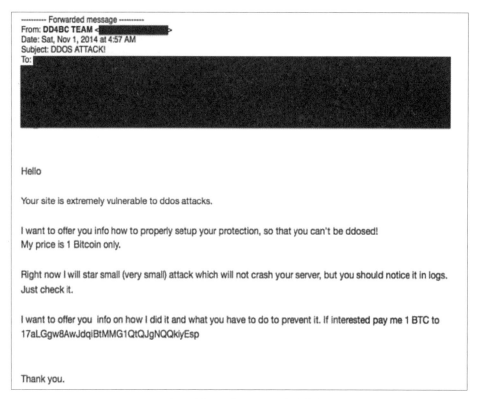

1비트코인을 요구하는 DD4BC의 이메일

다음의 https://www.akamai.com 타임라인은 2014년 9월부터 2015년 7월까지 아카마이[Akamai] DD4BC 공격 캠페인에 대한 공격 대역폭 및 Mpps(초당 패킷 수) 측정치를 보여준다. 타임라인 그래프에는 DD4BC와 관련된 공격일도 표시돼 있다.

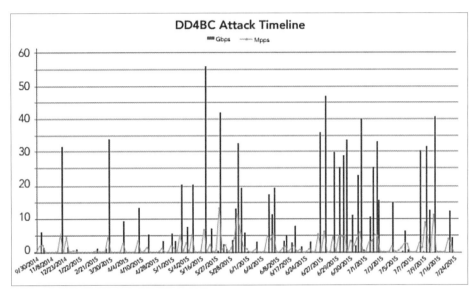

DD4BC 이벤트의 대역폭 및 초당 패킷 공격 타임라인

사칭범

다음은 DDoS 강탈에 참여한 사칭범 중 일부다.

- 카디로브치[Kadyrovtsy]

- 레드도어[RedDoor]

- ezBTC

카디로브치

카디로브치라는 사이버 범죄자들은 15비트코인(2016년 6월 기준 5,500파운드 전후)의 몸값을 요구하는 새로운 협박을 은행 및 온라인 마케팅 대행사에 시작했다. 협박은 일반적으로 4~5일 내에 이뤄졌고, 그들이 보낸 이메일마다 비트코인 주소가 희생자와 개별적으로 연결되어 있었다.

Link11 보안관제 센터^{LSOC}에 따르면 대다수 DDoS 사칭범의 행동과는 반대로 카디로브치는 강탈 이메일을 보내는 것에만 전념하지 않았다. 50~90Gbps의 경고 공격을 통해 사태의 심각성을 보여주었다. 데모 공격은 최대 1시간 동안 지속되고, 공격으로부터 보호되지 않는 대상의 경우 서비스 중단 시간이 발생한다.

카디로브치는 주로 ICMP 증폭 및 DNS 반사 기술을 사용한다. DDoS 강탈자들은 2016년 4월 말부터 유럽에서 주로 활동했다. Link11의 보고서에 따르면 이름은 친러시아 체첸 대통령인 아흐마디 카디로프^{Akhmad Kadyrow} 대통령과 싸운 준군사 조직과 유사하다.

이런 사이버 범죄자들은 4월 말부터 대부분의 유럽 국가에 사업을 확대하기 시작했는데, BSI에 따르면 이미 미국 전역에서 협박 사업이 시작되었다.

주요 강탈 시도는 다음과 같다.

- 2016년 4월 22일: 카디로브치는 90Gbps 규모의 공격으로 영국 금융업을 공격했다. CERT UK는 매주 사이버 범죄에 관한 경고문을 배포했다.
- 2016년 5월 7일/8일: 카디로브치는 폴란드에서 가장 큰 은행들에 대한 경고 공격을 시작했다. 페카오 은행^{Pekao Bank}은 희생자 중 하나다. 보고서에 따르면 경고 공격의 최대 대역폭은 10~50Gbps다.
- 2016년 5월 19일: 그룹은 강탈 이메일을 수신한 네덜란드 결제 서비스 제공 업체를 대상으로 잠재적으로 서비스를 중단시키는 경고 공격을 했다.

- **2016년 5월 26일 이후**: 카디로브치는 5월 말부터 독일 기업을 대상으로 하는 대규모 DDoS 공격을 통해 자신들의 요구를 전하는 방식을 취했다.

LSOC는 강탈 그룹의 접근 방식이 이전과 바뀌었다는 것을 관찰하고 확인했다. 시간이 지남에 따라 변경된 핵심 요소는 다음과 같다.

- **이메일 주소의 변경**: 그룹이 이메일 주소를 변경하더라도 이메일 공급자인 sigiant.org(사이버 범죄자가 이용하는 것으로 잘 알려져 있음)에 등록돼 있다. 이런 점은 그룹에 팀원이 여러 명 있다는 것을 분명히 한다.
- **몸값의 변형**: 각 강탈 이메일은 몸값이 15~20비트코인 사이에서 국가별로 형성된다.
- **지불 기한**: 이전에는 약 4~5일이었지만 이제는 24시간으로 단축됐다. 24시간 이내에 지급되지 않으면 사이버 범죄자가 공격을 개시한다.
- **언어**: 시간이 지나면서 문법적인 변경이 생겼다. 이전 이메일은 엉터리 영어로 쓰여져 있다고 알려져 있었다. 최근 이메일은 단어, 문법, 철자 등이 많이 개선됐다.

PLEASE FORWARD THIS EMAIL TO SOMEONE IN YOUR COMPANY WHO IS ALLOWED TO MAKE IMPORTANT DECISIONS!

We are the Kadyrovtsy and we have chosen your company as target for our next DDoS attack.

All of your servers will be subject to a DDoS attack starting at XX XX XX XX.

Right now we are running a XXX XXX XXX demo attack on one of your servers
********************************** to prove that this is not a hoax.

What does this mean?
This means that your websites and other connected services will be unavailable for everyone, during the downtime you will not be able to generate any sales. Please also note that this will severely damage your reputation amongst your users / customers as well as strongly hurt yourbGoogle rankings (worst case = your website will get de-indexed).

How do I stop this?
We are willing to refrain from attacking your servers for a small fee.
The current fee is 15 Bitcoins (BTC). The fee will increase by 15 Bitcoins for each day that has passed without payment.

Please send the bitcoin to the following Bitcoin address:
****
Once you have paid we will automatically get informed that it was your payment. Please note that you have to make payment before XX XX XX XX or the attack WILL start!

How do I get Bitcoins?
You can easily buy bitcoins via several websites or even offline from a Bitcoin-ATM. We suggest you to start with localbitcoins.com or do a google search.

What if I don't pay?
If you decide not to pay, we will start the attack at the indicated date and uphold it until you do, there's no counter measure to this, you will only end up wasting more money trying to find a solution. We will completely destroy your reputation amongst Google and your customers and make sure your website will remain offline until you pay.

Do not reply to this email, don't try to reason or negotiate, we will not read any replies. Once you have paid we won't start the attack and you will never hear from us again!

Please note that Bitcoin is anonymous and no one will find out that you have complied.

카디로브치에서 보낸 강탈 이메일

118

레드도어

레드도어^{RedDoor}는 주로 전자상거래 산업에 대한 DDoS 공격 위협을 하는 강탈 이메일을 보내는 것으로 알려진 사이버 범죄 그룹이다. 이 그룹의 DDoS 강탈 흐름이 Link11 보안 관제 센터에 의해 확인됐는데 독일에서 온라인 공급 업체를 위협하는 그룹에 서비스를 제공했다. LSOC는 3월 23일부터 피해를 받은 전자상거래 제공 업체 및 정부와 협조해 조사를 지원했다.

레드도어 그룹은 대상으로 하는 모든 희생자에게 3비트코인을 요구한다. 이 그룹은 다른 DDoS 강탈자와 동일한 방식으로 운영된다. DDoS 강탈 캠페인에 참여한 사이버 범죄자들은 몸값을 요구하는 익명의 이메일 서비스를 사용해 이메일을 발송한다. 대상이 된 희생자는 24시간 이내에 개별 비트코인 계정을 통해 지불해야 한다.

레드도어는 피해자가 이메일 내용에 응하지 않기로 결정한 경우 대량의 DDoS 공격으로 위협을 가한다. 강탈자는 잠재적인 대역폭이 400~500Gbps인 UDP 플러드 공격을 하겠다고 위협한다. 또한 그들은 피해자에게 몸값을 최대 10비트코인으로 올리고 공격이 준비되면 1시간 단위로 수행될 것이라고 협박한다.

레드도어 강탈 이메일은 DD4BC와 매우 비슷하지만 운영 방식은 아르마다 콜렉션과 유사하다. 이런 특성으로 인해 아르마다 콜렉션 그룹의 유사 그룹이라고 가정할 수 있다. 현재는 독일의 전자상거래 기업에 초점을 맞추고 있지만 다른 산업에도 확산될 것으로 예상된다.

Von: RedDoor [mailto:Reddoor@openmailbox.org]
Gesendet: Donnerstag, 23. März 2016 xx:xx
An: XXX
Betreff: DDOS ATTACK !

Hello,

You are going under DDoS attack unless you pay 3 Bitcoin.
Pay to xxxxxxxxxxxxxxxxxxxxxxxxxxxxxxxxxxxxxxxxxxxx

Please note that it will not be easy to mitigate our attack, because our current UDP flood power is 400-500 Gbps.

Don't worry, it will not be hard (we will try not to crash it at this moment) and will stop in 10 minutes. It's just to prove that we are serious. We are aware that you probably don't have 3 BTC at the moment, so we are giving you 24 hours to get it and pay us.

Find the best exchanger for you on howtobuybitcoins.info or localbitcoins.com You can pay directly through exchanger to our BTC address, you don't even need to have BTC wallet. Current price of 1 BTC is about 415 USD, so we are cheap, at the moment. But if you ignore us, price will increase.

IMPORTANT: You don't even have to reply. Just pay 3 BTC to xxxxxxxxxxxxxxxxxxxxxxxxxxxxxxxxxxxxxxxxxxxx - we will know it's you and you will never hear from us again. We say it because for big companies it's usually the problem as they don't want that
there is proof that they cooperated.

If you need to contact us, feel free to use some free email service. But if you ignore us, and don't pay within 24 hours, long term attack will start, price to stop will go to 10 BTC and will keep increasing for every hour of attack.
Many of our „clients" believe that if they pay us once, we will be back. That's not how we work - we never attack the same target after we are paid.

If you are thinking about reporting this to authorities, feel free to try.

But it won't help. We are not amateurs.

REMEMBER THIS: It's a one-time payment. Pay and you will not hear from us
ever again!

We do bad things, but we keep our word.
Thank you.

레드도어 강탈 이메일 원본

ezBTC 스쿼드

주로 플랫폼 간의 모든 대상에 대한 DDoS 공격 위협 시도로 알려진 새로운 사이버 범죄 그룹 중 하나다. 최근에 ezBTC 스쿼드Squad는 몸값을 받기 위해 트위터 계정을 사용해 몸값 요구를 시도했다. 두 번째 화면은 온라인 크라우드 펀딩 자선 포털이 같은 그룹 내에서 몸값 협박의 대상이 되는 예를 보여준다.

EzBTC Squad
@EzBTC_Squad

Hi @LRSeimas your website Ira.It is under a DDoS attack. We will stop the attack when you send 4BTC to us 329F18FyBK3pPHcSSeU7BLvnyMZq CKvMte

9:44am · 9 Apr 2016 · Twitter for Android

트위터를 이용한 랜섬웨어 협박

Our bitcoin crowdfunding charity is under DDoS attack for 1 BTC | BitHope.org (self.Bitcoin)
submitted 5 months ago by vdramaliev

First we received this today at 13:35 (GMT+3):

Hello, we are EzBTC Squad. Your website www.bithope.org is going under DDOS attack in 72 hours! You can prevent it by paying us ransom of 1 BTC (around 440$)! If you won't pay in 72 hours, long-term attack will start, and ransom will start to increase by 1 BTC every day of attack! Pay to address: 1BvgCSuSdvNFXuDfhux5AULc7FrKV8VZRG You don't even have to reply, except if you want to contact us! Just pay, and we will know its you, we use different BTC addresses for each company. Many our targets believe that if they pay - we will come back. That's not true - pay, and you will never hear again from us. We never attack the same target again. We do bad things but we keep our word. Thank you.

They announced attack at Tweeter as well. I did not see it, before it was removed by EzBTC. This I was told by Jonathan Ashkenazi from Incapsula. He called be on the phone to tell me that I might be attacked and offered Incapsula's services. He sounded like a really nice guy. Also, I believe he is part of this - Incapsula liked a tweed in which I mentioned him. Kudos to his sniper-sharp marketing move :)

And we just received this at 20:02:

EzBTC Squad here! We start DDoSing your website as we see that you IGNORED us and you set up Cloudflare instead of paying up! NO PROTECTION WILL HELP YOU, REMEMBER THIS! Attack will start NOW, Ransom is 1 BTC. Ransom will increase every day of attack. Our BTC address: 1BvgCSuSdvNFXuDfhux5AULc7FrKV8VZRG The more time you'll waste - the more you'll pay

ezBTC의 목표가 된 온라인 자선 크라우드펀딩

▌ 방어 기술

DDoS 공격의 유형, 범주, 정교함에 관계없이 일반적인 보호 기술은 완벽하지는 않지만 공격을 완화하여 비즈니스 환경과 연속성을 보장한다. 블랙홀 및 라우터 필터링 같은 가장 잘 알려진 DDoS 보호 메커니즘은 오늘날 볼 수 있는 복잡한 공격 패턴을 완화하기 위해 최적화되고 계획되어 있지는 않다.

공격 탐지 기능을 제공하더라도 NGFW 및 IPS/IDS와 같은 경계 보안 장치는 모든 공격 경로에 대한 DDoS 방어는 하지 못한다. 이러한 주변 장치는 세션 고갈 공격을 감지하고 방지하는 여러 계층의 범위 제한을 통해 플러드 방지 및 리소스 보호와 같은 기본적인 방어 기술을 제공하지만 3, 4, 7 계층에서 포괄적인 DDoS 공격 요소를 완화하도록 설계되지는 않았다.

DDoS 완화는 딥 패킷 검사, 패턴 분류 클러스터링 기술 및 관련 임계 값과 함께 보호해야 하는 중요 자산을 비롯해 여러 요소의 상관 관계를 알아야 하는 복잡한 영역 중 하나다. 최근 DDoS 완화는 새로운 DDoS 공격 벡터의 변화를 감지하는 새로운 접근 방법을 요구할 뿐만 아니라 공격 단계에서 서비스가 실행되도록 공격 효과를 완화하는 것도 포함한다.

가장 최적의 보호 전략은 다양한 유형의 공격 경로에 해당하는 다중 필터링을 적용하는 심층적인 방어 전략을 구현하는 것이다. DDoS 공격을 견딜 수 있는 필수 구성 요소는 사용되는 공격 유형과 사이버 범죄자의 목적을 인식하는 것이다. 적절한 DDoS 보호 전략을 통해 DDoS 솔루션은 다음을 수행할 수 있다.

- 안정적이고 비용 효율적인 확장성 보유
- 실시간으로 공격을 탐지, 완화
- 시그니처에 정의된 대로 공격 패턴을 탐지할 뿐만 아니라 일반 트래픽에서 비정상 트래픽 및 불법 트래픽을 식별

- 모든 취약점 포인트를 보호하기 위해서 업스트림에 배포하기 위한 보안 아키텍처 포함

앞선 접근법에 기반한 DDoS 보호 계획은 다음과 같은 보호 속성을 제공해야 한다.

- 통합된 탐지 및 차단 메커니즘을 통해 3, 4, 7 계층에서의 DDoS 공격에 즉각적인 대응 가능
- 기존 보안 솔루션(시그니처 기반)이 현재 제공하는 것보다 향상된 검증 기능을 제공
- 행동 분석을 기반으로 공격을 분류해 악의적인 의도의 트래픽을 식별하는 데 집중
- 높은 체적 공격 및 유효한 비즈니스 트랜잭션에 대한 스푸핑된 패킷 차단 가능성을 처리하는 메커니즘
- DDoS 솔루션의 주문형 포지셔닝 활성화(비즈니스 결정에 따른)
- 악성 트래픽 제거의 최대 안정성을 보장할 수 있는 지능형 프로세스

ⓘ 바타카리아, 드루바, 주갈 칼리타에 따르면(DDoS 방지, DDoS 공격, 2016), 효과적인 추적 메커니즘은 다음과 같은 속성을 가져야 한다.
- ISP 개입이 낮아야 함
- 라우터 또는 스위치의 추가 메모리 비용이 발생하지 않아야 함
- 오탐률이 낮아야 함
- 역추적 시스템의 배포가 어렵지 않아야 함
- 단일 패킷을 사용하는 원래 공격소스를 식별할 수 있어야 함

DDoS 공격 방어 도구

시장의 여러 회사에서 DDoS 공격에 대한 방어 서비스를 제공한다. 그 중 일부는 클라이언트의 인프라에서 어플라이언스를 설정하고 다른 곳은 ISP 공급자의 용량내에서 처리하고 그 외 채널 트래픽은 트래픽 스크러빙이나 클리닝 센터를 통해 DDoS 완화를 시도한다. 그럼에도 불구하고 이전의 모든 접근 방식은 동일한 원칙, 즉 사이버 범죄자가 생성 한 악의적인 트래픽을 걸러내는 방식을 따른다.

구현 방법 중 일부는 DDoS 보호 서비스를 항시 적용 혹은 필요 시 적용할 수 있어야 되기 때문에 고려해야 할 필요가 있다. 잠재적인 DDoS 방어를 고려할 때 기업의 DNS에 대한 TTL도 매우 중요하다. 기업의 DNS에서 TTL 값이 길면 공격을 받을 시 DNS 레코드를 새로운 안전한 위치로 신속하게 전환할 수 없다. DDoS 방어를 준비하는 동안 고려해야 할 중요한 요소다.

전반적인 DDoS 완화 방식에서 가장 효과적이지 않은 방법은 트래픽 필터링 장비를 클라이언트 측에 설치하는 방식이다.

유의해야 할 점 중 하나는 DDoS 공격으로부터 보호받을 수 있는 특효약은 없다는 것이다. DDoS 솔루션 벤더를 선택할 때 필수는 아니지만 검토해야 할 여러 매개 변수가 있는데, 솔루션의 확장성, 조직의 예산, 현 환경에서의 기존 서비스 의존성, 솔루션 서비스를 위한 지원 여부, 3, 4, 계층 공격 방어, 정상적인 트래픽 프로비저닝, 암호화되지 않은 HTTP 기반 트래픽의 보호, 업계별로 적용되는 사용 사례 등의 차단이 해당된다.

다음은 모든 계층에서 방어를 제공하는 최적의 DDoS 보호 솔루션이다.

- **임퍼바 인캡슐라**Imperva Incapsula : CDNContent Delivery Network을 통한 성능 향상을 포함해 DDoS 공격으로부터 웹 포털, 애플리케이션, 인프라, 데이터를 보호하는 클라우드 기반 서비스다. 그들의 솔루션은 WAF, CDN, DDoS 완화 및 로드 밸런서로 구성된다. 전 세계에 데이터 센터를 보유하고 있으며 다른 DDoS 보호 솔루션 제공자보다 더 많은 스크러빙 센터가 있다. 또한 상시 및 필요시 DDoS 보

호 서비스를 비롯한 다양한 서비스 모델을 통해 DDoS에 대한 종합적인 보호 기능을 제공한다.

- **아카마이**^{Akamai}: 아카마이 테크놀로지스^{Akamai Technologies}는 전 세계에서 가장 큰 CDN 중 하나를 운영하는 것으로 알려져 있다. 웹 최적화와 미디어 전달 및 보안 솔루션을 위한 클라우드 기반 서비스를 제공한다. 프로레식^{Prolexic}는 모든 규모의 비즈니스에 다양한 DDoS 보호 서비스 모델을 제공하는 업체로 잘 알려져 있다.

- **아버 네트웍스**^{Arbor Networks}: 넷스카우트^{Netscout}의 보안 부서로서 모든 산업 분야에서 클라우드 및 온프레미스 DDoS 보호 제품군을 제공한다. 대규모 서비스 제공 업체는 주로 시그널링 기반의 솔루션 및 DDoS 보호 서비스(3, 4, 7 계층)을 선택하는데, 그들의 서비스 모델에는 온 디맨드 트래픽 스크러빙 서비스와 24/7 DDoS 보호 지원이 포함된다.

- **클라우드플레어**^{Cloudflare}: 클라우드플레어는 클라우드 기반의 배포가 쉬운 솔루션이다. 시장 진출은 늦었지만 늦게 시장에서 매우 공격적이며 많은 잠재력을 가지고 있다. 이 솔루션은 HTTP 및 HTTPS 기반 트래픽 보호에만 중점을 두어 쉽게 배치할 수 있다. 즉 3, 4, 7 계층의 웹 트래픽 공격을 방지할 수 있다. 이 솔루션은 인프라 스트럭처 및 비HTTP 기반 DDoS 위협(3, 4 계층)에 대한 보호는 제공하지 않는다.

- **F5 네트웍스**: F5 네트웍스 실버라인^{Silverline}은 온프레미스, 클라우드, 하이브리드 솔루션에서 다양한 DDoS 보호 서비스를 제공한다. 실버라인은 3, 4, 7 계층에서 볼륨 공격 및 애플리케이션 수준 공격에 대한 보호를 제공한다.

- 온 사이트 완화 기술은 이전까지 논의된 다른 솔루션과 함께 DDoS 방어를 지원하는 가장 중요한 요소다. 여기에는 보안 설계 및 아키텍처, 보안 도구의 조화 및 보안 장치 전반의 동일 구성과 관련해 조직 내에 구축된 다양한 잠재적 기능이 포함된다. 주요 아이디어는 조직이 모든 계층에 대해 준비가 되어 있고 근본적인 보안 대응 훈련을 한다는 것이다.

완화 기술

DDoS 공격의 특성에 따라 특정 DDoS 보호 도구 외에도 모든 규모의 조직에 대해 여러 가지 기술을 사용할 수 있다. 다음 절에서는 DDoS 공격의 유형에 따라 적절한 완화 기술을 설명한다.

대역폭 고갈 공격의 경우

- **확장성**: 엔터프라이즈 아키텍처는 확장 가능한 인프라 스트럭처에 초점을 맞추고 대상 비즈니스 서비스에 필요한 대역폭을 제공하기 위해 정의된 적절한 유스 케이스가 있어야 하는 동시에 잠재적인 DDoS 시점을 식별 및 체크하고 실제 공격 케이스에 대해 완화해야 한다. 이 전략에는 두 가지 장점이 있다. 첫째, 서비스 실패 위험을 줄이고 두 번째로 DDoS 완화가 작동하는 데 추가 시간을 벌어준다.
- **블랙홀 라우팅**: DDoS 탐지 기술을 통해 공격이 식별되면 악성 트래픽을 제거하고 폐기하도록 조치할 수 있다. DDoS 공격자가 적은 경우에 유용하다.
- **분산형 호스팅**: 비즈니스 서비스를 분산시키는 것은 공격이 진행되는 단계에서도 중요한 서비스가 여러 위치에서 가동되고 실행된다는 안정성을 제공하므로 모든 조직에서 중요하다. 사이버 범죄자의 입장에서 여러 위치에 분산돼 있는 모든 비즈니스 서비스를 동시에 타겟팅하는 것은 상대적으로 어렵다.

리소스 고갈의 경우

- **패치 관리**: 모든 시스템 내에서 액세스 가능한 모든 서비스가 공급 업체의 최신 소프트웨어로 패치되고 업데이트되는 것이 중요하다. 모든 시스템은 비즈니스에서 필요하거나 승인된 필수 서비스만으로 강화 및 구성해야 한다. 즉, 불필요한 서비스를 모두 비활성화하거나 제거해야 한다.

- **속도 및 연결 제한**: 인바운드 트래픽에 속도 제한을 적용해야 하며 이러한 구성은 방화벽/차세대 방화벽(NGFW), 침입 탐지, 방지 시스템 같은 주변 보안 장치에 구성할 수 있다.
- **연결 에이징**: 유휴 연결을 종료하도록 주변 노드를 구성해야 한다. 이렇게 하면 불필요하게 리소스를 소비하는 것에 대비해 연결 테이블을 유지하고 새로운 연결에 리소스를 사용할 수 있게 된다.
- **부하분산**: 부하분산은 분산 환경에서 트래픽을 분리하고 공격 단계에서도 비즈니스 서비스가 유지되도록 지원한다.

애플리케이션 기반 공격의 경우

- **애플리케이션 보안 제어**: 소프트웨어 개발 시 보안 제어를 결합하면 DDoS 공격 캠페인을 유발할 수 있는 취약성을 줄일 수 있다.
- **안전한 애플리케이션 개발**: 안전한 소프트웨어 개발 라이프사이클은 개발자가 사이버 범죄자가 악용할 수 있는 취약한 소프트웨어를 공개하지 못하게 한다. 인터넷에 노출된 애플리케이션 및 서비스간의 격차를 확인하기 위해 정기적인 취약성 및 침투 테스트 연습을 실시해야 한다.
- 사용자 지정 유스 케이스가 보안 이벤트 위반을 식별할 수 있도록 설정해야 한다. 애플리케이션에 임계 값을 기반으로 식별된 경고를 구성하고 과도한 요청을 처리해야 한다.
- 포털에서 비즈니스 승인 이벤트에 CAPTCHA를 포함하면 애플리케이션 공격 속도가 느려질 수 있다.
- 제공되는 서비스별로 고유한 비즈니스 로직에 대한 보안 이벤트를 로깅 및 모니터링하면 다중 공격을 방지할 수 있다.
- **트래픽 필터링**: IDS/IPS/WAF와 같은 경계 보안 장치는 악성 트래픽이 전파되는 것을 방지하는 데 유용하다. 또한 이러한 기술은 원하지 않는 공격 트래픽을 필터

링하고 애플리케이션에 대한 인바운드 요청을 감소시키는 등 여러 영역에서 도움이 될 수 있다(아키텍처별로).

기업을 위한 선도적인 전략

- **준비**: 모든 기업은 조직의 위협 영향도에 따른 DDoS 공격 시나리오와 사고 대응 계획을 가지고 있어야 한다. 계획에 따라 완화 전략을 정의하고 모든 계층에서 DDoS 방어에 대해 평가해야 한다.

- **장애 대비 설계**: 네트워크 및 애플리케이션 아키텍처 설계 시 확장성과 유연성을 고려해야 한다. 장애에 대비해 설계해야 한다. 모든 유형의 공격을 견딜 수 있고 비즈니스 영향을 최소화할 수 있어야 한다. 환경 내의 병목 현상을 식별하고 네트워크를 통한 보완 통제가 가능해야 한다.

- **보안 모니터링**: 네트워크를 지속적으로 모니터링하고 비정상적인 네트워크 패턴을 조사해야 한다. 넷플로우^{Netflow} 분석은 공격을 탐지하는 좋은 방법이다.

- **트래픽 필터링**: 방화벽, IPS, 블랙홀 라우팅 같은 경계 장비 및 서비스는 원치 않는 트래픽의 일부를 제거할 수 있다. WAF는 7 계층에서의 애플리케이션 기반 공격을 방어하는 훌륭한 방어선이 될 수 있다. 최상의 결과를 위해 애플리케이션 동작에 따라 수정할 수 있다. 불필요한 포트 및 사용하지 않는 서비스를 비활성화해야 한다.

- **서버 구성**: 정기적인 패치 관리 및 장치 하드닝이 수행돼야 한다. 특히 노출돼 있는 중요 서버는 주요 정책 및 지침에 따라 안전하게 하드닝 및 구성돼야 한다.

- **CDN은 만능이 아니다.** CDN 제공 업체는 대개 DDoS 공격으로부터 자산을 보호하도록 설계되지는 않았다. 사이버 범죄자는 CDN에서 제공하는 캐싱을 쉽게 우회해 백엔드 서버에 바로 요청을 보낼 수 있다. 이런 경우를 방지하려면 DDoS 보호 서비스와 현장의 완화 기술을 보조로 추가하는 것이 좋다.

향후 경향

바타카리아, 드루바, 주갈 칼리타에 따르면(「DDoS, Machine Learning, Measures」, DDoS Attacks, 2016에서) 공개 도메인에서 설정하기 쉬운 여러 공격 도구를 이용해 손쉽게 공격을 할 수 있는 네트워크나 조직은 DDoS 공격을 자주 받게 된다. 원하지 않는 트래픽은 인터넷상의 수많은 봇이나 감염된 컴퓨터에서 희생자에게 전송된다. 3/4 계층 프로토콜 기반 공격에서부터 정교한 7 계층 공격에 이르기까지 DDoS 위협이 진화한 것은 그 어느 때보다 무서운 결과다. 방어자가 공격을 탐지하기 위해 끊임없이 노력하는 메커니즘을 피하기 위해 공격자는 다양한 규모의 공격과 한발 더 앞서나가는 역량을 키우기 위해 기술을 향상시키고 있다.

최근에 400Gbps 규모 이상의 DDoS 공격이 생성되는 것을 확인했다. 공격은 유연해지고 점점 더 공격이나 취약점에 대한 지식이 없더라도 쉽게 실행할 수 있게 바뀌고 있다. 여러 단계의 공격이 정교한 7 계층 공격 요소와 결합해 서비스를 중단시키는 공격 형태가 주류를 이루고 있다. 공격 지속 시간이 수분 정도만 되도 조직 및 서비스에 많은 잠재적인 피해를 입힐 수 있다.

만물인터넷과 IoT 같은 새로운 발전으로 DDoS 공격은 인터넷에 연결된 장치 및 센서의 기능을 사용하는 방식으로 변환될 것으로 예상된다. 이미 루아봇LuaBot 같은 멀웨어가 여러 공격 벡터를 뛰어 넘어 리눅스 플랫폼을 대상으로 실행됐다. 우리는 이런 사례와 보호 기술이 시간이 지남에 따라 더 많이 진화하는 것을 보게 될 것이다.

이런 공격 수행의 핵심 목적은 강탈을 통해 이익을 얻기 위한 것이며, 앞으로 더욱 증가할 것으로 보인다. DDoS 공격 및 강탈 대상이 되는 대부분의 산업은 비즈니스 디지털화 또는 온라인 진출에 크게 의존하는 산업들이 될 것이다.

DDoS 보호 기술은 공격을 식별하고 완화하기 위한 고급 머신 러닝 메커니즘을 연결함으로써 증가하는 위협 환경에 맞게 변형될 것이다. 이런 DDoS 방지 도구를 사용해 전체적인 DDoS 보호 프레임워크와 전략이 더욱 효율적이고 효과적으로 바뀔 것이다.

따라서 기존의 보호 솔루션에 계속 의존하고 있는 기업이나 전혀 해결책이 없는 기업은 위협 증가에 따른 상태 재평가가 필요하다.

▌ 요약

2장에서는 DDoS 강탈에 대한 광범위한 통찰력과 DDoS 공격 유형, 탐지, 예방, 완화, 감내에 관한 현재 추세를 상세하게 설명했다.

3장에서는 데이터 유출 및 데이터 도용 강탈, 특히 비즈니스 이메일 사기를 중점적으로 살펴본다. 사이버 침해 방법은 자금을 여러 국가를 거쳐 무단으로 전송한다.

03

데이터 도용 강탈 방지

3장에서는 공격자가 민감한 데이터를 인질로 잡고 사용자와 회사를 강탈하는 데이터 도용에 대해 살펴본다. 민감한 데이터에는 무작위로 탈취된 계정이 포함돼 있다. 또한 외국 파트너와의 정기적인 온라인 송금을 하는 비즈니스를 대상으로 하는 정교한 이메일 사기인 BEC(기업 이메일 침해)의 세 번째 변종도 알아본다. 엄밀한 의미에서 BEC는 돈을 노리기 때문에 디지털 강탈로 보지는 않지만 경영진의 데이터가 몸값으로 요구되는 경우가 있다.

이것은 중급 수준의 주제이지만 실용적인 예는 이해하기가 쉽다.

3장에서 다루는 내용은 다음과 같다.

- 데이터 도용
- 계정 도용
- 계정 도용 강탈에 대한 방어 방법
- 기업 이메일 침해(BEC)
- BEC의 동작 원리
- BEC를 방어하는 방법

▌ 데이터 도용

금융 기관, 정부, 소매업자, 대학, 병원 및 기타 기관에 영향을 미치는 데이터 도용 강탈에 관한 뉴스 및 보고서는 빈번하게 발생하고 있다. 이것은 일부에 불과하며, 대부분의 사건은 보고되거나 공개되지 않는다. 데이터 도용을 더 잘 이해하려면 '데이터 유출'이라는 용어를 이해하는 것이 중요하다. 국제 표준화기구[ISO]/국제 전기 기술위원회[IEC] 27040은 데이터 유출을 다음과 같이 정의한다.

> "우발적 또는 불법적인 파괴, 손실, 변조, 무단 공개 또는 전송, 저장 또는 보호된 데이터에 대한 액세스로 이어지는 보안 침해."

데이터 도용 협박은 사이버 범죄자가 훔치거나 조직에서 중요한 데이터를 유출한 후 안전한 반환을 위해 몸값을 요구하는 사이버 강탈의 또 다른 유형이다.

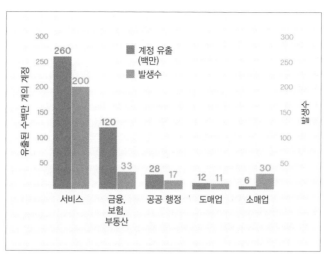

트렌드 마이크로 분석에 따른 신원 도용과 사고 횟수에 의한 상위 레벨 침해

많은 종류의 기밀 데이터와 민감한 데이터는 개인뿐만 아니라 크고 작은 기업의 모든 산업 분야에서 침해되고 강탈된다. 이런 데이터 유형에는 개인식별정보PII, Personally Identifiable Information, 재무, 건강, 교육, 지불카드 데이터, 로그인 자격 증명, 지적 재산, 그 밖의 내용이 포함된다. 뉴스 게시판에서 데이터 유출은 해킹이나 멀웨어 공격의 원인이 되기도 한다. 이런 것들은 큰 역할을 하지만 모든 사건을 설명하지는 못한다.

기밀 및 민감 데이터를 침해하는 가해자 및 사이버 범죄자 그룹은 내부자, 개인 범죄자, 특정 조직 및 정부가 후원하는 조직을 포함한다. 도난당한 데이터는 금융 사기, 도용, 복수, 신원 및 지적 재산, 협박, 간첩, 강탈 같은 범죄를 저지르는 데 자주 사용된다.

데이터 유출과 강탈은 일일 뉴스의 일부분으로 나오고 있다. 몇몇 중요한 데이터 유출 사건이 공개되고 많은 언론의 관심을 끌었으며 모든 규모의 개인과 조직에게 "우리의 데이터는 얼마나 안전합니까?"라는 질문을 던졌다. 최근 헤드라인을 장식한 주요 사건은 다음과 같다.

- 핵티비즘 그룹, 어나니머스가 미국 인구조사국 컴퓨터에 해킹해 직원의 데이터를 유출했다.
- 감시 소프트웨어 제작자인 해킹 팀이 해킹당했고 400GB 이상의 데이터가 유출됐다.
- 2150만 명의 미국인이 OPM의 배경 조사 데이터베이스의 '두 번째' 유출로 사회 보장 번호 및 기타 민감 데이터를 도난당했다.
- 해커는 온라인 도구를 이용해 IRS(미국 국세청) 웹 사이트에서 납세자 104,000명의 세부 정보를 훔쳤다.
- 해커들은 대규모 UCLA(캘리포니아 대학교, 로스앤젤레스) 병원 네트워크에 침입해 450만 명의 민감한 기록이 저장된 컴퓨터에 액세스했다.
- 불륜 전용 온라인 데이트 서비스인 애슐리 매디슨이 해킹돼 3,700만의 회원 기록을 도난당했다. 해킹은 강탈에도 사용됐다.

Subject **Your Ashley Madison Account**

Unfortunately your data was leaked in the recent hacking of Ashley Madison and I now have your information. I have also used your user profile to find your Facebook page, using this I now have a direct line to message all your friends and family.

If you would like to prevent me from sharing this dirt with all of your known friends and family (and perhaps even your employers too?) then you need to send exactly 1.05 bitcoins to the following BTC address.

Bitcoin Address:

You may be wondering why should you and what will prevent other people from doing the same, in short you now know to change your privacy settings on Facebook so no one can view your friends/family list. So go ahead and update that now (I have a copy if you don't pay) to stop any future e-mails like this.

You can buy Bitcoin's using online exchanges easily. If the Bitcoin is not paid within 3 days of 23 - August - 2015 then my system will automatically message all your friends and family. The bitcoin address is unique to YOU.

Consider how expensive a divorce lawyer is. If you are no longer in a committed relationship then think about how this will affect your social standing amongst family and friends. What will your friends and family think about you?

Sincerely,
Barton

- 월마트 캐나다, CVS, 코스트코, 샘스클럽의 온라인 사진 서비스 사이트는 타사 공급 업체를 통해 침해됐다.

> Last week, we ransacked the web servers of Saint-Francis, a network of hospitals and clinics located in Tulsa, OK. We are now the proud owners of a large collection of medical and confidential records which we will release after Sunday unless we get paid 24 Bitcoins to this address: 17CF9LigWhxDnqPxX14rejcR1jhE3QGUJV
>
> Being nice people, we offered Saint-Francis not to dump their data on the Internet in exchange for those 24 Bitcoins, which they so far declined to do. Because, why clean up your own mess, right? It's not as if they left a giant gaping hole in their web application. OH WAIT, THAT'S EXACTLY WHAT THEY DID.
>
> We do not care who pays us as long as those 24BTC are in our wallet by the end of the week. Whether you're a concerned citizen, a patient from Saint-Francis or any other entity willing to help, we do not care. Our wallet is open to everyone.
>
> If we do not get the amount the requested by Sunday, all of the data we downloaded will be posted on the Internet.
>
> The Dark Overlord

'더다크오버로드(TheDarkOverlord)' 그룹은 강탈 시도가 만족스럽지 않을 때 판매 용으로 여러 도난당한 의료 데이터베이스를 게시했다.

데이터 유출 건수가 증가함에 따라 대형 소매 업체와 연결된 강탈 사례도 증가하고 있는데, 이는 중소기업이 크게 주목받지는 않지만 지속적으로 타겟이 되고 있다는 것을 의미한다. 대기업이나 작은 상점에서 유출된 민감한 데이터와 무관하게 일상적으로 일어나는 피해는 여전히 동일하다. 즉, 신원, 금전, 기타 사기 유형의 심각한 위험에 직면하고 있다. 이러한 데이터 강탈의 가장 큰 원인은 데이터 유출이다.

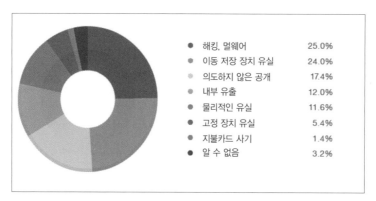

● 해킹, 멀웨어	25.0%	
● 이동 저장 장치 유실	24.0%	
● 의도하지 않은 공개	17.4%	
● 내부 유출	12.0%	
● 물리적인 유실	11.6%	
● 고정 장치 유실	5.4%	
● 지불카드 사기	1.4%	
● 알 수 없음	3.2%	

트렌드 마이크로(Trend Micro) 분석에 따른 업계 전반에 걸친 유출 사례

해킹 또는 악성 코드 공격만으로 데이터가 유출되는 것은 아니다. 물론 보고된 사건의 4분의 1을 차지할 만큼 그 비중이 크지만, 알아두어야 할 방법이 더 있다. 해킹이나 악성 코드 공격 외에 데이터가 유출되는 일반적인 방법은 다음과 같다.

- **내부자 유출**: 신뢰할 수 있는 개인이나 적절한 권한을 가진 권한자가 데이터를 유출하는 경우
- **지불카드 사기**: 스키밍 장치를 사용해 도난당한 지불카드의 데이터
- **분실 또는 절도**: 기밀 정보 및 기밀 정보가 들어 있는 이동식 드라이브, 랩톱, 사무용 컴퓨터, 파일, 기타 물리적 속성의 절도
- **의도하지 않은 공개**: 실수나 과실로 인해 민감한 데이터가 노출되는 방식
- **알 수 없음**: 특정 경우, 실제 유출 방법은 알 수 없거나 공개되지 않음

실제로 기밀 정보나 민감한 데이터를 처리하고 저장하는 모든 비즈니스 또는 조직은 잠재적인 유출의 대상이다. 민감 데이터가 사기 및 기타 범죄를 통해 수익을 창출할 수 있는 한 향후 데이터 유출과 유출 빈도가 증가할 것이다. 비즈니스 또는 조직의 관점에서 데이터 유출은 피할 수 없고 예측할 수 없다. 공격 의도가 강한 대상을 방어하기는 쉽지 않다. 그렇기에 효과적인 경보, 억제, 완화 프로세스가 중요하다.

휴대 전화, 태블릿, 웨어러블, 그 밖의 모바일 컴퓨팅 플랫폼뿐만 아니라 그 위에서 실행되는 애플리케이션이 전 세계적으로 주요 컴퓨팅 플랫폼으로 빠르게 자리잡고 있다.

앱 개발은 계속해서 단순해지고 있고, 확립된 온라인 마켓 플레이스를 통해 앱을 구매, 판매, 마케팅하기가 더 쉬워졌다. 앱은 개발자에게 수익이 되는 수익 모델을 지원한다. 에코시스템은 시장 진입 장벽을 없애고 새롭고 혁신적인 앱을 개발하도록 장려했다. 이러한 앱 확산의 원동력이 되는 것들을 통해 상상하는 모든 활동이 가능해지고 있다. 일반 사용자는 민감한 데이터가 앱을 통해 수집, 처리, 저장되고 전송된다는 사실을 알지 못한다. 앞으로 2년 안에 앱과 모바일 컴퓨팅 장치가 주요 데이터 유출 대상이 될 것이다.

민감한 데이터의 위험과 영향에 대한 일반 대중의 인식을 구축하는 것이 중요하다. 인식이 높아지면 경계가 강화되며 정부와 기업 또는 기관에 효과적이고 지속적인 해결책을 제시하도록 압력이 가해질 것이다.

데이터 유출은 일상이 되었기 때문에 개인은 금융 시장에서 자신의 개인, 금융, 건강, 교육, 그 외 데이터가 유출되고 판매되는 것에 민감하지 않을 수도 있다. 여러 가지 이유로 데이터 유출에 대한 민감도가 저하되고 있다.

- 매일 같이 쏟아지는 데이터 유출 기사 때문에 유출된 개인 휴대 전화 및 개인의 민감한 데이터가 유출된 것처럼 보이지 않는다.
- 개인적이고 민감한 데이터를 도둑맞은 것은 휴대 전화를 도둑맞았을 때보다도 피부로 느껴지지 않는다.
- 개인의 민감 데이터 유출에 대한 영향이 곧바로 체감되지는 않는다.
- 개인 및 조직의 중요한 데이터 도용의 영향에 대한 이해가 부족하다.

뉴스 게시판은 데이터 유출 사건은 신속하게 보도하지만, 도난당한 데이터에 대한 정보는 거의 제공하지 않는다. 다음과 같은 이유로 도난당한 데이터의 움직임을 추적하는 것은 어려울 수 있다.

- 딥웹 마켓플레이스^{Deep Web marketplace}에서는 몇 주 또는 몇 달 후에 데이터가 표시되거나 전혀 표시되지 않을 수 있다.
- 해당 데이터가 거래될 때 특정 유출, 비즈니스나 조직의 데이터라고 광고하지 않는다. 이것은 범죄자들이 원치 않는 주의와 감시를 피할 수 있게 해준다.
- 유출 희생자는 도둑맞은 데이터인지 아닌지 식별하기 쉬운 정보나 사실을 공개하지 않는다.
- 딥웹 마켓플레이스에서 구입할 수 있는 수백만 개의 레코드가 24 × 7로 제공되며 도난당한 데이터가 어디서 판매되는지 찾기 어려울 수 있다.
- 도난당한 데이터를 액세스하려면 일반적으로 구매를 해야 하는데 비용이 많이 들 뿐만 아니라 범죄 행위가 될 수도 있다.

기업적 관점

데이터 유출은 일반적으로 복잡한 문제다. 기밀 데이터 및 민감한 데이터를 처리하거나 저장하는 모든 비즈니스 또는 조직은 잠재적인 유출 대상이다. 트렌드 마이크로의 글로벌 분석에 따르면 기업이 데이터 유출 사고에 대한 대응 계획이 있어도 피해 발생 범위를 파악하고 대응하는 것은 여전히 어려운 작업이다. 유출이 확인되거나 발견된 후 일반적으로 대답해야 할 기본 질문은 다음과 같다.

- 도난당한 데이터나 기록은 무엇인가?
- 유출이 얼마나 오래 지속됐는가?
- 공격자가 어떤 방법으로 방어 우회를 했는가?
- 공격자가 네트워크에 얼마나 깊이 침투했는가?

이런 것은 대답하기 어려운 질문이지만, 유출에 대응하는 시간이 중요하므로 사건을 신속하게 측정하고 평가해야 한다.

왜, 언제, 어디서, 어떻게 조직을 목표로 삼거나 침해 당할지를 예측하는 것은 거의 불가능하다. 침입 접근법 및 대상 데이터는 업계 전반, 심지어 같은 업계라 하더라도 비즈니스 또는 조직 전반에 걸쳐 다양하다. 우발적인 데이터 유출이 발생하더라도 보통의 경우 데이터 유출은 계획되고 치밀하게 계산된 것이다. 일부 데이터 유출은 몇 시간 또는 며칠 내에 발견되는 반면, 파악되기까지 몇 달 또는 몇 년이 걸리는 경우도 있다. 대다수의 데이터 유출 사고에서 도난당한 개인 및 조직의 중요한 데이터는 범죄 목적으로 사용되는 경우가 많지만, 경우에 따라 실수로 데이터 유출 사고가 발생하기도 했다.

내부자 공격이든, 웹 사이트, POS 장치에 초점을 둔 범죄 사기든 데이터 유출은 계속되고 있어 피해자의 희생이 더욱 커지고 있다. 대규모 유출 건수는 2013년 이래 최고 수준까지 올라갔다. 침해의 전체 범위가 밝혀지지 않은 경우가 증가했고, 법으로 요구되는 경우를 제외하고는 건수를 게시하는 회사는 일부다.

데이터 유출에 묶여 있는 이메일 체계

인터넷 범죄 수사 센터(IC3)는 이메일을 이용해 강탈 시도됐던 대상자들의 보고서를 계속해서 받고 있다. 이메일 수령인은 몸값을 지불하지 않으면 이름, 주소, 전화 번호, 신용카드 정보, 그 밖의 중요한 개인 정보가 공개될 것이라고 말했다. 이메일 수령인에게 일반적으로 높은 수준의 익명성으로 거래되는 가상 화폐인 비트코인을 통해 몸값을 지불하도록 지시하고 몸값 지불 기간을 제한한다.

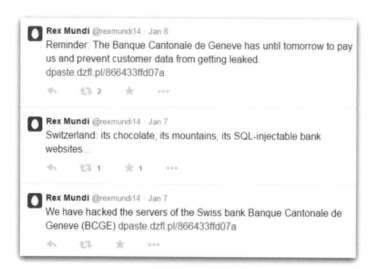

스위스 은행을 목표로 하는 강탈 메시지 샘플

몸값의 합계는 2~5비트코인 또는 약 729~3647달러다.

> "Unfortunately your data was leaked in a recent corporate hack and I now have your information. I have also used your user profile to find your social media accounts. Using this I can now message all of your friends and family members."
>
> "If you would like to prevent me from sharing this information with your friends and family members (and perhaps even your employers too) then you need to send the specified bitcoin payment to the following address."
>
> "If you think this amount is too high, consider how expensive a divorce lawyer is. If you are already divorced then I suggest you think about how this information may impact any ongoing court proceedings. If you are no longer in a committed relationship then think about how this information may affect your social standing amongst family and friends."
>
> "We have access to your Facebook page as well. If you would like to prevent me from sharing this dirt with all of your friends, family members, and spouse, then you need to send exactly 5 bitcoins to the following address."
>
> "We have some bad news and good news for you. First, the bad news, we have prepared a letter to be mailed to the following address that details all of your activities including your profile information, your login activity, and credit card transactions. Now for the good news, You can easily stop this letter from being mailed by sending 2 bitcoins to the following address."

강탈 이메일 샘플

사기범과 사이버 범죄자는 데이터 유출 사건의 보도 자료를 이용해 강탈 캠페인을 시작한다. 연방 기관은 많은 사람이 강탈 이메일을 변형한 강탈 캠페인에 연관되어 있다고 파악하고 있다.

Hello,

Unfortunately, your data was leaked in the recent hacking of Ashley Madison and I now have your information.

If you would like to prevent me from finding and sharing this information with your significant other send exactly 1.0000001 Bitcoins (approx. value $225 USD) to the following address:

1B8eH7HR87vbVbMzX4gk9nYyus3KnXs4Ez [link added]

Sending the wrong amount means I won't know it's you who paid.

You have 7 days from receipt of this email to send the BTC [bitcoins]. If you need help locating a place to purchase BTC, you can start here.....

애슐리 매디슨 사건에서 유출된 데이터를 수집하는 사이버 범죄자

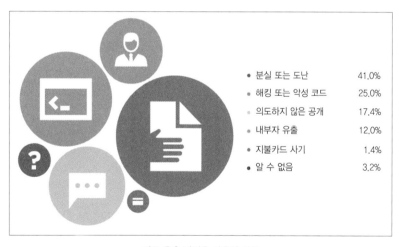

분실 또는 도난	41.0%
해킹 또는 악성 코드	25.0%
의도하지 않은 공개	17.4%
내부자 유출	12.0%
지불카드 사기	1.4%
알 수 없음	3.2%

다른 유출 방법을 사용할 확률

유출 방법

장치 손실 또는 절도는 가장 일반적인 유출 방법이다. 트렌드 마이크로의 조사 및 분석에 따르면 다양한 방법으로 데이터가 유출될 가능성이 있다(유출 방법은 상호 배타적이다). 민감한 데이터가 침해되는 주요 방법은 분실이나 도난이다. 휴대용 장치(USB 키, 백업 드라이브, 랩톱 등), 실제 레코드(파일, 영수증, 청구서 등), 고정 장치(사무실 컴퓨터, 특수 장비 등)의 분실 또는 도난이 포함된다.

해킹 또는 악성 코드 공격은 의도치 않은 공개와 내부 위협과 같은 주요 위협으로 구성된다.

공개 및 내부자 위협, 스키밍, 키 로깅 또는 이와 유사한 방법으로 침해된 지불카드 데이터가 위험을 초래하는 경우는 2% 미만이다. 3% 이상의 경우는 실제 유출 방법이 알려지지 않은 것도 있다.

주요 유출 방법인 해킹 또는 멀웨어

데이터 유출은 여러가지 시나리오가 가능한 복합적인 이벤트다. 트렌드 마이크로 분석을 기반으로 하여 일반적으로 관찰된 데이터 유출 경로를 모델링하는 베이지안 네트워크를 만들어 보았다.

- 모델별로 해킹이나 멀웨어가 모든 레코드 유형을 침해하는 데 사용됐다. 해킹 및 악성 프로그램 공격에는 일반적으로 피싱, 취약성 공격, 무단 액세스 및 시스템, 서버 및 데이터베이스의 손상이 포함된다. 신용카드 및 직불 카드 데이터도 해킹 또는 악성 코드 공격을 통해 침해당했다.
- 유출 방법이 알려지지 않은 경우 개인식별정보 및 재무, 지불카드나 건강 데이터가 침해됐을 가능성이 높다.
- 소매업자와 음식점은 자주 지불카드 사기 피해를 입는다. 주로 스키밍 장치가 사용되지만 PoS RAM 스크레퍼는 지불카드 데이터를 수집하는 데 가장 많이 사용되는 도구다. 도난당한 결제 카드 데이터는 구매 사기에 사용되기도 한다.

- 의도하지 않은 공개로 PII 및 건강 및 교육 데이터가 유출됐는데 이는 데이터가 실수로 온라인에 게시되거나 과실로 유출되거나 정보를 다루는 서드파티 공급 업체 및 계약자의 실수 또는 과실로 인해 노출됐을 때 발생한다.
- 내부 유출자는 개인식별정보 및 재무, 지불카드, 건강 및 기타 데이터를 대상으로 했다. 외부 당사자에게 데이터를 판매하는 것은 내부자가 저지르는 공통된 범죄다.
- 개인식별정보와 금융, 건강, 교육 데이터는 분실이나 도난으로 자주 침해됐다. 휴대용 장치(USB 키, 백업 드라이브, 랩톱 등), 실제 레코드(파일, 영수증, 청구서 등), 고정 장치(사무실 컴퓨터, 특수 장비 등)의 분실 또는 도난이 포함된다.

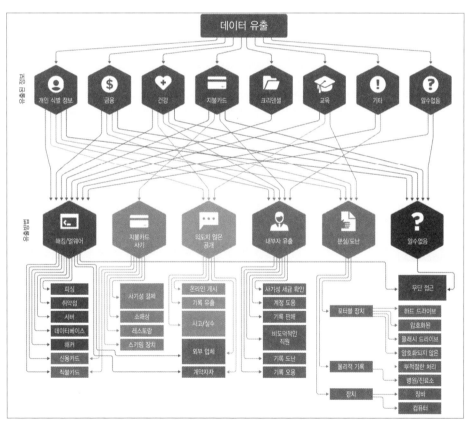

데이터 유출 시나리오를 보여주는 베이지안 네트워크

▌ 계정 도용: 계정 판매

다양한 유형의 계정은 딥웹 마켓플레이스에서 판매할 수 있다. 그들 중 일부는 다음과
같다.

휴대 전화, 이베이, 우버, 페이팔 계정 판매

- 미국의 여러 이동 통신사 계정은 계좌당 최대 14달러까지 이용할 수 있다.
- 페이팔과 이베이의 해킹된 계정은 쉽게 구입할 수 있다. 페이스북, 페덱스, 구글
  보이스, 넷플릭스, 아마존, 우버, 그 밖의 계정도 판매된다.
- 해킹된 우버 계정은 팬텀 라이드에 허위로 청구할 수 있어서, 최근 딥웹 마켓플
  레이스에서 인기가 높았다.
- 캐나다, 오스트레일리아, 영국ᵁᴷ, 그 밖의 유럽 국가의 피해자로부터 도난당한 계
  정은 즉시 구매할 수 있다. 범죄자들은 전 세계적으로 사기 행위를 분산시켜 성
  공 확률을 높이고 운영상의 위험을 줄이려고 한다.
- 확인된 페이팔 계정과 확인되지 않은 페이팔 계정에는 가격 차이가 없다. 구매자
  가 정보를 토대로 구매할 수 있게 각 계정의 사용 가능 잔액을 표시한다. 판매자
  는 침해된 계정을 여러 사람에게 판매할 수 있다. 구매자는 계정이 신고돼 잠길
  수 있는 위험을 감수한다.
- 만기된 페이팔 및 이베이 계정(몇 달 또는 몇 년 동안 거래 내역이 있는)은 최고 300
  달러에 판매된다. 만기된 계정은 의심스러운 거래로 표시될 가능성이 더 적다.

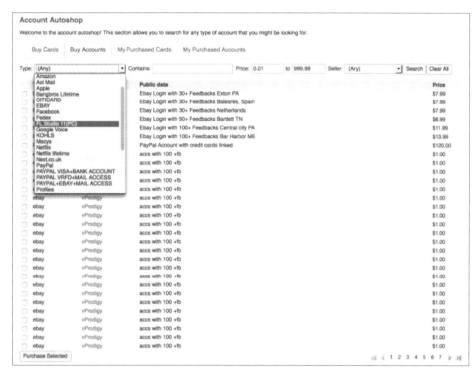

판매 중인 계정

자격 증명 판매

은행 로그인 자격 증명의 판매

전 세계 은행의 로그인 ID 및 자격 증명은 딥웹 마켓플레이스에서 계정당 200~500달러의 가격에 판매되고 있다. 계정의 사용 가능한 잔액이 많을수록 판매 가격이 높아진다. 뱅킹 악성 코드는 브라질에서 계속 커다란 문제가 되어 왔으며, 많은 브라질 은행 계좌 정보를 구매할 수 있다는 사실이 놀랄만한 일은 아니다.

🛈 **Selling cvv , fullz , track1&2, dumps , logins ....!!!!!!**

SELLING CVV , FULLZ , TRACK1&2, DUMPS , LOGINS ....!!!!!!
PRICE LIST:
1 US cc= 6$
1 CA cc= 6$
1 UK cc= 12$
1 AU cc= 12$
1 EU cc= 16$

tracks1 and tracks2 (jp,it,usa,au,uk) with good balances.
dumps:100$- 10pcs
gold:120$ -12pcs
platinum:150$ -20pcs
business:200$ when buy more me reduce
Avaliable uk bank logins
Alliance & Leicester
Lloyds TSB Bank
Abbey Bank
Northern Bank
Jodrell Bank
Avaiable usa bank logins
BOA,
CHASE BANK,
WAMU
WELSFARGO
WACHOVIA
HSBC

1 US CVV full info = 30$
1 CA CVV fullz=30
(FR IT GER ESP BEL AU UK EU)= 50$

nation wide bank login $500 (£68,000.00CBP)
halifax bank login $500 (£30,000.00GBP)
lyods bank login $500 (£122,070.000GBP)

ACCEPT:::BTC/PM &WU/MG :::
Please contact me if you are a Serious player.
Minimun orders for :::BTC/PM::: is $60
No tests
Ripper's are not advised to Pm me PLS be informed .
I Sell good fresh CVV"s and dumps to all my clients.
I make sure the payment is received and confirmed before I deliver, and items are delivered on time

미국과 영국 은행의 자격 증명 판매

브랜드에 상관없이 판매되는 신용카드

신용카드 판매 포럼과 딥웹 마켓플레이스에서는 구입할 의사가 있는 사람에게 지불카드 데이터를 판매한다. 카드 데이터는 여러 포럼에서 다양한 가격으로 판매된다. 가격은 카드의 유효성 여부와 상관없이 공급 및 수요에 따라 달라지며, 카드가 비활성화되기 전에 훔칠 수 있는 금액에 따라 달라진다.

- 신용카드 데이터를 대량으로 구매하면 단가가 낮아진다. 판매자가 새로운 카드 데이터를 구했을 때 대량 판매하기도 한다.
- 이전과는 다르게 카드 브랜드 간의 가격 차이는 없는 편이다. 수많은 데이터 유출로 인해 신용카드가 공급과다이기 때문일 것이다.
- 모든 대륙(유럽, 아시아, 아프리카, 북미 및 남미, 호주)의 신용카드는 카딩 포럼[1]에서 사용할 수 있다.

판매용 신용카드

- 미국 외 신용카드는 미국 신용카드보다 단가가 높다.

카딩 포럼에는 구매자가 다른 주나 발행 은행에서 신용카드를 선택할 수 있는 검색 기능

---

1 훔친 카드 등을 거래하는 TCF(The Tor Carding Forum)을 의미한다.

이 있다. 도난당한 카드를 사용해 도난당한 위치 근처에서 구매할 경우에는 '의심스러운' 것으로 표시될 가능성이 적다.

개인식별정보 가격은 공급 과잉으로 인해 떨어진다

개인식별정보PII, Personally identifiable information는 비교적 저렴한 가격으로 딥웹 마켓에서 구매할 수 있는 인기 제품이다.

- PII는 일반적으로 한 줄당 1달러에 판매된다. 각 행에는 이름, 전체 주소, 생년월일, 사회 보장 번호, 그 외 정보가 있다. 사이버 범죄자는 몇 줄만 구입해도 신원 사기를 저지를 수 있다.
- PII의 평균 가격은 2014년 4달러에서 1달러로 하락했다. 이는 수많은 데이터 유출로 인한 PII의 공급 과잉에 기인하는 것으로 보인다.

개인식별정보 판매

확인된 화폐 가치

사생활과 보안의 부족이 중요한 이슈로 간주되는 현재 시점에서 데이터의 가치는 점점 더 중요해지고 있다. 트렌드 마이크로의 미국, 유럽, 일본 전역의 수많은 고객 조사 및 분석에 따르면 다음과 같은 사실을 알 수 있다.

- 가장 비싼 개인 정보 유형은 해킹된 비밀번호로 75.80달러에 거래된다.
- 건강 정보와 의료 기록은 평균 59.80달러로 2위를 차지했다. 미국의 응답자는 건강 기록에서 가장 높은 가치를 82.90달러로, 유럽의 소비자는 35달러로 응답했다.
- 사회 보장 번호는 55.70달러로 세 번째로 높았다.
- 지불 세부 사항은 네 번째로 36.60달러다. 미국인은 이 정보를 45.10달러로, 일본인은 42.20달러, 유럽인은 20.70달러로 책정했다.
- 구매 내역은 20.60달러로 다섯 번째다. 미국인의 구매 내역은 일본인이나 유럽인과 비교했을 때 가치가 가장 크다.
- 물리적 위치 정보 가격은 16.10달러로 여섯 번째다. 미국은 38.40달러, 일본은 4.80달러, 유럽은 5.10달러다.
- 집 주소는 일곱 번째며, 가격은 12.90달러다. 미국 소비자들은 17.90달러에 가격을 책정했다. 일본 응답자는 16.30달러에 고정시켰으며 유럽 지역 사용자는 5.00달러로 가격을 책정했다.
- 개인 사진과 비디오는 여덟 번째며 12.20달러다. 미국 응답자는 26.20달러, 일본과 유럽 응답자는 4.70달러에 책정했다.
- 결혼 상태 정보는 평균 8.30달러로 책정돼 있다. 일본 소비자들은 12.70달러에 가격을 책정했으나 미국과 유럽은 이 정보를 각각 6.10달러와 6.00달러로 책정했다.
- 이름과 성별 정보는 최소 2.90달러다.

설문 조사에서 얻을 수 있는 결론 중 하나는 미국 응답자가 다른 국가의 응답자보다 개인 정보를 중요하게 평가한다는 것이다. 문화적 차이도 있겠지만 미국 소비자가 개인 정보를 얼마나 중요하게 여기고, 소셜 미디어 환경에서 그들의 일상 생활이 개인 정보를 중심으로 돌아가고 있다는 점에 기인한다.

또 다른 점은 모두가 비밀번호를 가장 중요한 정보로 간주하는 것이다. 이는 인터넷 시대에 사람들이 연결돼 있는 방식을 보여주는 강력한 지표다.

도난당한 데이터의 확인된 가치가 실제 판매 가격과 다르지만 사이버 범죄자에 의해 손실될 수 있는 비즈니스의 최종 가치는 확인된 가치와 판매 가격보다 상당히 복잡하고 높을 것이다.

▎ 데이터와 계정 도용 강탈에 대한 방어

다음은 개인 데이터 도용으로부터 보호받기 위한 몇 가지 핵심 팁이다.

- 알려지지 않은 단체나 개인의 이메일이나 첨부 파일은 열지 말 것

- 부정 행위에 대해 적어도 일 년에 한 번 은행 계좌 명세서를 정기적으로 모니터링하고 신용 보고서를 확인할 것

- 아무하고나 통화하지 말 것

- 자신의 민감하거나 개인적인 사진을 공개적인 온라인 공간이나 본인의 갤러리에 접근 권한이 있는 모바일 기기에 저장하지 말 것

- 비밀번호는 복잡한 영어, 숫자 비밀번호를 사용하고, 웹 사이트와 애플리케이션마다 비밀번호를 다르게 할 것

- 이메일을 이용해 알려지지 않은 서드파티 또는 개인에게 개인 정보를 절대로 제공하지 말 것. 개인 정보를 요청하는 대부분의 이메일은 합법적인 것이라고 속이기 때문이다.

- 소셜 미디어 계정의 보안 설정이 켜져 있고 가장 높은 보호 수준으로 설정되어 있는지 확인할 것
- PII, 신용카드 정보 또는 그 밖의 민감한 정보를 웹 사이트에 제공할 때 https가 포함된 URL 접두사를 확인하고 상태표시줄에 '잠금' 아이콘이 표시되는지 확인해 트래픽 전송이 안전한지 확인할 것

기업 보안 조치

데이터 유출은 피하기 어려우므로 적극적이고 효과적인 경고, 억제, 완화 프로세스가 중요하다.

CIS는 진화하는 위협 환경에서 제기되는 새로운 위험을 다루는 효과적인 사이버 방어를 위해 다음과 같은 중요한 사이버 보안 통제를 계획했다.

중요 항목	보안 통제 설명
승인된 장치 목록	네트워크상의 모든 하드웨어 장치를 능동적으로 관리하여 인증된 장치에만 액세스 권한을 부여하고 인증되지 않고 관리되지 않는 장치에는 경고를 띄우고 액세스를 차단한다. 네트워크 액세스 제어 기술 및 솔루션으로 통제할 수 있다.
승인된 소프트웨어 목록	네트워크상의 모든 소프트웨어를 능동적으로 관리해 인증된 소프트웨어만 설치 및 실행할 수 있으며, 비인증 및 관리되지 않는 소프트웨어가 설치 또는 실행되려고 할 때 경고를 띄워 방지할 수 있다.
하드웨어 및 소프트웨어의 보안 설정	공격자가 취약한 서비스 및 설정을 악용하지 못하도록 엄격한 구성 관리 및 변경 제어 프로세스를 사용해 랩탑, 서버, 워크스테이션의 보안 구성을 설정, 구현, 능동적으로 관리한다.
지속적인 취약성 평가와 수정	지속적으로 새로운 정보를 수집, 분석, 조치해 취약성을 식별하고 수정한다.
멀웨어 방어	기업의 여러 포인트에서 멀웨어 코드의 설치, 확산, 실행을 제어하는 동시에 자동화를 사용해 방어, 데이터 수집, 수정 작업을 신속하게 업데이트한다.
애플리케이션 소프트웨어 보안	보안 취약성을 예방, 탐지, 수정하기 위해 모든 자체 개발 및 획득한 소프트웨어의 보안 라이프사이클을 관리한다.
무선 접근 통제	무선 LAN, 액세스 포인트 및 무선 클라이언트 시스템의 보안 사용을 추적, 제어, 예방, 수정하는 데 사용되는 프로세스 및 도구다.
데이터 복구 기능	중요한 정보를 적시에 복구할 수 있는 검증된 방법론으로 백업하는 데 적절히 사용되는 프로세스 및 도구다.
격차 해소를 위한 보안 평가 기술과 적절한 교육	조직의 모든 기능적 역할(비즈니스 및 보안에 중요한 우선순위), 엔터프라이즈 방어를 지원하는 데 필요한 구체적인 지식, 기술, 능력을 식별하고, 액세스 및 통합 계획을 개발 및 실행하고, 격차를 식별하며, 정책, 조직 계획, 훈련 및 인식 프로그램을 통해 교정이 필요하다.
네트워크 기기의 보안 설정	공격자가 취약한 서비스 및 설정을 악용하지 못하도록 엄격한 구성 관리 및 변경 제어 프로세스를 사용해 네트워크 인프라 장치의 보안 구성을 설정, 구현 및 적극적으로 관리(추적, 보고, 교정)한다.
네트워크 포트 제한과 통제	공격자가 사용할 수 있는 취약점을 최소화하기 위해 네트워크 장치에서 포트, 프로토콜, 서비스의 지속적인 운영 사용을 추적, 제어, 교정, 관리할 수 있는 기능이다.
권한 관리에 따른 사용 통제	컴퓨터, 네트워크, 애플리케이션에 대한 권한 관리의 사용, 할당, 구성을 추적, 제어, 예방 및 교정하는 데 사용되는 프로세스와 도구다.
경계 방어	보안 손상 데이터에 초점을 맞춘 다양한 신뢰 수준의 네트워크 전송 정보의 흐름을 탐지, 방지, 교정한다.
유지 보수, 모니터링과 감사 로그 분석	탐지, 분석, 공격으로부터의 복구에 도움이 될 수 있는 이벤트의 감사 로그를 수집, 관리, 분석한다.

주요 사이버 보안 통제

위의 모든 보안 통제를 구현하는 데는 많은 비용과 시간이 소요될 수 있으므로 사전에 예방적인 차원에서 일일 작업, 모니터링, 대응, 유지 관리 전담 팀이 필요하다. 대기업이나 조직은 일반적으로 모든 것을 구현할 수 있는 자원을 가져야 하지만 대부분의 중소기업은 비즈니스에 중요한 통제의 일부를 구현하기 위한 비용만 부담할 수도 있다. 이러한 중요 보안 통제는 포괄적인 전략으로 하위 집합만 실행해도 데이터 유출을 방지하는 데 큰 도움이 된다.

다음은 중요한 단계로 여러 가지 중요한 기업 보안 조치(다음 내용을 포함시키되 이에 국한되면 안 된다)에 따라 많은 수의 데이터 유출이 방지될 수 있다.

- 취약점 패치
- 효과적인 이메일 필터 배포
- 침입 차단 및 탐지 소프트웨어 사용
- 회사 데이터에 대한 서드파티 액세스 제한
- 소프트웨어 관리
- 기밀 데이터를 보호하기 위해 필요한 경우 암호화 사용
- 휴면 상태의 데이터, 전송 중인 데이터, 사용 중인 데이터 전반에 걸쳐 데이터 유출 방지 기술 구현

위의 내용은 대부분은 외부 공격을 막는 것과 관련이 있다. 악의적이거나 우발적인 내부자 위협 가능성을 줄이려면 기업은 직원 교육 및 데이터 손실 방지에 중점을 두어야 한다.

보안 위생은 공공 사회가 병원에서 기침 또는 위생 처리할 때 손으로 입을 막는 방법으로 직원을 대해야 한다. 기업은 데이터 유실 방지 기술을 활용해 데이터가 어디에 있든 데이터의 위치를 찾고 모니터링하고 보호해야 하므로 어떤 데이터를 누가 실시간으로 처리하는지 포괄적이고, 명확하게 모니터링해야 한다. DLP는 신용카드 번호, 중요한 정보 및 기타 기밀 문서와 같이 특정 유형의 데이터가 기업의 경계를 벗어나는 것을 경고하고 차단할 수 있다.

보안은 감사 기능 및 규정 준수 요구 사항을 완화하기 위한 애드온 또는 운영 및 직원 행동의 중요한 부분을 차지해야 한다. 데이터 유출 문제가 바로 해결될 가능성은 거의 없지만 모든 조직에서 보안이 CIO나 IT 관리자의 선에서만 해결할 수 있는 영역이 아니라고 인식한다면 유출 규모와 영향을 감소시킬 수 있다. 보안은 모든 직원의 참여가 필요하다.

외부 공격과 마찬가지로 내부자 공격을 탐지하는 조치를 취해야 한다. 내부자는 대개 신뢰할 수 있는 개인이나 훔칠 데이터의 해당 권한을 가진 사람이다. 그런 사람들은 돈, 이데올로기, 강제, 자아로 움직일 수 있다. 이런 이유 중 하나 이상이 자주 등장하므로, 내부자 위협을 다루는 것은 매우 중요하다. 예방 및 완화 기술은 기술 및 비 기술적 두 가지 범주로 분류할 수 있다.

- 내부자 공격을 막는 기술적인 단계는 앞서 중요 보안 통제에서 설명한 것처럼 보안 모범 사례를 사용한다. 내부자 공격도 외부 공격과 거의 같은 수준으로 우선순위를 둬야 한다. 외부 공격과 마찬가지로 내부자 공격도 막는 것이 어려우므로 최대한 빨리 탐지하는 것이 중요하다. 네트워크에서 어떤 데이터가 전송되고 있는지를 모니터링하고 로깅하면 의심이 되는 동작을 탐지할 수 있다. 데이터 유출 방지는 내부 공격을 식별하는 데 중요한 역할을 한다. 방어의 핵심은 공격을 예측하는 것이다. 여기에는 내부자를 식별하는 것도 포함된다. 적절한 접근 통제와 직무 분리를 통해 직원이 일상적인 업무에 필요하지 않은 정보를 액세스할 수 없게 해야 한다. 보안 누출 방지를 위해 조직을 떠나는 직원의 자격 증명은 즉시 비활성화시켜 한다.

- 내부자 위협을 방지하는 데는 비기술적인 보안 방식도 효과가 있다. 직원의 불만은 내부자 공격의 위험을 증가시킨다. 민감한 상황을 처리하고, 직원을 인정하고 보상을 하며, 직원 복지에 힘쓰는 관리 기법은 잠재적인 내부자 위협을 줄이는 데 도움이 된다. 쉽게 말해서 행복한 직원은 고용주를 반대할 가능성이 적다.

보안 소프트웨어 회사는 멀웨어 방지, 피싱 방지, 웹 필터링 솔루션이 포함된 번들 패키지를 소규모 기업에도 제공한다. 이런 패키지는 설치가 쉽고 최소한의 관리만으로도 뛰어난 보안 기능을 제공한다. 일부 보안 기술 회사는 소규모 비즈니스 번들에 네트워크 액세스 제어, 장치 제어, DLP, 패치 관리, 애플리케이션 제어 솔루션도 제공한다. 윈도우에는 구성하기 어렵지 않은 소프트웨어 방화벽이 내장돼 있다. 대부분의 무선 라우터에는 하드웨어 방화벽이 내장돼 있다.

이런 모든 기술은 데이터 유출로부터 비즈니스를 보호하기 위해 협력한다. 모든 비즈니스 또는 조직에서 배포 시 고려해야 하는 주요 핵심 기술 중 하나는 디스크 및 장치 암호화다. 앞에서 설명했듯이 휴대용 장치(USB 키, 백업 드라이브, 랩톱 등)의 분실이나 도난은 모든 규모의 조직에서 주요 데이터 유출 위험을 초래한다. 디스크 및 장치 암호화는 도난당한 장치의 데이터를 가장 위험한 범죄자를 포함한 타인의 사용을 방지한다.

즉, 민감한 또는 기밀 데이터를 처리하고 저장하는 비즈니스 또는 조직은 잠재적인 유출 대상이기 때문에, 오늘날의 통합되고 상호 연결된 세계에서 데이터 유출 방지 정책과 계획은 비즈니스 운영의 필수 요소로 간주돼야 한다. 결국, 목표가 확고한 적들에게는 방어가 불가능하다.

방어의 핵심 목표는 공격을 예측하고 대책을 세우는 것이다.

- 지속적인 보안 유출을 신속하게 파악하고 대응한다.
- 유출 사항과 민감한 데이터의 손실을 차단한다.
- 기업 전반에서 모든 악용 가능한 수단을 파악해 사전에 방지한다.
- 더 깊게 조사하고, 방어를 강화하고, 반복적인 사고를 방지하기 위해 습득한 사례를 적용한다.

▌ 기업 이메일 침해(BEC)

기업 이메일 침해라고도 하는 BEC^{Business E-mail Compromise}는 종종 해외 송금을 수행하는 외국 공급 업체나 비즈니스 업체와 협력하는 조직 및 비즈니스를 대상으로 하는 정교하고 효과적인 영향력이 있는 사기로 정의된다. BEC는 사회 공학이나 사이버 침입 방법 같은 기술을 통해 합법적인 비즈니스 이메일 계정을 이용해 자금을 무단으로 이체하는 방식으로 수행된다. 따라서 BEC 사기는 위조된 계좌를 사용해 전신 송금 지침을 보내는 일종의 지불 사기에 해당된다. 이는 주로 여러 국가 및 피해자를 대상으로 하는 글로벌 사기에 해당된다.

대부분의 피해자는 업무 목적의 자금 이체 방법으로 전신 송금을 사용하고, 일부는 수표를 사용한다. 사기범과 사이버 범죄자는 이런 피해자의 일반적인 업무 방식과 관련된 방식을 이용한다.

또한 사이버 범죄자가 중소기업의 임원 데이터를 인질로 삼아 강탈 시도를 한 사례도 있다. 이 부분은 랜섬웨어 강탈에서 자세히 다루지만 BEC는 전체적으로 볼 때 하위 범주에 속하는 것으로 볼 수 있다. 그리고 사이버 범죄자가 BEC에 사용하는 개인의 유출 정보로는 어떤 것이 있는지 딥웹을 통해 살펴보기로 한다.

 작년 한 해(특히 지난 2년 동안) FBI의 최신 통계에 따르면 BEC 사기로 인해 전 세계 22,000개 조직에 최소 31억 달러의 손실이 발생했다. 2015년 1월 이후로 사기당 평균 14만 달러에 이르는 손실이 1,300% 급증했다. 이러한 BEC의 피해와 영향으로 인해 FBI는 사기성 행위가 어떻게 운영되고 조직 규모에 관계없이 대상 조직에 얼마나 많은 피해를 줄 수 있는지를 설명하는 공공 서비스 정책을 발표했다.

위협 요소는 계속 변화하고 있으며 BEC와 같은 방법으로 전환함에 따라 전 세계의 모든 기업이 목표가 될 가능성이 커지고 있다. BEC는 점점 더 주류가 되고 있으며 지역 및 기업 전반에 광범위한 영향을 미치고 있다. 신중하게 계획되고 준비되는 BEC 사기는 기업에서 특정 역할(따라서 연관된 직원)을 하는 사람을 대상으로 한다. 연관된 직원이 이 공격의 대상이 되거나 불의에 피해자가 된다.

일반적으로 이러한 계획과 관련된 이메일은 보통 대부분의 자격 증명 피싱 방식에서 발견되는 멀웨어 또는 URL을 사용하지 않는다. FBI에 의해 '업무용 이메일 침해'라고 표기된 것은 CEO 사기, 대규모 이메일 침투 공격, 그 밖의 부적절한 명칭으로도 인식된다. 이런 이메일 사기의 대부분은 C 레벨의 임원을 모방하고 조직에서 중요한 역할을 하는 부주의한 직원을 속이기 위해 만들어 진다.

 인터넷 범죄 신고 센터(IC3)에 따르면 이런 공격은 2015년에만 270% 이상 증가했다. 피해 회사만 해도 약 80개국으로 2013년 말부터 20억 달러 이상의 손실이 발생했다.

기업 서비스의 모멘텀을 저해하는 이런 사기의 희생자라는 사실조차 깨닫거나 알지 못하는 사람도 있다. 비즈니스 및 해당 시스템은 평소대로 계속 운영되므로 모든 것이 정상적인 것처럼 보인다. 보안 도구 경보가 울리지 않고 제시된 몸값도 없다. 이것이 중요한 점이다. 글로벌 사기는 세계의 모든 부분에서 크고 작은 회사를 대상으로 하며 성장했다. 뉴질랜드에서 벨기에까지 각 산업의 조직이 막대한 손실을 입었다.

프루프포인트Proofpoint 사에서 조사한 최근 스캠(이메일 사기)은 다음과 같다.

- 유비쿼티 네트웍스Ubiquiti Networks의 동아시아 계열사 중 한 곳은 사기성 이메일을 사용하는 사이버 범죄자에게 기존의 공급 업체로 활동하기 위해 오랜 기간 동안 4천 5백만 달러 이상을 지불한 것으로 밝혀졌다.
- 최근 벨기에 은행 Crelan은 사칭 이메일로 인해 7천만 달러 이상의 손실이 발생해 회사 내부 감사를 실시한 후에야 사기를 인지했다.
- 뉴질랜드의 고등 교육 기관인 TWoA는 조직의 회장이 지불 요청을 했다고 생각한 CFO가 사기 이메일에 희생당해 10만 달러 이상을 잃었다.

- 텍사스 주 달라스에 있는 전력 회사 루미넌트^{Luminant}는 회사 임원이 보낸 이메일 요청에 98,000달러가 넘는 돈을 전송했다. 그런 후에 공격자가 도메인 이름에서 두 글자를 바꿔서 이메일을 보낸 사실이 밝혀졌다.
- 유비쿼티 네트웍스: 재무 부서는 외부 조직으로부터의 사기 요청의 타겟이 되었고, 이로 인해 내부 직원이 외부 서드파티가 보유한 해외 계정으로 4,670만 달러를 보냈다.
- 마텔^{Mattel}: 신임 CEO가 벤더 지불을 요청한 후 재무중역이 3백만 달러 이상을 원저우^{Wenzhou} 은행에 유선으로 전달했다. 보고서에 따르면 마텔은 사기성 요청의 피해자임을 신속하게 인지했고, 중국 당국과 돈을 돌려받기 위해 노력했다.
- FACC: 에어버스, 보잉, 롤스 로이스 등의 오스트리아 항공기 부품 제조사는 이메일 사기로 사이버 범죄자들에게 5천만 유로(5억 5천 7백만 달러)를 도둑맞은 다음 최고 경영자^{CEO}를 해임했다고 발표했다.

이런 사기와 잠재적으로 위험한 계획을 위해 사이버 범죄자는 개인 정보를 수집하고 회사 내의 프로세스를 이해하는 데 시간을 투자한다. 그리고 이렇게 수집한 자료로 무장한 즉시 기밀 비즈니스 데이터에 접근하거나 알 수 없는 계정으로 돈을 송금하기 위한 스피어 피싱 이메일을 보낼 직원을 물색한다.

BEC 스캠의 피해자는 중소기업에서 대기업에 이르기까지 다양하다. 피해자들이 다루는 상품 및 서비스 분야가 다양한 것으로 볼 때 특정 분야만 목표로 삼지 않는 것으로 나타난다.

피해자를 선별하는 방법은 자세히 밝혀지지는 않았으나 가해자는 BEC 스캠을 시작하기 전에 사회 공학 기법을 사용해 선택한 대상자를 모니터링하고 연구한다. 가해자는 특정 기업 환경에서 전신 송금을 수행하는데 필요한 대상과 규약을 정확하게 식별할 수 있다. 피해자는 처음에 공격 대상이 되는 기업이나 개인(이름, 여행 날짜 등)의 정보를 요청하는 피싱 이메일을 먼저 받을 수 있다.

몇몇 사람은 BEC 사건이 발생하기 직전에 수많은 스케어웨어Scareware 또는 랜섬웨어에 피해를 입었다고 말했다. 이런 침입은 주로 출처가 확실하지만 피해자가 받은 악의적인 링크가 포함된 이메일을 통해 이뤄진다. 피해자가 링크를 클릭하면 멀웨어가 다운로드돼서, 액터[2]가 비밀번호나 금융 계좌 정보를 비롯한 피해자의 데이터에 개별적으로 접근할 수 있게 된다.

BEC 스캠은 연애, 채용, 복권, 대여뿐만 아니라 여러 가지 사기와도 연관이 있다. 이런 스캠 피해자들은 주로 미국에 많으며 자기도 모르는 사이에 자금 운반책이 될 수 있다. 운반책은 자신의 계좌에 사기성 자금을 모으고 가해자가 지시한 다음 자금을 미국 외 지역의 다른 은행 계좌로 신속하게 넘겨준다. 방향에 따라 운반책은 은행 계좌 및/또는 피고용인을 통해 사기 계획을 진행할 수 있다.

따라서 잠재적인 대상과 방법은 다음과 같이 정리할 수 있다.

- 오픈소스 이메일을 사용하는 기업 및 직원
- 특정 비즈니스 내의 전신 송금 처리 책임자
- 합법적인 전자 메일 요청(예: '관리 비용 코드' 또는 '긴급 전신 송금')을 가장하는 스푸핑 메일
- 전신 송금에 대한 사기성 이메일 요청은 희생당한 사업과 관련하여 정교하게 구성되어 있다.

주변을 노리는 사칭범들

성공적인 사칭 이메일은 회사에 대해 다양한 연구 전략을 사용함으로써 생겨난다. 이런 메일은 소셜 미디어 포털 및 뉴스 게시판이나 회사 쓰레기를 조사해 경영진, 회사 비즈니스 및 보고서에 대한 자세한 정보를 얻을 수 있다. 사람들은 고객, 직원 및 공급 업체에 대

---

2 실제로 침해를 일으키는 주체를 액터라고 한다. – 옮긴이

해 더 많은 것을 조사할 수 있도록 다양한 주제에 대해 능숙하게 꾸며진 전화를 받을 수 있다. 조직 프로세스를 이해하고 비즈니스 파트너를 파악하는 것이 성공적인 이런 공격의 가장 중요한 요소 중 하나다.

정찰 전략을 사용하는 사이버 공격자는 정보 수집에 돈과 시간을 투자한다. 초기 단계는 가치 있는 목표를 정하는 것이다. 여러 공급 업체와 해외 출장을 자주 가는 임원이 있는 사업의 경우가 스팸의 타겟으로 이상적이다. 시차와 기업 임원이 이동 중이고 연락할 수 없는 많은 시간들을 노리는 것이 성공적인 공격의 핵심이다.

보통 기업 임원을 대상으로 할 때는 두 가지 방식이 있다. 계속해서 이동하는 임원의 경우, 침입자와 가해자가 개별적으로 임원을 연구하고 위장하려고 한다. 그들은 모든 방법을 사용해 일정, 주변인, 부하 직원을 파악한다. 그 방법은 공급 업체와 고객의 자세한 정보를 얻기 위해 추가 정보를 수집하는 전화와 비슷하다. 예를 들어 회사의 여행사 정보는 공격자에게 중요한 정보로 간주될 수 있다.

조직의 CEO는 대부분 출장 일정이 있는 경영진이며 사기의 전형적인 목표이기 때문에 별도로 CEO 사기라고 부른다. 따라서 회계 권한이 있는 임원은 CEO(공격자가 가장한)로부터 '비행 탑승 전 요청'이라는 지시를 받는 사람이 될 수 있다. 이런 지시에는 보통 CEO가 방문하는 동일한 지역에 위치한 공급 업체에 대금을 지불하는 전신 송금이 포함될 수 있다.

이런 유형의 시나리오에서는 일상적으로 지불을 처리하는 임원의 부하직원이나 동료를 목표로 삼는다. 또 다른 계획에는 조직의 처리 담당자를 조사하고 인보이스를 발행하는 방법, 언어, 재무 관행, 양식, 절차를 통해 향후 지급을 위해 은행 계좌 데이터를 수정하는 등의 작업이 포함된다. 사칭범의 사기가 성공하면, 이런 상황을 알지 못해 이미 몇 달 동안 대금을 지급한 것일 수 있다.

사칭범이 당신을 속이는 방법

링크드인이나 그 밖의 소셜 미디어 포털은 대상 및 목표를 프로파일링하기 위한 '이동' 자원이다. 공격자는 소셜 미디어 포털, 회사 홍보 자료 및 비즈니스 관련 뉴스 기사의 내용을 조사해서 고위 경영진 및 C 레벨 임원을 파악한다. 이런 염탐을 통해 직접적인 자료를 만들어 낸다.

회계 및 금융 분야의 신입 사원은 사칭 메일을 사용하는 사이버 범죄자와 공격자가 찾는 대상이다. 사칭범은 사칭 공격을 원활하게 할 희생자를 만들어 낸다. 신입 사원들은 조직에 익숙하지 않기 때문에 지불 요청이 정상적이지 않다는 것을 알아차리지 못할 수도 있다. 신입 사원들은 비즈니스 공급 업체, 딜러를 잘 알지 못하거나 언제 거래를 늦추고 질의할지와 같은 시기에 대해 잘 알지 못한다.

공격자가 조직, 임직원, 임원 조사를 끝내면 완벽한 비즈니스 피로필을 갖게 된다. 또한 비즈니스 관계의 적절한 구성을 파악하고 특수한 회사 프로젝트 또는 코드 이름 몇 개를 인식할 확률도 높다.

공격자는 대부분 고위급 또는 C 레벨 임원, 특히 재정적 위치에 있는 사람의 파일 및 보고서를 보유하고 있다. 또한 누가 보고 대상이며 해당 기능이 무엇인지 파악할 것이다. 다음 단계에서 사이버 범죄자들은 회사와 협력하는 조직의 정규 공급 업체 또는 파트너를 사칭하는 것에 중점을 두게 된다.

공격자가 회사 내부의 누군가를 사칭하려는 경우 사용자의 도메인명에서 단어 한두 개를 빼서 사용할 수 있다. 따라서 사칭 이메일과 유사하게 이전에 프로파일링된 직원 및 임원의 스푸핑된 이메일 주소와 유사한 도메인이 사용된다. 공격자는 사칭 이메일을 보내기 전에 도메인 및 이메일 주소를 새로 만들기도 한다. 그 외에 회사로부터 지불을 요청하는 회계 또는 법률 회사와 같은 공급 업체 또는 다른 업체로 가장하는 경우도 많다.

BEC 통계

BEC 스캠은 성장하고 변화하고 있으며 모든 종류의 비즈니스를 대상으로 한다.

 IC3에 따르면 2015년 1월 이후에는 확인된 손실이 1,300% 이상 증가했다. BEC 스캠으로 인해 50개 주와 100개국에서 희생자가 발생했다. 또한 약 79개국으로 사기성 이체가 이뤄졌으며 대다수는 중국과 홍콩에 위치한 아시아 은행에서 이체된 것으로 파악됐다.

다음은 IC3에서 발표한 자료로 국제 사법 기관 및 금융 기관에 접수된 피해 사례에 관한 BEC 관련 통계다.

국내 및 국외 희생자	22,143
유출된 달러 손실 합계	$1053,849,635
아래의 BEC 자료는 2013년 10월에서 2016년 5월에 걸쳐 IC3에 보고된 피해자 자료다.	
국내 및 국외 희생자	15,668
달러 손실액	$1053,849,635
미국인 희생자	14,032
미국인 달러 손실액	$960,708,616
미국인 외 희생자	1,636
미국인 외 달러 손실액	$93,141,019

BEC의 통계

▌ BEC 사기의 공격 방식

이메일 사기라고도 알려진 BEC 스캠은 일반적으로 기업 임원의 이메일 계정을 비롯해 기업의 고위 직원의 이메일이 스푸핑된 경우로, 사칭범이 잘 알지 못하는 직원에게 이메일을 보내서 많은 액수의 돈을 해외 계정에 전송하도록 지시했다.

악성 코드 사용과 관련된 사례는 거의 없지만 BEC는 사회 공학 기법을 사용하기 때문에 탐지하기가 어렵다. 최근의 사건은 임원의 정상적인 정보 요청으로 위장한 이메일에 어떻게 직원이 속아 넘어갔는지를 보여준다.

BEC 스캠의 버전은 다음과 같다.

- **버전 1. 가짜 인보이스**: 이것은 사이버 범죄자가 가짜 계좌에 청구서 지불을 하도록 고객에게 청구서나 펀드 수신 주소를 수정하거나 변경을 요청하는 전화나 이메일을 사용하여 일반인들을 목표로 하는 가장 일반적인 사기 유형이다.

- **버전 2. CEO 사기**: 모든 규모의 조직을 대상으로 하는 가장 일반적인 사기행위로 사이버 범죄자는 고위 임원 이메일 계정을 스푸핑해 직원에게 임원을 사칭한 이메일(범죄자가 관리하는 계정으로 전신 전송을 요청하는)을 보내 송금을 요청한다.

- **버전 3. 계정 도용**: 많은 경우에 직원이나 개인 이메일이 해킹당하고 해당 직원의 이메일 연락처 목록에 있는 비즈니스 파트너/공급 업체로 지불 요청이 전송된다. 보통 사칭범이 관리하는 계정으로 연결된 지불 요청이 포함된다. 다음 화면은 딥웹에서 판매되고 있는 개인 정보로 세부 정보가 모두 들어있다.

딥웹에서 판매되는 유출된 개인 정보

Listing Details

[x] firstname
[v] middleinitial
[x] lastname
[v] unit
[x] city
[x] state
[x] zipcode
[x] homephone
[x] cellphone
[x] email
[x] ssn [ENCODE BASE64]
[x] birthdate
[v] years_location
[v] years_school
[v] marital_status
[v] dependents
[o] dependents_ages
[x] location_years
[v] location_months
[x] rent_own
[v] income_monthly
[x] income_selfemployed
[x] income_commissions
[x] income_salary
[x] income_hourly
[x] income_other
[o] income_other_detals
[v] job_employer
[v] job_title
[v] job_years
[v] assets_bank
[v] assets_realestate
[v] assets_other
[v] previous_street
[v] previous_unit
[v] previous_city
[v] previous_state
[v] previous_zipcode
[v] previous_location_years
[v] previous_location_months
[v] previous_rent_own
[x] employment_name
[x] employment_street
[x] employment_city

[x] employment_state
[x] employment_zipcode
[x] employment_phone
[x] employment_phone_ext
[x] employment_position
[x] employment_start_date
[o] employment_self_employed
[o] employment_self_employed_percent
[v] employment_years_profession
[o] previous_employment_name
[o] previous_employment_street
[o] previous_employment_city
[o] previous_employment_state
[o] previous_employment_zipcode
[o] previous_employment_phone
[o] previous_employment_phone_ext
[o] previous_employment_position
[o] previous_employment_date_start
[o] previous_employment_date_end
[o] previous_employment_self_employed
[o] previous_employment2_name
[o] previous_employment2_street
[o] previous_employment2_city
[o] previous_employment2_state
[o] previous_employment2_zipcode
[o] previous_employment2_phone
[o] previous_employment2_phone_ext
[o] previous_employment2_position
[o] previous_employment2_date_start
[o] previous_employment2_date_end
[o] previous_employment2_self_employed

Legend:

[X] - All the time
[V] - Most of the time
[O] - Not allot

해킹된 정보에서 볼 수 있는 내용

- **버전 4. 데이터 유출**: 회사의 특정 역할을 담당하는 직원의 이메일을 침해하여 자금 전달뿐만 아니라 다른 조직의 직원 또는 임원의 PII를 요청하는 이메일을 보내는 유형이다.

인시던트와 시나리오 중 일부는 분리되어 있으며 일부는 사기성 송금 요청보다 먼저 발생하기도 한다. 피해자들은 기존의 BEC 인시던트를 확인하고 피할 수 있었지만 대부분의 경우 BEC 시나리오에 걸려 들었다고 한다. 공격은 간단하게 구성되며 다음과 같이 이뤄진다.

1. 기업의 고위 관리 직원의 회사 이메일 계정이 침해된다. 멀웨어 또는 사회 공학을 통해 달성된다.
2. 스캐머는 침해된 관리계정을 통해 직원들의 출장 계획과 여러 내용을 조사한다.
3. 회사의 고위 경영진을 사칭해 자금을 이체하라고 요청하는 이메일을 직원에게 보낸다.
4. 이메일이 합법적이라고 믿는 직원은 자금을 범죄자에게 전달한다.
5. 오픈소스 이메일을 사용하는 기업 및 직원이 주로 BEC 스캠 대상이 된다. 많은 경우, 공격자는 기업내 지불 요청 권한이 있는 직원의 이메일을 스푸핑한 다음 처리 권한이 있는 직원에게 보낸다. 전신 송금을 처리하는 직원은 계속해서 대상이 된다.

사칭범의 이메일 접근 방식

공격자는 여러분의 회사와 다양한 방식으로 대화를 시작할 수 있다. 하지만 대부분의 경우 일회용 메일이나 많은 양의 메일과 전화를 통한 대량의 대화 시도가 주를 이룬다.

일회용 사칭 이메일

일회용 사기 이메일은 정확한 시간에 이메일을 보내는 것이 중요하다. 공격자는 공격 대상의 이동 일정과 동일한 시간대에 사칭 이메일을 보내려고 한다. 공격자는 이때 한 명 이상의 직원이 받은 편지함에 접속할 수 있다. 사이버 범죄자는 피해자를 속여 이익을 챙길 수 있는 적절한 시기를 노려 사칭 이메일을 보낸다. "베이징에 도착하기 전에 송금을 해야되요"라는 메시지는 긴급한 상황으로 보일 수 있다. 다른 방식으로는 "지금 비행기에 탑승하기 직전이며 …에 송금을 해야 된다는 것을 잊어버렸어요." 와 같은 형태로 할 수도 있다.

많은 경우 사칭 이메일은 탐지되지 않는다. 사칭 이메일에는 경보를 발생시키는 시그니처가 있는 멀웨어, URL 또는 악성 첨부 파일이 포함되 있지 않기 때문이다. 평판 점수가 없는 도메인의 단순한 문자 메시지 일뿐이다. 경우에 따라 메시지에 '내 아이패드에서 전송됨' 또는 비슷한 시그니처가 있을 수도 있는데 이런 것은 다른 나라에서 오는 사칭 이메일에서 흔히 발견되는 부정확한 문법을 감춰준다.

고액 자산 투자자를 보유한 자산 관리 및 투자 회사 또한 일회용 사칭 이메일의 타겟이 된다. 공격자는 관리직과 C 레벨 임원을 노리는 것과 유사한 방식으로 투자자를 노린다 투자자를 프로파일링하고 그들의 인맥에 대해 학습하여 위조 된 송금 요청을 합법적인 것으로 보이게 한다.

이런 방법의 또 다른 예로 전신 송금을 요구하는 것은 아니지만 이메일에 들어갈 민감한 정보를 묻는 형태가 있다. 예를 들어 직원 W2에게 "임금 재검토"를 요청하는 사칭 이메일을 보낸다. 뿐만 아니라 W2의 여러 동료들에게도 요청을 하는 사칭 이메일을 보내서 인사 고위 임원도 타겟으로 한다.

대화 사칭범

때로는 스캠 이메일이 오랜 시간 전개되는 동안 공격대상이 인수합병 활동, 신제품 또는 전략적 파트너십과 관련된 고위 임원이 될 수도 있다. 이 경우 공격자는 피해자에게 예정된 인수 또는 파트너십에 대해 알려주는 방법으로 사칭 이메일을 작성해 전신 송금을 요청한다. 이런 사칭 이메일은 일반적으로 송금 시 비공개 및 재량권을 요구해 일급 비밀 비즈니스 활동으로 표시를 한다. 이메일은 신빙성이 있으며 종종 밀접하게 관련된 프로젝트 세부 정보 또는 회사 코드명을 인용한다. 이 경우 사칭범은 피해자에게 비밀리에 입찰을 수행하도록 한다.

대화 사칭범은 공급자 또는 딜러를 모방하고 최신 인보이스 상태에 대해 일반적인 대화 (공격 의도가 담긴 악의적인 대화가 아닌)를 시작할 수도 있다. 일단 응답을 받으면 대화는 빠르게 진행되고 은행 계좌 정보로 확대된다. 때로는 사칭 이메일에 전신 송금의 필요성을 뒷받침하기 위한 핵심 경영진 간의 이메일 대화가 포함돼 있다. 피해자가 수법을 알아차리지 못하고 스푸핑된 이메일 주소와 요청을 합법적인 것으로 볼 경우 사칭 이메일은 장기간 동안 회사의 자금을 자동으로 인출할 수도 있다.

대화 사칭범의 위협이 잘 먹혀드는 이유는 과거에 지불 요청을 전화 통화로 하는 정책이 있었기 때문이다. 경우에 따라 사칭 이메일은 서드파티의 연락처 정보로 구성될 수 있다 (예: 회사의 회계 담당자 또는 법률 회사에서의 추가 지시 사항을 문의하기 위해 작업한 사람). 연락에 사용하는 전화 번호는 후속 전화를 기다리도록 설정된다. 공격자는 피해자에게 후속 전화가 올 수 있다고 미리 전달을 한다. 이런 공격은 일반적으로 공격자가 대상으로 한 경영진이 해외나 이동 중 또는 연락할 수 없는 비업무 시간 중에 발생한다.

BEC 사기의 주요 대상

리딩 벤더인 http://www.trendmicro.com의 분석에 따르면 기업의 재무 부서 직원은 BEC 사기의 가장 많은 공격 대상이 되는 것으로 나타난다. 그 중에서도 CFO, 또는 최고 재무 책임자가 일순위 표적이 되는 것으로 밝혀졌다. 타사에 자금 전달을 하는 것과 같은 업무를 수행하는 직원들이 공격 대상이 될 확률이 높은 것이다.

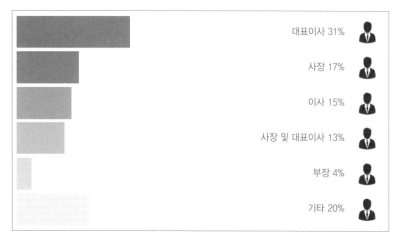

대표이사 31%

사장 17%

이사 15%

사장 및 대표이사 13%

부장 4%

기타 20%

사칭범의 주목표가 되는 기업의 직위

▌ BEC 방어 방안

BEC 스캠이나 사칭 이메일로부터 조직 및 기업을 보호하는 데는 여러 가지 방법이 있다. 사칭에 대한 인식과 이해가 높은 비즈니스는 BEC 사이버 범죄자의 대상이 될 가능성이 적다.

모든 수준에서 내부적인 예상 기술이 활발하게 이루어지는 조직(특히 최초 피싱 시도의 대상자 일 수 있는 최전방에 위치한 직원을 대상으로 함)은 BEC 시도를 인식하고 대비하는 데 매우 성공적이었음이 입증됐다. 이 절에서 다루는 주요 사례는 FBI의 경고 및 이런 사칭 행위를 성공적으로 감지한 금융 기관의 지침을 기반으로 한다.

이것은 가장 포괄적인 항목들이며, 업계 대부분의 조직에서 이런 제안을 실제로 구현하는 것이 쉽지는 않지만 피해를 당할 위험을 줄이려면 특정 절차에 따라 적절한 조치를 취하는 것이 권장된다. 이런 적절한 조치가 모든 사칭범을 방어할 수 있는 것은 아니다.

- **내부 프로세스 강화**: 사칭 및 위협에 대응하려면 조직은 한 명의 담당자가 이메일 하나만으로 거래를 인증할 수 없도록 정책을 통합해야 한다. 대신 기밀 정보 또는 금융 정보 요청을 확인하는 다중 채널이 있어야 한다. 검증 프로세스를 위한 여러 방법을 구현하는 등 IT 및 재무 보안 절차를 추가해야 한다. 내부 프로세스 및 검증 프로세스에는 다음이 포함될 수 있다.
- 대상자가 이메일을 정확히 수신할 수 있도록 올바른 이메일 주소(이메일 체인)를 포함해 전달한다.
- 비즈니스 관행이 갑자기 변화하면 경계해야 한다.
- 기밀 유지 요청이나 신속한 조치를 취해야 한다는 요청은 의심해봐야 한다.
- **대역 외 통신**: 중요한 거래는 전화 확인 같은 하나 이상의 통신 채널을 구축해서 확인할 수 있게 해야 한다.
- **디지털 서명**: 거래를 하는 양쪽에서 디지털 서명을 사용해야 한다.
- **스팸 삭제**: 스팸 링크를 클릭하거나 스팸의 첨부 파일을 열지 말아야 한다. 스팸의 첨부 파일에는 조직에 큰 영향을 줄 수 있는 악성 코드가 첨부될 수 있다.
- 기업 이메일 계정의 경우 다중 인증을 고려할 수 있다. 직원의 이메일 계정에 접근 권한이 있는 대상의 위협을 완화시킬 수 있다.
- 일부 금융 기관의 고객 요청은 일정 기간 동안 국제 송금을 보류시켜 거래 요청의 정당성을 확인할 수 있다.

이런 유형의 스캠에 맞서 싸우는 법

- **보안 인식 및 교육**: 이런 유형의 스캠에 대비해 전략을 수립한다. 전략에는 직원이 사칭 이메일을 알아차리는 데 도움이 되도록 설계된 온라인 수업으로, 모든 지불 요청을 두 번 이상 보게 하는 이메일 알림 등 다양한 항목이 있다. 일반적으로 이메일 주소가 확실한지 확인하고 이메일을 통해 기밀 유지나 빠른 처리를 요구하는 이메일을 인식하는 방법 등을 교육한다.

  교육은 보안 프로그램의 필수 요소이지만, 직원들이 주의해야 할 많은 목록에 또 다른 내용을 추가하면 주의력을 잃게 만든다.

  특히 이러한 사칭 이메일은 경영진의 출장 일정과 회사 및 직원에 대한 구체적인 정보를 최대한 활용하는 것을 목표로 한다.

- **도메인 기반 메시지 인증, 보고 및 적합성**^{DMARC}, **도메인 키가 식별된 이메일**^{DKIM}: DKIM은 일부 위장 이메일을 필터링하지만 전부 필터링하지는 못한다. DMARC는 비교적 새로운 표준이며 많은 ISP에서 구현 단계를 준비 중이므로 사용법이 지역마다 다르다. 또한 표기명 스푸핑, 비슷한 이름의 도메인 또는 허위 라우팅 정보를 게시하는 DNS 서버를 사용하는 사칭범의 공격을 방어하기는 어렵다.

  메일 서버 등록제^{SPF}는 일부 이메일 스푸핑의 변형을 감소시키지만 의도적으로 맞춤법이 틀린 도메인에서 가져온 이메일을 탐지할 수는 없다.

- **지불 확인 절차 개선**: 지불에 관한 성숙하고 개선된 정책을 수립하는 것이 회사가 사칭 이메일로부터 스스로를 보호하기 위해 추구할 수 있는 또 다른 방법이다. FBI는 인증 과정에 전화 확인까지 포함시켜 두 번에 걸쳐 인증할 것을 제안한다. 또한 디지털 서명과 함께 암호화된 이메일을 사용하면 직원들이 정확한 대상과 통신할 수 있게 한다.

  사칭 이메일의 송금 요청은 내용이 잘 표현되어 있고, 대상 기업에만 해당되며, 요청의 적법성에 대한 의혹도 제기되지 않는다. '운영 비용' 또는 '긴급한 송금'이라는 문구는 BEC 스캠에서 자주 쓰이므로 주의해야 한다.

지불 정책을 개선하는 것이 도움이 될 수 있지만 확인을 위해 전담 전화 번호를 설정하거나 후속 호출 전화를 통해 직원에게 연락하는 사칭범까지 보호하기는 어렵다. 또한 새로운 직원, 급한 상태의 직원 또는 정책 지침을 따르지 않는 직원과 거래할 때도 실패할 수 있다. 그런 경우, 직원에 대한 자기 평가 훈련이 필요하다.

- **다계층 접근**: 사칭 이메일 보안 문제를 전체적으로 해결할 수 있는 단일 솔루션은 없다. 우리에게 필요한 것은 예방, 조기 발견, 공격 차단, 복구 조치를 종합적으로 고려해 사이버 보안에 대한 다층적 접근 방식을 제공하는 상호 보완적인 솔루션 조합이다.

- 무제한/무료/무료 웹 기반 기업 이메일 계정을 피하라. 무료 웹 기반 계정 대신 회사 도메인 이름을 설정하고 이를 사용해 회사 전자 메일 계정을 설정한다.

- 소셜 미디어 및 기업 포털에 게시되는 내용, 특히 직업이나 조직 구조 및 부재 등의 세부적인 내용이 게시되는 것을 주의한다.

- **갑작스런 변화**: 비즈니스 관행의 갑작스러운 변화에 주의하라. 예를 들어, 기존 업무 담당자가 일반적으로 업무용 이메일을 통해 통신할 때 개인 이메일 주소를 통해 예기치 않게 연락을 요청하는 경우 등은 요청이 사기일 가능성이 있다. 언제나 합법적인 비즈니스 파트너와 연결돼 있는지 여러 가지 방법으로 확인한다.

- 보안 도구 관점에서 회사 이메일과 명칭이 비슷한 이메일을 탐지하도록 IPS 규칙을 만든다.

- 자금 이체 요청을 면밀히 검토하고 이메일에서 요청한 번호가 아니라 이전에 알려진 번호를 통해 확인한다.

- 분석 및 그 밖의 조치를 통해 고객의 세부 사항, 사유, 지불 금액을 포함해 고객의 행동을 파악하고 안내해야 한다.

BEC 스캠 대처 방법

조직이 사기의 희생자임을 깨닫는 순간 조직의 금융 기관(이상적으로는 24~48 시간 이내)과 이에 상응하는 법률 기관에 이를 알리는 것이 좋다. 발견 즉시 알리면 자금이 국제적으로 발송된 경우에도 도난당한 자금을 회수할 수 있는 시간을 벌 수 있다.

현재의 통제 및 매개 변수를 기반으로 하는 자기 평가서를 작성해 직원의 역할을 확인, 승인, 관리로 분류하는 기업 단위의 검토가 필요하다. 또한 조직이 내부 검토를 통해 공격이 발생할만한 방법을 찾아 프로세스와 기술을 변경해야 하는지를 판단해야 한다.

▌ 요약

일반인 또는 기업을 대상으로 한 데이터 유출은 심각성이 높고, 개인뿐만 아니라 사업 기밀의 손실에 이르기까지 다양한 방식으로 영향을 미칠 수 있다. 계정 유출도 마찬가지로 문제가 된다. 3장에서는 이런 공격을 식별하고 완화하는 방법과 피해자로부터 의심받지 않는 방법으로 돈을 훔치는 스캠의 종류인 기업 이메일 침해(BEC)에 대해 살펴보았다.

4장에서는 로커 랜섬웨어와 희생자에게서 돈을 탈취하기 위해 인간 심리에 어떻게 접근하는지를 자세히 설명한다.

04

로커 랜섬웨어 완화

대부분의 사람들은 자유 시간에 무엇을 하든 간에 컴퓨터 앞에 편안하게 앉아 있곤 한다. 기계와의 통신은 불가피해졌고, 무의식적이며, 습관처럼 돼버렸다. 우리는 컴퓨터를 다루고, 컴퓨터상에서의 사생활, 컴퓨터를 이용해 일상 생활에 유익한 정보 찾기를 좋아한다. 컴퓨터 시스템은 우리 생활 깊이 스며들어 새로운 소프트웨어나 기계를 점점 더 많이 사용하게 되고, 이런 소프트웨어나 기계가 없다면 생활이 마비될 정도로 거의 자동화돼 가고 있다.

편안하게 컴퓨터 책상에 앉아 있는데 FBI 로고가 있는 경고 표시가 갑자기 깜박이며 성범죄에 대한 경고 메시지가 화면에 표시된다고 상상해보라. FBI에 기소돼 컴퓨터가 잠겼으며 특정 금액을 공격자에게 지급해야만 컴퓨터에 접근할 수 있는 권한이 주어진다는 사실에 사용자는 충격을 받게 될 것이다.

경찰 레베톤(그림 출처: Go Remove Malware)

마치 영화 각본처럼 보이겠지만, 이것은 실제로 있었던 일이다. 이 사건은 사이버 범죄자들이 사람들의 사생활과 두려움, 수치심, 죄책감을 공격하여 돈을 강탈하는 로커웨어를 사용해 컴퓨터 접근을 막는 수많은 이야기를 간략하게 정리한 것이다.

인간의 양심은 어디서든 비슷하다. 모든 랜섬웨어는 희생자의 삶에서 공포나 불안감을 조성하는 것을 바탕으로 만들어지며 로커 랜섬웨어도 마찬가지다. 해커는 이런 사실을 잘 알고 있어서, 여러 가지 방법을 동원해 취약점을 악용한다. 2009년 러시아에 등장한 로커 랜섬웨어는 음란 이미지를 통해 피해자의 수치심과 두려움을 이용한 사례다. 음란물을 소유한 사람을 공격하는 것은 죄책감을 이용하는 가장 쉬운 방법이다. 이 경우 불법행위와 무관한 사람도 죄책감을 갖게 된다. 이런 범죄에 당한 대다수의 사람이 경찰에 신고하기보다는 수십 달러를 지불하는 쪽을 선택한다. 특히 프리미엄 번호로 전화를 걸거나 SMS 문자를 보내기만 하면 되는 간편한 방법을 사용할 때는 더욱 그렇다.

수치심만이 사람들을 강탈에 취약하게 만드는 것은 아니다. 컴퓨터에 저장된 데이터를 인질로 잡고 피해자에게 몸값을 요구하기도 한다. 그럼에도 그 기능은 전반적으로 비슷하다.

로커 랜섬웨어는 수동 입력 장치를 잠궈 컴퓨터 또는 모바일 기기에 액세스할 수 없게 한다. 이러한 차단은 전기 코드를 잘라버리는 것처럼 간단하면서도 실용적이다. 전기가 흐르지 않기 때문에 코드를 수리하지 않으면 기기를 사용할 수 없는 것과 같다. 이와 마찬가지로 차단으로 인해 입력이 제한되면 키보드나 마우스를 통해 명령을 전달하거나 실행할 수 없게 된다. 희생자는 중요한 컴퓨터 파일에 접근할 수 없게 되고 숫자 키로 몸값을 입력할 수만 있다. 지불 프로세스가 완료되면 데이터 접근이 복원된다.

로커웨어가 최근까지 저급 수준의 랜섬웨어로 간주된다는 것을 염두에 두면 희생자는 파일이 고급 수준의 암호화 방식으로 암호화되지 않았다는 사실에 안심할 수도 있다. 일반적으로 크립토 랜섬웨어에 의한 공격과는 달리, 로커 랜섬웨어의 공격을 받는 컴퓨터의 파일은 암호화되지 않고 그대로 남아있다.

로커 랜섬웨어의 기술은 진보적이지 않을 수도 있지만 수익성 있는 실용적인 애플리케이션으로 보인다. 이것은 지난 10년 동안 암호화 방식의 초기 상승세에도 불구하고 크립토 랜섬웨어가 로커 랜섬웨어에게 따라 잡혀 점점 잊혀지게 된 이유를 단적으로 보여 준다.

4장에서 다루는 내용은 다음과 같다.

- 로커웨어의 공격 단계
- 주목할 만한 사례
- 로커 랜섬웨어 대응 전략
- 공격을 받는 기업을 위한 대응책

▌로커웨어가 주요 필드 플레이어인 이유

논문 「Cutting the Gordian Knot: A Look Under the Hood of Ransomware Attacks(고르디우스의 매듭 자르기: 랜섬웨어 공격의 이면)」의 저자 카라즈Karraz, 로버트슨Robertson, 밸자로티Balzarotti, 빌지Bilge, 커다Kirda는 2006년부터 2014년까지 장기간의 랜섬웨어 연구에서 15개의 비슷한 유형에서 1,359개의 랜섬웨어 샘플을 분석한 결과를 발표했다. 이 논문에서는 대표적인 데이터 기준을 충족시키기 위해 여러 출처에서 수집한 로커웨어를 포함한 악성 코드 샘플을 수집했다. 데이터의 절반(48.38%)은 일반 멀웨어 스토리지에서 수집됐고, 37.9%는 아누비스 네트웍스Anubis Networks에서 수집됐으며 나머지 13.8%는 온라인 보안 포럼에서 검색됐다. 이 연구는 8년 동안의 랜섬웨어 진화에 대한 포괄적인 자료를 제공한다.

논문이 주는 시사점을 파악하는 것이 중요하지만, 논문의 주요 사항을 논의할 때는 작성자의 유의 사항을 명심해야 한다. 과학적 예측은 연구를 하는 주된 목적이다. 데이터 수집 및 분석에 심각한 통계적 제한이 있는 경우 최종 결과에 신중하게 접근하고 사용된 방법을 고려해 결과를 이해하는 것이 중요하다. 이와 관련하여 저자는 대응 기술 생성의 중요성을 강조하지만 보안 전문가가 작성한 보고서와 과학적 연구의 주요 차이점도 경고한다. 민간 기업이 작성한 대부분의 보안 보고서는 임시 시나리오를 기반으로 하며 방어 방법에 대한 자세한 정보가 거의 제공되지 않는다.

이런 점이 효과적인 랜섬웨어 대응 기법을 제공해 해결하려던 이 논문의 한계점이다.

우리는 로커 랜섬웨어 유형의 솔루션 제안과 조사에 관심이 있다. 이 내용은 논문에서 분석된 총 사례 수의 94%가 넘는다. 비록 저자가 멀웨어가 효과에 비해서는 실패했다는 결론을 내렸지만 앞의 제한 사항을 고려해 현명하게 해석을 해야 한다.

멀웨어가 공격을 성공적으로 수행하는데 필요한 기술적 속성이 없거나 데이터 인질을 유지하지 못한 표면적인 위협 수준에 머물렀지만, 이런 실패는 사이버 범죄자들이 새로운 버전의 랜섬웨어를 만들어 내는 동기로도 작용했다. 희생자에게 심각한 손해를 끼친 사례도 있다. 범죄자가 사용한 시도 및 테스트 방식을 고려한 효과적인 멀웨어 샘플이 만들어지면 인기 있는 블랙마켓 상품이 되기도 한다.

1,359개의 랜섬웨어 표본은 99개의 변종이 있는 15개 유형으로 분류됐다. 15개 유형에서 윈록^{WinLock} 샘플은 22.66%, 레베톤 샘플은 17.95%, 우라우시^{Urausy} 샘플은 38.48%다. 윈록과 레베톤, 특히 레베톤은 전 세계적으로 여러 언어로 확산돼 로커웨어 역사상 가장 큰 피해를 입혔다. 조사에서는 이 세 가지 로커 멀웨어 변종군이 다형성 공격 기법을 사용했다는 사실을 지적하지 않았다. 경찰 랜섬웨어는 여전히 가장 위험한 로커웨어이며, 끊임없이 새로운 감염 방법을 개발하고 있다.

앞서 언급한 주요 화면 잠금 유형 외에 Tockfy, Loktrom, Calelk, Krotten, BlueScreen, Kovter, Weelsof 같은 샘플에는 효과가 떨어지는 로커웨어도 있었다. 저자는 랜섬웨어 샘플의 공격 유형을 분석하는 동안 네 그룹으로 나누게 됐다. 대부분의 변종이 파일 암호화, 파일 삭제, 화면 잠금, 데이터 유출, MBR 변경 등 5가지 조합을 사용했다.

여러 분류로 샘플이 정리됐지만 파일 관점에서 보면 공격이 실행되는 방식은 비슷하다. 유사한 파일 시스템에 대한 액세스를 요청해 각각의 악의적인 프로세스가 비슷하게 작동했다. 화면 잠금이 제대로 작동되지 않아도 레베톤과 윈록에는 파일 삭제 기능이 내장되어 있었고, 레베톤은 정보를 훔쳐갔다.

이 논문은 잠금 절차 분석에 관한 다양한 가치를 제공한다. 유형에 관계없이 다양한 변종이 있지만 모든 랜섬웨어 샘플은 화면을 잠그고 데스크톱 사용을 막는다.

▌ 화면 잠금 과정

카라즈, 로버트슨, 밸자로티, 빌지, 커다가 조사한 다양한 화면 잠금 명령 프로세스 샘플(61.22%)에서 다음과 같은 화면 잠금 절차를 적용했다.

1. 새로운 데스크톱 환경을 생성하는 CreateDesktop 명령 사용
2. 추가 프로세스 차단
3. SwitchDesktop 기능으로 만든 바탕 화면을 활성화하고 대상 입력을 수신
4. SetThreadDesktop 명령을 사용해 바탕 화면을 스레드에 할당

우라우시, 레베톤, 윈록 같은 주목할 만한 로커웨어 제품군은 다른 화면 잠금 방법을 사용했다.

1. 잠금 화면을 HTML 페이지로 다운로드한다.
2. 인터넷 익스플로러에서 전체 화면 모드로 숨겨진 컨트롤이 있는 이미지를 표시한다.
3. 키보드 토글 단축키를 비활성화한다(예: 윈도우 키 + 탭 키).
4. 키보드 입력 이벤트를 모니터링하는 후크 절차를 통해 특수 키를 비활성화한다.

레베톤의 경우 희생자가 시작 메뉴에 접근하지 못하게 윈도우 키를 비활성화했다. 조사 대상 15가지 유형 중 70가지가 넘는 특정 변종이 피해자가 윈도우 작업 관리자에 접근할 수 없게 하려고 Esc 키를 사용하지 못하도록 설정했다.

지불 바우처의 편의성

연구에서는 사용자가 몸값을 지불하도록 지시한 방법도 분석했다. 사용자의 88.22%는 머니팩Moneypak, 페이세이프카드Paysafecard, 우카시Ukash 같은 추적할 수 없는 지불카드를 구입해야 했다.

익명의 지불 바우처는 포럼과 인스턴트 메신저 시스템을 통해 은밀하게 판매된다. 바우처는 검은 돈(블랙머니)으로 숨겨져 있기 때문에 공격자는 실제 가치보다 낮은 가치로 교환을 한다. 은밀하게 케브토르Kevtor 랜섬웨어 유형의 변종 중에는 특정 컴퓨터의 잠금 해제 소

프트웨어 구매를 요구하는 것도 있었다. 표본에서 희생자들이 지불하는 평균 비용은 150달러에서 250달러 사이로 설정됐다. 돈을 강탈하는 방식에 관계없이 로커웨어는 매우 효과적이었는데, 이는 연구와 전 세계의 풍부한 사례에 의해 입증됐다.

▌ 레베톤: 경찰이 당신의 화면을 잠그면

사이버 보안 전문가들이 로커웨어를 하위 레벨로 분류한다고 해서 범죄자의 금전적 이익과 위험도까지 낮아지는 것은 아니다. 유로폴은 2014년에 공개된 『Police Ransomware: Threat Assessment(경찰 랜섬웨어: 위협 평가)』 문서에 유럽 법률 요원이 처리한 상위 레벨의 로커 변종 레베톤의 고수익성에 관한 보고를 실었다.

이 책에서는 여러 차례에 걸쳐 사이버 범죄 영역이 축소보고에 의해 구별된다는 사실 때문에 랜섬에어 통계를 내고 결론을 도출하기 어렵다는 점을 강조했다. 지금도 예측이 정확하다고 할 수는 없다. 레베톤과 관련해 전 세계적으로 범죄자들은 연간 1백만 유로의 이익을 챙기는 것으로 조사됐다. 위협 평가 보고서에서 유로폴은 표적 희생자 중 약 3%가 실제로 몸값을 지불했다는 사실을 확인했다.

 지난 몇 년 동안 유로폴이 주도한 작전을 통해 복잡한 사이버 범죄 네트워크를 다루는 레베톤이 범죄를 성공시키는 방법을 알 수 있었다. 세계적으로 수만 대의 컴퓨터로 구성된 인시던트로 매년 백만 유로 이상을 모으고 있다. 사이버 범죄자들은 유럽 11개국에서 25,000대의 컴퓨터를 공격해 800명의 사람이 몸값으로 7만 유로를 지불하게 했다. 7만 유로는 암시장에서 4만 유로로 세탁됐다.

전달부터 실행까지

랜섬웨어는 복잡한 방식으로 작동한다. 영향을 받는 장치, 암호화 기술, 지불 방식 및 공포 전략을 다양한 방식으로 혼합해 동일한 유형의 랜섬웨어라도 속성이나 방식이 모두 다르다. 사이버 범죄자는 항상 창조적이며 최소 위험으로 최대 이익을 낼 수 있는 취약점을 끊임없이 찾으려고 한다.

여러 사례를 살펴보면 로커웨어가 출현해서 진화하는 방법에는 몇 가지 특징이 있는데, 특히 일반적인 특징 중에는 랜섬웨어를 촉진시키고 특별한 랜섬웨어 유형을 단단하게 유지시키는 점도 있다. 로커웨어가 사용하는 공포 전략은 화면 잠금이지만 지불 방법은 보통 SMS 또는 프리미엄 요금 전화 번호를 사용한다. 그 외에도 머니팩, 페이세이프 또는 우카시처럼 특정 국가에서 발행된 추적하기 어려운 지불 바우처도 있다. 공격 대상은 윈도우와 안드로이드 소프트웨어고, 660비트와 1024비트 알고리즘을 사용하는 것으로 알려져 있다.

레베톤 같은 변종 로커웨어는 개인 사용자의 워크스테이션을 범죄 대상으로 삼는다. 일반적으로 기업은 제외되는데 수치심, 공포심, 죄책감이 개인에게 잘 먹히는 특성이 있고, 기업 및 조직은 강력한 방어 방식을 사용하기 때문이다. 그럼에도 불구하고 로커웨어는 전달, 페이로드, 감염, 실행 같은 목표에 도달하기 위해 기존의 멀웨어 순환 단계를 거쳐야 한다.

3장에서 랜섬웨어가 어떤 사용자를 대상으로 하는지 알아봤다. 방법은 다양하지만 항상 전달-페이로드-감염 구조에서 서로 얽힌 동작이 발생하며, 공포심을 주는 요소가 포함된다. 악의적인 웹 사이트, 다른 멀웨어에 의한 페이로드, 스팸 메일, 악성 광고 또는 취약점 익스플로잇 등 일단 로커웨어가 실행되면 컴퓨터 화면을 잠그고, 파일 접근을 차단하며, 몸값을 요구하는 깜박이는 화면 메시지를 표시하고 지불 및 거래를 완료하는 방법을 보여준다. 비밀리에 정보를 훔치는 고전적인 멀웨어 변종과는 달리, 로커와 크립토 랜섬웨어는 사용자에게 감염 사실을 직접 알려주지는 않지만 로커웨어는 개방형 공격이며 주의를 요하는 화면이 전면에 나타난다.

로커웨어 전달

랜섬웨어를 확산시키려면 외부 채널을 통한 초기 공격 지점이 있어야 한다. 전송은 클릭 피싱 또는 겉으로 보기에는 정상적인 탐색 작업을 포함한다. 로커웨어는 일반적으로 멀웨어가 문제를 만들기 시작할 때까지 사용자가 부적절한 자료를 다운로드하고 있다는 것을 모르는 상태에서 다운로드된다. 유해한 공격을 만들어 내거나 유발하는 사용자 행동은 다음과 같다.

- 해킹됐거나 악의적인 웹 사이트 방문
- 이메일 첨부 파일 열기
- 피싱 링크 클릭
- 다른 소프트웨어에서 페이로드 캐리어 다운로드
- 악의적인 광고 열기

악성 광고 같은 전송 채널은 예방이 매우 어렵다. 이런 변종은 나중에 권한을 획득하고 호스트를 감염시키는 데 사용되는 취약점을 발견할 때까지 호스트의 취약성을 탐색하고 악용하기 위해 동작한다.

페이로드 매개체

페이로드는 악의적인 코드의 확실한 매개체로 드로퍼라고도 한다. 매개체나 드로퍼는 작은 파일로 사용자가 손상된 줄 모르고 다운로드한 파일을 통해 랜섬웨어도 다운로드돼 감염되며, 이를 통해 데이터를 인질로 삼는다. 페이로드 매개체에 관련된 파일은 감염된 마이크로소프트 워드 문서나 손상된 이메일 첨부 파일만큼이나 흔하다.

감염 확산

페이로드와 감염 단계 사이에는 일시 중지가 없다. 매개체가 사용자 시스템에서 실행되면 즉시 감염을 확산시키거나 C&C 서버에 대한 통신 채널을 구축해 활성화된다. 이 서버는 피해자와 연락을 취해 몸값 지불 지침을 통보하는 데 사용된다. 토어Tor, The onion router 통신은 익명성 및 IP 주소를 숨겨서 컴퓨터 위치를 숨길 수 있어서 사이버 범죄자가 널리 사용하는 통신 수단이다.

로커웨어 실행

로커 랜섬웨어는 이전에 할당된 확산을 검색해 실행된다. 특정 로커웨어 인스턴스는 실행과 관련된 세부 사항을 가지고 있지만 대부분의 멀웨어는 일반적으로 모든 시스템 드라이브와 연결된 이동식 저장 미디어를 검색한다. 검색한다. 암호화 랜섬웨어는 시스템 파일을 찾아서 암호화하지만, 로커 랜섬웨어는 사용자 시스템 파일은 그대로 두고 입력 장치만 잠궈버린다. 이 경우 시스템 파일을 원래 상태로 복원시키기는 것은 쉽다. 몸값을 지불하면 사용자는 키보드와 마우스를 정상적으로 사용할 수 있다. 하지만 로커웨어에 단순 암호화를 하거나 특정 유형의 파일을 삭제하는 인스턴스가 결합되어 있을 수도 있다.

데스크톱 잠금 기술

로커 랜섬웨어가 창의적인 공격 전략을 사용하고 전파, 파일 암호화, 최종 사용자 정보를 외부로 유출시키고, 탐지 회피를 위한 새로운 방법을 찾는 것은 놀라운 일이 아니며 감염, 전파, 위협 기술의 수준이 부족하지도 않다. 로커 랜섬웨어는 감염 직후 피해자의 화면에 지속적으로 데스크톱 메시지를 표시하는 것으로 유명하다.

메시지 화면에는 보통 두 부분으로 구성된 몸값 통지가 있는데, 그 중 하나는 실제 강탈 메모이고 다른 하나는 지불 지시다. 로커 랜섬웨어 메시지는 다양한 방법으로 만들 수 있다. 일반적으로 전용 API 함수를 사용하는 데 API 기능을 사용하면 새 데스크톱이 만들어져 기본 구성이 된 후 손상된 시스템에서 피해자의 데스크톱을 잠궈 버린다. 로커웨어 대신 HTML이나 추가 기술을 사용해 몸값을 표시하는 창을 생성하기도 한다.

로커웨어가 장기적인 이익을 창출하고자 하는 사이버 범죄자에게 잠깐의 흥미가 있을 수는 있지만 로커웨어를 통한 장기적인 투자로 돈을 벌지 못하면 재정적인 문제로 실행이 불가능할 수 있다. 따라서 랜섬웨어는 멀웨어 방지 소프트웨어를 우회하기 위해 지속적으로 업데이트되고 지하 포럼에서 완료된 맞춤 설정을 사용해 다양한 최종 사용자의 요구에 맞게 조정된다.

▎ 로커웨어 개발 단계

간단하고 위협적인 몸값 메시지는 준비, 계획, 실행, 보호 작업을 거쳐야 하지만 공격을 시작하기 전에 준비돼야 한다. 사이버 범죄 그룹은 블랙마켓과 접촉해 공격에 필요한 요소를 사전에 구입하고 준비한다. 2012년부터 나타난 레베톤을 해결하기 위해 여러 국가의 사법 기관과 협력한 유로폴 보안 전문가 팀이 로커웨어 작업을 자세히 조사했다. 범죄자는 준비를 할 때 지불 거래의 흔적을 덮고 어떻게 돈세탁할지를 미리 생각해 놓는다.

환경 준비

공격자는 랜섬웨어 공격 전에 환경을 구축해야 한다. 환경 구축은 실행된 멀웨어의 유형에 따라 수행할 작업이 달라지지만 일반적으로 다섯 단계를 거친다.

- 멀웨어 및 익스플로잇 도구의 호스팅 서버 생성 및 로커 화면의 이미지 생성
- 희생자의 출생 국가와 바우처 코드를 수신하기 위한 드롭존 생성 스크립트 작성
- 몇 가지 추가 C&C 서버 및 예비 서버 경로를 리디렉션으로 설정

- 유사한 이름을 가진 교체 가능한 호스팅 도메인을 임대하고 등록해 멀웨어를 전달하는 멀웨어 및 손상된 웹 사이트를 호스팅함
- 프록시, 글로벌하게 분산된 서버, 이중 VPN, 패스트 플럭스 또는 인스턴트 메시징을 통해 호스팅을 강력한 수준으로 업그레이드

익스플로잇 킷

공격자는 공격을 위해 보통 익스플로잇 킷을 사용한다. 일반적으로 멀웨어 및 익스플로잇 킷의 호스트는 계좌 잔액이나 바우처 코드를 캐싱하기 위한 드롭 존의 역할을 하도록 해킹된 컴퓨터다.

트래픽 리디렉션

공격자는 인프라가 구성되면 트래픽 리디렉션을 이용해 침해된 웹 사이트로 피해자를 유인한다. 일반적인 기능을 가진 웹 사이트를 해킹하기란 쉽지 않지만, 구식 소프트웨어는 취약점 위험을 두 배로 만들어서 자바, 플래시 또는 어도비 리더 플러그인이 정기적으로 업데이트되지 않으면 로커웨어를 끌어들이는 역할을 한다. 유로폴은 랜섬웨어를 호스팅하는 악성 사이트로의 트래픽 리디렉션에 사용되는 유명한 온라인 상점 또는 뉴스 웹 사이트를 보고했다. 강탈 희생자를 찾는 일반적인 방법은 악성 광고를 프록시로 사용하고 리디렉션을 조각별로 판매하는 매매업자에게 리디렉션을 구입하는 것이다.

감염의 확산

희생자의 시스템은 여러 가지 방법으로 감염될 수 있다. 감염은 실제 배포 방식과 관계없이 희생자가 인식하지 못한 채 조용히 시작된다. 이후 공격이 시작되어야 희생자는 상황을 인지하게 된다. 감염은 다음과 같이 전달된다.

- 포르노 자료를 호스팅하는 악성 웹 사이트 또는 광고를 통한 드라이브 바이 다운로드
- 손상된 첨부 파일이나 웹 사이트 링크가 있는 스팸 메일
- 음악, 영화, 소프트웨어 다운로드 파일 공유 웹 사이트의 해적판 콘텐츠
- 소셜 네트워킹 웹 사이트, 인스턴트 메시징 애플리케이션 및 비디오 공유 웹 사이트의 파일 손상

레베톤 사례에서 공격에 희생된 사람들은 컴퓨터의 접근 권한을 받기 위해 몸값을 지불하기로 결정했으며 50유로와 150유로 사이의 실제 국가 통화 환산 값을 지불했다. 대부분의 경우 비용을 지불한다고 해서 희생자가 컴퓨터에 접근 가능한 것은 아니다. 컴퓨터 화면은 여전히 잠겨 있었고, 희생자들은 전문가의 도움을 받아 로커웨어를 제거해야 했다.

현금 인출 방법: 자금 세탁 기술

화면이 잠겨 있으면 동일한 컴퓨터를 사용해 온라인 지불 송금이 불가능해진다. 따라서 강탈범들은 돈의 출처를 덮어버리고 추적이 어려운 선불 결제 솔루션을 사용해 수익을 창출할 수 있는 대안을 생각해왔다. 일시 중지된 화면에는 항상 희생자에게 바우처를 구입할 것을 알리는 지불 지시 사항이 있었다. 바우처 카드에는 화면의 팝업 창에 삽입할 수 있는 여러 자리의 코드가 있다. 지불 바우처와 같은 솔루션은 범죄자에게 편리할 뿐만 아니라 지역에 관계없이 특정 국가의 피해자에게 사용할 수 있다. 유럽식 변종에는 우카시와 페이세이프카드가 포함돼 있다. 화면의 지불 지침에는 일반적으로 희생자 출신국의 소매점, ATM, 키오스크, 주유소의 위치가 표시돼 있다.

예상한 바와 같이 불법 자금으로 의심 받지 않고 대량으로 또는 저 적은 금액으로 현금화하는 것은 불가능하다. 몸값을 전문적으로 자금 세탁하는 경우 대개 지불 바우처의 50%까지 가치가 떨어진다. 자금 세탁 대리인은 다양한 기법을 사용해 돈을 현금으로 인출하고 강탈범에게 이윤을 지불한다.

- 침해된 신용카드 및 직불카드에 바우처의 자금을 적재하고, 자금 세탁자를 통해 ATM에서 현금을 인출한 뒤, 수수료를 제외한 현금을 범죄자에게 전달한다.
- 불법 교환 웹 사이트를 통해 전자 화폐의 50% 할인된 가격으로 상품권 판매
- 온라인 도박 플랫폼, 베팅, 카지노 웹 사이트를 통해 지불 바우처 코드 공개

> ℹ️ 유로폴이 조사한 세부 사항에 따르면 여러 가지 자금 세탁 계획을 사용해 하루 1만 유로의 금액이 경찰 랜섬웨어를 다루는 그룹에서 세탁된 것으로 나타났다. 자금 세탁 그룹은 전 세계에 분산된 자금 세탁자를 이용하며, 자금 세탁자는 여러 계좌와 가짜 신분증을 이용해 돈을 세탁한다. 가짜 계정은 디지털 통화 지갑, 도박 플랫폼, 환전소 및 전자 화폐 조정자를 통해 실행된다.

▌로커 랜섬웨어 윈록의 진화

2005년 랜섬웨어가 증가하기 시작했을 당시에는 암호화 기술을 처음으로 사용하는 단계였다. 앞서 간단한 암호화를 사용하는 지피코더와 Trojan.RANSO에 대해 살펴봤다. 그러나 2010년까지 화면 잠금을 기반으로 한 몇 가지 멀웨어 사례가 로커웨어를 주요 위치로 끌어올렸다. 이 모든 것은 러시아에서 시작됐으며 조직된 사이버 범죄자 그룹의 12명은 포르노 이미지 스케어웨어 방식을 사용해 러시아어 및 슬라브어를 사용하는 수천 대의 컴퓨터를 공격하기 위해 서로 협조했다. 이 멀웨어는 윈록으로 명명됐으며 수익성 있는 이 비즈니스 모델은 러시아 당국에서 10명의 사이버 범죄자 그룹을 체포해 강탈 활동을 폐쇄함으로써 종료됐다.

> ℹ️ 2010년 8월에 체포된 조직원들은 윈록을 사용해 포르노 이미지가 들어있는 랜섬웨어 메시지로 피해자의 화면을 잠궈버린 뒤, 컴퓨터 화면을 잠금 해제하고 컴퓨터를 제어하려면 300~1,000루블의 프리미엄 SMS를 보내라고 했다. 당시 최소 비용은 9.72달러였고, 사이버 범죄 조직의 수익은 1600만 달러에 달한 것으로 추정된다. 이런 사기는 러시아, 우크라이나, 몰도바, 벨로루시에서 발생했고, 갱단원이 체포돼 기소된 뒤 컴퓨터 장비가 압수될 때까지 활발하게 이뤄졌다.

윈록은 악의적인 뉴스 사이트를 통해 전파돼 윈도우 운영체제의 특정 요소를 동작하지 않게 만든 다음 랜섬웨어 메시지를 표시한다. 순진한 사용자의 경험 부족과 무지로 인해 제작자에게는 재정적으로 매우 유리한 상황이었으나 보안 전문가들은 윈록을 저급 수준의 멀웨어로 간주했다.

기본적으로 트로이 목마가 자동 실행 레지스트리 키를 통해 감염이 시작되면 알 수 없는 암호로 사용자 화면이 잠긴다. 그런 다음 로커웨어는 작업 관리자를 비활성화시키고 특정 도구를 정상 작동하지 못하도록 차단한다. 사용자는 작업을 할 수 없게 되며 포르노 이미지가 있는 메시지가 최상위 창에서 깜박이는 성가신 랜섬웨어 팝업 창이 계속 재생된다.

2011년에는 2010년의 기본 트로이 목마가 윈도우 제품 애플리케이션을 모방하도록 업그레이드됐다. 가짜 재활성화 키트를 통해, 램섬웨어는 사용자에게 이전의 부정 설치로 인해 설치를 다시 활성화해야 한다고 알린다. 새로운 온라인 정품 인증은 피해자에게 6가지 옵션 중에서 국제 전화로 전화를 걸고 6자리 코드를 입력하게 했다. 위조된 재설치 패키지는 전화가 무료라고 주장했지만 결코 그렇지 않았다. 전화는 프리미엄급 국제 전화로 다시 라우팅돼 사용자를 대기 상태로 만들어 요금이 증가됐다.

2013년까지 경찰 랜섬웨어는 여러 개의 로커웨어 변종에서 진화했는데 최근 사례에서는 복잡한 암호화 기술도 사용됐다. 레베톤과 함께 공격자는 오픈소스 소프트웨어인 소스포지SourceForge와 깃허브GitHub에서 호스팅되는 멀웨어를 사용하는 새로운 트로이 기반 스팸 캠페인에 참여했다. 멀웨어는 Stamp.EK 익스플로잇 킷을 기반으로 했으며 가짜 유명인

누드 사진과 유튜브 비디오를 제공한다고 주장하는 사이트에서 호스팅되는 프로젝트를 통해 확산됐다.

트로이 목마:Win32/Reveton으로 탐지되는 멀웨어는 포르노 사이트에서 가져온 음란 이미지를 통해 전파되는 특정 감염 기술과 모조 공기총 매장 및 초보자를 위한 윈도우 사이트에서 눈에 띄게 나타난다. 트위터 페이지도 드로퍼[1]에 포함됐다. 소스포지와 깃허브 랜섬웨어 변종에는 화면 하나를 고정시키거나 코드화된 바우처를 통해 몸값 지불을 요구하기 위해 파일을 암호화시키는 변종이 들어 있다. 한 가지 예를 들면 컴퓨터 바탕 화면 전체를 검은색으로 바꾸고 사용자가 연방법 위반, 특히 아동 포르노, 불법 소프트웨어 사용 및 저작권 침해로 미국 법무부에 의해 컴퓨터 사용을 차단당했다고 나타낸다. 차단 화면에는 비디오 녹화가 켜져 있다는 알림도 있다.

사법 기관에서 이런 조치를 사용할 것이라고 사람들이 생각할 지와는 별개로 멀웨어는 잘 먹히는 것처럼 보였다. 멀웨어는 희생자들을 겁먹게 해 머니팩 상품권으로 300달러를 지불하게 했다. 랜섬웨어는 월마트Walmart, 케이마트Kmart, 라이트 에이드Rite Aid 등 바우처 구입 위치도 자세한 알려줬다. 또한 48시간 이내에 몸값을 지불하지 않으면 사법 절차를 즉각 시작한다고 알리는 타이머를 이용해 부담을 가중시켰다.

소스포지와 깃허브를 통해 시작된 공격은 실행 방식에는 차이가 있지만 레베톤 변종과 유사한 점이 많다. 최근에 알려진 경찰 랜섬웨어는 2014년 출현해 국가 또는 유포지인 러시아를 떠나 미국, 북부 및 서부 유럽에서 희생자가 발생했다. 처음에는 윈도우 사용자를 대상으로 했지만 최근에는 OS 및 안드로이드 사용자도 레베톤에 피해를 입었다.

레베톤의 세계 장악

2012년 이후 레베톤의 확산은 중대한 사항이었다. '경찰 단속' 방법은 유럽뿐만 아니라 미국과 캐나다에서도 성공을 거두었다. 랜섬웨어는 특정 상황에서 동작하여 라이선스가 없

---

1 대상 시스템에 악성 코드(바이러스, 백도어 등)를 설치하기 위해 설계된 프로그램이다. - 옮긴이

는 소프트웨어, 아동 포르노 및 사용자 IP 주소가 나오는 잠금 화면과 같은 협박 방식을 사용해 공격을 한다. 공격을 현지화하기 위해 해커들은 해당 국가의 사법 기관의 로고로 잠금 화면 템플릿을 조정했다. 프랑스의 마카롱 제과점 라뒤레는 국회의사당을 이용한 경찰 랜섬웨어 변종에 웹 사이트를 공격당했다. 반면에 영국의 경우에는 경찰청 로고나 경찰청 내 사이버 범죄 단속반 로고를 이용했다. 또한 영국 저작권 협회PRS의 로고를 이용해 불법 음악 다운로드를 문제 삼아 저작권 침해로 신고하겠다며 희생자들에게 겁을 주는 사례도 있었다.

랜섬웨어는 미국에 환경에 맞춰 수정됐는데, FBI 로고를 화면에 출력하고 머니팩 선불 바우처 카드를 이용해 몸값으로 200달러를 지불하게 했다. 전 세계적으로 공격자를 여러 번 체포했지만 레베톤 블랙마켓은 활성화됐고, 2014년에는 화면 잠금 방식 외에도 비밀번호를 훔치는 멀웨어 같은 복잡한 공격 기법을 더한 페이로드 방식도 나타났다.

레베톤 랜섬웨어 사례에서 핀란드도 해당된다. 늘 그렇듯이, 랜섬웨어 메시지는 핀란드어로 번역돼 핀란드 경찰이 보냈다고 적혀 있었다. 화면에는 'Tietoverkkorikosten tutkinnan yksikkö'라는 텍스트가 있었는데, 핀란드어로 네트워크 정보 범죄 조직 Information Networks Crime Unit을 의미한다. 이 경찰 랜섬웨어는 인터넷 익스플로러 브라우저를 전체 화면으로 만들고 사용자가 불법 웹 사이트를 방문하거나 불법 스팸 메시지를 보낸 혐의로 핀란드 경찰청으로부터 메시지를 받았다고 보여준다. 이 혐의는 동물 학대 및 아동 학대가 포함된 사이트 또는 테러리즘에 관한 이메일이라고 언급했다. 이 사례는 실제 이런 일을 하는 부서가 없음에도 불구하고 효과가 있었다. 또한 언어 품질은 형편 없었고 연락처 주소는 cyber-metropolitan-police.co.uk에 등록되었으며 도메인은 폴란드에서 '행복하게'라는 사람에게 등록됐다. 정확하지 않은 요소가 많이 있었지만 희생자들은 먹이감이 되어버렸다.

POLIISI
Tietoverkkorikos Tutkinnan Yksikkö

POLIISI

Huomio!

IP: ▊▊▊▊▊▊▊
Sijoitus: **Finland, Evitskog**

Huomio! Tietokonenne on tehty vaarattomaksi vähintään yhdestä alla mainituista syistä.

Te rikotte Tekijänoikeuslakia (Video, Musiikki, Ohjelmisto) ja käytätte laittomasti tai levitätte sisällystä, jonka suojaa tekijänoikeus sillä lailla rikkoen Suomessa rikoslain lakipykälää 128.

Lakipykälä 128 edellyttää 200-500 minimityöpalkkaa suuruista sakkoa tai vapausrangaistusta 2-8 vuotta.

Te olette katsoneet tai levittäneet kiellettyjä pornosisällyksiä (Lapsiporno/Zoofilia). Sillä lailla te olette rikkoneet Suomessa rikoslain lakipykälää 202. Lakipykälä 202 edellyttää vapausrangaistusta 4-12 vuotta.

Tietokoneenne avulla yritettiin päästä laittomasti tietokoneen tietoihin tai te ...

Suomessa rikoslain lakipykälä 208 edellyttää €100.000 suuruista sakkoa ja/tai vapausrangaistusta 4-9 vuotta.

Laiton pääsy yritettiin suorittaa tietokoneestanne teidän tietämättä ja ilman suostumustanne, tietokoneessanne on haittaohjelma, silla lailla te rikotte lakia "Tietokoneen huolittomasta käytöstä".

Rikoslain lakipykälä 210 edellyttää €2000-€8000 suuruista sakkoa.

Jos roskapostin tai muun laittoman mainoksen levittäminen suoritettiin tietokoneenne kautta edun saamiseksi teidän tietämättä haittaohjelmat voivat vaikuttaa tietokoneeseen.

Rikoslain lakipykälä 212 edellyttää €250.000 suuruista sakkoa ja/tai vapausrangaistusta 6 vuotta. Siinä tapauksessa jos toiminnat suoritettiin teidän tietämättä te joudutte edellä mainitun Suomen rikoslain pykälän alaiseksi.

Tällä hetkellä teidän henkilöllisyydenne ja osoitteenne selvitetään, 72 tuntien kuluessa teita vastaan nostetaan rikosasia koskien yhtä tai muutamaa edellä mainittuja pykälää.

Suomen rikoslain korjauksen 28. elokuuta 2012 mukaan tämän lain rikkominen (ensi kerralla eikä toistaiseksi) voi edellyttää ehdollista rangaistusta siinä tapauksessa jos te maksatte sakon valtiolle.

Sakot on mahdollista maksaa vain 72 tuntien kuluessa rikoksen jälkeen. 72 tuntien kuluttua sakon maksun mahdollisuus päättyy ja rikosasia aloitetaan automaattisesti seuraavien 72 tunnissa!

Sakon määrä on €100. Te voitte maksaa laskun Ukash/PaySafeCard.

Kun sakko on maksettu, tietokonenne tulee vapaasti käyttöön 1-72 tunnissa sen jälkeen, kun maksu pääse viralliselle tilille.

Code	Sum
	100

1	2	3	4	5	6	7	8	9	0

Pay Ukash | **Pay PaySafeCard**

Mistä minä voisin ostaa Ukash?

Te voitte ostaa rikoslain monista paikoista esimerkiksi kaupasta, kioskista, stand-alone terminaalista, verkosta tai E-Wallet järjestelmän kautta (elektroninen käteinen).

Ukash - on nyt saatavilla huoltoasemilta.

paysafe **Payshop** - Ukash tositteita ovat saatavilla 3600 Payshop paikkakunnalla Suomessa.

Mistä minä voisin ostaa PaySafeCard?

Voit ostaa PaySafeCard-kortteja maailmanlaajuisesti yli 450.000 myyntipisteestä. Suomessa PaySafeCard-kortteja myyvät kaikki R-Kioskit.

© «Poliisi Tietoverkkorikos Tutkinnan Yksikkö»

핀란드의 경찰 랜섬웨어(그림 출처: 멀웨어 팁)

핀란드어 멀웨어는 자바 런타임 익스플로잇 또는 어도비 아크로뱃 PDF 리더 익스플로잇 사용으로 확산된 W32/Ransom 계열 트로이 목마다. 사이버 범죄자들은 핀란드의 키오스크에서 판매되는 지불 바우처이자 인터넷을 통해 안전하고 추적할 수 없는 지불 거래를 위해 판매되는 페이 세이프 카드로 몸값을 지불하라고 요구했다.

최근의 변종 랜섬웨어

다음은 경찰 랜섬웨어의 가장 일반적인 변형 중 일부다.

- 트로이 목마: W32/Reveton
- TROJ_REVETON.SM4
- TROJ_REVETON.SM6

미국에서 발견된 변종은 .exe 파일 대신 .dll 파일로 감염시키는 방법을 썼다. 이 레베톤 변종이 설치되면 사용자 운영 시스템에서 파일을 생성해 동작한다. 생성된 파일은 윈도우 버전에 따라 다르다.

- 윈도우 XP의 명령은 다음과 같다.

```
%USERPROFILE%\Start Menu\Programs\Startup\[reveton_filename].dll.lnk
```

- 윈도우 7의 명령은 다음과 같다.

```
%USERPROFILE%\AppData\Roaming\Microsoft\Windows
\StartMenu\Programs\Startup\[reveton_filename]dll.lnk
```

최근의 레베톤 멀웨어 변종은 파일 확장자가 실제 형식으로 표시되지 않기 때문에 윈도우 작업 관리자에서 확인하기가 어렵다. .dll 파일을 프로그램 파일로 실행하는 일반적인 방법인 regsvr32 또는 rundll32로 볼 수 있다.

TROJ_REVETON.SM4와 TROJ_REVETON.SM6는 미국에서 가장 많이 발생했는데, 유럽 여러 국가에도 진출했고 뉴질랜드와 호주까지도 진출했다.

트렌드 마이크로는 클라우드 보안센터(Smart Protection Network)에 따르면 공격받은 사용자의 62%가 미국인이었다고 나타났다. 두 번째로는 호주가 13%를 차지했다. 독일, 캐나다가 각각 7%, 6%를 차지했고, 이탈리아와 뉴질랜드는 2%의 균등한 분배를 보였다. 영국, 벨기에, 네덜란드, 스위스는 전체의 1%를 차지했다.

캐나다 왕립 경찰과 관련된 레베톤 변형(그림 출처: 멀웨어 제거 안내)

악성 코드가 수행한 작업은 이전 버전과 유사하지만 현재 사용자를 대상으로는 국토 안보부 국가 사이버 보안 부서 및 ICE 사이버 범죄 센터의 경고 메시지를 표시했다. 보통 메시지의 내용은 사용자가 불법적인 사이버 활동에 관여해 컴퓨터가 잠겼다고 말했고 48시간 이내에 머니팩 카드로 300달러를 지불해야 한다고 나와 있다.

레베톤은 램섬웨어의 진화와 함께 재구성되고 변형됐다. 모바일 기기 및 운영체제가 감염되기 시작했으며 시간이 지나 고급 암호화 방법으로 보강됐다. 이후 좀 더 복잡해진 멀웨어는 '가짜 웹 사이트' 브라우저 기술과 마스터 부트 레코드의 특정 파일을 지워서 시스템에 심각한 피해를 입히는 백도어 MBR 와이퍼 램섬웨어를 통해 몇몇 한국의 금융 기관을 공격한 것과 같은 화면 잠금 기술을 적용했다.

OS X의 레베톤 공격

2013년 OS X 소프트웨어를 위협한 방법은 트로이 레베톤과 비슷한 유형으로, 외설물 관련 혐의로 사람들을 협박했다. 이 램섬웨어는 화면 잠금 공격을 수행하지는 않았지만 실제로 웹 브라우저를 로드해 정상적으로 페이지를 닫을 수 없게 차단했다.

이 공격은 사용자가 인기 있는 키워드를 검색하거나 트래픽이 많은 웹 사이트를 방문했을 때 사파리 브라우저의 검색 기능으로 실행됐다. 사용자를 몸값 함정에 끌어들이려고 시도한 가짜 URL은 fbi.gov.id657546456-3999456674.k8381.com이다. 해커들은 FBI 이름을 악용하는 것에 그치지 않고, 특히 아동 포르노에 대한 경고 메시지를 동반할 때 대다수의 사용자들에게 두려움을 불러 일으켰다. OS X 멀웨어의 해제 몸값은 300달러다.

고전적인 FBI 레베톤의 사파리 브라우저 공격(그림 출처: Digital Trends)

사라피 브라우저에 통합된 '충돌에서 복원' 기능은 사실상 모든 랜섬웨어의 작업의 전부다. 사파리가 다시 멀웨어 공격을 받으면 '충돌에서 복원' 기능의 명령에 따라 마지막으로 방문한 페이지로 돌아간다. 사용자는 무력 상태이므로 '페이지 나가기' 또는 '강제 종료' 명령을 사용해 페이지를 닫을 수 없게 된다. 메시지를 무시할 수 없게 되어 있고 악의적인 랜섬웨어 사이클이 계속 지속된다.

Android.Lockscreen

안드로이드 사용자가 구글 플레이에서 새 애플리케이션을 받기 전에 조심해야 하는 핵심 사항은 특정 소프트웨어가 자체적으로 설치하는 데 필요한 권한과 관련이 있다. 새로운 애플리케이션의 홍수에서 사용자가 필요한 권한을 철저히 확인하지 않고 설치 버튼을 무모하게 누르면 악의적인 공격에 당할 수 있다.

로커 랜섬웨어는 크립토웨어와 비교했을 때 윈도우 시스템에서는 두 번째 위치이지만 모바일 기기에서는 가장 위험한 위협으로 알려져 있다. 대부분의 사람은 중요한 연락처와 파일을 매일 사용하기 때문에 스마트폰이 없으면 안 된다. 스마트폰의 편리성 때문에 스마트폰이 성가신 화면 잠금 멀웨어로 잠기면 걱정과 좌절에 빠지게 된다. 사이버 범죄자들은 희생자가 스마트폰으로 의사소통을 해야만 하는 경우 몸값 지불 속도가 빠르다는 것을 알고 있다. 따라서 모바일 사용자를 대상으로하는 Android.Lockscreen 랜섬웨어의 출현을 예상치 못했더라도 어렴풋이 예상되어 왔으며 소프트웨어 업데이트 및 추가 방어 조치를 통해 끊임없이 대응해야 한다.

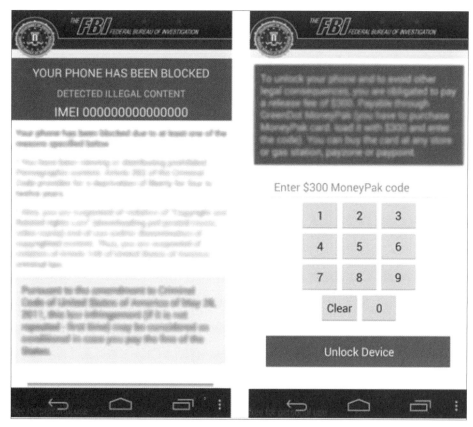

안드로이드 락스크린(그림 출처: Yoocare 블로그)

모든 것이 매우 간단하게 시작됐다. 기기는 침해된 링크 및 타사 애플리케이션을 통해 감염되지만, 멀웨어는 사용자를 장치에서 잠그고 기술 지원부에 전화하도록 안내하는 화면 메시지를 표시하고 배달된 서비스를 통해 몸값을 지불하는 임시 PIN 코드를 생성한다. 하지만 단순한 랜섬웨어 시나리오는 지정 PIN 코드가 실행 중인 멀웨어의 소스 코드에 포함돼 있기 때문에 감염과 마찬가지로 쉽게 해결할 수 있었다. 사이버 범죄자들이 이런 사례로부터 교훈을 얻었을 때, 수정된 버전이 등장했다. 최신 Android.Lockscreen에는 무한대의 의사 난수 PIN 코드를 생성하는 기능이 있다.

이것은 안드로이드용 화면 잠금 랜섬웨어가 안드로이드 사용자에게 실질적인 문제를 만들기 시작한 시점이었다. 새로운 멀웨어는 의사 난수 생성 외에도 장치 관리 권한을 획득했다. 감염의 첫 번째 단계는 Math.Random( ) 함수로 실행됐다. 이 방법으로 공격자는 정규 코드를 6자리에서 8자리 숫자로 대체했다. 각 스마트폰에서 새로운 코드 시리즈를 생성할 경우, 멀웨어가 실행한 코드를 깨는 것은 어렵다. 두 번째 단계는 스마트폰 관리자 역할을 악용해 현재 PIN을 업데이트하고 화면에 시스템 오류를 표시해 피해자가 해커와 연락하여 새 코드를 요청하게 한다. 희생자들은 전화를 사용할 수 없어서, 수리를 기다리거나 몸값을 지불하는 수밖에 없었다.

ANDROIDOS_LOCKER.A: 같은 전술의 새 이름

ANDROIDOS_LOCKER.A는 미국 및 네덜란드의 두 개의 개별 IP 주소에서 호스팅되는 특정 URL을 통해 다운로드되는 랜섬웨어의 변종이다. 사용자는 '포르노'라는 단어가 포함된 URL 이름으로 연결된다. 이 멀웨어는 장치가 잠금 해제된 상태에서 활성화된다. 멀웨어는 자체 사용자 인터페이스를 사용자가 보는 첫 번째 화면으로 설치하려고 한다. 따라서 사용자가 접근할 수 있는 유일한 UI로 만들어서 멀웨어 UI를 제거하지 못하게 한다. 바이러스 백신 기능도 악성 인터페이스에 의해 가려진다. 랜섬웨어는 공격한 장치의 코드를 분석하고 C&C 서버로 작동해 포르노 콘텐츠를 실행하는 여러 URL에 연결을 시도한다.

안드로이드 멀웨어를 차단하는 가장 좋은 방법은 예방이다. 모바일 기기는 매우 개인적인 장치로 사용자 스스로 주의 사항과 규칙을 준수하여 여러 가지 문제가 발생하지 않도록 해야 한다. 이 중요한 프로세스에는 항상 정기적인 소프트웨어 업데이트가 포함돼야 한다. 오래된 소프트웨어는 가장 공격하기 쉬운 것 중 하나다. 오래된 소프트웨어를 첫 번째로 공격한다.

즉시 업데이트를 하는 것 외에도 안전을 위해 두 번째로 할 수 있는 방법은 신뢰할 수 없는 애플리케이션 저장소와 모호한 링크를 피하는 것이다. 새로운 설치 완료를 위해 요청된 권한 유형을 통해 공급자의 평판을 확인할 수 있다. ANDROIDOS_LOCKER.A 랜섬웨어의 경우와 마찬가지로 악성 애플리케이션은 화면 잠금 권한과 장치 설정 또는 오버레이 메시지를 변경할 수 있는 권한이 필요하다. 장치 명령에 이런 유형의 제어를 요구하는 것은 이상한 일이 일어나고 설치를 피해야 한다는 확실한 신호다.

▌ 로커웨어를 완화하는 모범 사례

멀웨어 방어 솔루션은 보안 전문가가 최우선으로 여기는 전략이다. 랜섬웨어가 개발되면 완화 전략도 개발되는데, 대부분의 방어 메커니즘은 일반적인 랜섬웨어 완화 체계에서 시작된다. 서로 다른 유형의 랜섬웨어라도 유사한 방식으로 공격을 수행한다는 사실을 염두에 두면 된다.

사용자 인식을 높이고 교육을 하는 것만큼 멀웨어 감염에 효과적인 대응 방법은 없다. 결국 사용자가 이런 공격에 당하기 전에 방어를 위한 온라인 훈련을 하여 최종적인 보호 조치를 취하는 것이 중요하다. 여기서의 위험은 사용자의 심리적 배경을 바탕으로 하며, 이 장의 시작 부분에서 언급한 바와 같이 사용자가 컴퓨터 앞에 앉았을 때 무력감을 느끼게 되면 시작된다. 멀웨어 감염의 위험성이 알려지지 않은 것은 아니나 유도성 내용의 링크를 클릭하거나 이메일을 여는 것과 같은 충동적인 행동을 더 주의해야 한다.

주의해야 하는 위험한 행동으로는 과실, 더 정확하게는 무기력이라고 하는 것도 있다. 이것은 유명한 미국 텔레비전 쇼 'Last Week Tonight'의 은유로 요약할 수 있다. 악명 높은 에피소드에서 주인 존 올리버는 손님인 에드워드 스노든과 컴퓨터 암호 보안에 대해 논의했다. 올리버는 안전하지 않은 여러 암호 버전을 말한 후 스노든이 말하는 버전을 발표했다. 스노든은 좋은 암호는 컴퓨터가 무작위로 만들 수 없는 개인과 관련 있는 내용이라고 말했다. 그러나 올리버는 마지막으로 사람들이 사이버 범죄의 희생자가 되는 이유는, 안전한 암호를 알면서도 건망증이나 단지 게을러서 암호를 변경하지 않기 때문이라고 말했다.

고급 멀웨어 완화 전략 세 가지

2015년의 장기 연구(UNVEIL: A Large-Scale, Automated Approach to Detecting Ransomware 발표: 램섬웨어 탐지를 위한 대량 자동화 접근, 카라즈 외 다수)에서는 잘 알려진 램섬웨어 제품군의 동작을 관찰함으로써 멀웨어 완화 전략의 아이디어를 만들고 기술적 측면을 분석하였다.

여기에서는 2006년부터 2014년까지의 연구를 통해 제공된 로커 랜섬웨어를 탐지하는 것에 국한되지 않고 세 가지 고급 전략을 요약하고 논의한다.

API 호출 모니터링

API 호출 모니터링 전략은 다양한 잠금 화면 샘플에서 윈도우 API 기능을 사용하는 공격자의 기본 방식에 착안한다. 이 전략의 주요 목적은 공격받는 사용자의 데스크톱을 잠그는 것이다. 새로운 접근 방식은 아니지만 API 호출 모니터링은 적은 기술 투자로도 랜섬웨어 공격을 해결하는 데 도움이 된다. 전략을 적용하면 GetThreadDesktop, CreateDesktop, SwitchDesktop 명령은 일련의 API 호출과 멀웨어 탐지를 통해 변환될 수 있다. 물론 공격자가 시스템 잠금을 위해 직접 API를 사용해 고급 방식을 사용할 수도 있다. 그러나 이런 유형의 잠금은 API에서 특정 정보를 요구하여 까다롭기 때문에 화면 잠금 공격의 범위에 제한이 발생한다. 각각의 새로운 API는 버전에 따라 달라진다.

파일 시스템 활동 모니터링

악의적인 활동을 모니터링할 때 마스터 파일 테이블MFT을 통해 로커웨어 공격의 일부인 파일 암호화 또는 파일 삭제를 완료할 수 있다. 랜섬웨어 공격은 아주 짧은 기간 안에 마스터 파일 테이블에 몇가지 중요한 상태 변경을 만든다. 이것은 MFT에서 삭제된 파일 항목에 반영된다. 암호화된 콘텐츠가 있는 MFT 파일 항목에는 디렉터리 내의 파일과 같은 시스템 경로가 없다. 차이점은 $ DATA 속성에 있다.

이런 방식으로, 악의적인 MFT 항목은 삭제 또는 암호화 생성 여부와 관계없이 '유효한' MFT 항목과 '유효하지 않은' 항목 간의 차이점을 분리할 수 있다.

정상적인 시스템 활동과 악의적인 시스템 활동을 분리하는 방법으로는 사용자 모드 프로세스에서 생성된 모든 파일 시스템의 요청을 모니터링하는 것도 있다. 사용자 시스템에 적절한 시스템 보호 기능을 넣어 설계하면 악의적인 요청이 드라이버에 전달되기 전에 제거할 수 있다.

이 완화 방법의 장점은 삭제된 파일을 복구하는 것이다. MFT 항목의 상주 및 비상주 $ DATA 속성에 대한 접근 방식은 다소 차이가 있다. $ DATA 속성이 상주하는 경우에는 다른 위치로 복사해 파일 내용을 복구한다. 그렇지 않으면 MFT 항목의 RunList 함수를 MFT 항목에서 분리해야 하고 원시 데이터를 다른 위치로 이동해야만 복구를 완료할 수 있다. 내용을 덮어 쓰는 동안 특정 파일 클러스터를 프로세스 중에 다른 위치로 이동할 수도 있으므로 적시에 실행해야 한다.

디코이 기법 설치

외부 또는 내부 공격과 관계없이 공격을 탐지하는 디코이(미끼) 파일의 사용은 새로운 방식은 아니지만, 디코이 서비스는 해시된 비밀번호 보안에 주로 적용돼 왔으며 호스팅 서비스에서 불법으로 획득한 데이터를 탐지하는 데 사용됐다. 디코이 파일은 기존 멀웨어뿐만 아니라 초기 단계에서 신규 악성 프로세스를 탐지할 가능성을 높여 준다.

여러 랜섬웨어 제품군이 유사한 공격 방식으로 실행되기 전에 해야 하는 작업을 몇 차례 언급했다. 악의적인 프로세스가 매우 짧은 시간에 파일을 삭제하려면 경로와 확장자가 다른 모든 파일에 포괄적으로 접근을 해야 한다. 이런 특징으로 인해 정상적인 상호작용을 반영하는 파일 시스템 활동을 정의하는 것이 가능해진다. 공격자는 일반 사용자의 동작을 모방하는 공격을 생성해 탐지를 피할 수 있다. 이부분에 디코이 또는 유도성 파일이 실행 과정에 들어가 있다.

효과적인 완화 기술 중 하나는 여러 디스크 위치에 디코이 파일을 설치하고 지속적으로 모니터링하는 것이다. 파일을 사용하는 동안 디코이 파일을 여러 위치에서 인덱싱하고 범죄자가 파일을 식별해내기 어렵게 만드는 것이 중요하다.

로커웨어 완화: 포괄적인 조치 검토

조직에서 랜섬웨어 공격을 방지하는 데 필요한 시간과 노력을 들이고 고급 보호 조치를 적용하더라도 드넓은 컴퓨터 네트워크의 모든 장치가 안전하다는 보장은 없다. 로커웨어는 상당히 개인화되어 있으며 예방은 예방 및 인식에 기반을 두고 있다. 몸값을 제공한다고 해서 멀웨어가 치료되거나 사용자 및 조직이 향후의 공격으로부터 안전하다는 보장도 없다. 사건 발생 후 즉시 또는 최소한 2주 이내에 대응하는 것이 중요하다. 그러나 대응은 사건 발생 전, 사건 도중, 사건 이후에도 필요하고 CIO는 포괄적인 접근 방식을 채택해야 한다.

대응 계획 개발

행위자가 준비가 되지 않으면 즉각적인 행동은 거의 불가능하다. 위기의 순간에 의사 결정은 약해질 수 있으며 조직에서 사고 대응 계획을 수립하지 않으면 감염의 결과가 악화될 수 있다. 멀웨어 감염 퇴치를 위한 견고한 계획을 수립하는 것은 조직의 책임감 있는 비즈니스 리더가 수행해야 하는 첫 번째 완화 작업이다.

대응 계획을 잘 세워두면 희생자가 공격을 받아 조직이 몸값을 지불하는 경우를 예방하게 될 것이다.

공격을 받았을 때 취해야 하는 행동으로는 지불을 피하고, 사고 대응 계획을 즉시 알리고, 감염된 장치를 네트워크에서 분리하고, 사고 계획에 따라 회사 디지털 보안 팀을 고용하고, 정보를 기록하고, 사법 기관에 알리는 것이다.

보안 인식 및 교육

멀웨어 완화 인식이 왜 중요한지 강조했다. 임시 보안 교육만으로는 부족하다. 위협을 식별해 내려면 정기적인 보충 교육이 필요하다. 사회 공학은 악성 코드를 유호하는 보편적인 방법이다. 보안 교육은 위험 회피를 지원할 뿐만 아니라 피해를 줄이고 2차 피해를 방지한다. 최종 사용자는 개인용 컴퓨터 앞에서 행동하는 방법에 대해 교육 받아야 한다. 목적성 있는 보안 교육은 멀웨어 인식과 문화에 변화를 가져오며, 준비되지 않은 행동을 피하게 한다. 결국 의심스러운 링크나 악의적인 이메일을 우회할 수 있게 한다.

패치

미국 국토 안보부 산하 컴퓨터 비상 대응 팀은 보안 패치를 통해 공격의 85% 이상을 예방할 수 있다고 추정한다. 패치는 운영체제 및 컴퓨터에 설치된 소프트웨어와 멀웨어 방지 솔루션에서 정기적으로 적용되고 유지 관리돼야 한다.

보안 패치는 취약점을 개선하고 예방하기 위해 컴퓨터 자산에서 수행되는 치료 방법이다. 주기적으로 기존 위협을 식별하고 완화하는 프로세스를 통해 현재의 공격을 제거하고 향후 발견될 취약점을 완화시킨다.

견실한 모니터링

로커웨어가 C&C 서버를 사용하거나 멀웨어가 다른 호스트로 확산되는 상황은 견실한 모니터링을 통해 방지할 수 있다. 프로세스는 호스트 및 네트워크 모니터링 방법을 적용하고 효과적인 보안 정보 및 이벤트 관리 멀웨어 탐지 계획을 사용해 실행된다.

불필요한 서비스 제한

소프트웨어 설치 제한은 개인의 책임을 넘어서 조직 수준에서 실행할 수 있는 방법이다. 모든 사용자 스테이션이 전체 기능을 수행할 필요는 없다. 스테이션에서 작업을 수행하는 데 필요한 도구 및 애플리케이션에 대한 특정 제한 사항은 감염을 방지하고 서비스, 소프트웨어, IP 주소 및 사용되지 않는 장치에 적용될 수 있다.

서비스 비활성화

비즈니스에 따라 제한해야 하는 서비스가 다르고 어디에나 해당하는 접근 방식이란 것은 없다. 조직의 IT 엔지니어 또는 IT 부서가 특정 서비스의 활성화 및 비활성화 여부를 결정해야 한다. 논쟁의 여지가 있거나 위험한 서비스는 제한된 시간 또는 운영 범위를 추가 승인 또는 허가를 받게 해야 한다.

소프트웨어 제한

몇몇 랜섬웨어 변종, 특히 암호화 수준을 적용하는 변종은 중요한 파일을 변경할 수 있다. 로커웨어가 주로 파일 암호화를 목표로 하지는 않지만 소프트웨어 제한이 적절한 위협 방지 수단인 고급 수준의 멀웨어 유형도 있다.

IP 주소 차단

로커웨어를 완화시키는 탁월한 방법은 ToR 네트워크를 차단하는 것이다. 대부분의 랜섬웨어 공격은 C&C 센터와 통신하기 위해 ToR 게이트웨이를 사용한다. ToR가 차단되면 범죄자의 의사소통 경로가 끊어지고 감염을 전달하는 대체 방법을 찾아야 한다. 최신 감염 기술은 ToR을 통한 통신뿐만 아니라 웹 사이트 트래픽 리디렉션을 적용한다. 이런 요소 때문에 IT 부서가 IP 주소 차단을 사용할 필요가 없다고 말할 수는 없지만, 역사적으로 입증된 가치의 척도로서 IP 주소 차단을 완화 전략에 포함시켜야 한다.

사용하지 않는 장치 제거

사용하지 않는 장치를 제거하면 추가 감염 확산을 방지할 수 있는데, 매핑된 드라이브, USB 저장 장치 또는 메모리 스틱, 스마트폰, 카메라 같은 다양한 물리적 장치가 해당된다. 모든 쓰기 가능한 장치는 사용하지 않을 때 스테이션에서 제거해야 한다.

파일 교환 관리

비즈니스는 공유를 기반으로 하며 특정 파일이 공동으로 공유되고 작업되지 않는 한 업무를 수행하기 어렵다. 일상적으로 파일 공유 프로세스를 사용한다면 보안은 흔들리게 된다. 파일 시스템을 안전하게 유지하려면 조직은 안전하고 보안적인 방식으로 데이터 및 파일을 공유하기 위한 모범 사례를 수립해야 한다. 위험을 최소화하는 효과적인 방법은 디지털 서명을 적용하는 것이다.

이메일 보안의 효과

개인적인 가치관을 고려할 때, 이메일 보안이 악성 코드를 피하는 관문이라는 사실을 간과해서는 안 된다. 멀웨어 완화 명령권이 있는 경우 "의심스러운 이메일을 열지 마십시오"라는 문구가 있어야 한다. 위험한 파일은 실행 파일 계열에 속하며 .exe, .js, .vbs, .ps 파일 같은 피싱 가능성이 있는 첨부 파일이 있는 이메일이나 .doc, .xls 또는 .xlm 같은 매크로를 지원할 수 있는 문서 파일은 사용자가 특히 조심해야 한다.

그러나 이메일 보안의 첫 번째 구성 요소는 기업 수준의 기술 제어다. 효율적인 이메일 보안 방법에는 스팸 방지 및 피싱 방지 필터, 하이퍼 링크가 포함된 이메일 차단 및 이미지 및 첨부 파일 격리 등이 있다. 감염 확산을 피하기 위해서 매크로 옵션은 오피스 애플리케이션에서도 비활성화할 수 있다.

소프트웨어 업데이트

소프트웨어 업데이트로 멀웨어를 완화하려면 정기적인 운영체제 업데이트뿐만 아니라 추가 소프트웨어 설치 및 멀웨어 방지 도구가 있어야 한다. 실제 구성 요소는 사용 중인 운영체제에 따라 달라지며 웹 탐색 도구와 이메일 클라이언트가 관련돼야 한다.

윈도우 10의 Windows Defender 같은 기본 멀웨어 애플리케이션이 있는 소프트웨어도 있지만, 대부분의 경우에 멀웨어 방지 조치가 필요하다. 예를 들어, 모바일 기기는 특정 보호 장치가 필요하고 정기적인 소프트웨어 업데이트가 중요하다. 즉각적인 안드로이드 업데이트 메시지는 구글의 연간 보안 정책의 정기적인 부분이다. 최신 브라우저에는 악성 링크 및 침해된 웹 사이트를 클릭하지 못하도록 하는 내장 도구가 포함돼 있다. 예를 들어, 스마트스크린은 의심스러운 페이지를 발견하는 마이크로소프트 브라우저의 도구다. 동적 기준에 따라 방문한 사이트를 확인하고 추가 검색 및 피드백 보고에 대한 권한을 요청한다. 악성 링크의 경우 도구가 페이지를 차단하고 주의할 것을 조언한다. 이 도구는 화이트리스트와 블랙리스트 애플리케이션 이력을 확인하고 리스트와 사용자가 보고한 안전하지 않은 파일 목록을 비교해 다운로드를 검사한다. 의심스러운 링크에는 경고 문구가 수반된다.

데이터 백업

파일이 암호화되지 않은 경우에도 대다수의 잠금 화면 멀웨어 변종은 실행 프로세스에서 파일을 삭제한다. 로커웨어에 대한 효과적인 방어 방법은 파일을 외부 디바이스나 장치에 보관하는 것을 포함한다. 물리적인 보관 방법을 사용할 수 없는 경우, 정기적인 시스템 복구 또는 수동 동기화 방법을 완화 전략으로 사용할 수 있다.

데이터 백업은 중요하다. 백업에서 파일을 복원할 가능성이 없다면, 몸값 지불 없이는 랜섬웨어 공격 후 전체 데이터 복구가 불가능할 것이다. 만약 백업이 없다면 랜섬웨어의 작업이 완료되었음을 의미한다. 가해자는 화면 잠금 해제에 실패하기도 한다. 이런 상황에서는 백업으로 복구하는 방법이 유일한 해결책이 된다. 심지어 랜섬웨어에 특정 백업 파일이 감염된 경우에도 CIO가 멀웨어 영향을 최소화하기 위해 수행할 수 있는 단계가 있다.

- 정기적으로 백업 수행 및 유지 관리
- 오프라인 및 오프 사이트에서 쓰기 방지 및 백업 저장
- 감염되기 전에 평판이 좋은 미디어를 특정 기간 동안 사용할 수 있도록 하려면 버전 관리를 사용
- 백업을 테스트하여 안정성 및 데이터 복구 용량 확인
- 안티바이러스 검사를 적용하여 위험 요소 백업 검사

클라우드 스토리지 및 보안 솔루션

클라우드 스토리지의 장점을 부인하기는 어렵지만 고급 공유 및 외부 스토리지는 보안 위험이 더 큰 것이 사실이다. 이와 관련해 클라우드 공간은 파일 스토리지뿐만 아니라 고급 보안 솔루션을 구현하는 장소의 역할을 해야 한다. 예를 들어 마이크로소프트 원드라이브 클라우드 기능은 랜섬웨어로부터 시스템을 보호하는 메커니즘을 사용한다. 원드라이브의 기능은 일단 사용할 때 파일을 저장, 공유, 동기화하기 위해 클라우드에 추가 공간을 제공한다. 또한 여러 원격 위치에서 공유 문서 또는 기능 업데이트 작업을 수행한다.

위험이 기하 급수적으로 증가하는 한편 최근의 클라우드 스토리지 솔루션은 현대 에코시스템 전반에 걸친 탐지 기술을 채택한 구체적인 클라우드 기반의 랜섬웨어 방지 방법을 통해 향상된 멀웨어 보호 기능을 제공한다. 클라우드 보안은 특정 기업의 요구 사항에 맞게

조정될 수 있으며 비용과 시간을 절약하는 동시에 안전성을 향상시키는 것이 중요하다. 이를 보안에 대한 '탄력적인' 접근 방식이라고 하며, 책임 분담과 동적 워크 플로를 통해 클라우드 솔루션에 성공적으로 배포할 수 있다.

파일 기록 또는 시스템 보호 복구

파일을 복원하는 소프트웨어 툴이 탑재된 운영시스템도 있다. 특정 파일을 복원하려면 윈도우 10과 8.1 또는 윈도우 7의 파일 복원 및 시스템 보호 기능을 각각 활성화해야 한다. 이 기능은 유용하고 실용적이지만 백업 파일이 삭제되거나 암호화될 수 있는 상황은 처리할 수 없다는 점을 기억해야 한다.

디셉션 기술에 의한 완화

케라즈와 연구 파트너는 멀웨어 공격에 효과적으로 대처하기 위해 디코이 자원의 사용을 강조했다. 디코이 사용은 '디셉션(속임수) 기술'이라고 하며, 거의 실시간으로 작동할 수 있는 자동화된 정밀 기술을 적용해 신속하게 감염 여부를 탐지하고 분석할 수 있는 전문화된 고급 기술이다. 디셉션 도구는 암호화에 의한 위협을 방어하는 수단을 적용하여 공격을 예방하고 전환한다. 디코이 자원은 보호 계층을 구축하며 일반적으로 라이선스가 부여된 운영체제 소프트웨어 또는 그런 소프트웨어를 모방해서 만든다.

공격을 받는 기업이 지켜야 할 5단계

적용 가능한 방어 기술이 너무 많아서, 공격이 발생했을 때 처음 수행해야 할 중요한 결정과 단계를 결정하는 것이 어려울 수 있다. 그러므로 사전에 철저히 준비하지 않았더라도 항상 할 수 있는 일이 있음을 상기시키는 간략한 문서를 만드는 것이 실용적이다.

최근 버전의 윈도우 운영체제 사용자를 대상으로 랜섬웨어 공격이 발생했을 때 수행할 수 있는 중요한 단계를 정리했다. 사용 중인 시스템에 관계없이 모든 상황에서 실행 가능한 작업도 있다.

다음 기본 지침에는 전문가가 실시한 광범위한 멀웨어 예방 계획의 효과를 뛰어넘는 획기적인 대응 방법은 없다. 또한 모든 상황에서 효과가 있는 것은 아니며, 맞춤형 접근 방식이 필요한 장치와 운영체제도 있다. 가장 현명한 방법은 전문가의 도움을 받는 것이다.

- **동기화 기능 사용 중지**: 동기화 기능을 사용하면 공격자가 파일을 덮어 쓰는 공격을 쉽게 시작할 수 있다(특히 암호화 랜섬웨어를 사용하는 경우). 동기화 기능을 사용하지 않도록 설정하면 클라우드에서 데이터를 타겟팅하지 못하게 할 수 있다.
- **감염된 장치에서 멀웨어 제거**: 동기화된 드라이브나 매핑된 드라이브 등에서 감염된 장치에서 멀웨어를 제거하려면 전체 검사를 실행하는 것이 중요하다. 대다수의 운영체제에는 기본 멀웨어 방지 도구가 내장돼 있지만 100% 유효한 것은 아니다. 고급 멀웨어 방지 소프트웨어 도구가 궁극적인 보호 솔루션이다.
- **파일 복구**: 파일 복구는 사용 중인 시스템 종류에 따라 다르다. 예를 들어 윈도우 사용자는 파일 복원 또는 시스템 보호 기능으로 파일을 복구할 수 있다.
- **지불 거래 차단**: 지불 프로세스를 시작한 경우에도 특정 상황에서 지불 트랜잭션이 차단될 수 있다. 이것은 공격자가 제공한 방법을 사용하지 않고 파일을 성공적으로 복구한 경우 유용하다.
- **사법 기관에 연락해 범죄 보고하기**: 해당 국가의 사이버 범죄 당국과 연락하는 것은 구체적인 경우에 대한 조치를 취할 뿐만 아니라 미래의 범죄 행위를 예측하고, 유사한 공격을 막기 위한 보호 조치를 취하는 데도 중요하다. 관련 소프트웨어 기관에 보고서를 보내는 것도 권장한다. 보고서 보내기 버튼을 클릭하면 자신과 조직을 보호하고 효과적인 고급 위협 방지 솔루션을 구축하는 데 기여할 수 있다.

▌ 요약

1장에서 랜섬웨어의 발전을 소개하면서 최근 몇 년 동안 인기 있고, 발전되고, 위험한 암호화 랜섬웨어가 다시 출현한 것을 알았다. 새로운 공격 기술이 개발되면, 이전 랜섬웨어의 위험성은 잊기 쉽다.

4장을 통해 새로운 플레이어가 물려받은 지난 몇 년 동안의 로커웨어의 광범위한 근접과 악의적인 전략을 설명했다. 우리는 분석된 사례의 94%의 로커웨어 변종이 강탈 방법의 실용성과 수익성이 있다는 결론을 이끌어 내는 다양한 랜섬웨어 연구를 조사했다. 멀웨어 프로세스를 이해하기 위해 주목할 만한 사례에서 사용된 기술과 글로벌 차원에서 사용되는 랜섬웨어 제품군의 다양한 시나리오를 제시했다.

또한 로커웨어 프로세스의 동작 방법을 구체적으로 살펴보고 전달, 페이로드, 감염, 실행 단계의 세부 정보를 제공했다. 인식의 중요성과 완화에 있어 최종 사용자의 핵심 역할을 강조했다. 적절한 완화 전략을 지정하고 장기적인 보안 계획에 대한 지침과 공격을 받고 있는 상황을 해결할 수 있는 즉각적인 조치에 대해 설명하면서 이 장을 마무리했다.

5장에서는 암호화 랜섬웨어와 공격 단계를 자세히 설명한다. 모든 공격 단계에서, 세간의 이목을 끄는 여러 가지 상황을 살펴본다.

05

암호화 랜섬웨어 방어 기술

5장에서는 암호화 랜섬웨어의 각 단계를 세세히 알 수 있도록 공개된 감염 사례들을 통해 암호화 랜섬웨어 공격의 각 단계에 대해 자세히 다룬다. 랜섬웨어 공격 단계를 초기 감염이 발생하는 원인, 데이터 암호화 기술 및 데이터 암호화에 소요되는 속도 비교, 데이터가 인질로 잡히게 되는 과정, 랜섬웨어가 네트워크를 통해 다른 기기나 서버로 전파되는 방법, 이렇게 네 단계로 나눠서 각 단계를 상세히 살펴보고, 사용자가 어떤 랜섬웨어에 감염됐는지 식별하는 데 도움이 되는 내용으로 마무리한다.

상세히 다뤄질 랜섬웨어 방어 부분은 아마도 대부분의 독자에게 가장 흥미로운 주제가 될 것이다.

5장에서 다루는 내용은 다음과 같다.

- 암호화 랜섬웨어
- 랜섬웨어의 표적
- 랜섬웨어의 단계
- 방어

█ 암호화 랜섬웨어

암호화 랜섬웨어는 다른 종류의 랜섬웨어와는 달리 시스템 스토리지와 데이터를 공격 대상으로 하며, 컴퓨터에 저장된 전체 데이터를 암호화시킨다. 이 암호화된 데이터는 사용자가 복호화 키를 얻지 못하는 경우 더 이상 사용할 수 없게 된다. 요즘에는 모든 사람들이 자신의 개인 데이터를 컴퓨터와 모바일 기기에 저장한다. 그중 대부분의 사람은 그들의 데이터를 주기적으로 백업하지 않거나 랜섬웨어 또는 도난 등으로부터 자신의 데이터를 보호해야 할 필요성을 인식하지 못한다. 이런 근본적인 취약점은 정교화된 랜섬웨어 캠페인, 강탈 등을 통해 희생자의 데이터를 탈취하는 데 악용된다.

사용자가 암호화 랜섬웨어에 걸리게 되면, 랜섬웨어는 시스템상의 사용 가능한 모든 파일의 색인을 생성하고 파일을 암호화하며 모든 파일이 암호화될 때까지 사용자 눈에 띄지 않는 곳에서 계속 실행된다. 랜섬웨어 메시지가 희생자에게 보일 때에는 이미 모든 데이터가 피해를 입은 상태일 것이다. 대부분의 경우 랜섬웨어는 중요 시스템 파일이나 기능에는 영향을 미치지 않으며, 시스템의 액세스를 거부하지는 않는다. 따라서 희생자가 암호화된 데이터에 액세스하는 것과는 별개로 여러 작업을 수행할 수 있다.

랜섬웨어의 주요 측면 중 하나는 각 감염은 시간 제한이 있어 특정 시간이 지나면 복호화 키가 작동하지 않거나 데이터가 영구적으로 삭제될 수 있다는 점이다. 희생자들은 일반적으로 시간 제한으로 인해 합리적으로 생각하지 못하고 공격자에게 몸값을 지불하는 경향이 있다.

선도적인 보안 업체들이 2016년도에 발생한 랜섬웨어를 분석한 결과 전체 랜섬웨어의 약 64%가 암호화 랜섬웨어로 탐지됐다. 암호화 랜섬웨어는 로커 랜섬웨어와는 달리 더 정교하며, 희생자가 암호화 화폐를 구매해 몸값을 지불할 수 있도록 인터넷 접근을 제공한다. 암호화 랜섬웨어에서 파생된 일부 정교한 랜섬웨어는 매뉴얼 및 지불 방법에 대한 자세한 정보와 함께 암호화 화폐를 구매할 수 있는 포털을 제공한다.

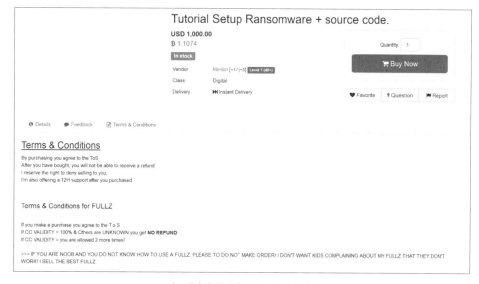

다크넷상의 랜섬웨어 튜토리얼 및 설정

기존 버전의 암호화 랜섬웨어들은 오늘날의 변종과 같이 효과적이고 정교하지 않았다. 그 당시의 랜섬웨어 제작자는 강력한 암호화 알고리즘을 사용하지 않거나 키 관리를 고려하지 않았다. 키를 시스템 내에 저장하거나 랜섬웨어 파일 내에 저장했다. 어떤 경우는 여러 샘플 분석을 통해 키가 매우 유사하다는 점이 확인되었으며 이는 랜섬웨어에 감염된 특정 시스템의 복구에 사용된 키가 다른 감염 시스템의 복구에도 사용될 수 있음을 의미한다.

랜섬웨어 제작자는 RSA, AES, 3 DES 같은 강력한 암호화 알고리즘 및 큰 사이즈의 키를 사용한다. 초보 사이버 범죄자가 개발한 여러 종류의 랜섬웨어들은 복호화 키를 랜섬웨어 자체에 저장하지만 숙련된 랜섬웨어 제작자는 각 감염된 노드에 대해 추가로 비대칭 키 쌍을 생성한다. 랜섬웨어의 강력한 정책과 공개 키/비밀키 암호화 기법의 결합을 통해 희생자의 응답을 다음으로 제한한다.

- 몸값 지불
- 데이터 손실

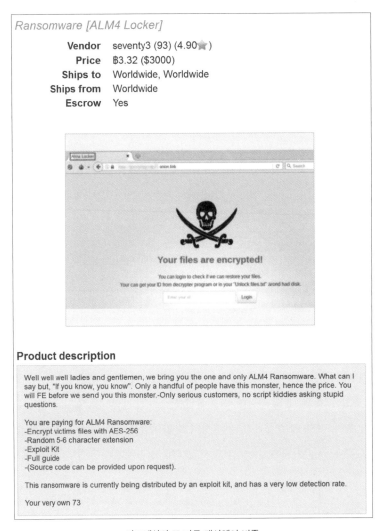

다크넷상의 또 다른 랜섬웨어 변종

랜섬웨어의 효과는 사이버 범죄자의 기대에 정비례한다. 즉 초보 제작자들은 오직 금전적 이익에만 초점을 맞추는 반면에 경험이 풍부한 멀웨어 제작자들은 대규모 사업 및 큰 조직의 시스템상의 중요한 데이터를 대상으로 하는 경향이 있다. 대부분의 사용자가 문서, 비디오, 사진, 애플리케이션 등 여러 종류의 데이터를 우려하고 있어서, 이런 경향에 따라 다양한 랜섬웨어 변종이 존재하며 그들은 공격 표적을 대상으로 광범위하게 전파된다.

암호화 랜섬웨어: 시나리오 및 변종

이번 절에서는 전 세계를 초월하는 흥미로운 암호화 랜섬웨어 변종을 중점적으로 다룬다.

크립토락커

크립토락커CryptoLocker 랜섬웨어는 어떤 시점에서 어떤 형태로든 어느 곳에나 존재해왔다. 실제 크립토락커 봇넷은 2014년 2분기에 폐쇄되었지만 사이버 범죄자는 이미 희생자로부터 3백만 달러의 이익을 얻은 후였다. 그 이후로 이 랜섬웨어의 이름과 접근 방법은 널리 사용되고 모방됐지만 이런 활동은 실제 크립토락커와 직접적으로 연관돼 있지는 않다.

다크넷상의 크립토락커

지금까지도 다양한 변종이 발견되며 공격이 계속되고 있다. 이 랜섬웨어는 익스플로잇 킷과 스팸메일을 통해 유포된다. 주로 기업 사용자를 표적으로 하며 윈도우 XP, 윈도우 비스타, 윈도우 7, 8, 10을 비롯한 일반적인 윈도우 버전에서 실행된다.

랜섬웨어는 RSA−2048과 AES−256을 사용해 특정 확장자의 파일을 암호화한다. 모든 파일의 암호화가 끝난 후, 희생자 컴퓨터의 복호화 키를 받으려면 96시간 이내에 두 개의 비트코인 비용을 전송하라는 메시지가 표시된다. 비용이 수신되지 않으면 복호화 키가 파괴돼 사용자가 더 이상 파일에 액세스할 수 없게 된다. 비용은 대부분 머니팩(미국), 캐시유, 우카시, 비트코인으로 지불 가능하다. 일단 비용을 지불하게 되면 복호화 키가 감염된 시스템으로 전송되고 파일의 복호화를 실행하지만, 복호화가 정상적으로 실행되지 않는 경우도 있다.

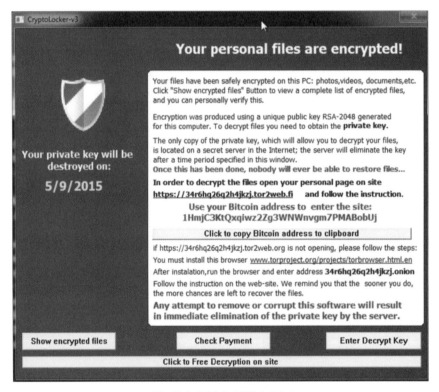

크립토락커 버전 3의 랜섬웨어 메시지

크립토락커 랜섬웨어의 몸값

불행하게도 크립토락커의 방법은 효과가 있으며 이전의 랜섬웨어보다 다음 세 가지 측면에서 앞서있다.

- 파일 암호화 방법
- 은밀하고 효과적인 전달 메커니즘
- 명령 제어 복호화 서버의 구조

크립토락커 개발자는 윈도우 운영체제에 존재하는 기본 크립토 API를 사용해 비대칭 키 암호화 및 대칭 키 암호화 방식을 모두 구현했다. 희생자 컴퓨터에는 2048비트의 RSA 공개 키/개인 키 쌍이 할당되며 이후 명령 제어 서버는 표적 호스트의 공개 키만 크립토 멀웨어에게 전송한다.

랜섬웨어는 256비트 키 길이의 블록 연쇄 모드 AES 암호화 기법을 사용해 각 파일을 암호화한다. 이 키는 RSA 공개 키로 암호화돼 파일의 시작 부분에 저장된다. 파일이 암호화된 후 로컬 호스트에서 AES 키가 삭제되고 이는 명령 제어 서버에 존재하는 개인 키로만 복호화할 수 있다.

크립토락커가 공격 표적 호스트에서 실행될 때 현재 날짜를 기반으로 무작위로 생성된 1000개 이상의 도메인 목록(아래 표의 샘플 참조)에 대한 복수의 요청을 생성한다. 매일 생성된 도메인 목록 내에서 일부는 명령 제어 서버에 연결한다. 대부분의 도메인은 숨겨진 실제 명령 제어 서버의 프록시로 사용됨으로써 이 명령 제어 서버가 제거되는 것을 방지한다.

표 1 – 도메인 예
ctotujnmdjphxdu.org
dclffueprfhkgf.biz
hwuiingqeuubi.org
jmrfxxpcmspvi.org
kqnvwyqyqqmkab.biz
lhkbianumwfs.biz
nqktirfigqfyow.org
qficuwythvxmc.biz
yuwspfhfnjmkxts.biz

크립토락커는 기업 도메인의 메일 주소로 스팸 메일을 보냄으로써 유포된다. 이 피싱 메일은 배송 업체로 가장해 예상 배달 날짜/시간 및 첨부 파일을 포함하기도 한다. 실행 파일은 PDF 아이콘으로 둔갑하고 윈도우 운영체제에서 기본적으로 설정 가능한 '숨김' 기능을 사용한다.

킬 체인의 분석을 통해 컷웨일 봇넷이 스팸을 유포하는 데 사용되고 있음이 드러났다. 스팸에 첨부된 파일은 어파트레^{Upatre}로 알려진 드로퍼로 실행 가능한 파일이다. 이는 게임 오버 제우스^{Gameover Zeus} 트로이 목마를 다운로드하기 위해 특정 사이트에 연결(안전한 채널인 SSL 통신을 이용)한다. 이 수법은 위협 설계자가 컷웨일/어파트레/제우스를 사용해 피싱 메일과 크립토락커를 유포하는 배포 서비스를 채택한 것으로 보인다. 이미 효과가 입증된 멀웨어를 이용해 터널링함으로써, 크립토락커는 낮은 프로파일을 유지하고 공격 실행이 성공하기 이전에 외부에 탐지될 확률을 줄인다.

록키

록키^{Locky}는 이전의 랜섬웨어와 유사하지만 비교적 새로운 종류의 랜섬웨어다. 이 랜섬웨어는 인보이스로 제시되는 전자 메일 형태로 스팸을 통해 널리 확산된다. 이전의 랜섬웨어들과 마찬가지로 파괴적이며 사용자가 문서를 읽을 경우 매크로를 활성화하도록 지시한다. 매크로가 활성화되면 멀웨어는 AES 암호화 기법을 사용해 시스템 내의 모든 파일을 암호화하기 시작하며, 암호화가 완료되면 비트코인을 통해 몸값을 요구한다.

록키 랜섬웨어의 전파는 큰 규모로 이뤄진다. 일례로 한 기업이 악성 코드와 연결된 약 500만 개의 전자 메일을 2일 동안 차단한 사례도 존재한다.

2016년 1분기에는 헬스케어 분야의 여러 기관이 표적이 되어 록키 랜섬웨어에 감염됐으며, 가장 유명한 사례 중 하나는 할리우드 장로 병원 감염 사례다. 다행히 의료 데이터는 영향을 받지 않았지만 CT 스캔, 응급실 시스템, 일반 기능 등 일상 업무에 필수적인 타 시스템들이 영향을 받았다. 결국 의료 센터는 사법당국의 폭넓은 지원에도 불구하고 감염된 파일의 복호화를 위해 몸값으로 비트코인 40코인을 지불했다. 분석 결과, 감염 경로는 악성 전자 메일로 확인됐다.

랜섬웨어 변종들 간의 기법과 정교함을 비교해보면, 록키는 상대적으로 덜 복잡한 편에 속하지만 전파 속도는 매우 빠르다. 록키는 파일 암호화를 위해 RSA−2048와 AES−128 암호화 기법을 사용한다. 또한 희생자 PC의 배경 화면을 희생자가 수행할 다음 단계에 대한 안내 페이지로 변경한다. 희생자는 해당 화면 및 링크를 통해 더 많은 정보를 얻게 되고 파일 해독 처리 방법을 직접 이해할 수 있다.

여러 보안 업체는 록키가 금융 멀웨어로 잘 알려져 있는 범죄조직인 드라이덱스^{Dridex}에서 개발했다고 발표했다. 이 멀웨어는 주로 마이크로소프트 워드 첨부 파일로 배포되며 파일을 암호화시킨 후 파일의 확장자를 .locky로 변경시킨다. 록키는 해시 값이 매번 달라지기 때문에 시그니처 기반 탐지 방법으로는 탐지되지 않으며 표적 컴퓨터를 감염시킨 후 운영체제의 셰도우 복사본까지 삭제하도록 구성되어 있다.

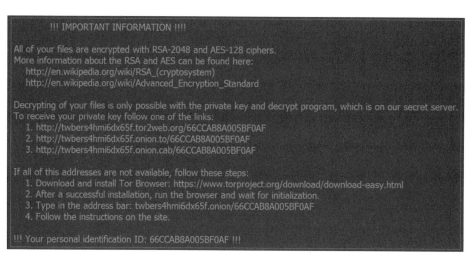

록키 감염창

테슬라크립트

테슬라크립트^{TeslaCrypt}는 주류가 되어버린 또다른 형태의 랜섬웨어(파일 암호화를 위해 AES 암호화 기법을 사용함)이며, 초기 변종의 대부분이 이 형태를 띄고 있다. 테슬라크립트 멀웨어의 흥미로운 측면 중 하나는 어도비 취약점만을 노린다는 점이며, 이 취약점을 악용한 앵글러^{Angler} 익스플로잇 킷을 통해 전파된다. 어도비가 설치돼 있지 않은 경우 실버라이트와 인터넷 익스플로러를 이용한다.

테슬라크립트 랜섬웨어는 아이프레임에 앵글러가 내장되어 있는 감염된 웹 포털을 통해 동작한다. 마이크로소프트 임시 폴더에 다운로드되며 우카시 및 페이세이프카드 같은 다양한 지불 옵션을 제공한다. 일단, 희생자가 악성 페이지로 접속하면 특정 검사(바이러스 백신, 호스트 분석 등)를 수행하고, 이 검사를 만족할 경우 플래시가 익스플로잇되어 마이크로소프트 임시 폴더에 악성 코드가 다운로드되는 형식이다. 이 멀웨어는 대부분의 변종과 마찬가지로 자기 자신을 %appdata%에 복사하고 키와 색인된 파일 목록을 저장한다. 파일이 암호화되면 .exx, .ecc, .mp3, .ezz 확장명으로 변경된다. 이것은 크립토락커가 설계된 방식과 유사하지만 공통된 소스코드를 공유하지는 않는다.

테슬라크립트는 다음과 같은 형태로 변형되어 왔다.

- 시스코사의 연구원이 타로스 테슬라크립트라는 복호화 툴을 개발했을 때, 테슬라크립트는 대칭 키 암호화 방식에서 비대칭 AES 암호화 방식으로 변경됐다.
- 또한 카스퍼스키 랩이 테슬라크립트용 복호화 툴을 개발했을 때, 테슬라크립트 제작자는 결함을 수정하고 암호화된 파일의 확장자에 .mp3를 추가한 다음 버전을 출시했다.

테슬라크립트 몸값 메시지

테슬라크립트의 감염 메시지

테슬라크립트는 윈도우 플랫폼 기반의 게임과 같이 제한된 파일 형식을 공격 표적으로 삼았으며, 더 나아가 PDF, 워드, JPEG 같은 이미지 형식도 암호화가 가능하도록 발전했다. 흥미로운 점은 선의의 표시로 희생자가 하나의 파일만 복호화할 수 있도록 허용했다는 점이다.

크립토웰

크립토락커의 붕괴로 인해 크립토웰CryptoWall이라 불리는 새로운 랜섬웨어가 등장했다. 크립토비트, 크립토웰(2, 3), 크립토디펜스 등의 변형도 등장했는데, 이런 변형은 모두 크립토웰과 동일한 채널인 스팸과 익스플로잇 킷을 통해 배포됐다. 다른 방법으로 제도의 광고 네트워크상에 악성 광고 게재하는 방법을 사용하기도 했다. 수많은 웹 사이트가 무의식적으로 광고를 배포했으며 해당 광고가 악성이라는 사실을 인지하지도 못했다.

초기 버전의 랜섬웨어는 RSA 공개 키 암호화 방식을 사용했으며, 이후 버전에서는 AES 대칭 키를 사용해 암호화된 AES 개인 키를 사용했다. 이는 여러 번 변경됐는데 비트코인 지갑을 탈취하기 위해 멀웨어를 설정하는 데에도 사용된다. 크립토웰은 크립토락커보다 다양한 형식의 파일을 감염시킨다.

멀웨어의 바이너리 또한 윈도우의 임시 폴더(%temp%)에 복제하고 크립토웰 바이너리를 익스플로러 프로세스의 새로운 이벤트와 함께 실행시킨다. 그런 다음 인비저블 인터넷 프로젝트(I2P) 프록시에 연결하고 해당 인스턴스에 대해 생성된 고유 해시 값을 사용해 명령 제어 서버에 연결한다. 서버가 연결되면, 명령 제어 서버는 시스템 고유 공개 키로 시스템을 업데이트하고 기기의 지리학적 위치에 상응하는 언어로 몸값에 대한 안내 사항을 전달한다.

이런 멀웨어 변종은 I2P 프록시를 사용해 명령 제어 서버와 연결하고 토르를 통해 희생자가 몸값을 지불하도록 한다. 크립토웰 랜섬웨어는 이전의 크립토락커와 달리 전 세계 윈도우 운영체제를 대상으로 한다.

CTB 로커

CTB 로커CTBLocker 멀웨어는 주로 서비스형 랜섬웨어로 제공된다. 사이버 범죄자들은 여러 제휴 단체(초보자, 봇넷 관리자 등)를 통해 멀웨어를 전 세계로 전파하며 그 대가로 몸값의 일부를 제휴 단체에 준다. 이 비즈니스 모델(제휴 관계)은 위조된 백신, 피싱 메일 및 클릭 사기 기법 등으로 인기를 끌었다. 이 전략은 훨씬 더 빠른 속도로 대량의 멀웨어 감염을 일으켰다.

CTB 로커 멀웨어 배포 채널과 비즈니스 모델은 꽤 흥미롭다. 제휴 단체의 대다수는 랜섬웨어 운영 업체(랜섬웨어 배포원)에게 멀웨어의 수수료(또는 몸값의 일부)를 지불한다. 제휴 비즈니스 모델의 결과로, 랜섬웨어는 가능한 모든 감염 벡터를 사용할 수 있게 됐다. 일반적으로 사이버 범죄자들은 다양한 익스플로잇 킷과 악성 메일 캠페인에 의존한다. 비즈니스 모델에 따라 공격 대상을 고려해 네덜란드어, 독일어, 이탈리아어, 스페인어, 프랑스어, 영어, 라트비아어 등 여러 언어로 제공된다. 이중에서도 특히 미국과 유럽 국가로 전파된다.

또한 대칭 키 암호화 방식과 비대칭 키 암호화 방식을 혼합해 사용함으로써 희생자가 암호화된 파일에 접근할 수 없도록 제한한다. AES 암호화 기법 및 타원 곡선 암호화 기법(ECC)을 사용해 파일을 암호화한다. CTB 로커에 적용된 원리는 파일을 암호화하는 데 AES 대칭 키 암호화 기법을 사용하고 이 대칭 키를 다시 ECC 공개 키로 암호화하는 방식이다. 결과적으로 ECC 개인 키를 보유한 사이버 범죄자만이 암호화된 파일을 해독할 수 있다.

이 멀웨어의 고유한 특징 중 하나는 시스템에서 파일 암호화하는 데 인터넷 접근이 필요하거나 명령 제어 서버와 통신할 필요가 없다는 점이다. 희생자가 암호화된 파일을 해독하기 전까지는 인터넷 연결이 필요하지 않다. 다른 멀웨어처럼 몸값 지불과 관련된 모든 통신은 토르와 토르 트래픽을 중계하는 프록시를 통해 이뤄진다.

 최근 CTB 로커의 변종이 워드프레스로 호스팅된 웹 포털을 암호화하는 것으로 나타났다. 이 랜섬웨어는 크리트로니(Critroni)라는 이름으로 알려져 있는데, 침입자가 웹 사이트에 침투해 AES-256 암호화 기법을 사용해 index.php/index.html 파일을 암호화된 웹 사이트 데이터와 바꿔놓는다. 이 경우, 몸값 메시지는 웹 사이트의 홈페이지에 표시된다. 이 변종은 구 버전의 워드프레스 또는 취약한 플러그인을 사용하는 웹 사이트를 겨냥한다.

▌ 랜섬웨어의 표적

희생자들의 시스템에 내재된 취약점으로부터 파생되는 다양한 공격 벡터의 수익성 때문에 사이버 범죄 그룹은 모든 컴퓨팅 리소스를 잠재적인 공격 대상으로 삼는다. 사회가 점점 더 기술에 종속되고 이러한 기술 안에서 데이터에 지속적으로 액세스할 수 있게 되면 멀웨어의 위협 양상 또한 더욱 악화된다. 주요 보안 업체들에 따르면 랜섬웨어가 가장 빈번하게 겨냥하는 공격 표적은 개인용 컴퓨터, 기업 서버/데이터베이스 및 모바일 기기로 밝혀졌다.

최근 랜섬웨어의 추세에 따르면 표적 캠페인은 전 세계적으로 증가하고 있다. 이전의 랜섬웨어 제작자들은 몸값을 지불할 것이라는 사실 외에 공격 대상이 누구인지는 고려하지 않았다. 그런 관점에서 보면, 랜섬웨어는 여러 유형의 사용자에게 전파됐고 이 사용자들은 수백만 명의 사용자들을 감염시키는 데 이용됐으며, 이 희생자들의 일부만이 몸값을 지불하더라도 이 캠페인은 성공한 것이다.

다음 절에서는 랜섬웨어의 주요 표적에 대해 다룬다.

전 규모의 기업들

대체로 산업 전반에 걸쳐있는 모든 규모의 기업이 랜섬웨어의 표적으로 엄격하게 겨냥되고 있다. 비즈니스 관련 시스템이 경영 보고서, 사용자 데이터, IP 정보, 재무 관련 문서와 같이 서비스에 필수적인 민감한 데이터와 문서들을 보유할 확률이 높기 때문이다. 어떤 기업이든 일부 서비스가 영향을 받거나 중요 정보가 손실될 경우, 기업의 전체 서비스 라인이 막대한 영향을 받는다.

예를 들어, 소매점의 POS 기기들이 랜섬웨어 감염으로 인해 사용이 불가능해질 경우, 즉각적으로 매출이 영향을 받을 것이며 매분마다 비즈니스에 막대한 손실이 초래될 것이다. 최근 정교한 랜섬웨어 변종들은 파일 공유 서버를 비롯해 감염된 시스템과 연관되어 있는 여러 시스템을 일일이 식별할 수 있다. 이는 한 시스템이 감염되면 다른 시스템의 감염 가능성도 증가한다는 의미다.

대부분의 대기업이 주기적으로 데이터를 백업하고 적절한 재해 복구 계획을 가지는 반면 중소기업은 이런 훈련이 부족한 상태다. 하지만 대기업도 대게 임직원 컴퓨터는 재해 복구 범위로 고려하지 않으며 중요 서비스에만 초점을 맞춘다. 따라서 모든 규모의 기업은 사이버 범죄자와 랜섬웨어의 공격 표적이 된다.

랜섬웨어는 특정 산업군을 공격에서 배제하지 않지만 주로 다음과 같은 산업군을 표적으로 삼는다.

헬스케어 부문

일반적으로 헬스케어 부문은 랜섬웨어의 공격 대상이 아니었다. 최근에서야 멀웨어 변종이 의료 분야를 다단계 캠페인의 표적으로 삼고 있다. 가장 성공적인 랜섬웨어 감염 사례로 주목받은 사건은 할리우드 장로 병원 의학 센터의 록키 랜섬웨어 감염 사건이다. 이 병원은 시스템의 복구를 위해 공격자에게 몸값을 지불했다.

얼마 지나지 않아, 로스앤젤레스 국가 보건부의 여러 중요 시스템도 감염됐다. 흥미롭게도, 보건부는 자사의 백업된 데이터를 통해 시스템을 복구했고 몸값도 전혀 지불하지 않았다. 비슷한 사례로 독일의 여러 병원이 랜섬웨어 변종에 감염됐으나 랜섬웨어 공격자에게 몸값을 지불하지 않았으며 더 나아가 백업 파일을 이용해 데이터를 복원했다.

공공 기관: 교육 기관과 사법 기관

최근 대학 및 사법 기관 같은 공공 기관에서 다양한 종류의 랜섬웨어 감염 사례가 발생하고 있다. 사이버 범죄자들이 공공 기관은 랜섬웨어 감염시 상당한 몸값을 지불할 만큼의 충분한 자금을 확보하고 있다고 생각하기 때문이다. 현재 교육 기관과 사법 기관이 암호화 랜섬웨어에 감염됐다는 보고가 여러 건 확인되고 있다.

사우스캐롤라이나 주의 호리 카운티 학군은 랜섬웨어 공격을 받았으며, FBI가 별다른 대안을 제시하지 못하자 몸값으로 미화 8,500달러를 지불했다. 비슷한 사례로 뉴저지의 초등학교 여러 곳의 내부 시스템이 랜섬웨어에 감염돼고, 공격자는 이 대가로 비트코인 500코인(미화 약 416,995달러)을 요구했다. 이 사건은 학생들이 사용하는 시스템 및 파일이 감염된 사건 중 최악의 사건으로 꼽힌다.

금융 기관

랜섬웨어는 종종 피싱 캠페인, 스팸 메일, 악성 링크를 유포하는 기존의 봇넷을 통해 전파된다. 금융 기관은 램닛, 다이어 봇넷과 같은 대규모 봇넷의 공격 대상이 되고 있다. 사이버 범죄자들은 금융 분야 기관들의 시스템 감염을 막기 위해 많은 노력을 기울여왔다.

 주요 보안 업체가 진행한 분석 결과에 따르면 금융 부문에서는 영국이 약 40%, 미국이 약 36%으로 가장 많은 공격 표적이 되어 왔다.

Botnet [Diamond f0x Botnet]

Vendor	seventy3 (93) (4.90⭐)
Price	฿0.0332 ($30)
Ships to	Worldwide, Worldwide
Ships from	Worldwide
Escrow	Yes

Product description

Hello ladies and gentlemen, we bring you today one of the strongest Botnets around today. DiamonF0x communicates exclusively over HTTP/S to a command and control server developed in PHP. There are multiple PHP scripts that the DiamondF0x client interacts with. In order to report in to the C2, DiamondF0x contacts "gate.php". It is a multipurpose Botnet with capabilities ranging from credential stealing to theft of credit card information from point of sale systems. This capable Malware is being distributed in a number of hacker forums, allowing it to be operated by attackers with extremely limited capabilities. Fortunately for Malware researchers, DiamondF0x fails to protect itself in various ways.

Functionality/Features:
- VM detection
- Detonation service detection
- Debugger detection
- Researcher detection
- Configurable install locations
- Configurable persistence locations
- Self-deletion
- Keystroke logging
- RAM scraping (credit card scraping)
- Password theft
- USB spreading
- Dropbox spreading
- Disable TaskMgr/Regedit
- Plugin based functionality
- Desktop screenshots

Lets fuck.

개인 사용자

사이버 보안의 틈새에서 개인 사용자들은 가장 약한 고리 중의 하나로 여겨진다. 이들은 가장 취약한 공격 대상으로 간주된다. 랜섬웨어는 시스템이나 랜섬웨어를 잘 다루지 못하고 감염 시 컴퓨터에 미칠 영향도 인지하지 못하는 개인 사용자에게 가장 효과적인 악성 코드다. 대부분의 개인 사용자의 경우 기술 지원의 대상이 아니기에 랜섬웨어 공격으로부터 가장 영향을 많이 받는다. 이로 인해 개인 사용자는 소외되거나 도움이 필요하다고 느끼며 몸값을 지불해야 한다는 부담감이 가중된다. 또한 사용자가 무료로 사용할 수 있는 솔루션을 알고 있어도 제한된 지식이나 기술적인 역량으로 인해 실제로 사용은 어려운 실정이다.

사용자가 저장하고 있는 모든 정보 및 데이터(문서, 사진, 비디오, 게임 등)는 개인적으로만 가치가 있는 것으로, 멀웨어나 암호화 랜섬웨어에 감염됐을 경우에 대비한 복구 계획이 없다.

 시만텍에서 실시한 설문 조사에 따르면 평균 55%의 사용자가 파일을 백업해 두었고 25%의 사용자는 백업을 전혀 하지 않은 것으로 확인됐다. 55% 중에서도 25%만이 일주일에 한 번 이상 파일을 백업했고, 그 외 나머지 사용자는 한 달 또는 그 이상에 한 번씩 백업을 했다. 이것은 대다수의 사용자가 암호화 랜섬웨어 공격에 노출돼 있음을 의미한다.

앞서 살펴봤던 것처럼 대부분의 랜섬웨어는 로컬 파일을 암호화할 뿐만 아니라 시스템에 연결된 공유 백업 드라이브(로컬 백업 역할을 함) 또한 암호화하거나 삭제를 진행한다. 개인 사용자가 랜섬웨어에 감염된 경우, 감염 피해를 줄이기 위한 대응 전략을 정의하는 것이 중요하다.

랜섬웨어의 공격 단계

랜섬웨어 공격은 표적 공격인지 대량 배포 공격인지에 관계없이 다음과 같은 공격 단계를 따른다.

1. 초기 감염
2. 암호화/잠금
3. 인질 잡기
4. 전파

공격의 각 단계에 대해 상당한 지식을 보유하고 랜섬웨어를 식별하기 위한 침해 지표(IOC)에 대해 통찰력을 확보함으로써 공격을 차단하거나 공격의 영향을 최소화시킬 수 있다.

다음 절에서는 랜섬웨어 공격의 각 단계를 상세히 살펴보고 공격의 종류에 따라 달라지는 멀웨어의 행위에 대해 간략하게 설명한다. 예를 들어 표적 공격과 대량 분산 공격의 주요 차이점 중 하나는 랜섬웨어 공격의 모든 단계를 실행하는 데 소요되는 시간이다. 대량 분산 공격을 실행하는 데 걸리는 전체 시간은 초기 감염 시점부터 희생자에게 몸값을 받는 데까지 약 15분으로 상대적으로 매우 짧은데, 이는 현재 시스템 외의 시스템은 공격 대상으로 고려하지 않기 때문이다.

다른 한편으로 표적 공격은 훨씬 큰 영역을 겨냥해 광범위한 시스템을 바라보는 경향이 있다. 사이버 범죄자들은 공격의 영향력과 수익성으로 인해 개별 시스템의 감염보다는 전체 비즈니스에 영향을 미치기를 기대한다. 그러나 비즈니스 시스템은 특정 조직에 의해 운영되기 때문에 자동화 시스템을 통해 대규모의 랜섬웨어를 유포하고 실행하는 것보다 공격하기 어렵다.

초기 감염 및 착취

랜섬웨어 초기 감염 단계란 가능한 모든 방법을 이용해 최종 사용자 시스템을 감염시키는 단계이다. 사이버 범죄자는 다양한 방법으로 랜섬웨어를 확산시키며 다음은 이들이 주로 사용하는 방법이다.

- 악의적인 문서와 악성 코드로 구성된 이메일 첨부 파일
- 합법적 및 불법적인 채널을 통한 광고
- 취약점을 통한 드라이브 바이 다운로드Drive-by download 공격

우리 모두가 알고 있듯이, 악성 코드 공격이 성공적으로 진행되려면 호스트상에서 랜섬웨어가 실행돼야 한다. 랜섬웨어 제작자들은 스팸/피싱 메일 또는 애플리케이션과 플랫폼상의 취약점을 악용하는 익스플로잇 킷을 통해 잠재 표적에게 접근한다. 오래된 버전이거나 잘못 구성된 애플리케이션이 실행 중인 시스템 환경에서 익스플로잇 킷 공격이 잘 동작한다.

수많은 사이버 범죄자들은 해당 유형의 익스플로잇 킷이 패키징된 멀웨어를 사용하며 이 멀웨어는 신뢰할 수 있는 웹 사이트나 이를 위조한 웹 포털상에 은밀하게 배치된다. 합법적인 사용자가 이런 사이트에 방문하게 되면, 멀웨어는 자동으로 사용자의 시스템을 스캔하고 운영체제 버전, 브라우저, 프레임워크, 브라우저, 운영체제 레벨에서 실행되는 애플리케이션 정보를 확인한다. 수집한 정보를 통해 취약한 버전을 사용하는 것이 확인되면, 시스템을 탈취하고 랜섬웨어 감염을 위한 다음 단계를 실행한다.

워 드라이빙

워 드라이빙War driving은 대규모의 무작위 공격이 실행될 때 사용되는 일반적인 용어다. 전형적인 예는 다음과 같다.

- 수천 개의 이메일 주소가 담긴 발송 또는 배포 목록으로 피싱 메일이 보내지는 경우

- 익스플로잇 킷이 웹 사이트에 내장돼 있어 사용자가 해당 웹 사이트를 방문할 때 시스템이 감염 또는 손상되는 경우

대부분의 경우 성숙한 보안 실천 요강을 따르지 않는 기업이 해당 공격의 주요 희생자가 된다.

이메일 첨부 파일

대부분의 경우 이메일 첨부 파일을 통해 멀웨어가 시스템에 설치된다. 이메일은 금융 기관, 의료 기관 또는 고용주와 같은 알려진 기관에서 오는 것과 유사하며, 월별 명세서, 급여 정보 등 사용자에게 직접적으로 관련있는 메시지 형태를 띤다.

각 이메일 첨부 파일은 신중하게 선택돼 악성 여부를 구분하기 어렵고 주로 .exe, .doc/.docx, .xls 확장자를 사용해 시스템상에서 실행 파일, 마이크로소프트 워드 또는 엑셀로 식별된다.

- 시스템 설정에 따라 '알려진 확장명 숨기기'가 설정된 경우 파일의 이름이 BobPayroll2016.doc.exe라도 BobPayroll2016.doc로 표기돼 정상적인 문서로 간주된다.
- .doc/.docs/.xls 문서에 악성 매크로가 내장된 경우도 있다. 사용자가 문서를 실행하고 매크로를 활성화할 경우 멀웨어가 자동으로 실행된다. 마이크로소프트는 최초 설치 시 기본적으로 매크로가 활성화된다.

랜섬웨어는 백신 솔루션의 탐지를 피하기 위해서 여러 다운로드 단계를 통해 사용자의 컴퓨터로 옮겨진다. 멀웨어 제작자는 제휴 모델을 도입하여 수익성을 확장한다. 피싱 캠페인을 실행하는 봇넷과 같이 특정 기술을 사용해 다양한 표적을 공격하는 제휴자들을 고용하고 그들에게 몸값의 일부를 지불한다. 기존에 존재하는 서비스를 이용해 쉽고 빠르게 수익을 창출하는 봇넷 운영자들이 주로 랜섬웨어 유포를 지원하는 위협 행위자에 포함된다.

드라이브 바이 다운로드

대부분의 경우 사용자들은 감염된 사이트에 실수로 방문해 희생자가 된다. 배너 광고를 스크롤했을 뿐인데 악성 코드가 다운로드되는 경우도 있다. 이런 공격 방식을 드라이브 바이 다운로드라 하며 기본적으로 브라우저, 애플리케이션, 운영체제의 취약점을 악용한다. 예를 들어 앞서 논의했던 크립토월에서 사용된 익스플로잇 킷인 앵글러, 뉴클리어 등이 있다. 이 익스플로잇 킷은 자바, 플래시 및 기타 플랫폼의 취약점을 악용한다.

피싱 캠페인

피싱과 스팸 메일은 악성 콘텐츠를 광범위한 사용자 네트워크에 유포할 때 사용하는 가장 일반적인 방법이다. 대부분의 기업들이 임직원을 대상으로 사전 훈련을 진행하지만 여전히 속아 넘어가 첨부 파일과 링크를 클릭한다. 전체적으로 볼 때 임직원의 단 한 번 클릭이 조직 전체의 네트워크를 감염시키고 시스템을 손상시킬 수 있다. 앞서 살펴봤던 것처럼, 대형 봇넷 운영자는 대량의 스팸 메일과 맞춤형 이메일을 기업에 보내곤 했다. 봇넷 서비스는 상대적으로 저렴하기 때문에 빠르게 돈을 벌고 싶어 하는 초보 사이버 범죄자들이 랜섬웨어 제작자와 대형 봇넷운영자로부터 랜섬웨어를 구매하고, 악성 이메일을 클릭하는 잠재 표적들을 유인한다.

표적 공격

표적 공격의 경우 사이버 범죄자들은 단일 또는 다중 표적을 식별한 후 이 표적에 대해 가능한 많은 정보를 알아내기 위하여 노력한다. 최근에 발생한 사례에서는 사이버 범죄자들이 회사가 게시한 구직 정보를 통해 정보를 수집한 것으로 밝혀졌다. 그들은 표적 기업이 맥아피 제품을 사용하고 있는 사실을 알아냈다. 이후 캠페인을 실행해 기업의 임직원에게 맥아피 고객지원 팀으로 가장한 피싱 메일을 보냈다. 메일을 받은 직원 중 한 명이 링크를 클릭해 공격자와의 채팅 세션을 시작했고, 공격자는 시스템상에 멀웨어를 설치해 중요 방어 체계를 무력화시켰다. 이 작업이 완료된 후 랜섬웨어는 사용 가능한 모든 리소스를 암호화시켰다.

감염 단계에서는 최종 사용자 시스템으로 악성 코드를 다운로드한다. 이 악성 코드는 곧 랜섬웨어 또는악성 애플리케이션을 의미한다. 악성 애플리케이션은 시스템 상에 백도어를 생성해 멀웨어 변종들을 이용해 다중 공격을 실행한다.

명령 제어 서버

표적 시스템에 랜섬웨어가 실행 및 설치되면 해당 랜섬웨어는 명령 제어 서버와 통신을 시작한다. 명령 제어 서버는 엔드 노드에 대한 추가 명령을 내린다. 해당 멀웨어의 시그니처 정보가 이미 알려져 있는 경우 백신 및 멀웨어 차단 솔루션은 이를 감지하고 차단한다. 엔드 포인트 보안 소프트웨어와 경계 보안 장치(방화벽, 침입 차단 시스템 등)들은 멀웨어와 관련된 프록시와 명령 제어 서버 리스트를 보유하고 있어 감염된 시스템이 명령 제어 서버와 통신 시도할 때 그들의 존재를 인지할 수 있다. 그러나 모든 명령 제어 서버 리스트를 사전에 파악하는 것이 불가능하기 때문에 이는 효과적인 방법이 아니다. 게다가 명령 제어 서버는 실시간으로 생성되고 삭제될 수 있다.

사이버 범죄자는 수 천 개의 도메인을 생성하고 각 도메인과 세션을 맺는 동적 도메인 알고리즘을 사용해 그들의 접근 통로를 계속적으로 변화시킨다. 명령 제어 서버를 방어하는 것은 봇넷의 생존을 위해 필수적인 항목으로 사이버 범죄자의 기본적인 목표이다. 흥미로운 사례로 한 보안 업체가 APT29라 불리는 러시아 사이버 범죄 조직에 대해 조사한 바에 의하면, 이 범죄 조직은 통신 프로토콜로 트위터 피드를 사용했으며 스테가노그래피 기술을 사용해 이미지 상에 명령어를 삽입했다.

이전의 대부분의 사례와 마찬가지로 랜섬웨어는 시스템 내의 아래 위치에 자기 자신을 복제시킨다.

- `<%startup%>`
- `<%appdata%>`
- `<%rootdrive%>/random_folder/`
- `<%WINDOWS%>`
- `<%TEMP%>`

멀웨어가 실행되면 시스템을 검사해 백업 파일과 백업 폴더를 확인하고 이를 암호화하거나 삭제함으로써 서비스가 복원되는 것을 방지한다. 근본적으로 이러한 행위는 희생자가 몸값을 지불하지 않고 시스템을 복구할 수 있는 모든 가능한 방법을 제거하기 위함이다.

로커와 크립토락커를 포함한 여러 종류의 랜섬웨어들은 감염된 시스템 상에 존재하는 모든 볼륨 셰도우 복사본을 제거하기 위한 명령을 실행한다. 최신 멀웨어는 백업과 관련된 운영체제 또는 서드파티의 프로세스를 종료시킨 후 백업 파일을 암호화 또는 삭제함으로써 사용자가 시스템을 복구할 모든 가능성을 제거한다.

보안 관리자는 이러한 사례들과 멀웨어의 행위에 대해 인지함으로써 전체적으로 보안 로깅을 활성화하고 통합 로그 관리 시스템 내에 유즈 케이스 및 보안 시나리오를 등록하여 비슷한 행위가 발생할 경우 관리자에게 알림을 줄 수 있도록 설정한다.

암호화/잠금: 전달 및 실행

하나의 시스템이 랜섬웨어에 감염되면 이 시스템은 조직 전체 네트워크에 감염을 전파하기 위한 발판으로 작용한다. 랜섬웨어에 의해 추적된 모든 시스템이 감염되면 암호화에 사용된 공개 키들은 봇에게 전달된다.

초기 탈취 과정이 끝나면, 실제 페이로드가 시스템에 전달된다. 이 페이로드는 대부분 암호화된 채널을 통해 전달되는데 이 암호화 채널은 HTTP 통신 위 단의 사용자 정의 암호화 계층(SSL 대체)을 사용한다. 사용자 정의 암호화 기법은 강력한 암호화 알고리즘을 사용해 단단한 방어 체계를 구축하기 때문에 관리자가 해당 페이로드가 악성 콘텐츠임을 식별하는 것이 매우 어렵다.

파일 암호화

일단 멀웨어를 통해 표적 시스템상에 랜섬웨어가 복제되면, 명령 제어 서버와 안전한 방식으로 키 교환을 수행하며 감염된 시스템에 사용될 암호화 키를 설정한다. 랜섬웨어는 각 시스템별로 고유한 식별자를 지정하며 희생자에게 알림을 띄우는 단계에서 해당 값도 함께 공유한다. 이 식별자는 명령 제어 서버가 감염된 시스템에 사용할 암호화 키를 식별하기 위한 값이기도 하다.

시스템에 멀웨어가 배포되는 즉시 설계에 따라 단계를 시작한다. 대부분의 경우 이 단계는 시스템 서비스를 비활성화하거나 시스템에서 사용 가능한 파일을 색인하며 암호화를 위한 중요 파일들을 선택한다. 또한 멀웨어는 희생자의 액세스 권한을 사용해 물리적으로 연결된 드라이브 및 클라우드 기반 드라이브를 스캔하고 암호화 가능한 잠재 데이터를 식별한다.

이 시점에서 희생자는 멀웨어의 어떠한 행위도 감지하지 못한다. 최신 암호화 랜섬웨어는 RSA 2048과 같은 강력한 암호화 기법을 사용하며 이는 사용자가 파일 복호화에 사용될 키를 알아낼 수 있는 가능성이 전혀 없음을 의미한다.

AES 256과 같은 강력한 암호화 기법을 포함해 오늘날 사용되는 대부분의 암호화 기법은 희생자가 스스로 복호화할 수 없다. 게다가 새로운 범주의 랜섬웨어는 키 교환을 위해 명령 제어 서버와 통신할 필요도 없다. 그 예로 샘샘과 같은 랜섬웨어는 어떠한 인터넷 연결도 없이 로컬에서 모든 암호화를 자체적으로 수행한다. 따라서 보안 관리자는 명령 제어 서버와의 통신이 없더라도 이것이 랜섬웨어 존재하지 않는다는 것을 의미하지 않음을 인지해야 한다.

암호화를 수행하는 동안 파일 명명 규칙은 랜섬웨어 종류에 따라 다르게 나타난다. 예를 들어 크립토웰 v3은 파일 이름을 암호화지 않는 반면 v4는 파일 명과 확장자를 임의로 변경한다. 록키는 .locky 확장자를 파일명 끝에 추가하며 이러한 특징은 기업이 감염된 랜섬웨어를 식별하는 데 유용하게 작용한다. 대역폭 상태, 악성 애플리케이션의 행위 및 영향받는 기기의 수와 같이 여러 측면을 기반으로 암호화하는 데 걸리는 시간은 수 분에서 수일까지 소요된다. 분산 네트워크는 모든 노드들을 완전히 암호화하는 데 며칠이 걸릴 수 있지만, 독립 노드는 몇 분 내에 암호화된다.

크립토락커와 같은 이전 버전의 랜섬웨어는 연결된 서비스와 네트워크 장치로 랜섬웨어를 확장하기 전에 먼저 로컬 시스템 파일을 암호화했다. 반면에 새로운 변종들은 백업 파일을 먼저 암호화하는 방식으로 변형됐다. sql20161209.bak과 같이 날짜를 포함하는 파일 및 폴더 공유를 검색해 이를 암호화한 후, 다른 파일 형식을 공격한다. 따라서 보안 전문가가 랜섬웨어의 진화와 각 단계에 사용된 기술에 대해 인식하는 것은 매우 중요하며 이를 통해 적절한 사고 대응 계획을 가질 수 있을 것이다. 사이버 범죄자들은 기업의 중요한 파일 (최근 날짜의 파일 및 폴더 포함)을 먼저 암호화하고 앞서 언급한 다양한 접근 방식에 따라 추가 공격을 수행할 것이다. 또한 멀웨어에 내재되어 있는 지속성 메커니즘에 따라 재부팅으로 시스템이 중단되는 경우, 부팅이 완료될 때까지 시스템을 암호화하지 않고 기다린다.

이 단계에서 우리가 알아야 할 중요한 사항이 몇 가지 있다. 모든 랜섬웨어는 희생자로부터 돈을 강탈하려는 목적을 가지고 있지만 운영적으로나 기술적으로 완전히 다를 수 있다는 점이다. 앞 절에서 랜섬웨어의 다양한 유형과 그 변종이 어떻게 다른지를 정의했지만 각각이 동작하는 방식을 운영 및 기술 수준에서 엄밀하게 살펴볼 예정이다.

랜섬웨어 파일 암호화

암호화 랜섬웨어는 대칭 키 및 비대칭 키 기술을 모두 사용하는 특징을 가진다. 모두가 알고 있듯이 대칭 키 암호화 방식은 하나의 키로 암호화 및 복호화를 수행한다. 이 경우 랜섬웨어는 랜섬웨어 제작자에게 시스템을 암호화하는 데 사용할 키를 요청하거나 감염된 시스템 내에서 키를 생성해 사이버 범죄자와 공유한다. 파일이 암호화되고 나면 멀웨어는 시스템 내에서 해당 키를 사용할 수 없도록 만들거나 희생자가 키를 식별할 수 없도록 숨김으로써 몸값을 지불하지 않고는 암호화된 파일을 해독할 수 없도록 만든다.

대칭 키 암호화 기법의 주된 장점은 비대칭 키 암호화 기법보다 성능적인 면에서 훨씬 빠르고 더 작은 길이의 키를 사용한다는 점이다. 사이버 범죄자는 악성 행위가 탐지되기 전에 가능한 한 빨리 암호화를 수행해야 하므로 성능적인 측면이 매우 중요한 변수로 작용한다.

최근에 주로 사용되는 암호화 기법은 비대칭 키 암호화 기법이다. 이 암호화 기법은 공개 키와 개인 키를 가지는데 여기서 공개 키는 데이터를 암호화하는 데 사용되고 개인 키는 암호화된 데이터를 복호화하는 데 사용된다. 대부분의 경우 공개 키는 랜섬웨어와 함께 다운로드되며 개인 키는 랜섬웨어 공격자가 소유한다. 만약 희생자가 공개 키를 알아냈다고 하더라도 파일을 복호화하는 데에는 개인 키가 필요하기 때문에 아무런 소용이 없다.

공개 키 방식의 주요 단점은 파일 및 폴더를 암호화하는 데 걸리는 시간이 대칭 키 방식보다 상대적으로 느리다는 점이다. 사이버 범죄자의 관점에서 볼 때, 악성 행위를 수행하는 데 많은 시간을 할애한다는 것은 엄청난 위험 부담을 의미한다. 백그라운드에서 실행되는 보안 솔루션이 악성 행위나 패턴을 식별할 가능성이 커지며, 이것을 시스템 관리자에게 경고할 것이다. 정교한 랜섬웨어는 대칭 키 방식과 비대칭 키 방식을 혼합해 사용한다. 이런 시나리오는 보안 솔루션이 패턴을 추적하기가 더 복잡하고 어려울 수 있다.

일반적으로 암호화 및 복호화 키의 위치는 이 체계의 전반적인 효과에 중대한 영향을 미친다. 다음 절에서는 이 단계에서 몇 가지 멀웨어들의 접근 방식이 어떻게 달라지는지를 자세히 설명한다.

공개 키 다운로드

크립토웰의 변형인 크립토디펜스는 비대칭 키와 대칭 키 암호화 방식을 모두 사용한다. 먼저 감염된 시스템의 파일을 암호화하는 데에는 AES 알고리즘을 사용한다. 감염된 시스템 내에서 256 비트의 AES 키가 생성되고 파일을 암호화하면, 이 키는 다시 RSA 공개 키로 암호화된다(명령 제어 서버와 통신을 통해 해당 키를 전달받는다). 암호화된 AES 키는 시스템의 감염된 파일 내에 저장된다. 희생자는 저장된 키에 접근할 수 있지만 이 키를 복호화하려면 공격자가 소유한 RSA 개인 키가 필요하기 때문에 해당 키를 사용할 수는 없다.

사이버 범죄자들은 이런 접근 방식을 사용하며 각 감염 시스템별로 고유한 RSA 비대칭 키 쌍을 사용한다. 이를 통해 하나의 개인 키가 노출되더라도 전체 암호화된 파일을 복호화할 수 없음을 보장한다. 이 멀웨어를 막을 수 있는 방법 중 하나는 명령 제어 서버의 통신을 탐지하고 차단함으로써 암호화 절차가 성공적으로 수행되지 못하도록 하는 것이다.

내장된 공개 키

또 다른 접근 방식을 사용하는 랜섬웨어로 CTB 로커가 있다. 이 랜섬웨어는 대칭 키 및 비대칭 키 암호화 방식을 모두 사용하지만 초기에 랜섬웨어가 다운로드될 때 RSA 비대칭 키 암호화를 위한 공개 키가 함께 다운로드된다.

랜섬웨어 제작자는 개인 키를 보유한다. 나머지 절차는 이전의 랜섬웨어와 유사하다. 멀웨어가 파일 암호화를 위해 AES 대칭 키를 생성하고 이 대칭 키는 RSA 공개 키로 암호화된다. 이 암호화된 키는 암호화된 데이터에 추가되고 RSA 개인 키는 랜섬웨어 제작자가 소유하고 있기 때문에 희생자는 AES 키를 복구할 수 없다.

이러한 방법을 사용하면 명령 제어 서버와 통신하지 않고도 파일 암호화 작업을 시작할 수 있다는 장점이 있다. 사이버 범죄자들은 어느 정도 사용자에 맞추어 공격을 수행하며 각각에 대해 다른 공개 키를 사용한다. 그렇지 않으면 한 희생자가 개인 키를 획득한 경우 같은 키를 사용해 다른 감염 시스템의 복구를 시도할 수 있기 때문이다.

내장된 키

안드로이드 멀웨어(심플로커)처럼 모바일 운영체제를 대상으로 하는 멀웨어들은 파일 암호화를 위해 AES 대칭 키 암호화 알고리즘을 사용한다. AES키는 멀웨어에 포함돼 있으며, 따라서 멀웨어는 명령 제어 서버와 통신할 필요가 없다. 이 경우 멀웨어 제작자는 SMS 메시지를 통해 파일 암호화 및 복호화와 같은 명령을 전달해 멀웨어를 호출한다. 이 키는 멀웨어 패키지 내에서 유효하기 때문에, 식별될 경우 장치 내의 암호화된 파일을 복호화하는 데 사용할 수 있다.

이러한 종류의 멀웨어 설계는 암호화 랜섬웨어에서 널리 사용되는 기법은 아니다. 주로 초보 사이버 범죄자에 의해 제작된 멀웨어에서만 관찰된다.

랜섬웨어 화면 잠금

이런 멀웨어 범주는 감염된 희생자가 운영체제 및 서비스에 접근하는 것을 차단한다. 희생자에게 메시지를 연속적으로 띄움으로써 몸값 메시지가 항상 표시되는 것과 같은 인상을 준다. 이 멀웨어는 주로 핵심 운영체제 및 서비스에서 제공하는 기능과 API를 사용한다.

윈도우 및 모바일 로커 랜섬웨어

사용자를 제재하기 위해 운영체제를 감염시키는 랜섬웨어는 본질적으로 유사한 접근법을 사용하는 데 주로 운영체제에 전체 화면 모드로 메시지를 표시한다 – 브라우저 창을 이용하거나 운영체제 API를 사용해 창을 생성한다. 사용자에게 메시지를 표시하는 창은 멀웨어가 생성하는 유일한 창이다.

안드로이드 같은 모바일 플랫폼에서 랜섬웨어는 몸값을 표시하는 창을 생성한다. 또한 안드로이드에서 제공하는 ExecutorService 객체 같은 기술을 사용해 메시지 창이 사용자에게 표시되는지를 정기적으로 검사한다.

여러 사례에서 멀웨어가 백그라운드에서 실행되며 다른 모든 서비스 중 자신의 창을 가장 상위에서 실행하는 것이 관찰됐다. 또한 이 서비스는 희생자가 랜섬웨어 프로세스를 중지하기 위해 다른 애플리케이션과 서비스를 호출하는 것을 모니터링한다. 악성 프로세스를 종료시키기 위한 서비스가 존재하는 경우 이를 모니터링하는 멀웨어 서비스가 해당 프로세스를 종료시킨다.

특정 형태의 멀웨어는 시스템 종료 메시지와 프로세스를 사용해 다른 서비스들에게 운영체제가 종료된다는 신호를 보내는데 이렇게 함으로써 다른 프로세스들을 종료시킬 수 있다.

창을 통해 사용자에게 표시되는 메시지 내용은 일반적으로 멀웨어에 내장되어 있지만, 명령 제어 서버로부터 특정 메시지가 다운되는 경우도 있다. 이는 주로 지리학적 위치를 이용해 해당 지역 언어로 변환하여 메시지를 제공하는 경우다.

브라우저 잠금은 바이너리 실행 파일을 사용하지 않으며, 운영체제에 대한 액세스 권한을 잠그지 않는 또 다른 범주이다. 표적 사용자는 광고 및 기타 메커니즘을 통해 서버상에 호스팅된 웹 포털로 리다이렉션되는데, 이 서버에는 브로우락과 같은 악성 브라우저 기반 랜섬웨어가 내포돼 있다. 이런 멀웨어는 클라이언트 단 기술을 사용해 배포되며 주로 HTML 코드와 자바스크립트를 사용해 사용자에게 몸값 메시지를 표시한다.

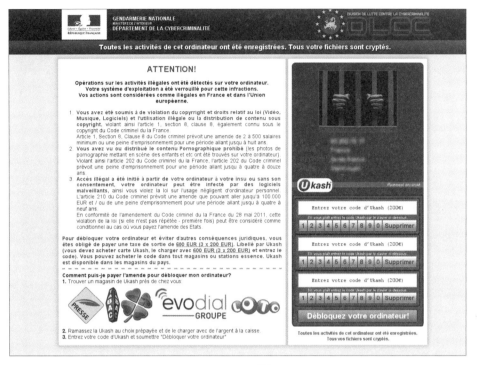

Browlock 샘플

인질 잡기

감염된 시스템 내의 인덱싱된 파일과 폴더가 모두 암호화되면 멀웨어는 멀웨어의 정보, 해당 시스템 및 인프라의 손상, 다음 지침, 몸값 발송 위치 및 희생자가 시스템을 복구하기 위해 필요한 지불 옵션, 기타 세부 정보에 대한 메시지를 표시한다.

요구 지침에 따르면 희생자가 몸값을 지불할 때까지 수 일을 제공하며 이 기간이 지나면 몸값을 올리거나 데이터를 손상 또는 삭제시킨다. 강탈 지침을 설명하는 방식을 통해 랜섬웨어를 추적하는 데 도움이 될 수 있다. 분석 결과에 따르면 강탈 지침은 암호화된 파일과 함께 감염된 시스템의 하드 디스크 내에 보호 및 저장된다.

또 다른 경우 메시지를 저장하는 데 플레이스 홀더와 위치가 사용된다. 예를 들어 록키는 희생자의 인스턴스에 파일을 밀어넣을 뿐만 아니라 몸값 지불 및 파일의 암호 해독 방법에 대한 지시 사항을 전달하기 위해 운영체제의 배경 화면을 변경한다. 크립토웰 버전 3은 HELP_DECRYPT 파일을 사용해 지침을 저장하고 버전 4는 HELP_YOUT_FILES 파일을 사용한다. 멀웨어 종류에 따라 차이가 있지만 랜섬웨어에 대한 통찰력은 정확한 변종을 식별하고 선제적 방어를 위한 접근법을 제시하는 데 유용하다.

최근에는 메시지가 스스로 파괴되는 흥미로운 멀웨어 행위가 관찰됐는데, 이 랜섬웨어는 희생된 컴퓨터에서 자기 자신을 삭제함으로써 보안 전문가와 공급업체로부터의 추적을 피한다. 이를 통해 멀웨어는 시스템 및 네트워크 인프라에 구축된 보안 솔루션에 멀웨어에 대한 어떠한 정보도 남기지 않고 악성 운영 캠페인을 지속할 수 있다.

몸값을 지불하고 랜섬웨어 제작자에 의해 지불 사실이 확인되면, 명령 제어 서버를 통해 개인 키가 전달되며 자동으로 복호화가 시작된다. 멀웨어 제작자들이 지불 사실을 확인하기까지는 2시간에서 72시간까지 소요될 수 있다. 아주 드문 경우지만 일부 파일은 복호화에 실패할 수 있으며 이런 경우 멀웨어 제작자/운영자로부터 어떠한 지원도 받을 수 없다.

전파

멀웨어가 실행되면 앞서 언급했던 것처럼 다양한 방식을 통해 전파된다. 예를 들어 감염된 시스템 내에서 사용 가능한 연락처 목록, 클라우드 드라이브, 네트워크 스토리지, 연결된 장치 등을 통해 이뤄진다. 앞서 설명한 것처럼, 주로 멀웨어를 첨부한 피싱 메일을 통해서 전파된다. 첨부 파일은 주로 악의적인 코드/랜섬웨어를 포함한 마이크로소프트 오피스, 어도비 PDF이다.

다른 방법으로 웹 포털이 악성 광고를 호스팅하고 사용자가 의도치 않게 악성 웹 사이트로 리다이렉션되면 랜섬웨어가 해당 장치에 자동으로 다운로드되는 드라이브 바이 다운로드 방식이 있다. 때로는 금융 기관, 미디어 등과 같이 합법적인 사이트에서 전 세계 사용자를 감염시킨 사실도 확인됐다.

▌심층 방어

기업을 대상으로 하는 랜섬웨어 공격은 매일 갱신되고 있다. 2016년 1분기에 다양한 공격이 헬스케어 부문을 겨냥했다. 이런 공격과 캠페인은 기업과 개인을 취약하게 만드는 동시에 사이버 범죄자들에게 이익을 가져다준다. 따라서 랜섬웨어는 수익성이 높은 비즈니스로 부상하고 있다. 랜섬웨어 캠페인의 결과는 단지 몸값 이상으로 광범위하다. 비즈니스 생산성 손실부터 서비스 중단까지 그 영향은 엄청나다.

따라서 멀웨어 공격에 대한 기업의 성공적인 방어는 주로 환경에 대한 이해, 공격의 대상이 될 수 있는 중요 자산 파악 및 공격을 완화하고 통제할 준비 수준에 달려있다.

또한 기업은 대응 방법에 대해 다른 기업들과 함께 논의하는 것이 현명하다. 이를 통해 비슷한 유형의 랜섬웨어와 사이버 보안 위협을 방지하기 위한 프로세스, 툴에 대한 지식이 증가함으로써 더 철저히 준비할 수 있다.

정교한 랜섬웨어 캠페인으로부터 보호하기 위해 정의되고 실행 가능한 다양한 전략이 존재한다. 이러한 전략들은 잠재적인 멀웨어가 기업 내에 침투하거나 처음부터 성공할 수 없도록 방어하는 데 도움이 된다. 다음 전략들 중 일부는 이미 당신의 기업에서 고려한 부분을 포함할 수 있으며, 이는 포괄적인 보호를 위해 더 세분화될 수 있다.

랜섬웨어에 대한 방어는 다음과 같은 범주로 나눌 수 있다.

- 보안 아키텍처 정의
- 경계 방어 제어
  - 침입 차단 시스템
  - 방화벽
- 취약성 평가
- 패치 관리
- 구체적 조치

보안 아키텍처 정의

멀웨어에 대한 방어를 목적으로 한 정보 보호 프로그램에서 반드시 고려해야 하지만 종종 누락되는 요소는 조직의 비즈니스 의사 결정과 정보 보호 정책 결정을 반영하는 명확하게 정의된 완벽한 보안 아키텍처다. 보안 아키텍처는 대부분의 경우 정보 보호 기술을 반영하는 네트워크 토폴로지로만 설명된다. 효과적인 정보 보안 아키텍처는 비즈니스 의사 결정을 반영하는 것이며 광범위한 관점에서 이해할 수 있어야 하고 조직 전체에 대한 상세한 지침을 제공하도록 다양한 수준으로 정교하게 정의돼야 한다.

기업 정보 보안 아키텍처의 목적은 다양한 위험 수준에 대해 일관된 방식으로 접근하도록 전사적인 지침을 제공함으로써 기업에게 IT 보안에 대한 전체론적 접근 방식을 제공하는 것이다. 이 아키텍처는 조직 전체에 대한 지침을 제공하며 정교한 멀웨어에 대한 방어를 위하여 비즈니스에 범용적으로 적용할 수 있다는 데에 가치가 있다.

보안 아키텍처의 필요성

보안 아키텍처의 기본은 조직의 비즈니스 정보 및 프로세스에 적절한 수준의 보안을 제공함으로써 보안 구축 방식을 구현하는 것이다.

정보 보안 아키텍처는 멀웨어와 같은 정교한 위협에 대응하기 위해 전략적이며 계층적으로 설계됐다. 이는 청사진, 설계 요구 사항, 토폴로지 차트나 설정보다 긴 수명을 가진다. 보안 아키텍처가 너무 구체적인 경우, 현재 상태에 따라 제약을 받게 되며 너무 포괄적이거나 일반적인 경우 제대로 된 지침과 방향을 전달할 수 없을 것이다. 정보 보안 아키텍처는 조직의 기술 환경에서 식별, 수집, 설계, 응용, 구현, 배포, 운영과 관련된 선택을 보조하는 역할을 할 뿐만 아니라 다양한 커뮤니티, 부서, 비즈니스 라인을 지원하고 기술적인 방향에 대한 장기적인 관점을 대표해야 한다.

정보 보안 아키텍처는 특정 구현에 대한 청사진이 되는 것을 방지하기 위해 당면한 현실에 입각한 여러 구현에 대해 동의하고 주의를 기울여야 한다. 또한 조직 전반에 대한 IT 위협을 관리할 수 있도록 전체적인 가이드라인을 제공해야 한다.

기업 정보 보안 아키텍처의 목적은 일관된 수준의 위협에 대해 일관된 방식으로 접근할 수 있도록 전사적인 가이드라인을 제공함으로써 정보 보안에 관한 전체론적 접근의 필요성을 다루는 것이다. 이 아키텍처는 조직 전체에 대한 가이드라인을 제공하기 위한 것이며 유용성과 조직의 비즈니스에 범용적으로 적용가능하다는 점에서 가치가 있다.

결과적으로 아키텍처는 다음 사항을 지원해야 한다.

- 멀웨어 영향 최소화를 위한 핵심 엔터프라이즈 서비스 전반에 걸친 중요 데이터 배치
- 비즈니스 상의 식별된 위험을 줄이기 위한 기술 채택 및 프로세스 측면에서의 주요한 보안 통제 정의

최소 권한의 원리를 따른다

관리자 권한이 필요하지 않은 많은 사용자는 필요한 권한보다 더 높은 권한이 부여된 계정을 사용하고 있는데, 이런 최소 권한의 원리는 수많은 랜섬웨어가 공격에 성공하는 이유 중 하나다. 사용자가 특정 권한 사용이 필요 없는 경우엔 해당 권한들이 제한된 역할이 사용자에게 부여돼야 하며, 관리자 권한이 필요한 사용자를 제외한 나머지 사용자에 대해서는 관리자 권한이 부여되어서는 안 된다. 이 방법은, 멀웨어의 접근 범위를 제한하여 파일이나 서비스 등에 영향을 주지 못하도록 만든다. 사용자가 파일에 대한 수정 및 변경이 필요하지 않을 경우 네트워크 공유시 '읽기 전용' 권한을 제공하는 것도 멀웨어를 제한하는 접근 방법이 될 수 있으며, 이렇게 함으로써 랜섬웨어가 파일을 암호화 시키는 행위를 제한할 수 있다. 모두에게 공개되어 있거나, 랜섬웨어의 피해 범위를 축소시키기 위해 익명 접근을 허용하는 공유는 반드시 검토되고 근절돼야 한다.

경계 방어 통제

앞서 살펴본 것처럼, 위협의 원천은 본질적으로 적응력에 있다. 이제 랜섬웨어 방어 프로그램은 효과적인 방어를 위해 정체된 보안 패러다임에서 적응형 보안 프레임워크로 전환해야 한다. 즉, 매일 변화하고 있는 위협을 대응할 수 있는 기능이 경계 전반을 걸친 해결책 및 방안에 반드시 포함돼야 한다. 이를 위해 기업은 보안에 대한 방법론을 재검토할 필요가 있으며 사업 조정 위험 관리를 기반을 둔 포괄적이고 전체적인 보안 전략을 수립함으로써 현대 사이버 보안에 대한 복원력을 확보할 수 있다.

경계는 동적으로 변화한다.

- 기업은 내부망을 인터넷과 서드파티에 연결하는 방향으로 변화하고 있으나, 이로 인해 위험이 증가하게 된다.
- 확장된 기업의 출현으로 경계의 개념이 변화하고 있다.
- 비인가된 접근이 원격으로 이뤄질 경우 임직원, 고객, 비즈니스 파트너, 환자, 승객 등의 개인 정보가 유출되거나 악용될 수 있다.

경계에 대한 방어와 모니터링 외에도, 사이버 위협 모니터링 접근 방식은 보안 분석이 결합된 경계 제어가 조직 내 잠재적인 위협 요소를 감지하고 완화하는 시나리오를 고려한 계층적 접근 방식을 채택해야 한다. 이와 더불어 경계 대책과 함께 기술을 활용하여 특정 사용자에게 악의적일 수 있는 의심스럽거나 세밀한 활동들을 파악하고 식별할 수 있어야 한다.

대부분의 기업들은 외부적으로는 단단하고 내부적으로는 부드러운 모습을 가지는 경계 보안 모델을 채택하고 있다. 이는 현대 악성 코드가 공격에 성공할 수 있는 기회를 제공한다. 전형적인 경계 보안은 멀웨어의 감염을 차단할 수 있는 위치상에서 알려진 공격 및 위험 시나리오 등에 대응할 수 있도록 잘 설정된 상태의 방화벽/차세대 방화벽, 프록시, 침입 차단 시스템과 같은 기술을 의미한다.

프록시에 대한 디자인과 구현은 본질적으로 어려우며(조직의 요구에 따라 정책을 세밀하게 조정해야 하기 때문이다) 조직의 집중 영역에 따라 보안을 유지해야 하는 경우가 많다. 예를 들어 사용자가 업무시간 동안 특정 포털에만 접근하도록 통제하거나 접근 권한이 없는 포털에 대한 사용자 접근을 제한할 수 있다. 완벽한 침입 차단 시스템, 방화벽, 프록시를 사용하더라도 보안 솔루션에 커스터마이징된 시그니를 통해서만 탐지될 수 있는 애플리케이션 데이터나 마이크로 애플리케이션 데이터는 항상 존재한다.

경계 부분, 특히 멀웨어로부터 내부를 보호하려면 각 영역에서 다음과 같은 사항을 고려해야 한다.

- 네트워크 장비 설정은 주로 다음 사항에 중점을 둔다.
  - 방화벽
  - 라우터
  - 콘텐츠 필터링
  - LAN 스위치
  - 네트워크 침입 차단 시스템 또는 침입 탐지 시스템
  - 안티바이러스
  - 무선 접속 장치
  - VPN 장비
  - 웹 프록시 서버
- 내부 네트워크 아키텍처는 다음 사항에 중점을 둔다.
  - 내부 LAN 요구 사항
  - 네트워크 서비스 및 보안
  - 네트워크 연결/접근 제어
  - 네트워크 설정과 아키텍처 문서
  - 게스트 권한
  - 내부 애플리케이션에 대한 접근/망분리

- 외부 연결은 주로 다음과 같은 사항에 중점을 둔다.
  - 내부 네트워크로의 서드파티 접근
  - 외부 연결에 대한 사용자 인증
  - 인터넷 연결 분리
  - 무선 연결

엔드 포인트 방어

기업의 상용 제품이 네트워크 엔드 포인트 단의 보안을 개선하는 데 도움이 될 수 있는지를 판단해야 한다. 고려해야 할 사항은 다음과 같다.

- **백신**: 백신은 시스템상의 악의적인 항목들을 감지하고, 사용자에 의한 수정을 방지하며, 주기적으로 시스템 검사를 진행한다. 자동 실행되는 파일에 자동 감지 기능을 갖춰야 하며 공격으로부터 방어 기능을 제공한다.
- **방화벽/호스트 기반 침입 차단 시스템**: 호스트 기반 침입 차단 시스템 또는 침입 탐지 시스템과 같이 시스템 포트 및 서비스 통제를 제공하는 엔드 포인트 보안 솔루션은 표적 시스템의 행위를 지속적으로 모니터링함으로써 의심스러운 행위를 확인한다.

방화벽

가장 단순한 형태의 방화벽은 사설망과 인터넷망, 두 네트워크의 경계를 보호하는 형태다. 방화벽의 주요 목적은 내부 정보 및 리소스에 접근하는 신뢰할 수 없는 서드파티로부터 신뢰된 네트워크를 보호하는 것이다. 방화벽은 하드웨어 형태와 소프트웨어 형태, 하드웨어와 소프트웨어를 결합한 형태로 모두 구현 가능하다. 방화벽은 단순히 필터의 역할만 하는 것이 아니라, 게이트웨이이자 체크 포인트다.

방화벽은 다음과 같은 주요 기능과 특성을 제공해야 한다.

- **모든 수신 및 발신 트래픽 모니터링**: 내부 네트워크에서 외부로 향하는 트래픽과 외부에서 내부로 향하는 모든 트래픽은 반드시 방화벽을 통과해야 한다. 방화벽을 통과하지 않는 로컬 네트워크에 대한 모든 액세스는 논리적으로 차단한다
- **출발지 또는 목적지 기반 차단**: 특정 출발지 또는 목적지로부터 유입되는 원하지 않는 트래픽에 대한 차단을 방화벽에서 제공한다. 예를 들어 웹서버를 제외한 모든 서버에 대해 80번 포트로 유입되는 요청은 차단한다
- **아웃바운드 네트워크 트래픽 차단**: 방화벽은 기업의 보안 정책에 따라 시스템 관리자가 유해한 웹 사이트로 접속하는 것을 차단하는 메커니즘을 제공해야 한다. 방화벽은 네트워크 트래픽 방어를 통해 피싱의 위험성을 고려해야 한다
- **콘텐츠 필터링**: 네트워크 트래픽 콘텐츠 분석은 바이러스 시그니처 탐지 또는 다른 알려진 위협에 대한 스캔을 지원한다
- **VPN 연결 지원**: VPN은 인터넷망으로부터 기업 내부 네트워크로 접근하는 보안 연결을 허용한다. 방화벽은 사이트 간 연결을 성립하며 원격 액세스 VPN를 구성하여 다양한 사이트와 사용자를 조직에 안전하게 연결하도록 한다
- **침투에 대한 면역**: 방화벽 자체는 다른 시스템에 영향을 받지 않고 정적인 성격을 가진다. 이는 신뢰할 수 있고 안전한 운영 시스템이라는 의미를 내포한다

방화벽의 분류

방화벽은 다음과 같은 요인에 따라 여러 유형으로 구분된다.

- 방어 유형
  - 호스트 기반 방화벽(개인 방화벽)
  - 네트워크 기반 방화벽(엔터프라이즈 방화벽)
- 구현 방식
  - 하드웨어 방화벽
  - 소프트웨어 방화벽

- 방어 방법론
  - 패킷 필터
  - 상태 기반 패킷 검사
  - 커넥션 필터
  - 애플리케이션 프록시 필터

제공되는 보호 유형에 따른 분류

대규모 기업에 설치되는 방화벽의 종류는 사용자 데스크톱에 설치되는 방화벽 종류와 다르지만, 두 방화벽 모두 잠재적인 악성 트래픽을 식별하는 보안 솔루션이다.

- **호스트 기반 방화벽**: 개인용 방화벽은 대개 단일 호스트에 설치되는 소프트웨어 애플리케이션 형태이며 해당 컴퓨터만을 보호한다. 그러나 호스트 기반 방화벽은 별도 하드웨어의 구성 요소로 구현될 수 있으며, 다른 네트워크 장치에 내장될 수도 있다. 호스트 기반 방화벽은 광범위한 리포팅 기능이나 관리 기능을 제공하지 않는다.
- **네트워크 방화벽**: 네트워크 방화벽은 여러 컴퓨터의 네트워크 트래픽을 검사할 수 있다. 광범위한 리포팅 및 관리 기능을 제공하며 단일 단계에서 복수의 방화벽 구성이 가능하다.

구현에 따른 분류

- **하드웨어 방화벽**: 자체 운영체제가 있는 장치에 방화벽 소프트웨어가 사전 설치된 통합 어플라이언스를 하드웨어 방화벽이라고 한다.

  하드웨어 방화벽은 하드디스크가 있는 전용 개인 컴퓨터 또는 주문형 집적 회로(ASIC) 장치로 구현할 수 있다. ASIC 방화벽은 일반적으로 더 빠른 성능을 제공한다. 반면 하드디스크는 잠재적인 단일 장애 지점이 될 수 있다.

- **소프트웨어 방화벽**: 사용자의 운영체제에 설치될 수 있는 방화벽 애플리케이션 형태를 소프트웨어 방화벽이라고 한다. 소프트웨어 방화벽은 패킷 필터 형식이나 프로세스 필터 형식으로 구현될 수 있다. 프로세스 필터 형식은 악성 코드가 네트워크에 접근하도록 쉽게 우회할 수 있다.

기술적 방법론에 따른 분류

- **정적 패킷 필터**: 정적 패킷 필터는 패킷 헤더의 출발지와 목적지 IP 주소 및 포트 번호를 확인하며 추가적으로 데이터 패킷의 프로토콜도 확인한다. 이 정보는 정적 패킷 필터가 해당 데이터 패킷을 허용할지 아니면 방화벽 규칙에 따라 네트워크 진입 지점에서 차단할지 결정하는 데에 사용된다.

  필터링 장치는 설정된 규칙에 따라 명시적으로 거부된 모든 패킷을 차단하고 명시적으로 허용된 모든 패킷은 허용하며 이 외 모든 알 수 없는 패킷은 삭제한다. 전통적으로 정적 패킷 필터는 스테이트리스다. 연결 세션을 추적하지 않는다. 따라서 핑홍수 및 서비스 거부 공격에 취약하다.

- **상태 기반 패킷 탐지**: 이 패킷 필터 방식은 네트워크 계층과 전송 계층의 헤더에서 정적 패킷 필터와 유사한 정보를 확인한다. 추가적으로 연결 스트림 테이블을 유지함으로써 상태 인식 기능을 제공한다. 이 테이블을 "연결 우회 테이블이라 한다.

  모니터링되는 패킷 중 네트워크와 전송 헤더가 동일한 모든 패킷은 고유한 연결 스트림을 형성한다. 도착한 각 패킷은 연결 스트림과 연관돼 있다. 데이터 패킷이 테이블상에 존재하는 연결 스트림과 연결돼 있는 경우, 추가 확인 없이 접근을 허용한다. 그러나 패킷이 확인되지 않은 연결 스트림에 도착할 경우, 방화벽 규칙에 따라 확인 및 검사 후 접근을 허용한다. 이는 패킷 필터가 기존의 연결과 새로운 연결의 차이를 인식하고 있음을 의미한다.

- **연결 필터**: 연결 필터는 TCP 플래그 시퀀스에 대한 연결 검증 테이블을 유지한다. 연결 필터는 플래그 상태를 검사함으로써 TCP 핸드셰이크 과정이 유효한지 확인한다.
- **애플리케이션 프록시 필터**: 애플리케이션 프록시는 네트워크 헤더를 통해 출발지 및 목적지 IP 주소를 확인하고 전송 헤더를 통해 출발지 및 목적지 포트 번호를 확인하며 애플리케이션 헤더를 통해 프로토콜 종류(HTTP, 텔넷 등)를 확인한다. 이런 유형의 방화벽은 실제로 호스트 내부의 패킷을 재구성하므로 이를 은닉된 공격으로부터 보호할 수 있다. 그러나 응용 계층에서의 이러한 재구성은 성능 저하를 초래하며 애플리케이션의 지연 시간을 증가시킨다.

주요 요구 사항

랜섬웨어 관점에서 주요 요구 사항은 다음과 같다.

운영 요구 사항

- 선택된 종단 간 불필요한 인바운드/아웃바운드 트래픽을 차단한다(예: 일반적인 명령 제어 서버).
- 바이러스/멀웨어 시그니처 및 일반적인 위협을 검사하도록 설정한다.
- 사용자, 그룹, 콘텐츠 또는 대역폭을 기준으로 보안 정책을 개발할 수 있도록 세분화된 정책 정의를 제공한다.
- 승인된 표준 디렉터리 서비스와 원활하고 에이전트리스 통합을 지원한다.
- BGP, OSPF, EIGRP, IGRP와 같은 일반적인 라우팅 프로토콜을 지원한다.
- 직관적인 사용자 인터페이스를 제공해 직원들이 시스템 운영에 대해 명확히 교육을 받을 수 있도록 한다.
- 정기적으로 예약할 수 있는 벤더사의 제공 도구를 사용해 애플리케이션 레벨의 백업을 지원한다.

성능 및 용량 요구 사항

- 예상되는 트래픽/동시 연결 수/연결 속도의 최대치를 지원한다.
- 다양하게 정의된 사용자 커뮤니티의 부하를 지원한다.
- 다중 시간대의 통신을 지원한다.
- 신뢰할 수 있는 승인된 시간 원본과 동기화한다.

가용성 요구 사항

- 99.999%의 가용성을 제공한다.
- 로컬 및 글로벌 백업을 통해 성능, 장애 조치 및 고가용성을 지원한다.

신뢰성 요구 사항

- 적용 가능한 서비스 연속성 요구 사항을 충족시킨다.
- 이벤트 데이터가 손상된 경우 이를 감지하고 통지한다.
- 장애 시 다른 인프라 요소에 영향을 미치지 않는다.
- 재해 복구 및 장애 조치 옵션을 제공한다.
- 모니터링 및 통지 요구 사항
- 승인된 시스템 관리 기능을 통해서만 모니터링이 가능하도록 한다.
- 보안 및 네트워크 관리 프로그램과 연동한다.

침입 차단 시스템

침입 차단 시스템IPS은 위협 사용 사례에 의거해 정의된 동작에 따라 경고를 식별하고 차단/트리거하려는 시도로서 모든 계층에서 보호 기능을 제공하는 가장 가치 있는 보안 시스템 중 하나다.

주요 요구 사항

랜섬웨어 관점에서 주요 요구 사항으로 다음과 같은 것이 있다.

운영 요구 사항

- 사용자 정의 검사, 공격 벡터 또는 기타 제어 이벤트(예: 취약점 기술 언어AVL)의 레이블 지정을 위한 프로세스 및 기능을 지원한다.
- 업데이트 거부 기능 또는 시스템을 이전 상태로 롤 백하는 기능을 제공한다.
- 부정 오류 알림을 지원한다(예를들어, 시스템 부하로 인해 이벤트가 누락되기 시작했다는 사실을 침입 탐지 시스템 운영자에게 알린다).
- 조각화된 패킷을 처리한다.
- 특정 사용자의 요구 사항에 따른 각 시그니처의 추가 사용자 지정을 지원한다(예: 오탐 레벨 축소).
- 침입 탐지 시스템의 중앙 콘솔로 알림 전송, 이벤트 데이터베이스, 시스로그 서버 등에 이벤트 등록을 포함해 공격, 오용 또는 다른 이상 징후를 감지하는 경우 관리자에게 알린다.
- 이벤트의 유형, 탐지 날짜 및 시간, 탐지 센서, 관련된 출발지와 목적지 주소 및 모든 데이터 필드의 상세 내용을 기록한다.
- 해커 또는 공격자가 침입했을 경우 정확하게 동일한 순서와 동일한 속도로 모든 이벤트를 기록할 수 있는 이벤트 추적 메커니즘을 제공한다.
- 센서의 개수에 제한 없이 원격 관리를 제공한다.
- 사용자의 개입 없이 두 개의 콘솔간 자동으로 전환할 수 있는 계층적 관리를 지원한다.
- 그룹 운영을 지원한다(예: 공격 시그니처 데이터베이스 업데이트, 템플릿 적용, 센서 그룹에 대한 시작 및 중지).
- 탐지된 공격과 취약점에 대한 우선순위를 동적 및 정적으로 지정할 수 있는 기능을 제공한다.

- 포괄적인 보고서 작성 메커니즘을 제공한다(예: 다양한 세부 수준의 보고서, 취약한 운영체제 및 애플리케이션, 식별된 공격에 대한 정보, 오탐, 제거 방법 등).
- 공격 호스트에 대한 네트워크 연결 차단, 침입자의 사용자 계정 차단, 네트워크 장비 및 보안 툴 재구성, 취약점 자동 제거 등의 침입 차단 메커니즘을 지원한다.
- 악의적인 액세스 지점으로부터 보호한다.
- 직관적인 사용자 인터페이스를 제공해 직원들이 시스템 운영에 대해 명확히 교육을 받을 수 있도록 한다.
- 정기적으로 예약할 수 있는 벤더사의 제공 도구를 사용해 애플리케이션 레벨의 백업을 지원한다.

성능 및 용량 요구 사항

- 예상되는 트래픽/동시 연결 수/연결 속도의 최대치를 지원한다.
- 이 노드가 처리해야 할 패킷 수는 사용자 활동 기준이 아닌 프로토콜 레벨을 기준으로 계산돼야 함을 유의한다.
- 다양하게 정의된 사용자 커뮤니티의 부하를 지원한다.
- 다중 시간대의 통신을 지원한다.
- 신뢰할 수 있는 승인된 시간 원본과 동기화한다.

가용성 요구 사항

- 99.999%의 가용성을 제공한다.
- 로컬 및 글로벌 백업을 통해 성능, 장애 조치 및 고가용성을 지원한다.

신뢰성 요구 사항

- 적용 가능한 서비스 연속성 요구 사항을 충족시킨다.
- 이벤트 데이터가 손상된 경우 이를 감지하고 통지한다.
- 장애 시 다른 인프라 요소에 영향을 미치지 않는다.

유지 보수 요구 사항

- 데이터베이스의 시그니처 업데이트를 제공한다.
- 업계 표준 리포지토리를 사용해 로컬 및 지리적 장애 처리에 대한 출력 데이터를 저장한다.

모니터링 및 통지 요구 사항

- 승인된 시스템 관리 기능을 통해서만 모니터링이 가능하도록 한다.
- 보안 및 네트워크 관리 프로그램과 연동한다.

주요 네트워크 보안 제어

다음은 전체 기업에서 모든 규모의 멀웨어로부터 시스템을 보호하기 위해 반드시 고려해야 할 네트워크 보안 통제 사항이다.

주요 경계 범주	하위 범주	경계 제어
네트워크 보안	네트워크 보안	사내 네트워크는 반드시 외부 네트워크로 분리돼야 한다. 인터넷, 아웃소싱 공급업체 및 비즈니스 파트너 등 외부 네트워크로의 모든 연결은 승인이 필요하며 안전한 방식으로 제공돼야 한다.
네트워크 보안	네트워크 보안	기업 네트워크로의 모든 원격 연결은 비즈니스 요구 사항에 따라 인증된 후 제공돼야 한다.
네트워크 보안	네트워크 관리 책임	기업 네트워크의 변경, 새로운 네트워크의 도입, 외부 네트워크와의 연결 등은 상응하는 IT 보안 부서의 협의와 승인을 받아 수행해야 한다.
네트워크 보안	인터넷 접근	인터넷은 중앙을 통해서 접근해야 한다. 기업의 백본에 연결돼 있는 모든 지사, 행정 사무소 및 중앙 부서는 기업의 중앙 게이트웨이를 통해서만 인터넷에 접근할 수 있어야 한다. 원격 사무실에 위치한 사용자는 이 게이트웨이를 통해 인터넷에 접근할 수 없다.

(이어짐)

주요 경계 범주	하위 범주	경계 제어
네트워크 보안	인터넷 접근	중앙 인터넷 게이트웨이가 설치 및 관리돼야 한다. 모든 사용자는 네트워크에 접근하기 전에 인증을 받아야만 한다. 인터넷 접근 권한이 있는 사용자는 인터넷 게이트웨이 서버상에 고유의 사용자 ID와 패스워드가 정의돼 있어야 한다. 사용자 ID는 제한된 IP에서만 로그인이 가능해야 하며 이렇게 함으로써 사용자 ID을 공유하여 인가되지 않은 사용자가 접근하지 못하도록 해야 한다.
네트워크 보안	접근 가능한 URL/인터넷 제한	기업의 정책에 따라 제한돼 있는 인터넷 URL 및 포털들은 업무상 필요한 사용자에게만 예외 권한을 부여해야 한다. 업무상 예외가 필요한 사용자는 IT 네트워크 부서/기업 센터로부터 승인을 얻은 후에만 인터넷 접근할 수 있다.
a) 접근 필요성		
b) 웹 사이트 URL, 특정 요구 사항에 따른 네트워크 보안		
네트워크 보안	인터넷 접근 제한	모든 인터넷 접근을 허용해서는 안 된다. 업무 시간 및 요일에 따라 인터넷 접근이 제한돼야 하며 일반 사용자는 다운로드/업로드에 대한 통제 정책을 정의해야 한다.
네트워크 보안	인터넷 접근 제한	중요 애플리케이션 또는 데이터베이스에 대한 관리자 권한 또는 특정 권한이 있는 데스크톱은 인터넷 접근을 제한해야 한다.
네트워크 보안	인터넷 게이트웨이 보안	인터넷 게이트웨이는 인터넷 프록시로의 모든 인바운드 트래픽을 방화벽에서 차단함으로써 보호돼야 한다.
네트워크 보안	인터넷 게이트웨이 보안	인터넷 게이트웨이를 통과하는 일반 트래픽과 암호화된 트래픽에 바이러스와 콘텐츠 검사를 실시한다. 인터넷 게이트웨이 서버에 백신 소프트웨어가 설치돼 있어야 하며 올바르게 구성돼야 한다.
a) 사용자가 파일 다운로드/업로드 시 바이러스 여부를 검사해야 한다.		
b) 만약 바이러스가 발견될 경우 다운로드/업로드를 중지하고 사용자에게 상태를 알린다.		

(이어짐)

주요 경계 범주	하위 범주	경계 제어
c) 인터넷 사용은 정상적인 비즈니스 요구 사항과 일치해야 한다.		
네트워크 보안	인터넷 게이트웨이 보안	업무와 연관된 사이트에만 접근할 수 있도록 인터넷 접근을 통제해야 한다. 필수 웹 사이트 필터링 작업을 자동화하기 위해서는 URL 필터링 소프트웨어를 사용해야 한다. IT 네트워크 부서는 보안 부서와 협의하여 URL 필터에 대한 접근 통제 정책을 구현할 책임이 있다.
네트워크 보안	인터넷 게이트웨이 보안	주요 사용자, 가장 많이 방문한 URL, 정책 위반 등에 대해 인터넷 게이트웨이 레벨에서의 모니터링을 수행해야 한다. 활용되는 트래픽의 성능과 볼륨을 평가하기 위해 실시간 보고서를 생성해야 한다.
네트워크 보안	인터넷 게이트웨이 보안	비즈니스 전반에 영향을 미치는 대형 보안 사건이 발행하는 경우, 사용자의 인터넷 접근을 차단하는 등 다양한 방법(경계 시스템에 대한 정책)을 통해 피해를 최소화시켜야 한다.
네트워크 보안	서버 및 사용자 망분리	중요 애플리케이션 서버들은 방화벽을 통해 보호돼야 한다. 각 서버 담당자만이 해당 서버에 접근 가능해야 하며 방화벽을 통해 각 서버의 필수 포트에 대한 일반 사용자 접근을 제한해야 한다.
네트워크 보안	서버 및 사용자 망분리	중요한 위치의 경우 네트워크 수준에서 각 사용자 그룹에 대한 네트워크 망분리를 구현해야 한다.
네트워크 보안	서버 및 사용자 망분리	민감한 고위험군의 애플리케이션에 대해서는 세션 타임아웃 시간이 설정돼야 한다. 이는 시행 지점(방화벽, 웹 방화벽/프록시 등)에서 수동 정책을 통해 설정할 수 있다.
네트워크 보안	외부 네트워크	외부 네트워크는 접근 제어 장치/네트워크 접근 통제를 통해 기업의 내부망과 분리돼야 한다.
a) 라우터의 ACL 또는 전용 방화벽을 통해 접근 유형 및 애플리케이션의 중요도에 따른 접근 제어를 구현해야 한다		

(이어짐)

주요 경계 범주	하위 범주	경계 제어
b) 접근 제어 장치는 필수 IP 및 포트로의 접근을 제한해야 한다. 가능하다면 외부 네트워크에서 통신하거나 접근하는 데 필요한 리소스는 방화벽의 별도 세그먼트로 분리해야 한다.		
c) 외부 네트워크에서는 사용자 ID/패스워드로 보호된 암호화된 채널을 통해 해당 리소스에 접근해야 한다.		
d) 원격 접속 이후 특정 시간 동안 사용하지 않을 경우 세션 타임아웃이 설정되어 자동으로 세션이 종료돼야 한다.		
e) 외부 네트워크로부터 유입되는 트래픽을 모니터링하기 위해 침입 차단 시스템이 설치돼야 한다.		
f) 모든 접근은 사용 용도가 끝나는 즉시 제거되거나 비활성화돼야 한다.		
네트워크 보안	네트워크 관리	업무상 특별히 필요하지 않은 물리 및 논리 포트와 서비스는 비활성화/차단 설정으로 보호해야 한다
네트워크 보안	네트워크 관리	애플리케이션 및 데이터 통신의 민감도에 따라 네트워크 장치의 장비 식별이 활성화돼야 한다.
네트워크 보안	네트워크 관리	컴퓨터 통신 및 데이터의 흐름이 비즈니스 애플리케이션의 접근 제어 정책에 위반되지 않도록 라우팅 통제가 구현돼야 한다.
네트워크 보안	네트워크 관리	권한이 없는 사용자에게 내부 IP 주소 및 라우팅 정보가 공개되지 않도록 네트워크를 안전하게 설정해야 한다. 네트워크 주소 변환(NAT), 포트 주소 변환(PAT), 라우터 광고 필터링 등의 메커니즘을 구현해야 한다.
네트워크 보안	네트워크 관리	은행용 네트워크/보안 장치는 기본 인증서 또는 벤더 제공 인증서를 변경한 후에 사용 및 배포돼야 한다.

(이어짐)

주요 경계 범주	하위 범주	경계 제어
네트워크 보안	네트워크 관리	네트워크/보안 장치에 대한 모든 원격 접근은 웹 기반 관리를 위해 SSH, VPN 및 SSL과 같은 암호화 기법을 사용해 보호해야 한다.
네트워크 보안	네트워크 관리	모든 네트워크 및 보안 장치는 각 애플리케이션 담당자에 의해 최신 버전 업그레이드 및 보안 패치로 정기적인 업데이트를 진행해야 한다.
네트워크 보안	네트워크 관리	모든 네트워크 및 보안 장치는 표준 시간 장치/서버와 시각 동기화를 해야 한다. 이 표준 시간 장치/서버는 인터넷/GPS와 같이 업계에서 인정된 표준 시간 값과 동기화돼야 하며 이 시간 데이터는 무단 수정으로부터 보호돼야 한다.
네트워크 보안	네트워크 및 보안 장치의 접근 통제	네트워크 장치에 대한 접근은 ACL을 통해 통제돼야 한다.
네트워크 보안	네트워크 및 보안 장치의 접근 통제	네트워크/보안 장치에 대한 접근은 특정 근거에 따라 제공돼야 한다. 진단 및 설정 포트에 대한 물리/논리적 접근은 통제돼야 한다.

취약성 평가

취약성 평가는 기술 자산과 관련된 취약성을 식별하고 분석하기 위한 포인트-인-타임 연습이다. 이를 통해 조직은 알려진 멀웨어 변종에 의해 악용될 수 있는 보안 취약점을 확인할 수 있다. 취약성 평가는 프로세스, 프로시저, 기술 자산의 상태를 포함한 현재 운영에 초점을 맞춘다.

조직은 취약점을 진단, 평가하고 자산을 관리하기 위해 아래 요건을 포함하는 역할 및 책임이 정의된 공식 절차를 수립해야 한다.

- 취약성 평가 프로세스와 절차의 개발 및 관리
- 설계 검토
- 보안 제어 장치, 제약 사항, 네트워크 연결 및 제한 사항의 표준 준수 여부 확인

- 최소 분기별 내부 및 외부 취약점 진단 수행
  - 네트워크의 중요 변경 이후 내부 취약점 진단 수행(예: 새로운 시스템 구성 요소 설치, 네트워크 토폴로지 변경, 방화벽 정책 수정, 제품 업그레이드)
  - 외부 지불카드 보안 표준 인증 업체로부터 취약점 진단 분기별 수행
- 모의해킹은 최소 1년에 한 번 이상 수행해야 하며, 이후 인프라 또는 애플리케이션 단에 중요 변경이나 업그레이드가 발생하는 경우 수행해야 한다. 모의해킹은 반드시 다음 항목들을 포함해야 한다.
  - 네트워크 계층 침투 테스트
  - 애플리케이션 계층 침투 테스트

이러한 과정과 절차에는 적절한 재조정 방안을 강구하기 위해 IT 자산관리 데이터(예: 구성 정보, OS 버전 및 패치 수준)를 **활용해** 결과를 확인하고 추적하는 후속 작업이 반드시 포함돼야 한다.

확인된 취약점은 업데이트 적용 관리 프로세스에 따라 해결해야 한다.

구성 관리

구성 관리는 내용 전문가가 개발한 문서화된 구성에 기초하여 관련 정책에 따라 개발하고 기능적인 리더십에 의해 승인 받은 유사 기술 자산의 구성을 표준화하는 행위다.

조직은 반드시 모든 기술 자산의 기본 구성을 문서화해야 한다. 이 표준은 다음과 같은 사항을 준수해야 한다.

- 보안 요구 사항을 준수해 설계돼야 한다.
- 기술 자산을 담당하는 기능 영역이 최신 상태를 유지해야 한다.
- 시스템 구축 프로세스의 일부로 통합돼야 하며 모든 기능 영역에 일관되게 적용되도록 한다.
- 모든 기술 자산은 해당 기준 구성과 일관되게 구성해야 한다.

패치 관리

패치 관리의 목적은 정보 시스템의 보안 또는 정보 시스템에 위임된 데이터에 부정적인 영향을 미칠 수 있는 위협에 대해 적절한 보호를 제공하는 제어 장치 및 프로세스를 식별하는 것이다. 이러한 제어 장치를 효과적으로 구현하면 운영체제 및 애플리케이션 소프트웨어의 알려진 취약점으로부터 안전하게 보호되도록 일관되게 구성된 환경이 만들 수 있다.

다음과 같은 단계를 통해 취약점을 줄일 수 있다.

- 패치의 보안 영향 분석 수행
- 시스템 구성 변경 프로세스에 패치 테스트 및 승인 절차 포함
- 수행된 패치를 포함하도록 기존 또는 초기 구성 업데이트
- 패치가 올바르게 구현됐는지 평가
- 현재 패치 상태에 대한 시스템/구성 요소 모니터링

NIST SP 800-40과 같은 선도적인 업계 표준을 이용하면 포괄적인 패치 관리 절차를 수립하는 데 도움이 된다.

패치 관리에는 가상 패치 적용도 포함돼이었다. 이는 실제 패치를 사용 및 배포할 수 있을 때까지 중요한 시스템의 취약점을 보호하고 심층 패킷 검사를 수행한다.

취약점 치료 관리

취약점 치료 관리는 확인된 취약점을 평가하고, 가능성과 영향도를 기반으로 위험을 할당하고, 적절한 대응을 계획하고, 완료를 통해 응답을 추적하고, 정기적으로 완료를 검증하는 행위이다.

조직들은 보고된 취약점의 관련성을 평가하고, 해당 조직의 기술 자산과 관련된 위험을 식별해야 한다. 위험 결정 시에는 다음 사항을 고려해야 한다.

- 자산관리 목록에 포함된 것과 같은 하드웨어 상세 내역, 소프트웨어 버전 및 정보 시스템을 구성한다.
- 발생 가능성
- 발생 여파
- 적용 가능한 보완 통제
- 조직의 각 이해관계자들은 생산 시스템의 기밀성, 무결성 및 가용성에 영향을 미쳤거나 즉각적으로 영향을 미칠 것으로 판단되는 경우 즉시 이를 알려야 한다.
- 모든 시스템 구성 요소 및 소프트웨어에는 변경 관리 승인을 받은 후 한달 이내에 공급 업체에서 제공하는 최신 보안패치를 설치해야 한다.
- 조직은 위험 및 대안에 기초해 기술적 취약점에 대한 적절한 대응 방안을 확인해야 한다. 대응 시에는 취약점의 근본적인 원인을 고려해야 한다. 기술적 취약점 해결책으로는 다음이 포함될 수 있다.
  - 소프트웨어 릴리스: 취약점을 해결할 수 있는 소프트웨어 릴리스가 있는 경우 이를 테스트하고 적절한 변경 관리 프로세스에 따라 배포해야 한다. 배포의 긴급성에 따라 긴급 요청으로 진행될 수 있다.
  - 보완 통제: 소프트웨어 릴리스를 통해 취약점을 해결할 수 없거나 릴리스를 배포함으로써 허용 범위를 벗어나는 위험이 발생하는 경우, 취약점의 악용을 방지하기 위해 대안 제어 장치를 구현할 수 있다. 소프트웨어 릴리스 방식의 경우와 마찬가지로 긴급 변경 요청이 적절할 수 있다. 보완 통제의 예로는 기술 구성 및 표준 변경, 프로세스 변경사항이 포함된다.

포트, 서비스, 프로토콜 평가

특정 포트, 서비스, 프로토콜이 사용되지 않거나 기능적 사용을 지원하지 않는지 평가함으로써 불필요한 포트, 서비스, 프로토콜을 결정하는 것은 매우 중요하다. 시스템은 조직의 기능적 요구 사항 및 위험 수준을 지원하는 수준에서 반드시 필요한 포트, 프로토콜, 서비스로 구성돼야 한다.

불필요하게 열린 포트와 사용 가능한 모든 프로토콜과 서비스는 시스템을 공격하려고 할 때 진입점을 제공한다. 특정 포트, 프로토콜 또는 서비스와 관련된 알려진 취약점이 있는 경우 이러한 위험이 증가한다.

또한 정의된 요구 조건을 갖춘 시스템 사용자에게만 원격 접속 권한이 제공돼야 한다. 조직 내에서 원격 접속 사용이 허가될 경우 보안 요구 사항 가이드에 따라 원격 접근에 대한 보안 설정을 확인해야 한다.

소프트웨어 설치 보안

소프트웨어 설치를 관리하는 방법을 결정해야 한다. 가장 간단한 방법은 사용자가 자체적으로 설치하는 것을 금지하고 조직 차원에서만 소프트웨어 설치를 수행하도록 컴퓨터를 통제하는 것이다. 하지만 이러한 방법은 일부 조직에서 실용적이지 않을 수 있다. 이외 고려할 수 있는 방식으로는 다음과 같다.

- **화이트리스팅**: 모든 소프트웨어에 대해 기업에서 승인한 목록에 포함되는지 검사한다.
- **체크섬**: 코드가 변경되지 않았는지 확인하기 위해 모든 소프트웨어를 검사한다.
- **인증서**: 신뢰할 수 있는 벤더의 서명된 인증서가 있는 소프트웨어만 허용한다.
- **디렉터리 또는 도메인**: 특정 디렉터리 또는 도메인 내의 소프트웨어만 설치할 수 있다.
- **파일 확장자**: .bat과 같은 특정 확장자를 가진 파일은 설치할 수 없다.

구체적 조치

다음은 랜섬웨어의 유형에 따라 중점을 두어야 할 시스템 보안 조치를 더 세부적으로 설명한 것이다.

- 보안 벤더가 도메인 생성 알고리즘을 에뮬레이션하고 이를 기업에 보급하여 향후 특정 중개 서버가 사용할 가능성이 있는 도메인을 차단한 사례가 존재한다. 이러한 도메인을 사전에 차단하면 암호화 키가 희생자에게 전송되는 것을 방지할 수 있으며, 이를 통해 멀웨어가 사용자의 파일을 암호화하는 기능을 차단할 가능성이 높아진다.
- 멀웨어가 기업의 시스템을 감염시키고 파일을 성공적으로 암호화한 경우, 감염된 호스트의 네트워크 연결을 끊고 시스템을 즉시 종료하는 것을 권고한다. 아직 감염되지 않은 디스크상의 파일은 복원이 가능할 수 있다.

> ⓘ 시스템 감염 사례는 아래 사이트를 통해 FBI에 보고할 수 있다.
> https://www.ic3.gov

- 공격으로부터 시스템을 복구하려면 반드시 로컬 레벨에서 정기적인 이미지 백업을 수행하고 조직 차원에서 데이터 백업을 수행해야 한다. 이것이 호스트에서 시스템 복원 기능을 활성화하는 것을 권고하며 최신 백업은 외부에 보관하는 것을 권장한다. 이는 백업된 파일을 복구하는 뿐만 아니라 호스트에서 기본 및 보조 멀웨어가 제거되도록 돕는다.
- 네트워크 탐지 및 도메인 네임 시스템DNS에 대한 모니터링을 권장한다. 저자의 연구 결과 다음과 같은 네트워크 및 DNS 지표를 관찰했다.
  - 최신 멀웨어는 매일 새로운 도메인을 생성한다.
  - 성공적인 해결을 위해 도메인을 검사한다.
  - 악성 도메인은 DNS 캐시에서 새로운 도메인으로 표시된다.
  - NXD: 이런 도메인의 대부분은 확인되지 않으며 1분 이내에 한 자산에서 다수의 NXD 응답이 관찰된다.
  - 도메인은 의사 랜덤으로 생성되며 일반적인 도메인보다 높은 엔트로피 값을 가진다. 이러한 도메인은 3.7비트/바이트 이상으로 측정된다.

- 업무상 필요하지 않은 경우 모든 임직원의 권한을 '읽기'로 제한한다.
- 공유 폴더에 대한 액세스를 정기적으로 검토하고 감사한다.
- 조직 보안 정책을 구성해 매크로를 제한하고 승인된 .exe 파일만 실행할 수 있도록 제한하며(또는 화이트리스트로 관리) 호스트에 연결된 장치 및 서비스에서 자동 실행 기능을 제한한다.
- 임직원에게 정기적으로 교육을 실시한다.
- 다음은 관찰 가능한 항목을 기반으로 탐지를 가능하게 하는 크립토락커에 대한 검출 로직의 두 가지 예제다.
  - If asset > 10 DNS_NXD_RESPONSE < 30s then Alert andand Quarantine(Asset)
  - If DNS_Request == NON_Cached || NXD andand Entropy(Domain) > 3.70 then Alert andand Quarantine(Asset)

▌ 요약

오늘날 지능화된 멀웨어는 주로 최종 사용자가 전문적인 용도나 개인적인 용도로 사용하는 파일을 표적으로 한다. 액티브 디렉터리, 익스체인지, 클라우드 애플리케이션 등은 아직까지 랜섬웨어의 공격 표적이 된 적은 없었지만, 기업 내에서 해당 요소들의 중요성이 커지고 가치를 가짐에 따라 향후에는 충분히 달라질 수 있다. 멀웨어가 변형되고 발전하더라도 기본적인 실천을 통해 강력한 방어를 제공할 수 있기에 조직의 위험 환경에 따라 종합적인 보안 아키텍처를 정의하고 보안 통제를 실행하는 것을 권고한다.

6장에서는 모바일 랜섬웨어를 집중 조명해 모바일 기기를 통한 강탈이 대중에게 미치는 영향에 대해 살펴본다.

06

모바일 강탈 분석

모바일 랜섬웨어에 감염된 사용자 수는 날로 증가하고 있으며 이 추세는 지난 해에 비해 4배 가까이 증가한 것으로 나타났다. 이 장에서는 모바일 랜섬웨어를 다뤄 모바일 기기 강탈이 일반 사용자에게 미치는 영향에 대해 자세히 설명한다.

6장에서 다루는 내용은 다음과 같다.

- 모바일 멀웨어: 보안 위험 증가
- 모바일 랜섬웨어
- 랜섬웨어 타임라인
- 당신의 스마트폰을 보호하라
- 미래 예측

▍모바일 멀웨어: 보안 위험 증가

강탈과 랜섬웨어는 모바일 기기의 사용자에게 점점 더 위협을 가하고 있다. 앞서 설명한 바와 같이 멀웨어 변종들의 잠금 및 파일 암호화는 여러 산업 전반에 걸쳐 데이터 및 재정적 손실을 야기하고 있다. 이러한 화면 잠금 및 암호화 랜섬웨어는 모바일 플랫폼에 맞게 변형됐다.

컴퓨터 기기상의 멀웨어와 마찬가지로 멀웨어 위협은 최근 들어 정교한 기술을 추가하며 진화하고 있다. 멀웨어 제작자/운영자는 SMS 트로이 목마와 같은 기존의 모바일 멀웨어 유형 외에도 데스크톱 컴퓨터 환경에 효과적인 것으로 입증된 기법을 구현하고 채택하고 있다.

윈도우 운영체제 초기와 마찬가지로, 모바일 플랫폼도 이제는 스케어웨어 유형의 경찰 사칭 랜섬웨어를 통한 화면 잠금 공격을 직면하고 있다. 이 랜섬웨어는 희생자가 사용하는 기기에서 불법 콘텐츠에 접근했다는 혐의를 제기하며 그들을 속였다. 크립토락커 랜섬웨어는 모바일 사용자가 파일을 거의 복구할 수 없도록 함으로써 치명적인 영향을 미치는 모바일 플랫폼으로 확장하였고 막대한 탈취 캠페인을 통해 멀웨어 추세에 변혁을 일으켰다.

오늘날 모바일 기기는 조직과 개인이 사용하는 일상적인 데이터를 포함하고 있으며, 사용자들은 데이터에 쉽고 빠르게 액세스할 수 있도록 PC보다 스마트폰에 저장하는 것을 선호한다. 이는 멀웨어 제작자 또한 스마트폰의 데이터를 이용하고 탈취할 확률이 높아졌다는 것을 의미하며, 따라서 개인의 데이터 손실 위험 또한 증가했다. 멀웨어 제작자는 이미 유럽 및 미국 시장에서 모바일 사용자를 표적으로 삼고 있으며, 미국에서는 주로 심플로커나 로커핀 같은 변종이 피해자를 감염시키는 것으로 관찰됐다.

FinFisher spyware targeting iPhones/BlackBerry/Android

- **Threat Description:**
  - Take control of user's mobile
  - Turn on a device's microphone
  - track its location
  - monitor e-mails, text messages and voice calls

- **Attack Surface:**
  - iOS
  - BlackBerry
  - Android

- **Attack / Infection Vector:**
  - Suspicious applications
  - SMS claiming to be legitimate

Zeus banking malware targeting BlackBerry

- **Threat Description:**
  - Take control of user's mobile
  - intercepts many text messages
  - steal users' banking data and their money

- **Attack Surface:**
  - BlackBerry

- **Attack / Infection Vector:**
  - Suspicious applications

SMS Zombie targeting Android

- **Threat Description:**
  - Take control of user's mobile
  - Launches background processes
  - Tracks incoming and outgoing SMS/calls

- **Attack Surface:**
  - Android

- **Attack / Infection Vector:**
  - Suspicious applications

초기 모바일 멀웨어 샘플

모바일 랜섬웨어

5장에서 랜섬웨어와 탈취에 대해 여러 단계에 걸쳐 논의했다. 멀웨어는 주로 사용자의 시스템 또는 컴퓨팅 리소스를 감염시키고 이후 해킹한 리소스를 정상화시키기 위한 몸값을 사용자에게 요구한다는 사실을 확인했다. 모바일 랜섬웨어 및 탈취의 주요 범주는 동일하게 락 스크린Lock-Screen 랜섬웨어와 암호화 랜섬웨어를 포함한다.

이전의 멀웨어 형태는 자원을 표적으로 하였고 이후에 장치에 액세스를 제한하는 반면, 현재 형태는 모바일 기기에 저장돼 있는 파일을 제어하는 데에만 중점을 둔다. 이 두 가지 형태는 수년간 존재해 왔음에도 불구하고, 운영체제상에서 활발히 활동을 시작한 시기는 2013년 이후다. 모바일 랜섬웨어 제작자들은 개인 사용자뿐만 아니라 기업도 표적으로 삼고 있다.

멀웨어가 최종 사용자 컴퓨팅 장치의 운영체제에서 관찰됐던 추세에 맞추어, 랜섬웨어 제작자는 윈도우 및 그 밖의 운영체제와 유사한 기술을 사용해 모바일 기기용 멀웨어를 개발하기 시작했다. 이런 추세는 IoT와 같은 진화하는 기술 생태계에서도 관찰될 것으로 예측된다.

모바일 기기에 저장된 데이터는 가치 있고 포괄적이며, 개인 PC에 저장돼 있는 데이터보다 광범위하게 사용된다. 따라서 멀웨어 제작자들은 여러 플랫폼 중에서 특히 모바일 기기에 맞는 가장 정교한 랜섬웨어를 개발하는 데 시간을 투자하는 것이 가치 있다고 생각한다.

일반적인 감염 벡터

주로 탈취를 목적으로 사용되는 멀웨어 표적 PC들은 모바일 기기에서도 정의를 이행한다. 즉, 합법적인 애플리케이션으로 위장해 여러 기기에 감염 및 유포된다. 대부분의 경우 게임, 일반 유틸리티 및 음란물 관련 산업에서 널리 보급된 애플리케이션(멀웨어)을 선택함으로써 사용자가 다운로드할 가능성을 높인다. 대부분의 시나리오에서 악성 apk는 실제 애플리케이션과 아이콘 및 이름만 유사하다. 하지만 일부 시나리오에서는 기존의 애플리케이션 기능면에서까지 동일하며, 추가적으로 악성 코드가 내포돼 있다. 이는 멀웨어의 이상 동작이 탐지될 가능성을 낮춘다.

물론 멀웨어 제작자가 코드를 수정할 경우, 애플리케이션의 디지털 서명이 손상되며 제작자는 애플리케이션을 재서명하여 다른 개발자 계정으로 제출해야 한다. 공식 애플리케이션 스토어에서는 95% 이상의 경우 랜섬웨어가 발견되지 않지만, 일반 사용자가 애플리케이션을 다운로드하도록 속이는 방식은 시간이 지남에 따라 발전하고 있다. AV 스케어웨어, 피싱 스파이웨어, 구글, 애플 같은 회사에서 악성 애플리케이션으로 리다이렉션되는 광고와 같이 다양한 샘플이 여러 보안 업체에 의해 보고된 바 있다.

멀웨어 제작자들은 정교한 익스플로잇 유도 기술들이 모바일 플랫폼상에서 제대로 동작하지 않기 때문에 사용자를 감염시키는 기술을 수정 및 다양화하고 있다. 예를 들어 실제 페이로드가 전달되기 전, 중간 단계에서 드로퍼 애플리케이션이 사용된다.

멀웨어 명령 제어 통신

탈취에 사용되는 대부분의 멀웨어와 마찬가지로, 대부분의 멀웨어 보고서 또한 명령 제어 서버에 성공적으로 배포된다. 모바일 기기의 경우, 기기 추적을 위해 모델명, IMEI 번호, 기기의 언어 및 위치와 같은 장치 정보를 명령 제어 서버로 보고한다. 반면, 기기와 명령 제어 서버 사이에 안정적인 채널이 성립되면, 이 명령 제어 서버를 통해 랜섬웨어 운영자가 전송하는 멀웨어를 수신하고 명령을 실행할 가능성이 높아진다. 또한 멀웨어가 기기에 생성한 봇넷을 랜섬웨어 운영자가 제어할 수 있도록 함으로써 감염된 모바일 기기 네트워크 망을 만든다.

몸값 요구 사항을 사용자에게 표시하거나 기기를 잠그는 주요 기능 외에도 다음과 같은 기능 및 명령을 사용해 모바일 플랫폼을 공격했다.

- 휴대 전화의 브라우저에서 임의의 URL을 실행 또는 호출
- 감염된 휴대 전화의 연락처 목록으로 악의적인 링크가 포함된 SMS를 보냄
- 장치 잠금 및 잠금 해제
- 연락처 목록 복사
- 장치의 위치에 근거한 현지 언어로 몸값 메시지 표시
- 셀룰러 데이터/와이파이 기능 활성화 또는 비활성화

모바일 플랫폼에서는 HTTP 프로토콜이 가장 일반적으로 사용되며, 특정 경우에는 구글 클라우드 메시징을 통해 명령 제어 센터와 통신한다. 구글 클라우드 메시징 서비스는 사용자/개발자가 지원되는 장치(주로 안드로이드)상의 애플리케이션과 데이터(유입 및 유출/수신 및 전송)를 주고받을 수 있도록 한다. 일부 멀웨어는 토르, 바이두Baidu, XMPP-재버Jabber 프로토콜과 서비스를 사용하며, 안드로이드 모바일 플랫폼을 대상으로 하는 멀웨어는 명령 제어 센터로 명령을 전송 및 수신하기 위해 내장된 SMS 서비스를 사용해 통신하는 것으로 확인됐다.

멀웨어 자체 방어

사이버 범죄자에게 멀웨어를 통해 기기를 감염시키는 것이 사소한 일은 아니다. 사용자가 멀웨어 방지 기능을 사용하지 않더라도 모바일 플랫폼 자체에서 제공하는 방어 체계가 있기 때문이다. 한 번 방어 체계를 극복하면 이후 멀웨어 제작자/운영자의 주된 관심사는 악성 코드/애플리케이션이 장치에 지속적으로 남아있도록 하는 것이다. 이를 강제하기 위해 멀웨어 방지 애플리케이션과 관련된 프로세스를 식별하고 종료시키는 등 애플리케이션 코드 내에 자체 방어 메커니즘 및 기술을 정의하고 내장시킨다. 이 기법은 로커핀 같은 다양한 멀웨어에서 발견됐다.

무엇보다도, 모바일 플랫폼상에서 동작하는 멀웨어의 대부분이 달성하려는 목표 기술 중 하나는 장치의 관리자 권한을 얻는 것이다. 관리자 권한은 장치의 루트 권한(멀웨어가 루트 권한을 탈취할 경우 훨씬 더 위험하다)과 동일하지는 않지만, 멀웨어가 장치를 동작하고 제어하는 데 기본적인 권한을 제공한다.

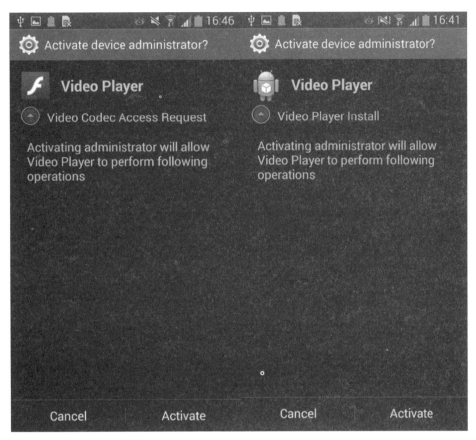

장치 관리자 권한을 요청하는 멀웨어 인스턴스

이 권한은 유틸리티 및 시스템 관련 애플리케이션의 보안 관련 활동을 위해 사용된다. 대조적으로 멀웨어는 이 권한을 사용해 의도된 프로그램 삭제로부터 스스로를 방어한다. 이는 프로그램을 삭제하기 위해서는 해당 장치의 관리자 권한이 해지돼야 함을 의미한다. 예를 들어 로커핀과 같은 잘 알려진 멀웨어는 잠금 화면의 PIN을 설정하거나 변경하기 위해 전용 관리자 권한을 사용한다.

모바일 멀웨어 샘플 분석: SMS 좀비

이번 절에서는 멀웨어의 라이프사이클을 분해하여 모바일 악성 코드 샘플을 분석하는 데 초점을 맞출 것이다.

사용된 툴: Dex2jar, 자바 디컴파일러, 안드로이드 SDK, 달빅 디버거 모니터

영향받은 플랫폼: 안드로이드

멀웨어: SMS 좀비

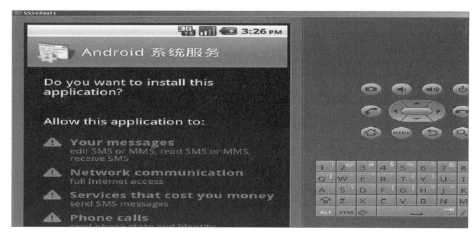

애플리케이션 샘플 설치

분석 관찰

분석 결과 다음과 같은 내용을 확인할 수 있다.

- 일단 설치되면, 멀웨어는 SMS 편집/읽기/수신 권한과 수신 및 발신 통화에 대한 읽기 권한을 얻는다.
- 달빅 디버거 모니터는 로그파일의 변경 사항, 멀웨어에 부여된 파일 권한 및 안드로이드 기기에 배포되는 페이로드를 관찰하는 데 사용되었다.

- 달빅 디버거 모니터를 통해 android.phone.com과 com.xqxmn18.pic이라는 두 파일이 안드로이드 기기의 데이터 파일에 추가되는 것이 관찰되었다
- 이 파일을 열면 또 다른 .apk 파일이 포함된 것을 관찰할 수 있으며, .apk 파일은 안드로이드 기기에서 탈취된 데이터를 전송하기 위한 목적으로 멀웨어 제작자의 전화번호가 담긴 .xml 파일을 포함한다.

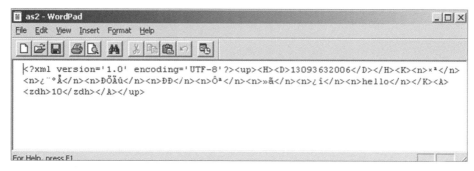

멀웨어 분석

정적 분석

이 절에서는 모바일 멀웨어의 정적 분석 결과를 살펴본다.

안드로이드 매니페스트

- 동적 분석을 수행 결과, 멀웨어에 의해 페이로드가 해당 장치에 배포되고 있음
  이 관찰됐다. 이는 AndroidManifest.xml로 구성된 다른 .apk 파일로 구성된다.

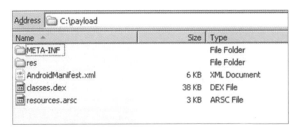

- Apk 툴을 사용해 바이너리 XML 파일을 사람이 읽을 수 있는 XML 파일로 변환
  하여 확인 결과, AndroidManifest.xml 파일이 com.xqxmn18.pic 패키지를 호
  출한 후 멀웨어 제작자에게 SMS를 전송하는 것으로 나타났다.
- Dex2jar를 사용해 .dex 파일을 .jar 파일로 변환한 다음 자바 디컴파일러를 사용
  해 .jar를 디컴파일하면 전체 코드 분석을 수행할 수 있다.

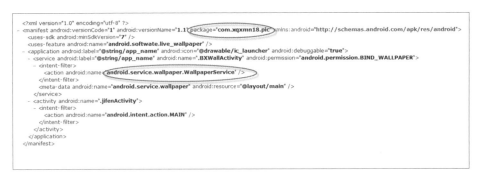

해당 파일의 정적 분석

모바일 멀웨어의 가능한 감염 벡터는 다음과 같다.

- 이메일/스팸
- 의심스러운 애플리케이션
- SMS

- 손상된 사이트
- 악의적인 웹 사이트

모바일 멀웨어가 미치는 영향은 주로 다음과 같다.

- **침입**: 공격이 성공하면 자격 증명을 건너뛰고 표적 시스템에 접근할 수 있다.
- **정보 도난, 정보 공개**: 공격이 성공하면 기업의 민감한 데이터가 유출될 수 있다.
- **브랜드 평판 저하**: 멀웨어 제작자는 모바일 컴퓨팅 플랫폼의 다양한 취약점을 공략한다.
- **비즈니스 운영 중단**: 멀웨어는 잠재적으로 기업의 서비스 가용성에 영향을 미칠 수 있는 보안 허점/취약점을 악용할 수 있다.
- **악용**: 멀웨어는 기업의 소프트웨어 취약점을 악용하여 표적 시스템의 접근/통제 정보를 획득할 수 있다.

▌ 랜섬웨어 타임라인

초기 버전의 모바일용 랜섬웨어는 주로 안티바이러스를 위장하는 기능(합법적인 안티바이러스 애플리케이션으로 가장)이 추가된 시나리오였다. 위조 AV는 오래전부터 존재해 왔으며, 데스크톱 환경에서는 2004년, 모바일 환경에서는 2011년 초부터 사용할 수 있었다. 주로 백신을 모방해 모바일 기기의 모든 파일 및 폴더를 스캔한 후에 감염된 파일을 띄우고 관련된 모든 위험 요소를 제거하기 위한 수수료를 요구하는 형태다. 이러한 멀웨어는 가짜 경보를 띄워 장치가 멀웨어에 감염됐다고 믿게 함으로써 감염된 희생자들에게 돈을 갈취하기 때문에 스케어웨어라고 불리기도 한다.

위조 AV들은 랜섬웨어로 간주되기도 간주되지 않기도 하는데, 이는 애플리케이션의 특징에 달려있다. 일부 위조 AV들은 기기가 멀웨어에 감염됐다고 속이고 알람을 띄움으로써 감염된 희생자들에게 지불을 요구하는 반면, 일부는 실제로 랜섬웨어가 내장돼 있어 기기를 암호화하고 잠금 해제 비용을 지불하도록 강요하기 때문이다.

랜섬웨어와 강탈 시도는 주로 윈도우의 락 스크린 멀웨어로 나타났으며 주로 사법 기관, FBI, 현지 경찰로 가장하여 희생자를 겁주고 벌금을 지급하라는 까다로운 메시지를 포함했다.

안드로이드 디펜더

디펜더, 위조 안티바이러스의 인스턴스는 안드로이드 기반 모바일 기기를 겨냥한 최초의 랜섬웨어라 할 수 있다. 이는 2012년 말부터 2013년 중반 사이에 처음으로 확인됐다. 다음 화면은 실제 안티바이러스 애플리케이션과 유사한 동작 방식으로 사용자를 속이는 악성 애플리케이션의 GUI이다. 이는 애플리케이션의 여러 단계를 보여준다.

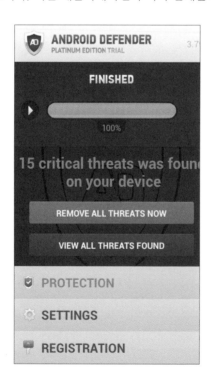

사용자가 이 애플리케이션을 합법적인 것으로 간주하도록 속이기 위해 모바일 기기와 메모리 카드상에 실제 존재하는 파일과 폴더 및 다른 종류의 멀웨어 파일명(실제로 존재함)을 화면에 표시한다.

위조 AV

이 애플리케이션의 좋은 점은 사용자가 애플리케이션을 계속 사용할지, 장치를 보호되지 않은 상태로 남길지 여부를 제어할 수 있다는 점이다.

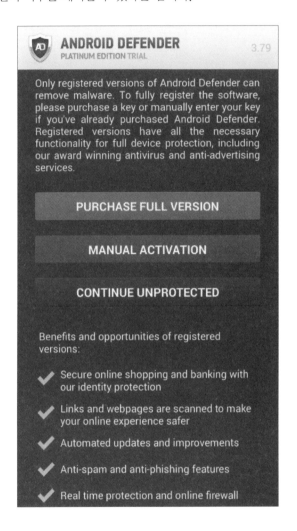

그럼에도 불구하고 사용자가 애플리케이션을 클릭할 때마다 팝업이나 여러 알림을 표시함으로써 장치를 사용할 수 없게 만든다. 사용자가 빨간색 버튼을 클릭하면 알림 팝업이 닫히지만 사용자의 행위를 방해하는 또 다른 팝업창이 생성된다.

멀웨어 팝업

이 애플리케이션은 실행된 후 6시간이 지나면 더 공격적인 모드로 전환된다. 그러면 감염된 사용자가 요구한 금액을 지불할 때까지 종료 불가한 성인용 이미지를 전체 화면으로 표시한다.

다음 화면은 99.98달러를 결제하기 위해 신용카드, 개인 정보 등 중요한 데이터를 입력하도록 요구하는 화면이다. 한 번 공유된 사용자의 신용 데이터는 추가로 악용될 수 있다.

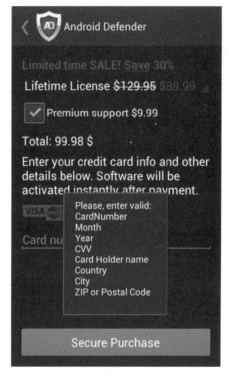

구매 옵션

경찰 랜섬웨어

앞서 락 스크린의 다양한 변종이 포함된 멀웨어에 대해 논의했다. 락 스크린은 희생자에게 블루 스크린을 띄웠으며, 일부는 윈도우상에 메시지를 띄우기도 했다. 가장 많이 사용된 잠금 화면은 FBI나 경찰을 가장한 알림 화면으로, 감염자의 시스템에서 불법적인 행위가 확인돼 시스템이 잠겼다는 내용이 서술돼 있다.

레벤톤^{Reventon}은 이런 랜섬웨어 변종 중 하나로 알려져 있다. 실제 형법을 인용해 몸값 메시지를 띄우며, 사용자가 벌금을 직접 지불할 수 있다는 내용도 언급한다. 흥미로운 측면은 이 멀웨어가 IP 기반으로 지리학적 위치를 파악하고, 파악한 로컬 지역의 관련 법률에 따라 몸값 메시지와 잠금 화면을 제작한다는 점이다.

러시아어 사용자를 겨냥한 초기 멀웨어 변종

모바일 기기에서 이런 유형의 랜섬웨어가 최초로 발견된 것은 2014년 상반기로 확인됐으며, 이 최초 샘플은 러시아어를 사용하는 모바일 사용자를 대상으로 하고 있다. 글로벌 모바일 사용자를 대상으로 한 위치 인식 멀웨어가 도입되면서 영문 변종이 등장하기까지는 그리 오랜 시간이 걸리지 않았다.

러시아어, 우크라이나어, 카자흐스탄어 등 다양한 언어로 표기된 카메라샷을 보여주는 로커 멀웨어 변종

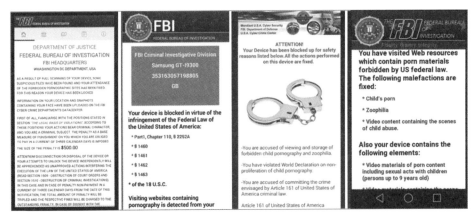

영어로 표기하도록 변형된 멀웨어 변종

심플로커

2014년 2분기에 모바일 기기를 겨냥한 다양한 암호화 랜섬웨어가 확인됐다. 이는 같은 종류의 멀웨어(크립토락커, CTB 로커, 크립토웰)가 전 세계에 걸쳐 윈도우 사용자에게 막대한 영향을 끼치던 시기다. 일단 멀웨어가 실행되면 다음 그림과 같이 메시지를 띄우며 백그라운드 프로세스에서 파일 암호화를 시작한다.

심플로커Simplocker는 주로 모바일 기기와 SD 카드를 스캔해 이미지 파일 확장자(.jpg, .png 등), 문서 파일 형식(PDF, DOC 등), 미디어 형식(MP4, AVI 등)을 찾아내고, 이를 강력한 AES 암호화 방법을 사용해 암호화시킨다.

또한 윈도우 운영체제를 대상으로 한 기존의 암호화 랜섬웨어와는 달리 암호화 키가 애플리케이션 바이너리에 평문으로 하드코딩된 것이 확인됐다. 이는 이전 버전의 멀웨어가 미숙한 상태였으며, 초기 개발 단계이거나 검증 단계에 있었음을 의미한다.

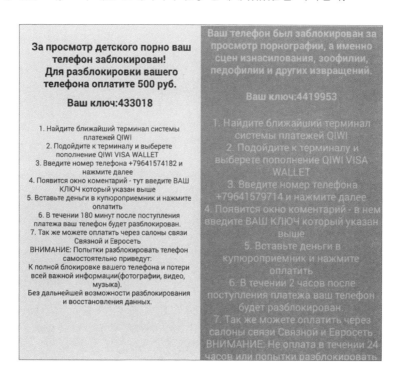

몸값 메시지의 대부분은 러시아어로 되어 있고, 지불은 우크라이나의 화폐 단위인 그리브나로 요청했다. 멀웨어 제작자는 머니씨나 키위와 같이 신용카드보다 추적이 훨씬 어려운 선불 바우처를 통해 몸값을 지불하도록 지시했다.

За просмотр и распространение детской порнографии и видео со сценами зоофилии ваш телефон ЗАБЛОКИРОВАН!
Для разблокировки вашего телефона оплатите 1200 руб. У вас есть 24 часа на оплату, в противном случае все данные с вашего телефона будут безвозратно уничтоженны!

1. Найдите ближайший терминал системы платежей QIWI
2. Подойдите к терминалу и выберете пополнение QIWI VISA WALLET
3. Введите номер телефона +79606248077 и нажмите далее
4. Появится окно коментарий - тут введите ВАШ номер телефона без 7ки
5. Вставьте деньги в купюроприемник и нажмите оплатить
6. В течении 180 минут после поступления платежа мы разблокируем ваш телефон.

몸값 요청

멀웨어가 사용자에게 알림을 띄울 때 사용하는 언어와 지불 방식을 통해 멀웨어 제작자가 우크라이나의 모바일 사용자를 겨냥한 것임을 확인할 수 있었다.

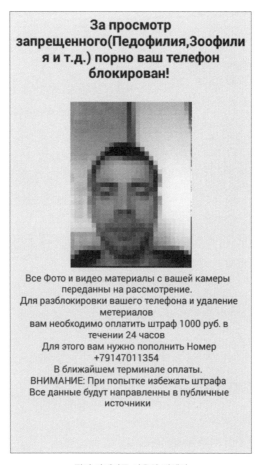

전면 카메라를 사용한 멀웨어

일부 멀웨어 변종은 모바일 기기의 카메라를 통해 피해자의 사진 찍고, 이를 화면에 표시함으로써 영향도를 증가시킨다.

심플로커 배포 벡터

심플로커 배포 벡터 멀웨어는, 모바일 기기 플랫폼을 대상으로 하는 다른 멀웨어와 마찬가지로 불법 애플리케이션을 합법적인 애플리케이션으로 위장해 다운로드하고 배포하도록 만든다. 일반적으로 성인용 애플리케이션(성인 동영상 시청용 애플리케이션), 게임 애플리케이션(그랜드 세프트 오토 등), 일반 유틸리티 애플리케이션(플래시 등)으로 위장하며 트로이목마 다운로더를 통해 전파된다. 트로이 목마 다운로더는 모바일 기기 영역에서 그리 흔하지 않지만, 엄청나게 진화하고 있다. 이 애플리케이션은 오직 다른 악성 멀웨어를 다운로드하는 데만 집중되어 있다.

트로이 목마 다운로더와 같은 애플리케이션은 여러 가지 이유로 인해 구글 플레이와 같은 애플리케이션 스토어 스토리지에 들어갈 가능성이 훨씬 높다.

- 이 경우 애플리케이션이 수행하는 유일한 행위는 외부 URL을 여는 것이다. 이러한 행위는 악의적인 행위로 규정될 수 없다.
- 요청된 사용 권한이 없으므로, 악의적인 호출을 통해 애플리케이션을 설치하고 사용자에게 권한을 요청할 수 있다.

또한 대부분의 경우 애플리케이션 내에 포함된 URL이 악성 패키지를 가리키지 않는 것으로 확인됐다. 사용자가 리다이렉션된 URL에 접근하면 악성 패키지가 제공되며, 이후 사이버 범죄자가 제어하는 서버나 인스턴스에 다시 리다이렉션된다.

심플로커가 공식 구글 스토어를 통해 유포되는 것은 목격되지 않았다.

영문 심플로커

심플로커의 최초 샘플이 발견된 직후, 새로운 변종들이 다양한 방향으로 개선되어 시장으로 확산되고 있다는 사실이 감지됐다. 가장 분명한 변화는 언어이다. 이제 멀웨어 제작자는 러시아어 대신 영어를 사용하고 있었다. 메시지의 의도는 이전과 유사하며 시스템을 통한 불법적인 행위(불법 복제, 음란물 등)의 흔적이 탐지되어, 장치가 사법 기관에 의해 차단되었다는 내용이다. 또한 몸값은 머니팔을 바우처를 통해 지불하도록 요청하고 있으며, 미화 약 200달러에서 500달러 범위에 포함된다. 이전 버전의 변종들과 마찬가지로 이 멀웨어도 사용자에게 카메라 피드를 제공했다.

영문 몸값 메시지

최신 멀웨어 변종 또한 시간이 흐름에 따라 변형됐으며, 가장 두드러지게 드러나는 것은 몸값 요청 메시지의 디자인 및 시각적인 변화다. 기존 FBI가 아닌 나사를 사용하기 시작했으며, 같은 유형의 메시지를 사용해 포르노 사이트를 방문한 희생자에게 500달러의 벌금을 요구했다.

NSA 랜섬 메시지

문서, 이미지 및 비디오 형식을 암호화하는 이전 변종들과는 달리, 심플로커는 ZIP, 7z, PAR 포맷과 같은 압축 파일도 암호화시킨다. 안드로이드 파일 백업 솔루션은 백업 파일을 아카이브 파일로 저장하기 때문에 추가 암호화 기능의 잠재적인 영향도는 엄청나다. 사용자가 멀웨어에 감염된다면 모든 백업 파일도 암호화된다는 것을 의미한다.

향상된 멀웨어 변종들 또한 멀웨어에게 장치 관리자 권한을 부여하도록 사용자를 속인다. 권한이 부여되면 멀웨어 삭제 과정이 더 복잡해지는데 이는 사용자가 이 멀웨어를 제거하기 전에 우선적으로 애플리케이션을 취소해야 하기 때문이다. 이는 특히 랜섬웨어가 화면을 잠그고 사용자의 모든 행위를 방해하는 상황에서는 상당히 어려운 일이다.

또 다른 주요 측면은 명령 제어 센터와의 통신을 위한 업데이트된 통신 프로토콜이다. 현재는 XMPP Extensible Messaging and Presence Protocol 프로토콜이 사용되고 있으며, 이 프로토콜을 사용하는 경우 다른 프로토콜을 사용할 때보다 탐지가 훨씬 복잡해진다. 주로 감염된 장치의 상세 정보를 공유하고 멀웨어 연산 명령을 실행하는 데 사용된다.

이 멀웨어의 발전 중 가장 중요한 측면은 멀웨어가 희생자 파일을 암호화하는 데 사용하는 암호화 키다. 새로운 멀웨어 변형은 명령 제어 서버에 의해 생성 및 전송된 고유의 암호화 키를 사용한다는 것이 관찰됐다. 따라서 감염된 파일을 통해 쉽게 암호를 해독하는 것은 더 이상 불가능하다.

로커핀

화면 잠금 기능을 가지는 멀웨어는 몸값 띄우기 위해 창을 무한 루프로 호출했다. 장치를 잠그기 위해 여러 가지 자체 방어 기술을 구현했더라도 장치 관리자 권한을 비활성화하고 안전 모드에서 악의적인 애플리케이션을 제거함으로써 장치를 잠금 해제하는 것은 어렵지 않다.

불행하게도, 2015년 중반 멀웨어 제작자가 멀웨어의 접근 방식을 변형한 것으로 확인됐다. 이 경우 사용자가 멀웨어에 감염됐을 때, 화면 잠금을 제거하는 유일한 방법은 장치가 사전에 루팅돼 있거나 PIN을 다시 설정할 수 있는 MDM 솔루션이 있는 경우다. 마지막 수단은 기기에 존재하는 모든 데이터를 삭제하는 공장 초기화를 수행하는 것이다.

이 멀웨어에 사용되는 주요 메커니즘은 매우 간단하다. 안드로이드에 내장된 화면 잠금 메커니즘을 사용해 장치에 PIN을 설정하거나 기존에 PIN이 설정된 경우 값을 수정했다. 이는 표적 사용자가 악성 애플리케이션에 장치 관리자 권한을 부여한 경우에만 가능하다.

 여러 보안 업체가 제공하는 통계에 따르면 감염된 모바일 기기의 대부분이 미국에 있는 것으로 나타났다. 멀웨어 제작자는 추세에 따라 그들의 표적을 러시아, 우크라이나에서 미국으로 전환하고 있음이 관찰됐다. 이는 미국이 잠재적으로 더 높은 이익을 거둘 수 있기 때문이다.

안드로이드 장치를 감염시키는 대부분의 멀웨어는 최종 모바일 사용자가 제공하는 권한에 의존한다. 오늘날 대부분의 멀웨어는 '패치 설치'와 같은 메시지와 함께 여러 개의 창을 표시하는 등 은닉 기술을 사용한다. 이는 장치 관리자를 활성화를 표시하는 기본 창을 트리거한다. 따라서 사용자가 합법적인 것으로 보이는 버튼을 클릭하면, 애플리케이션의 패치를 설치하는 것으로 가장한 후 실제로는 기본 장치 관리자 권한을 활성화시킨다.

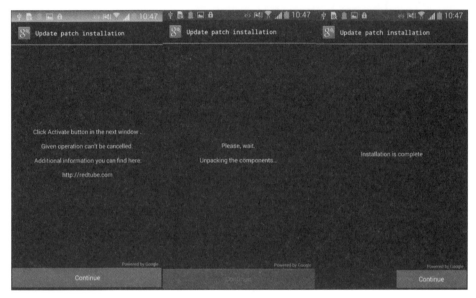

장치 관리자 권한을 은밀하게 획득하는 멀웨어

다른 멀웨어 변종들과 마찬가지로 멀웨어가 설치되면 FBI를 사칭하는 허위 메시지가 표시되며 몸값 500달러를 지불하도록 요구한다.

몸값 메시지

몸값 메시지가 표시되면, 모바일 기기의 PIN 코드는 멀웨어가 랜덤하게 생성한 번호로 자동 설정된다. 일부 변종에서는 기기의 PIN을 제거하고 값을 0으로 재설정하는 것이 관찰됐다.

로커핀에 감염돼 잠겨 있는 기기

로커핀의 공격적인 자체 방어

로커핀은 멀웨어가 모바일 기기로부터 제거되는 것을 방지하기 위해 다양한 자체 방어 기능을 갖췄다. 일반적으로 사용자가 애플리케이션에 대한 장치 관리자 권한을 비활성화하려는 모든 유형의 시도가 실패한다. 권한을 제거하려는 이벤트가 트리거되는 즉시 권한을 다시 활성화시키는 콜백 함수가 실행되도록 등록되어 있기 때문이다.

사용자가 제거 시도를 할 때마다 장치 관리자 권한이 강제로 프로비저닝되는 방법과 마찬가지로, 멀웨어는 장치 관리자 권한 승인 창 위에 허위 메시지 창을 띄움으로써 권한을 재활성화시킨다.

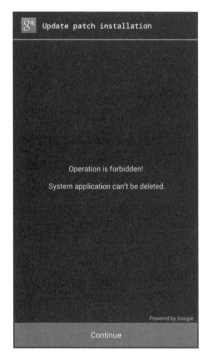

권한을 취소하려는 시도를 차단하는 멀웨어

자체 보호 메커니즘 중 하나는 AV가 실행될 때 현재 동작 중인 안티바이러스/안티 멀웨어 프로세스를 중지시키는 것이다. 다음과 같이 멀웨어가 어베스트, 닥터웹, 이셋 모바일 보안 솔루션으로부터 스스로를 보호하려고 시도하는 것을 확인할 수 있다.

```
if(v26.get(v19).processName.contains(((CharSequence)v11))) {        com.eset
    this.killProc(v26.get(v19));                                    com.avast
    this.KickAv(v17, v26, v19);                                     com.drweb
}                                                                   com.android.settings
```

실행 중인 AV 프로세스를 중지시키려는 멀웨어

지셧

이 절에서는 좀 더 특별한 멀웨어에 대해 다룬다. 이 책에서 다룬 멀웨어는 주로 재정적인 이익을 얻는 것이 목적이었다. 하지만 지셧Jisut 랜섬웨어는 재미로 만들어졌다는 느낌을 준다. 이 멀웨어는 초보 사이버 범죄자의 소행으로 보이며, 주로 중국에서 발견된다.

2014년 상반기에 처음으로 등장했으며, 이후 메시지, 템플릿 등을 일부 수정한 여러 변종들이 관찰됐다. 이 멀웨어는 모든 모바일 행위를 오버레이해 최상위에 검은색 배경의 전체 화면을 띄운다. 따라서 사용자는 장치가 잠겨 있거나 꺼져 있다고 생각하며, 전원 종료/재시작 메뉴를 띄우려고 시도하면 아래와 같이 조롱 메시지가 표시된다.

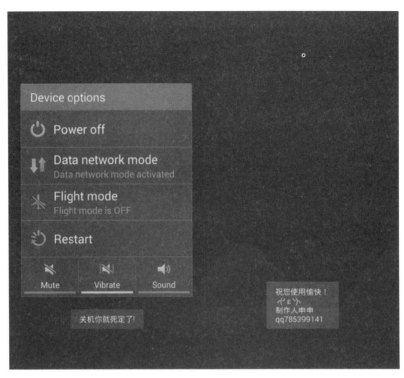

Device options

(1) Power off

↕↑ Data network mode
Data network mode activated

✈ Flight mode
Flight mode is OFF

↻ Restart

🔇 Mute   🔇 Vibrate   🔊 Sound

关机你就死定了!

祝您使用愉快!
٩(•ε•)۶
制作人申申
qq785399141

조롱 메시지: 왼쪽 "꺼져, 넌 죽었어!", 오른쪽 "즐거운 시간 보내!"

일부 변종에서는 '나는 멍청이'라는 메시지를 클릭하라고 하는데, 이런 행위는 그냥 사용자를 조롱하려는 것이 목적이다.

"아래 버튼을 1000번 이하로 클릭하시오" 메시지

이 장에서 설명한 다른 멀웨어들과 마찬가지로, 몇몇 변종은 모바일 기기 잠금 화면과 암호를 수정하거나 설정하기도 한다.

멀웨어에 의해 PIN 및 암호로 잠긴 모바일 기기

사용자 정의된 잠금 화면

▌ 휴대 전화를 보호하라

모바일 사용자가 환경 전반에 걸쳐 존재하는 잠재적인 랜섬웨어 위협과 이에 대한 예방 조치의 중요성을 인식하는 것이 매우 중요하다. 모든 개인 사용자가 고려해야 할 핵심 사항 중 하나는 서드파티 포털이나 악성 앱 스토어를 통해 기기에 설치되는 비공식 애플리케이션을 방지하는 것이다. 또한 장치에 저장돼 있는 모든 중요 데이터를 백업하는 것은 필수이다.

사용자가 멀웨어에 대해 적절한 조치를 취한다면, 절대로 몸값 요청을 볼 일은 없을 것이다. 이미 멀웨어에 감염된 상태라면 다음과 같은 다양한 조치를 취해 멀웨어를 제거할 수 있다.

- 서드파티 애플리케이션이 실행되지 않도록 장치를 안전모드로 부팅하라. 대부분의 경우 이 방법으로 악성 애플리케이션을 수동으로 제거할 수 있다.
- 멀웨어가 일정 수준의 권한으로 잠겨있는 경우, 애플리케이션을 제거하기 전에 멀웨어를 취소해야 한다. MDM 솔루션이 설치돼 있는 기업용 장치의 경우, 사용자의 요구 사항에 따라 잠금을 재설정할 수 있다. 또는 구글 디바이스 매니저를 사용해 같은 작업을 진행할 수 있다.
- 모든 솔루션이 동작하지 않는다면 최후의 수단으로 공장 초기화를 진행한다.
- 암호화 랜섬웨어가 멀웨어를 기반으로 하는 경우, 복호화 가능 여부를 알 수 없다. 몸값을 지불하더라도 암호화된 파일을 해독할 수 있다는 보장이 없기 때문에, 몸값을 지불하지 않는 것을 권장한다.

멀웨어 제작자의 요구에 응하는 것은 문제를 전반적으로 악화시키는 것이다. 기업은 다음과 같은 방법을 통해 보안 위협을 제거할 수 있다.

- 법률, 규제, 기업을 포함해 모바일 환경만의 요구 사항이 반영되도록 관리 프레임워크, 정책, 절차를 검토하고 업데이트한다.
- 종단 장치의 보안 상태에 따라 접근을 통제해야 한다. 다음은 통제를 적용하는 기준에 대한 예제다.
  - 탈옥하거나 루팅된 장치
  - 자사 정책
  - 사용자의 역할
- 엔터프라이즈 애플리케이션을 통해 경계를 정의하고 악성 행위를 차단하도록 보안 통제 구현한다.
- 기업 보안 정책에 부합하는 엔드 포인트 보안 솔루션을 구현한다.
- 기업 패치 관리 정책에 따른 운영체제, 모바일 애플리케이션 패치를 구현한다.

▌ 미래 예측

IoT와 같은 기술을 활용한 대규모의 정교한 공격이 전 세계적으로 증가하고 있다. 오늘날 증가하는 공격들을 기반으로 다음과 같은 사항들이 예측된다.

- **교차 플랫폼 공격**: 멀웨어는 코드를 일부만 수정함으로써 여러 모바일 플랫폼을 감염시킬 수 있다.
- **표적 공격**: 멀웨어 제작자는 기업 내에 존재하는 보안 허점/취약점을 이용해 표적 시스템을 손상시킬 수 있다.

- **사회 공학적 공격**: 멀웨어는 합법적인 애플리케이션으로 가장해 모바일 플랫폼을 공격할 수 있다.
- **모바일 봇넷**: 모바일 봇넷은 잠재적으로 장치 및 내부 콘텐츠에 접근할 수 있다. 패치되지 않은 모바일 기기를 공격하여 장치의 루트 권한을 얻은 후 공격자가 이 메일이나 문자를 보낼 수 있도록 한다.

▌ 요약

이 장에서는 일반적인 모바일 랜섬웨어를 다뤘으며, 7장에서는 사용자가 감염돼 랜섬웨어를 통해 몸값을 지불한 이후를 다룬다. 사이버 범죄 세계에서 다양한 유형의 공격에서 그들이 어떤 방법으로 디지털 화폐를 수신할 수 있는지 알아본다.

7장에서는 디지털 통화를 상세히 이해하고 다양한 유형의 강탈을 통한 돈의 흐름을 이해할 수 있도록 사이버 범죄 세계를 깊이 있게 살펴본다.

07

돈의 흐름

모든 강탈 행위는 돈과 연관돼 있다. 다양한 공격 방법을 통해 성공적으로 강탈 행위를 수행한 결과, 강탈 행위로 얻은 수익이 보이게 되고 강탈 행위는 돈과 연관되어 있다는 것이 증명됐다. 이로 인해 더 많은 사이버 범죄자들이 강탈 행위에 가담하고, 강탈 방법(심지어 공격자들의 수보다 몇 배나 많다)이 증식하게 됐다.

7장에서는 사이버 범죄 세계의 깊은 곳으로 들어가, 디지털 화폐의 특성을 면밀하게 알아보고, 다양한 유형의 강탈 행위에서 발생하는 돈의 흐름을 살펴본다. 그리고 사이버 강탈자를 잡기 힘든 이유와 미래에 비트코인 같은 암호 화폐 환경에서 사이버 범죄자가 숨을 수 없는 이유를 알아본다. 또한 사이버 관련 지식이 적은 사람도 배포할 수 있도록 사용자 친화적으로 설계돼 견고한 방어가 중요한 요소인 서비스형 랜섬웨어를 다룬다.

7장에서 다루는 내용은 다음과 같다.

- 암호 화폐
- 블록체인
- 비트코인
- 공격자를 잡기 어려운 이유
- 서비스형 랜섬웨어

▌ 암호 화폐

돈을 강탈하기 위해 서비스를 무용지물로 만드는 DDoS나 데이터를 추출하거나 훔칠 수 있는 랜섬웨어를 사용해 기관을 강탈하는 사이버 강탈자의 수가 증가하고 있는 상황에서 암호 화폐는 중요한 역할을 담당하고 있다.

예로부터 동전, 조개 껍데기, 점토판부터 현재의 종이와 신용카드까지 다양한 물건이 가치와 교환의 매체로 사용돼 왔다.

 18세기 초, 여러 국가들은 금본위제라고 하는 통화/재정 시스템을 형성할 수 있는 신용카드를 지지하기 위해 금과 은같은 귀금속을 점진적으로 사용했다. 이는 정부로 하여금 통화를 보조하기 위해 귀금속 매장량을 유지하는 것을 필수적으로 하게 만들었다. 20세기 후반, 세계 경제가 복합/다면적으로 되어 감에 따라, 대부분의 국가는 금본위제에서 벗어나, 관련 정부의 법률과 신탁을 기반으로 명목 화폐를 창출했다.

돈의 진화라고 볼 수 있는 가치의 저장 수단, 교환 표준, 계정 단위가 완성되어 가면서, 돈을 교환하는 방법과 방식이 생겨났다. 이런 관점에서 돈의 교환은 끊임없이 이용할 수 있는 기능이다. 수표를 발명하기 전, 통화는 귀금속에서 동전, 종이와 플라스틱 돈, 신용카드로 변했다. 이런 것은 인터넷 시대에 만들어진 것이 아니다.

전체적으로 본다면, 현재의 통화는 단순히 거래의 필요성과 네트워크로 연결된 디지털 세계에서 활동하는 소비자를 충족시키기 위해 개선되어 왔다.

이와 같이 암호 화폐는 근본적으로 분산 경제 시스템을 구축하기 위해 암호화 기법과 해싱 알고리즘을 사용한다.

- 암호 화폐는 암호학적으로 보호된 텍스트 파일 내에서 숫자 형태를 하고 있다.
- 거래는 기본적으로 '익명성'을 지니고 있으며 통화는 분산 원장이 거래의 내용을 보관하는 분산 관리 모델을 허용한다.
- 암호 화폐 거래는 향상된 처리량을 위해 잠재적으로 고속 연산 처리가 가능한 컴퓨터에 의해 수행된다.
- 디지털 연산은 일반적으로 발생하는 인적 오류의 위험을 제거한다. 디지털 연산은 수학적으로 제어되기 때문에 화폐 생산량을 남용하는 것은 불가능에 가깝다.
- 사기꾼, 사이버 범죄자, 사이버 강탈자는 규칙을 따르는 것이 규칙을 위반하는 것보다 수익성 측면에서 유리하다는 것을 알게 된다.

비트코인은 구현에 최초로 성공한 분산 암호 화폐다. 가상 및 암호 화폐의 증가량은 사이버 범죄 도구와 범죄 서비스 가용량을 초월한다. 불행히도, 이 상황은 사이버 범죄율을 증가시키고 다른 형태의 혼란을 발생시킨다. 게다가, 맥아피의 보고서에 따르면 이런 종류의 화폐는 금융 기관과 거래소, 전자지갑 공격을 목표로 하는 성향을 가진 돈 세탁에 악용될 가능성이 있다.

오늘날, 대부분의 사람은 암호 화폐나 가상 화폐라 하면 가장 먼저 비트코인을 떠올린다. 실제로 비트코인은 기존 통화 제도의 다양한 유형 중 널리 퍼진 통화 제도다. 유럽 중앙 은행에 따르면 디지털 화폐는 두 가지 범주로 분류할 수 있다.

- 전자 화폐 제도(단위는 달러, 파운드 등 전통적인 화폐의 단위다)
- 가상 화폐(허구의 단위를 사용)

유럽 중앙 은행이 정의한 두 가지 화폐 범주의 특징은 다음 표에 나와 있다.

특징	전자 화폐 제도	가상 화폐 제도
돈의 형식	디지털	디지털
화폐 단위	법정통화 상태의 화폐(달러, 유로 등)	법정 통화가 아닌 가상 화폐(린덴 달러, 비트코인 등)
수락	발행자가 아닌 다른 기관의 동의	일반적으로 특정 가상 단체 내
법정 화폐	통제	비통제
발행자	합법적으로 설립된 전자 화폐 기관	비금융권 사설 기업
화폐 공급량	고정	비고정(발행자의 결정에 의존)
기금 사용 가능성	보장(액면 가격)	보장하지 않음
관리 주체	있음	없음
위험의 유형	주로 운영 중 발생	법, 신용, 유동성, 운영 중 발생

블록체인

블록체인은 중앙 권한의 관리없이 거래가 검증되고, 연결된 블록에 안전하게 저장되는 디지털 공개 원장 또는 데이터베이스라 할 수 있다.

블록체인은 다양한 산업 분야를 변화시킬 수 있는 독특하고 가치 있는 특성이 있다. 주요한 특성은 다음과 같다.

- **분산 원장**: 원장은 네트워크상 모든 노드에 공유되고, 모든 거래의 기록을 담고 있다.
- **분산 네트워크**: 블록체인 내 데이터베이스는 네트워크 참여자가 중앙 권한 없이 분산 방식으로 유지 관리한다.
- **거래 변조 불가능**: 모든 노드가 현재 원장 상태에 대한 합의를 이루고 있어 원장 내 거래 내용을 임의로 변경할 수 없다.

- **서드파티 기관 검증 불필요**: 블록체인 내 모든 거래는 모든 노드 내에 있는 독립적 데이터 채굴자에게 검증을 받고, 신원이 밝혀지지 않은 참가자도 편견 없이 거래를 진행할 수 있다.
- **실시간 기록**: 원장의 내용은 모든 노드에 즉시 업데이트된다.

블록체인의 거래 흐름도

블록체인의 거래 과정은 다음 그림과 같다.

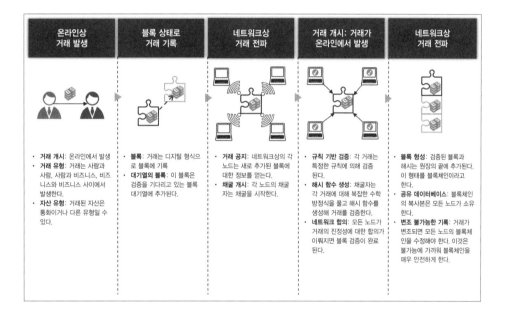

위 그림은 각 단계에 관련된 주요 요소에 대한 통찰력을 제공하는 5가지 주요 영역에서 블록체인의 작업 흐름을 보여준다.

1. 거래 초기화
2. 거래 기록
3. 거래 전파

4. 거래 검증

5. 블록 추가

블록체인 기술에 대한 일반적인 오해

다음 항목은 블록체인 기술에 대해 가장 일반적으로 잘못 알고 있는 내용이다.

- **블록체인은 재무부서의 FTE 비용을 절감할 수 있다**: 블록체인은 혁신적 기술 중 하나 지만, 인간의 역할을 대체하는 것을 목표로 하지 않는다. 블록체인은 기업 내 많은 프로세스를 자동화하여 재무 분야에서 사람에 대한 의존도를 줄이는 데(없애는 것이 아님) 도움이 된다. 블록체인은 실제로 회계사뿐 아니라 이 분야의 전문가를 창출한다.

- **블록체인은 모든 비즈니스 분야에 적용되어 비즈니스 기능을 향상시킬 수 있는 기술이다**: 현재 블록체인의 형태는 모든 비즈니스 분야에 적용하기엔 적합하지 않은 구조를 가지고 있어 실제 적용 시 제한 사항과 고려해야 할 사항이 많다. 블록체인 프레임워크는 블록체인이 가장 잘 작동할 수 있는 시나리오를 검증하는 효과적인 접근 방식이다.

- **블록체인은 과장되어 있으며, 현재의 ERP와 리포팅 시스템을 단순히 업그레이드한 것이다**: 블록체인이 아직 초기 단계에 머물러 있지만, 단순히 과장된 광고라고 볼 수 없다. 블록체인은 ERP 또는 시스템이 업그레이드된 것이 아니라, 기술의 '근본적 변화'와 현 프로세스의 '도약의 변화'라고 볼 수 있다.

- **블록체인으로의 전환은 비즈니스 분야가 아닌 IT 분야에 국한되어 있다**: 블록체인은 기존의 비즈니스 모델과 프로세스를 근본적으로 바꿀 수 있는 새로운 기술, 그 이상의 의미를 갖는다. 블록체인은 비즈니스, 금융, IT 분야 사이에 공유된 시각을 바탕으로 한 지원이 필요하다.

- **블록체인은 모든 금융 문제의 해결 방법을 제공한다**: 비즈니스가 분산 합의 기술로 통합될 때 블록체인은 진정한 의미를 갖게 된다. 비즈니스 협업 시스템을 구축하지 못한다면, 블록체인이 가진 본질과 속도, 효율성, 보안, 비용 절감 부문에서 알려진 이점을 활용할 수 없다.

- **블록체인은 회사의 모든 정보를 저장할 수 있다**: 대용량의 정보를 담고 있는 비즈니스 애플리케이션용 블록체인을 사용하면 블록체인에 저장된 데이터 양은 빠르게 증가한다. 이는 블록체인이 모든 노드에 자신의 블록을 복사해 추가하기 때문이다. 이렇게 되면 블록체인은 속도와 효율성에 영향을 줄만큼 '무거워진다'.

- **블록체인은 사용자의 실수를 방지할 수 있다**: 블록체인이 복잡한 수학 알고리즘을 기반으로 하고 있지만, 블록체인의 노드는 오직 사람의 실수에 예민한 공개 키 해시 값으로 참조된다. 사람이 저지를 수 있는 실수로는 0을 하나 추가로 넣거나 완전히 다른 주소명을 복사하고 붙여넣기하는 것이다.

- **블록체인은 클라우드에 저장할 수 있는 한계까지 데이터를 저장할 수 있다**: 블록체인의 데이터베이스는 필요한 모든 정보를 안정적으로 저장할 수 있지만, 저장된 정보를 분석하는 기능을 추가하면 구조가 매우 복잡해진다. 결과적으로 블록체인은 대용량 데이터베이스 애플리케이션에 사용하기에 적합하지 않다.

비트코인

비트코인 프로토콜은 다른 암호 화폐들과는 다른 특징을 갖는다. 다음은 비트코인 프로토콜의 특성이다.

- **암호화 기법**: 타원 곡선 디지털 서명 알고리즘(ECDSA)
- **해시 함수**: 두 번의 SHA−256 해시 함수 적용 또는 SHA−256과 RIPEMD−160 적용

- 네트워크상 개인 사용자 주소 지정
  - 키 해시^{Key Hash} = BTC 버전 + RIPEMD−160(SHA−256(Public Key))

  - 체크썸^{Checksum} = SHA−256의 첫 4바이트

  - 비트코인 주소 = Base58Encode(Key Hash + Checksum)
- **블록 헤더**: 모든 블록은 블록체인의 버전, 타임 스탬프, 이전 블록의 해시 값을 가리키고 있는 포인터, 머클 루트 해시, 작업 증명 넌스, 거래 수를 포함한 특별한 블록헤더를 가지고 있다.
- **작업 증명**^{Proof-of-Work}: 작업 증명은 블록헤더와 함께 해시됐을 때 목표 값보다 작은 해시가 되는 넌스를 찾는 작업이다. 목표 값은 모든 블록을 검증하는 데 필요한 시간과 관계된 난이도에 따라 조정할 수 있다.
- **인센티브**: 채굴이라는 프로세스를 통해 검증된 모든 블록에 50BTC를 인센티브로 제공한다. 인센티브는 4년마다 절반이 된다. 현재 인센티브는 25BTC이다.
- **통화 생성**: 채굴은 블록체인 시스템에 새로 생성된 통화를 도입한다. 채굴로 얻은 통화로 시작되는 거래를 코인베이스^{Coin Base} 거래라고 한다.

비트코인 훑어보기

비트코인의 흥미로운 점을 살펴보자.

- 비트코인과 암호 화폐의 개념은 2008년 익명의 신원 정보를 가진 사토시 나카모토가 작성한 논문에서 처음으로 언급됐다.
- 비트코인의 화폐 단위는 BTC이다. 처음 언급된 당시에는 비공식적인 화폐 단위였다.
- 최소 액면가는 사토시. 1사토시 = 10^{-8} BTC
- 시간에 따른 환율− 2009년 10월: 1$=1309.03BTC, 2013년 11월: 1BTC=$1,250
- FBI가 소유한 가장 큰 지갑 − 11FfmbHfnpaZjKFvyi1okTjJJusN455paPH, 144,341.51959292BTC = $142 million 소유

- 최근 비트코인 환율 – $502.83
- Mt.GOX^{Magic: The Gathering Online Exchange}라는 비트코인 교환소가 2010년 7월 도쿄에 설립됐다. 2013년까지 비트코인 거래량의 70%를 점유했지만, 2014년 파산해 운영이 중단됐다.
- 세계 최초 비트코인 ATM – 2013년 10월 캐나다 밴쿠버의 로보코인^{Robocoin}이다.
- 전 세계적으로 현재 100개 이상의 비트코인 ATM이 운영되고 있다.

화폐의 액면가

모든 사토시/비트코인에 대한 거래를 생성하는 것은 실행 불가능할 뿐 아니라, 다수의 거래에서 사용된 모든 비트코인의 사용처를 기록하는 것도 실용적이지 않다. 비트코인 프로토콜은 다수의 거래의 입력값과 출력값을 사용하는 특별한 파이핑 처리 기법을 사용한다.

각 거래는 이전 거래의 출력값을 참조해 다수의 입력값을 가질 수 있다. 합산된 입력값은 출력값이 되어 수취인에게 전달된다.

여분의 합계는 다른 출력값을 사용해 지급인에게 되돌아갈 수 있다. 입력값의 합이 출력값의 합보다 크다면, 그 차이만큼 거래 수수료로 취급돼 거래를 저장하는 블록 생성자에게 돌아간다.

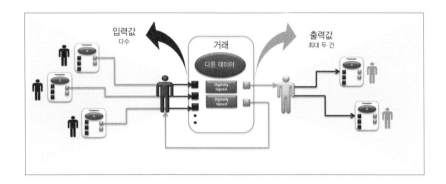

다음 그림은 비트코인의 라이프사이클로, 비트코인 거래가 포함된 전체 과정을 보여준다.

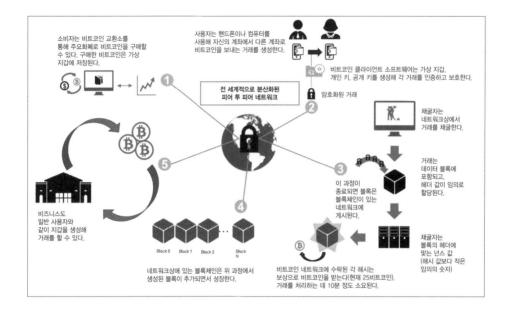

비트코인의 거래와 블록의 데이터 구조는 다음과 같다.

입력값

항목	크기
이전 거래 해시	32바이트
이전 거래 인덱스	4바이트
거래 입력 스크립트 길이	1-9바이트
거래 서명 스크립트	위 항목에 의존
시퀀스 번호	4바이트

거래

항목	크기
비트코인 프로토콜 버전	4바이트
입력값 수	1-9 바이트
입력값 목록	위 항목에 의존
출력값 수	1-9 바이트
출력값 목록	위 항목에 의존
잠금시간-거래 완료 시간	4 바이트

출력값

항목	크기
사토시 단위의 비트코인	4바이트
거래 출력 스크립트 길이	1-9바이트
거래 스크립트 공개 키	위 항목에 의존

블록

항목	크기	항목	크기
매직넘버	4바이트	블록 버전	4바이트
블록 사이즈	4바이트	이전 블록 해시	32바이트
블록 헤더	80바이트	거래의 머클 루트 해시	32바이트
거래 수	1-9바이트	초 단위 현재 시간	4바이트
거래 목록	위 항목에 의존	현재 목표	4바이트
		넌스 값	4바이트

거래와 블록의 샘플

다음 화면은 가공되지 않은 거래를 보여준다.

```
{
  "hash":"99383066a5140b35b93e8f84ef1d40fd720cc201d2aa51915b6c33616587b94f",
  "ver":1,
  "vin_sz":3,
  "vout_sz":2,
  "lock_timc":0,
  "size":552,
  "in":[
    {
      "prev_out":{
        "hash":"3beabcb8818f8331dd8897c2f837a4f6fe5cc5e0f3a7c8806319402d2467c30a",
        "n":0
      },
      "scriptSig":"3044022062ea95519d5d91cbce4086a63b8cd509a4900ba59063b69286236527e31a228e022076de593154c6b7ec3a7414c
04c7d24c58ae83f38bd2fb496758ff544965d58e7e5471ccb7349c8c404c64d0a57b562a20dfdcf152e0a401473ba520e387bf2516a4841a5f5bf5
    },
    {
      "prev_out":{
        "hash":"fdae9b76f974a9476f81c52d5ae1fbbd48cb840722e0805e56de1f9d2da0d9bc",
        "n":0
      },
      "scriptSig":"304502201c08b87eec72c4cb77369da7ef108ac18f29a67dff8865163cac3b155a0e9bf4022100afd61ce024ed33c4eeee5e
026e15a0c21d5f8c708e8b86d2f57ab1b7d31afee4a479e30af29d705532cf59ce"
    },
    {
      "prev_out":{
        "hash":"20c86b709ff4747866ef9f59788d1e18de81956c6501854a15707ccaa11076ce",
        "n":1
      },
      "scriptSig":"3044022038203b996b306916848732679b320be3c511870249da5b03a719f5a1f39cf646022070fd8c34a6ff73ebc8272e5
038a52383beaf9711915f338f9c063332f39443358c1e4bc942da69551093b0896"
    }
  ],
  "out":[
    {
      "value":"0.01068000",
      "scriptPubKey":"OP_DUP OP_HASH160 e8c306229529009d596689cb9212d6519cf6de8a OP_EQUALVERIFY OP_CHECKSIG"
    },
    {
      "value":"4.00000000",
      "scriptPubKey":"OP_DUP OP_HASH160 d644e36b9b295b3a1fa6ca2f816ba1f9340f4606 OP_EQUALVERIFY OP_CHECKSIG"
    }
  ]
}
```

다음 화면은 가공되지 않은 블록의 데이터를 보여주는 예제다.

```
{
  "hash":"000000000000000354ea60f831556ee0998a6a334c9a13de899425af5858075a",
  "ver":2,
  "prev_block":"0000000000000007b6429438a731bdb232b3bfd1c518e0e3a9e928d91035e2f53",
  "mrkl_root":"27025135d4b3f816a5973d6924d3a7c17c4e9ce3ef121057fc6df12c32dc58f5",
  "time":1375238707,
  "bits":436242792,
  "nonce":583234206,
  "n_tx":180,
  "size":61247,
  "tx":[
    {
      "hash":"1812649b588deaa0a72d312a7a5cdaf7328b93fe35b6b134044450e3e21eb2e1",
      "ver":1,
      "vin_sz":1,
      "vout_sz":1,
      "lock_time":0,
      "size":145,
      "in":[
        {
          "prev_out":{
            "hash":"0000000000000000000000000000000000000000000000000000000000000000",
            "n":4294967295
          },
          "coinbase":"0308ce0300046889001a0400000000522cfabe6d6d0000000000048f6b00000e28000048692066726f6d2035304254534432e636f6d203133ac1eeeed88"
        }
      ],
      "out":[
        {
          "value":"25.16860000",
          "scriptPubKey":"OP_DUP OP_HASH160 bfd9c318852ca57a563786e67bb4d0a20b1d8f67 OP_EQUALVERIFY OP_CHECKSIG"
        }
      ]
    },
    {
      "hash":"b70059651da9db4fddde2dec332f7fd62fa172f99224fd318c2fcb15d8ea18f3",
      "ver":1,
      "vin_sz":5,
      "vout_sz":2,
      "lock_time":0,
      "size":978,
      "in":[
        {
          "prev_out":{
            "hash":"b792302fdb17d6f943d288fda6b6aef17e6514f0952fd9d948d1f4b3dd418ab1",
            "n":1
```

프로토콜의 문제점

비트코인에서 발견된 프로토콜의 주요 문제점은 다음과 같다.

- 이기적인 채굴자들
  - 채굴 작업에서 다음 블록 생성 시, 다음 블록 헤드의 첫 값을 알기 위해 잠시 동안 다음 새 블록을 발표하는 것을 멈출 수 있다.
  - 위 작업은 정직한 채굴자들이 불필요한 작업 증명에 시간과 노력을 낭비하는 것을 방지한다.
  - 분석 결과, 전체 컴퓨팅 파워의 $\frac{1}{3}$ 이상을 소유한다면, 항상 이 전략이 성공할 수 있다.

- 51% 공격
  - 전체 컴퓨팅 파워의 51% 이상 소유한 채굴자는 잠재적으로 블록체인을 조작하고 이중 지출 거래를 강제로 시행할 수 있다.
  - 위와 같은 권력을 가질 가능성은 매우 낮지만, 중국 내 채굴자들의 채굴 능력이 블록체인 네트워크상에서 차지하는 비중이 41%에 가까워지면서, 51% 공격 우려가 현실이 되는 듯 했다.
  - 후에 블록체인 커뮤니티의 항의로 인해 중국의 채굴 비중을 낮춰 우려를 잠식시켰다.
- 거래 내역 추적
  - 블록체인 내 거래는 공개적으로 기록되기 때문에, 네트워크상에 있는 누구나 돈의 흐름을 확인할 수 있다.
  - 이 정보만으로는 누가 참여한 거래인지 식별할 수 없다. 하지만 거래 내역을 기반으로 거래 패턴을 구성할 수 있고, 단 하나의 작은 단서를 통해 누가 어떤 주소를 소유하고 있는지 알 수 있다.
- 에너지 소비
  - 작업 증명을 풀기 위해 설치된 매우 많은 기계를 작동시키려면 상당히 많은 양의 전력을 소모해야 한다.
  - 비트코인의 가치를 결정하는 요소 중 하나가 전력 소비량이다.
  - 에너지 사용에 드는 비용이 작아진다면 채굴에 사용하는 에너지 사용량은 선형적으로 증가한다.

보안 관련 우려 사항

비트코인 관련 주요 보안 우려 사항은 다음과 같다.

- 거래의 변형 가능성
  - 거래가 완료되고 블록체인에 포함되기 전까지 기본 데이터와 해시는 변경될 수 있다.

- 이는 수령인이 받아야 할 돈이 아무런 문제 없이 수령인에게 전달되기 때문에 심각한 문제가 아니다. 하지만 만약 수신자가 악의적인 마음을 품고 있다면, 거래를 변경하고 아무것도 받지 못했다고 후에 주장할 수 있다. 이와 같은 경우는 실제로 파산과 관련되어 있는 거래에 발생해 거래를 유예시킨 전력이 있다.
  - 사용자는 확인되지 않은 거래를 할 때 주의를 기울여야 한다.
- 멀웨어
  - 멀웨어는 비트코인 지갑 프로그램이 설치된 컴퓨터를 대상으로 비트코인을 훔친다. 비트코인 지갑 프로그램은 암호화 되지 않은 상태로 저장된다.
  - 멀웨어는 봇넷의 복합 계산 기능을 이용해 허가 받지 않은 채굴로 이어지게 하는 봇넷을 생성한다.
  - 사용자에게 영향을 미치는 랜섬웨어는 다운로드 후 실행 방식 또는 이메일의 첨부 파일을 통해 전파돼 컴퓨터를 점유하고 비트코인이 멀웨어 개발자에게 지급될 때까지 컴퓨터를 잠긴 상태로 유지한다.
- DDoS
  - 비트코인 네트워크가 DDoS 공격의 잠재적인 공격 대상이 되어 네트워크 속도가 느려질 수 있다.
  - 작업 증명 정책이 있어 서비스 거부 공격은 블록체인을 수정할 수 없고, 거래 처리 속도만 저하시킬 수 있다.
- 클라이언트 소프트웨어 취약점
  - 구현된 소프트웨어 플랫폼, 인프라의 취약점은 잠재적으로 비트코인을 훔치거나 블록체인을 강탈하기 위한 컴퓨팅 성능을 얻는 데 악용될 수 있다.
  - 인프라 내 취약점을 찾아내고 최신 패치 업데이트를 진행하면 위와 같은 공격을 막는 데 도움이 된다.
  - 취약점은 어떤 방식이든지 비트코인 블록체인에 영향을 미치지 않고, 소프트웨어 취약점은 비트코인 프로토콜 내에 존재하지 않는다.

비트코인의 경제학

- 가격 변동성
  - 비트코인 가격 변동 가능성은 금값이 변동할 가능성의 7배 이상이다.
  - 비트코인 커뮤니티는 이 같은 이유를 부족한 유동성과 인기 때문이라고 주장한다.
  - 사용자들은 확인 되지 않은 거래를 사용하는 동안 유의해야 한다.
- 규정
  - 정부가 비트코인 거래를 규정할 수 있다.
  - 국세청(IRS)은 이미 비트코인을 통화가 아닌 자산으로 취급하고, 현금보다는 주식으로 취급돼야 하며, 세금 납부의 의무가 있다고 정했다.
  - 이는 비트코인을 대체할 수 없게 만든다.
- 범죄 행위
  - 비트코인이 지난 거래에 대해 익명성을 가지고 있기 때문에, 비트코인은 마약 밀매와 불법 상품 판매가 이뤄지는 지하 시장과 암시장에서 사용됐다.
  - 폰지 사기와 돈 세탁이 의심되는 상황이다.
- 은행의 회의론적 시선
  - 은행권은 비트코인과 그 명성에 대해 회의적이다.
  - 비트코인 회사가 기존 방식으로 은행 계좌를 개설하는 데 문제가 있었고, 통화 투자에 대한 열정을 공유하지 않았다.

비트코인에 대한 통념 타파

본격적인 내용을 다루기 전에, 비트코인에 대한 통념을 타파해보자.

- **통념 1**: 비트코인은 신용 화폐보다 다루기 어렵다! 해결되는 양보다 많은 양의 문제가 발생한다.

  설명:

- 금과 은같은 귀금속과 달리 비트코인은 전송, 보안, 검증 과정이 쉽다.
- 비트코인은 예측이 가능하고 공급이 제한되어 있으며, 어떤 권한에게도 통제받지 않는다.
- 비트코인은 신용 화폐보다 빠르고 싸게 전송할 수 있다.

- **통념 2**: CPU 처리 능력은 비트코인을 위한 투자다.

  설명:

  - CPU 전력 에너지에 의해 비트코인을 얻을 수 있다고 생각하는 것은 적절하지 않다.
  - 비트코인은 연산 능력에 의해 생성되고, 네트워크 보안의 역할을 맡기도 한다.
  - 비트코인의 값은 채굴 과정에서 소모되는 CPU 전력이나 전력량을 기반으로 하지 않는다.

- **통념 3**: 누구나 마음을 먹으면 비트코인을 생성할 수 있다. 비트코인 시스템은 시간이 지나면 인플레이션에 빠지게 된다.

  설명:

  - 화폐 생성은 네트워크에 의해 제어되며, 노드에서 화폐를 생성하는 것은 불가능하다.
  - 각 블록에 의해 채굴된 통화의 양은 4년마다 반으로 감소하게 되고, 포화점에 도달한다.

- **통념 4**: 비트코인은 대부분 해커들의 불법 행위에 사용된다.

  설명:

  - 비트코인 개발은 열정적인 컴퓨터 프로그래머들 사이에서 시작됐다.
  - 비트코인의 익명성 때문에 비트코인 환전 형태는 해커들에 의해 널리 채택됐다. 암시장의 불법 제품들은 비트코인의 익명성을 통해 은밀하게 거래됐다.
  - 하지만 현재 전 세계적으로 25,000개 이상의 상품이 비트코인으로 거래된다.

- **통념 5**: 비트코인 개발자는 음모를 계획하고 소프트웨어 동작을 통제할 수 있다.

  설명:

  ○ 소프트웨어를 수정한 후 거래를 하게 되면 다른 거래와 호환이 되지 않아 해당 거래는 거절 당하게 된다.
  ○ 따라서 비트코인 개발자들은 화폐를 제어하는 데, 제한적이고 권한이 없다.
  ○ 프로토콜 역시 네트워크상 모든 사용자가 동의하지 않으면 수정할 수 없다.
  ○ 다른 개발자들 역시 기존 비트코인 프로토콜을 준수하는 클라이언트 소프트웨어를 만들어야 한다. 이는 다른 개발자가 프로토콜을 변경하는 것을 어렵게 만든다.

▌ 공격자를 잡기 어려운 이유

불법 행위에 참여하는 사이버 범죄자와 강탈자에게 가상 화폐와 암호 화폐의 인기가 점점 더 치솟고 있다. 위 화폐들 중, 특히 비트코인은 딥웹이나 실크로드 같은 웹 사이트를 통해 마약 거래 및 기타 불법 활동에 사용되는 것으로 이름과 명성을 떨치고 있다. 그럼에도 불구하고 우리가 예상하는 주요 위협은 가상 화폐와 암호 화폐를 강탈에 사용하는 것이다. 이 장의 앞 부분에서 다룬 비트코인과 같은 암호 화폐의 수많은 특성은 일반 사용자에게 굉장히 매력적인 요소이지만, 이와 동시에 사이버 범죄자와 강탈자에게 탁월한 화폐로 선택되는 요소이기도 하다. 비트코인은 가장 완벽에 가까운 강탈 화폐로 알려져 있다.

우리는 비트코인 강탈 행위의 인기가 치솟는 이유에 대해 여러 번 질문을 던졌다. 암호 화폐의 전체적인 특징과 특성을 조금만 더 자세히 살펴보면, 비트코인은 완벽에 가까운 강탈 도구임을 알 수 있다. 암호 화폐 사용자는 암호 화폐의 모든 익명성 특징 중, 규제 및 법률 당국에 의해 지불의 흐름을 추적하기 어려운 점 때문에 암호 화폐를 선호한다. 이 점은 대부분의 사이버 범죄자와 강탈자가 여러 가지 광범위하고 위험한 강탈 계획을 실행하는 데 요긴하게 사용할 수 있다.

비트코인은 기존 통화의 모든 기능을 자동화하고 쉽게 만들 수 있다. 특히 더 많은 보안 조치가 거래 중에 고려된다면, 암호 화폐로 거래한 사람들의 장소나 신원을 추적하는 것은 매우 어렵다. 그렇기 때문에 사이버 범죄자는 다크 웹에서 100% 익명성을 가지고 교환할 수 있는 암호 화폐를 선호한다.

대부분의 경우, 암호 화폐가 지닌 익명성과 분산성 때문에 비트코인은 사이버 범죄자에게 가장 적합한 암호 화폐다. 그러나 또 다른 관점이 있다. 우리가 보아 온 비트코인은 진입하는 데 특별한 장벽이 없다. 금융 기관의 승인이나 규정이 필요 없고, 신원 증명, 과세, 거주지 증명 등의 증빙 자료 제공 없이, 비트코인 지갑 주소를 자유롭고 제한 없이 누구나 설정할 수 있다. 이는 누구나 사이버 랜섬 게임에 뛰어들 수 있고 관련 법률이나 규정에 방해를 받지 않고 원하는 만큼 현금화할 수 있다는 의미다.

반대로, 암호 화폐의 익명성이 가지는 주요 문제점은 모든 거래가 공개적으로 기록된다는 것이다. 즉, 누구나, 모두가 블록체인에서 비트코인 거래나 암호 화폐의 흐름을 볼 수 있다는 것이다. 공개 장부에서 널리 사용되는 전반적인 정보는 그 자체만으로는 사용자를 식별할 수 없다(주소는 임의의 숫자로 구성되어 있기 때문). 그러나 어떤 주소가 실제 신원과 연관되거나 추적을 당하게 된다면, 해당 주소를 소유하고 있는 사람이 누구인지 찾아낼 수 있다. 이 같은 정보는 네트워크 분석, 감시 또는 비트코인 주소에 대한 공개 포럼 검색 등 다양한 방법을 통해 추출할 수 있다.

거래 추적을 복잡하게 하는 대부분의 사이버 범죄자는 일반적으로 비트코인을 강탈하고, 다른 여러 거래에서 사용된 주소로 코인을 보낸 후, 사이버 범죄자가 소유한 다른 주소에서 비트코인을 받는 서드파티 서비스를 사용한다. 이것을 비트코인 믹싱 서비스라고 하며, 다양한 서비스가 제공되고 있다. 비트코인 믹싱 서비스는 거래의 라이프사이클을 보관하지 않으므로, 전체 거래를 익명으로 처리하고 모든 정보를 보이지 않게 할 수 있다.

주로 다음과 같은 이유로 사이버 범죄자와 탈취자를 추적하기가 어렵다.

- 각 지불 요청이나 비트코인을 수령할 때마다 새로운 비트코인 주소를 생성하고 이용할 때
- 신원을 알 수 없는 자를 통해 비트코인 흐름을 조정할 때
- 새로운 거래(지불)을 위해 기존 비트코인 주소를 새로운 주소로 통합할 때
- 돈 세탁을 했을 때
- 주소 통합을 위해 서드파티 전자지갑 서비스를 이용할 때

▎ 서비스형 랜섬웨어

오늘날 누구나 사이버 범죄자가 될 수 있는데, 이에 가장 우려스러운 점은 공격 청부(충분한 공격 서비스 매뉴얼을 가진 서비스 형태)의 형태를 띤 사이버 범죄가 주류가 될 수 있다는 점이다. 가장 위협적인 공격의 랜섬웨어는 다른 불법 온라인 활동과 합병되어 서비스형 랜섬웨어(RaaS)의 형태를 띠게 됐다. 즉, 범죄에 필요한 모든 기능을 제공해주는 랜섬웨어 서비스 플랫폼을 말한다. 2016년이 된 이후, 5개월 동안 랜섬웨어 수치가 ~260%까지 증가했고, 몇몇 해프닝에 대한 대부분의 공로가 랜섬웨어 서비스 캠페인으로 돌아갔다.

서비스형 랜섬웨어가 다크 웹에서 널리 번성하고 있어, 서비스형 랜섬웨어 같은 사이버 범죄 모델은 미래의 사이버 범죄자들의 진입 장벽을 크게 낮춘다. 랜섬웨어 관리자는 "이 솔루션은 불법으로 돈을 벌고 싶은 모든 이들을 위한 것이다. 이 모델은 100% 성공하고 어떠한 수수료나 선금을 요구하지 않는다." 같이 다양한 채용 광고를 통해 대규모 다크 웹 포럼 회원을 채용한다.

이런 형태의 서비스에 대한 근거와 접근법은 주로 검증된 비즈니스 제휴 모델로 제작된 소프트웨어 배포로 하는 경향이 있다. 따라서 멀웨어 관리자는 경험이 없는 회원도 채용하고 있다. 관리자의 주요 목적은 특정 공격 단체에 멀웨어 복사본을 제공해 공격 단체가 선택한 타겟을 감염시킬 수 있게 하는 것이다. 공격 단체는 일반적으로 여러 범죄 서비스를

고용하는 것과 더불어 피해자를 직접 공격한다. 예를 들어, 봇넷 고용, 스팸 공격 등이다. 운영 방식은 기술적 경쟁력이 없는 멤버에게 랜섬웨어 서비스 플랫폼을 빌려준 후 몸값을 받은 것에 대해 수수료를 받는 방식이다.

멀웨어 관리자는 공격 단체가 원하는 몸값에 대해 언급하거나 관여하지 않는다. 다만 그들이 받은 몸값을 나눠 받을 뿐이다. 모든 멀웨어 배포자는 각 캠페인에 대해 맞춤형 서비스를 제공한다. 흥미로운 점은 랜섬웨어가 일반적으로 기존 멀웨어 C&C 서버에 의존하지 않는다는 점이다. 공격 단체에 의해 희생자가 감염되면, 희생자에게 문제 해결을 위해 멀웨어 관리자와 접촉하는 법을 이메일이나 메시지로 전송한다. 희생자가 몸값(암호 화폐, 즉 비트코인)을 전송하면, 멀웨어 관리자는 40달러 정도를 공격 단체에 보낸다.

RaaS의 하나인 케르베르 파헤치기

일부 유명한 서비스형 랜섬웨어 캠페인 중에는 진쓰Ginx, 랜스톤Ranstone, 케르베르Cerber가 있다.

케르베르 랜섬웨어에는 다양한 버전이 있고, 희생자에게 영향을 끼치는 캠페인을 가지고 있는 최고의 변종 랜섬웨어 중 하나다. 이는 진화하고 있는 랜섬웨어 서비스의 모든 면을 보여준다. 케르베르를 사용해, 사이버 범죄자들은 쉽고 유동적인 랜섬웨어 서비스라는 개념을 보여줬다. 이 서비스는 주문 제작, 운영, 특별한 기술적 지식이 필요없이 훈련되지 않은 사람도 실행 가능하다. 다양한 딥웹 포럼에서는 공격 단체와 기술적으로 미숙한 사람들이 멀웨어 개발자와 소통해 적합한 공격 지침을 얻을 수 있다. 케르베르의 경우에는, 공격 단체와 공격자가 될 사람들이 저비용으로 변종 랜섬웨어를 얻을 수 있다. 이를 이용하면 간단한 웹 인터페이스를 사용해 랜섬웨어 캠페인을 힘들지 않게 관리할 수 있다.

맥아피의 데이터에 따르면 케르베르 계열사는 160개 이상의 랜섬웨어 캠페인을 운영했으며, 전 세계적으로 희생자가 150,000명 이상이고, 2016년 2분기 동안에만 수익이 대략 195,000달러다. 흥미로운 점은 모든 캠페인이 유사하지 않은 분산 방법과 특별한 패커로 각각 운영된 점이다.

맥아피는 'crbr'이라고 하는 사이버 범죄자가 딥웹에 올린 광고를 통해 랜섬웨어 생태계를 처음 발견했다. 'crbr'은 광고를 통해 포럼 멤버들에게 케르베르 제휴 프로그램에 들어올 수 있는 기회를 제공했다. 광고는 멀웨어의 상세하고 정확한 내용과, 방문 페이지, 제휴 프로그램을 통한 거래 내용, 관련 예상 이익 등 관리해야 할 요소도 포함했다.

Good day, dear forum participants
Today, I am pleased to present a new solution for the monetization of your downloads!

>>> Cerber Ransomware <<<

So, let's begin...

encryption scheme

After starting the local RSA 576-bit keys (private and public) are generated on the user's cmputer.
In the future, these keys are used to encryt and decrypt files.
Pre-release sewn into a global public key RSA 2048 bits.
This key is used to encrypt the private key of the local RSA 576 bits.

Global RSA private key is 2048 bits on .Onion server anonymous Tor network.

After encrypting the private key of the local RSA 576 bits generated list of files to encrypt.
This list contains the files of certain extensions, the list is sorted by file modification time and importance.

It starts encrypting files.

Each file is encrypted using RC4 algorithm with 128-bit key.
For each file generated random key that is encrypted with a public key of the local RSA 576 bits.

Also, using the public key of the local RSA 576-bit encrypted header of the source file, which greatly complicates the decoding of files without the decoder (months to decipher the first file).

맥아피가 실시한 다양한 연구와 분석에 따르면 대부분의 광고가 러시아에서 나타났기 때문에 케르베르 또한 러시아에서 생성됐다고 볼 수 있다. 추가로, 케르베르의 구성을 분석하면서, 랜섬웨어가 감염시키지 않는 특정 수의 국가가 있다는 것이 밝혀졌다. 이는 국가 내 사법 기관의 법적 규제를 피하기 위한 접근 방법으로 간주된다.

랜섬웨어 관리자는 관련 랜섬웨어 대해 광고를 냈는데, 대규모 목표에 랜섬웨어를 배포하는 데 열정을 가진 참여자 모집에 대한 것과 전체 수익의 일부를 받을 수 있다고 했다. 이 경우에 전체 수익의 60%가 랜섬웨어 배포자에게 가고 나머지 40%는 랜섬웨어 개발자에게 돌아간다. 추가로 수익의 5%는 공격 단체가 새로운 멤버나 비즈니스 모델을 채용한 경우 공격자에게 돌아간다.

전체 캠페인을 통해 잠재적인 목표/희생자에 대해 특별한 비트코인이 생성된다. 예를 들어 몸값을 정한 후 몸값이 지불되지 않으면 며칠 후 두 배로 몸값을 올리는 규칙을 정할 수 있도록 공격 단체가 원하는대로 제작해, 주문 제작에 대한 유연성을 제공할 수 있다. 캠페인에 따르면 희생자가 몸값을 전송하면 랜섬웨어 배포자는 컴퓨터에 걸린 암호를 해독할 수 있는 도구를 제공하는 링크를 제공한다. 모든 공격 단체을 위해, 랜섬웨어 관리 패널에 포괄적인 티켓팅 시스템이 있는 종합 지원 서비스가 존재한다.

(케르베르) 랜섬웨어의 프로필 정보

위 화면은 멀웨어 운영자가 대상 시스템에 따라 몸값을 정의할 수 있는 지점을 보여준다.

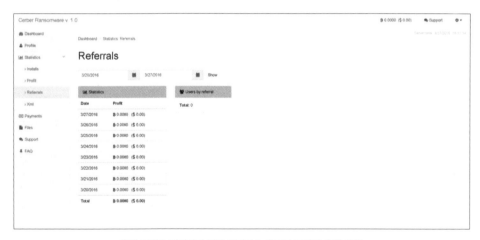

추천 금액을 정의하기 위해 플레이스 홀더로 표시한 추천 통계

랜섬웨어 관리자는 공격 단체가 프로젝트를 통해 얻을 수익에 대한 통계 자료를 제공한다. 몇몇 캠페인을 관찰하고 분석한 결과, 대략 3%의 희생자가 랜섬웨어 해독기를 구입했다. 확실히, 해독기 구비 비율은 캠페인 방식과 국가에 따라 다르게 나타난다. 그러나 전체적으로 볼 때, 스팸 메일을 통해 감염되는 비율이 랜섬웨어 감염 방식 중 가장 높다.

희생자에게 받은 돈은 평균 대략 500달러다. 맥아피에 따르면 감염 시스템을 위해 해독기를 구매한 나라가 프랑스, 독일, 이탈리아, 영군, 미국, 인도라고 한다.

다음 화면은 13491개의 랜섬웨어 설치 건수와 2016년 2분기에 캠페인 소유자가 116개의 몸값을 받아 약 34,800달러의 수익을 올린 것을 보여준다.

☐ Statistics

Date	Installs	Encryption Started Good	Encryption Started Bad	Encryption Completed	Visit Landing	Number of payments	CRV *	CRI *	Profit
5/8/2016	22	3	4	4	92	1	1.09%	4.55%	0.9731 (445.27)
5/7/2016	36	4	7	4	249	8	3.21%	22.22%	5.3871 (2465.10)
5/6/2016	148	36	18	26	262	9	3.44%	6.08%	6.8622 (3140.09)
5/5/2016	280	102	25	91	602	15	2.49%	5.36%	9.5242 (4358.19)
5/4/2016	3683	2200	367	1716	641	18	2.81%	0.49%	12.1432 (5556.62)
5/3/2016	3454	2165	344	1565	643	16	2.49%	0.46%	10.2516 (4691.02)
5/2/2016	86	10	3	8	291	7	2.41%	8.14%	5.5179 (2524.92)
5/1/2016	26	2	1	2	32	0	0.00%	0.00%	0.0000 (0.00)
4/30/2016	55	7	7	10	102	2	1.96%	3.64%	1.7419 (797.06)
4/29/2016	183	34	14	43	485	18	3.71%	9.84%	15.1289 (6922.82)
4/28/2016	5792	3987	538	2885	500	10	2.00%	0.17%	7.6064 (3480.63)
4/27/2016	46	1	0	9	143	4	2.80%	8.70%	0.3560 (162.89)
4/26/2016	37	3	0	7	140	3	2.14%	8.11%	0.2263 (103.53)
4/25/2016	38	6	0	19	128	3	2.34%	7.89%	0.2388 (109.27)
4/24/2016	55	14	1	28	61	2	3.28%	3.64%	0.0947 (43.33)
Total	**13941**	**8574**	**1329**	**6417**	**4371**	**116**	**2.65%**	**1.35%**	**76.0522** (**34800.74**)

* CRV - Conversion Rate (Number of payments / Visit Landing)
* CRI - Conversion Rate (Number of payments / Installs)

랜섬웨어 동작방식 중 흥미로운 점은 희생자들의 컴퓨터를 암호화하기 위해 C&C(- 명령어 제어)를 요구하지 않는다는 것이다. 그럼에도 불구하고 성능, 생산성, 희생자 정보를 수집하여 보는 랜섬웨어 효능, 생성된 지불, 캠페인과 관련된 정보를 관측하기 위한 노드에 기록한다. 케르베르의 개발자가 랜섬웨어 서버의 발견을 피하기 위해 만든 매력적인 요소 중 하나는 모든 메시지를 UDP를 통해 광범위한 IP 대역에 브로드 캐스트하는 것이다(따라서 서버로부터 어떠한 형태의 응답도 요구하지 않는다).

```
Your documents, photos, databases and other important files
                     have been encrypted!

If you understand all importance of the situation then we propose to you
to go directly to your personal page where you will receive the complete
         instructions and guarantees to restore your files.

There is a list of temporary addresses to go on your personal page below:

--------------------------------------------------------------

1.  http://cerberhhyed5frqa.xmfir0.win/28CC-1483-5727-005E-9BF8

2.  http://cerberhhyed5frqa.gkfit9.win/28CC-1483-5727-005E-9BF8

3.  http://cerberhhyed5frqa.305iot.win/28CC-1483-5727-005E-9BF8

4.  http://cerberhhyed5frqa.dkrti5.win/28CC-1483-5727-005E-9BF8

5.  http://cerberhhyed5frqa.cneo59.win/28CC-1483-5727-005E-9BF8

6.  http://cerberhhyed5frqa.onion/28CC-1483-5727-005E-9BF8 (TOR)
```

돈의 흐름을 따라서

케르베르 랜섬웨어가 각 잠재적 희생자에게 몸값을 받을 독점적이고 독립적인 비트코인 지갑을 생성한다는 사실을 알고 있다. 비트코인 지갑은 일반적으로 방문 페이지에서 희생자들이 볼 수 있고, 암호화된 문자열로 표시된다.

케르베르에 감염된 피해자의 수와 몸값 지불 횟수가 가장 높은 곳은 대한민국이다. 맥아피 보고서에 따르면 미국은 사이버 범죄자에게 몸값 지불 총액 순위에서 2위를 차지했다. 포럼에 참여한 멀웨어 개발자와 관리자들도 미국이 다양한 몸값 지불 사용자가 있는 주요 국가 중 하나라고 주장한다.

희생자가 몸값을 지불하고 비트코인 거래가 발생한다면 그 다음은 어떻게 될까? 돈이 랜섬웨어 관리자에게 바로 전송되거나 적절한 금액을 추가로 전송하는 대규모 비트코인 계좌로 들어가는 것이 앞선 질문의 일반적인 답이다. 이는 실제 현상을 보기 전까지 몸값 지불 처리에 대한 논리적인 가정 중 하나였다.

수많은 비트코인 거래를 분석 후, 대부분의 랜섬웨어는 비트코인 믹싱 서비스를 몸값 전송 과정의 일부로 사용하거나 거래를 최대한 익명화시킬 수 있는 돈의 흐름을 사용했다. 앞서 논의한 것처럼, 비트코인 믹싱 서비스는 구매나 진행 중인 비즈니스 거래 도중 돈의 흐름을 추적할 수 없게 만드는 사이버 범죄자와 강탈자에게 인정 받은 가장 건설적인 방법 중 하나다.

살펴본 것처럼, 비트코인 지갑은 익명이거나 특정하지 않다(특정 사용자와 연관시킬 수 없으므로). 그러나 다른 한편으로는, 모든 비트코인 거래와 관련된 행동은 블록체인에 기록돼 공개적으로 존재한다. 블록체인은 암호 화폐를 사용해 생성된 거래 기록을 유지한다. 비트코인에서 사용할 수 있는 서드파티 서비스가 많으므로, 필요할 때 이러한 기록을 추적할 수 있다.

다량의 암호 화폐를 보유하고 매일 다수의 거래가 발생하는 비트코인 지갑은 일반적으로 법 관련 기관 및 서드파티 보안 서비스의 관심을 끌고 있다. 이는 잠재적으로 랜섬웨어와 관련된 여러 계정뿐 아니라 개인 계정을 발견하는 랜섬웨어 관련 비즈니스 모델과 관련된 잠재 고객의 인식 또는 탐지로 이어질 수 있다.

비트코인 믹싱 서비스는 실 소유자에게 연결되지 않은 지갑들 사이에서 돈을 전송해 공격자들을 돕는다. 이런 서비스는 일반적으로 전송 수수료의 일부를 청구하고 수백 개의 비트코인 지갑을 사용해 거래를 혼합하는 방식을 사용해, 공격자를 개별적으로 추적할 수 없게 한다. 믹싱 서비스에 더불어, 서비스를 사용하는 잠재적인 고객은 믹싱 과정이 완료되면 총 금액을 다양한 비트코인에 나눠 담을 수 있다. 따라서 이 서비스는 사이버 범죄자와 강탈자가 불법적인 행위로 얻은 자금을 돌릴 수 있는 가장 흠이 없고 완벽한 도구다.

케르베르 랜섬웨어 생성에 쓰이는 다양한 비트코인 지갑들에 대한 맥아피의 분석 결과를 보면, 각 피해자는 그들의 몸값을 받기 위해 생성된 비트코인 지갑(랜섬웨어 개발자 지갑)에 몸값을 전달한다. 그 다음 랜섬웨어 개발자는 다른 사람을 위해 암호 화폐를 교환하고 교환된 비트코인을 새롭고 구별되는 비트코인 지갑으로 전송하는 비트코인 믹싱 서비스를 사용한다.

몸값은 희생자의 비트코인 지갑에서 랜섬웨어 관리자의 비트코인 지갑으로 전송된다. 랜섬웨어 관리자는 비트코인 믹싱 서비스를 이용해 다른 사람과 비트코인을 교환하고, 전송 수수료를 지불하고, 바꾼 비트코인을 새로 생성되고 완전히 무관한 비트코인 지갑으로 전송한다.

▌ 요약

7장에서는 오늘날 사용하는 블록체인 기술에 대한 심도 깊은 관점을 바탕으로, 여러 분야에서 발생하는 돈의 흐름을 자세히 살펴봤다. 이 장에서는 또한 랜섬웨어 캠페인을 꼼꼼히 분석해 생태계의 실용적인 관점을 볼 수 있었다.

8장에서는 사용자가 랜섬웨어에 감염됐을 때 취해야 하는 '다음 단계'를 다룬다.

08

인질 잡기: 다음 단계

앞서 우리는 사이버 강탈과 그 영역에 대해 논의했다. 주로 희생자는 감염을 피하기 위해 몸값을 지불하도록 강요받았다.

사이버 강탈이 하루가 다르게 증가하는 데에 가장 크게 기여하는 것이 바로 랜섬웨어다. 2016년, 시스템을 잠금 해제 또는 복호화하기 위해 몸값을 지불하라는 메시지와 함께 표적 시스템과 데이터가 암호화되는 공격이 주류를 이루는 가운데, 향후 이런 추세가 증가하는 것은 당연한 것으로 보인다.

공격과 캠페인이 증가하면서 비트코인 등의 암호화 화폐가 정부 및 금융 감독의 감시를 받고 있다. 일단 피해자가 랜섬웨어에 감염되면 악성 코드 제작자 또는 운영자의 요구에 따라 몸값을 지불한 후에만 복호화 키를 획득할 수 있다. 유의할 사항은 대부분의 경우 피해자가 악성 코드 제작자나 운영자의 지시에 따라 몸값을 지불하더라도, 또다시 공격받을 수 있다는 점이다.

8장에서는 시스템이 손상된 경우 몸값을 지불할지 여부와 지불할 경우 지불 옵션에 대해 다룬다. 또한 사이버 보험의 세계와 공격 분석 방법 및 향후 공격에 대처하는 방법을 설명한다.

8장에서 다루는 내용은 다음과 같다.

- 지불할 것인가 지불하지 않을 것인가
- 사이버 보험
- 분석 및 응답
- 멀웨어의 도덕적 딜레마

▎ 지불할 것인가 지불하지 않을 것인가

조직이나 사용자가 멀웨어에 감염된 경우, 시스템이나 파일을 복구하기 위해 몸값의 지불 여부를 선택하는 것은 상당히 복잡한 일이다. 데이터가 사업 운영에 중요한 부분을 차지하는 대규모 조직의 경우, 요구 사항에 동의하지 않는다면 고객의 중요 데이터 손실, 일정 기간 비즈니스 중단 등 조직에 막대한 영향을 미친다.

다음 그림은 지난 10년 동안 발견된 주요 멀웨어 변종을 요약한 것이다.

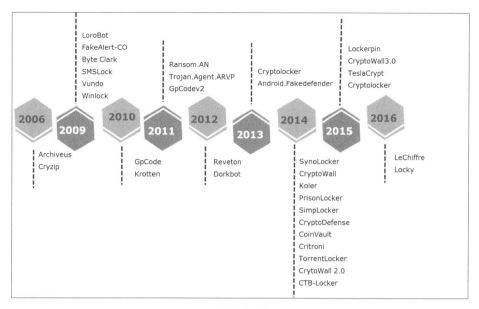

랜섬웨어 변종

다른 측면에서 살펴보자. 희생자가 요구 사항에 매번 동의하고 몸값을 지불한다면 멀웨어 운영자의 사기가 증가돼 더 정교한 공격이 발생할 것이다. 사법 기관은 몸값을 지불하지 않도록 권장하고 있지만, 감염된 파일을 복구하려고 사이버 범죄자의 요구에 응해 몸값을 지불한 사례는 수없이 많이 있다. 그 중에 미들로디언 경찰, 디트로이트 시, 테네시 보안 관 사무실은 사이버 범죄의 피해자가 된 소수의 정부 기관이다.

멀웨어 운영자가 암호화된 파일을 실제로 복호화할 수 있는지 믿을지 말지는 항상 의문 점으로 존재해왔다. 대다수의 사이버 범죄자들은 비즈니스 통찰력을 가지고 그들의 명성 이 전체 캠페인에서 중요한 역할을 차지한다는 것을 알고 있다. 이에 캠페인의 일환으로 5개 이하의 제한된 파일에 대해 무료로 복호화하는 기능을 제공한다. CTB 로커도 5개 이 하의 무작위 파일을 무료로 복호화하는 옵션을 제공한다. 이는 멀웨어 운영자가 복호화 할 수 있는 능력을 가지고 있으며 몸값을 지불하면 파일이 모두 복호화될 것이라는 확신 과 가능성을 보여준다.

다음과 같은 사건도 있었다.

- 보안 연구원들이 멀웨어에 감염된 피해자로 가장해 사이버 범죄자들과 더 적은 금액을 지불하는 방향으로 요구 사항을 협상했다.
- 멀웨어 운영자가 제시한 최종 날짜 이후에 몸값을 지불한 경우에도 파일 복호화를 제공했다.

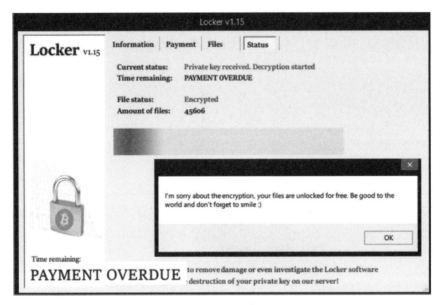

감염 메시지

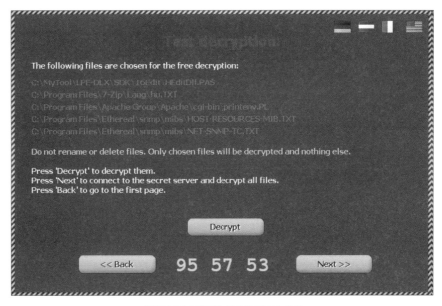

The following files are chosen for the free decryption:

C:\MyTool\LPE-DLX\SDK\16Edit\HEditDll.PAS
C:\Program Files\7-Zip\Lang\hu.TXT
C:\Program Files\Apache Group\Apache\cgi-bin\printenv.PL
C:\Program Files\Ethereal\snmp\mibs\HOST-RESOURCES-MIB.TXT
C:\Program Files\Ethereal\snmp\mibs\NET-SNMP-TC.TXT

Do not rename or delete files. Only chosen files will be decrypted and nothing else.

Press 'Decrypt' to decrypt them.
Press 'Next' to connect to the secret server and decrypt all files.
Press 'Back' to go to the first page.

Decrypt

<< Back   95 57 53   Next >>

CTB 로커가 제공한 복호화 테스트 화면

피해자 중 누구도 몸값을 지불하지 않는다면, 이런 비즈니스 모델은 중단될 것이다. 그럼에도 불구하고 여러 가지 이유로 인해 랜섬웨어에 감염된 개인이나 기업이 몸값을 지불하지 말아야 한다는 생각을 할 수 없는 위치에 놓인다. 주된 이유는 민감한 데이터와 시스템이 암호화되기 때문이며, 또 다른 이유는 악의적인 위협으로부터 데이터를 보호할 수 있는 적절한 비상 대책을 마련하지 못했기 때문이다.

반면에 피해자가 몸값을 지불하더라도 파일의 복호화 여부는 확실하지 않다. 이는 멀웨어 운영자가 파일을 복호화할 의도가 없는 경우이거나 복호화 자체가 실패하기 때문이다. 소수의 경우 멀웨어 운영자와 협상을 통해 몸값을 낮추기도 하나 항상 발생하는 것은 아니다.

다양한 형태의 디지털 탈취와 마찬가지로, 감염된 시스템의 데이터가 복호화되거나 정상 상태로 되돌아가는 것을 보장할 수 없으며, 그들이 다시 표적이 되지 않을 것이라는 사실도 장담할 수 없다.

할리우드 장로 병원: 영향도 기반 시나리오

아마도 가장 유명한 멀웨어 탈취 사건 중 하나가 할리우드 장로 병원 감염 사건일 것이다. 2016년 1분기, 장로 병원의 직원들은 시스템과 네트워크 접근이 불가능했다. 파악 결과, 사이버 범죄자가 가장 지배적인 방법인 이메일을 통해 록키 랜섬웨어에 감염시킴으로써 제어권을 장악했다는 사실을 깨달았다. 대부분의 록키 캠페인과 마찬가지로 해당 이메일은 인보이스 메일로 위장했으며, 메일을 받은 사람 중 한 명이 매크로를 활성화시키자 멀웨어가 다운로드 및 실행됐다. 이후 사용자가 네트워크 및 시스템에 접근하려고 시도한 순간 몸값 메시지가 표시됐다.

사이버 범죄자들은 비트코인 40코인을 요구했다. 장로 병원은 이런 공격에 준비되지 않은 상태였기에 약 일주일 동안 모든 환경이 오프라인 상태로 유지됐다. 환자 중 일부는 다른 의료 기관으로 이송됐고, 치료가 필요한 중환자는 911 센터에 도움을 요청했다. 병원 관계자들은 멀웨어 운영자에게 몸값을 지불하는 것이 병원 운영을 안정화시키는 유일한 방법이라는 결론을 내렸으며, 결국 몸값을 지불했다. 병원은 랜섬웨어 복호화 키를 전달받았고, 네트워크는 다시 온라인 상태로 돌아왔다.

악성 코드에 감염된 저명한 할리우드 장로 병원

▌ 분석 및 응답

철저한 보안 계획과 엄격한 완화 정책을 수립해 최상의 보안 준비 태세를 갖추더라도 중요한 부분을 표적으로 삼는 사이버 공격이 발생할 수 있으며, 경우에 따라서는 타협이 이뤄질 수 있다. 이런 종류의 멀웨어나 탈취에 대응하는 것은 상황에 따라 매우 어려울 수 있다. 식별된 완화가 여러 곳에 걸쳐 적용되는 경우, 조직은 사이버 공격에 대응하기 위한 잠재적 옵션을 고려하는 것이 중요하며 경우에 따라서 멀웨어 운영자와 직접 상호작용하는 방법도 있다.

현재 상황이나 조건을 전체적으로 파악할 때까지는 사이버 범죄자와의 직접 소통은 피하는 것이 좋다. 보통 사이버 범죄자들은 피해자에게 제한된 시간을 제공하기 때문에 균형 있고 합리적인 의사 결정을 보장하기 위해서는 체계적이고 통제된 대응이 필요하다. 이는 다음과 같은 요인에 따라 달라진다.

- 조직의 위험 수용
- 멀웨어가 조직의 중요 자산에 미치는 영향
- 비즈니스 운영 및 연속성에 미치는 영향
- 고가용성HA

방안 1: 사고 대응(IR) 팀이 제어하는 상황

IR 팀은 자발적으로 환경을 통제해야 한다. 멀웨어의 대응 방법은 지능형 지속 공격APT의 대응 방법과 거의 동일해야 한다. 공격이 보고되는 즉시 사고 대응 단계가 시작되고, 정보 보안 팀이 정의하는 절차에 따라야 한다. 정보 보안 팀은 랜섬웨어 공격 발생 시 따라야 할 절차를 제공한다.

이는 정보 보안 팀이 전체 조직 구조에서 중요한 요소라는 것을 의미한다. 조직 내에 보안 팀이 없다면 공격에 대응하는 것이 상당히 어려울 것이며 또한 사이버 범죄자들이 문제가 있는 조직을 표적으로 삼을 수 있는 충분한 자유를 주게 될 것이다.

IR 팀은 먼저 당국과 사법 기관에 통보함으로써 사건을 통제해야 한다. 조직 내 임원들은 대체로 명예 훼손에 대한 두려움으로 사건이 알려지는 것을 꺼릴 것이다. 때문에 보안 팀과 IR 팀은 현재 상황을 파악하고 인질로 잡혀있는 자산이 평판적인 부분보다 비즈니스에 훨씬 더 큰 해를 끼칠 가능성에 대해 임원에게 알려야 한다.

유능하고 숙련된 정보 보안 팀은 IR 팀이 따라야 하는 조치 계획 수립해야 하며 이 계획은 모든 변수를 포함해야 한다. 또한 사이버 공격의 경우 복구 목표 시간(RTO)과 복구 목표 지점(RPO)에 맞추어 재해 복구 계획을 조정해야 한다. 이는 최선의 행동 방침을 도출하기 위한 중요 항목에 포함된다.

또한 법적 증거로서 감염된 시스템을 백업하는 것을 권장한다. 이는 향후 법적 조치를 밟기 위해 보존돼야 한다. 해당 조치 이후 기존의 정상 백업 파일을 사용해 시스템을 되돌린다. 중요 자산의 백업이 없는 경우 가능하다면 보안 팀에서 벤더의 복호화 솔루션을 구현한다.

방안 2: 보안 솔루션 구현(정보 보안 팀이 없는 경우)

조직에 정보 보안 팀이 없는 경우에 대한 여러 가지 시나리오가 있다. 사용자는 고수준의 복구 전략을 인식해야 하며 사건 대응자는 벤더의 보안 솔루션과 복호화 툴에 대해 인식하고 있어야 한다. 대응자는 상황을 이해하고 멀웨어를 제거할 수 있도록 정보 보안의 개념도 교육을 받아야 한다.

ICIT 랜섬웨어 리포트에 따르면 희생 조직 내에 정보 보안 팀이 없는 경우, 사건 대응자가 이에 상응하는 역할과 책임을 맡아야 한다. 지식이 풍부한 사용자는 벤더 솔루션들과 복호화 툴을 구현할 수 있지만, 정보 보안이나 컴퓨터 시스템에 대한 교육을 받지 않은 경우 랜섬웨어를 제거하지 못할 수 있다. 예를 들면 파일이 완벽하게 복호화되지 않거나 손상될 수 있고, 여전히 멀웨어에 감염됐을 수 있다. 따라서 인식은 전반적인 개선의 중요한 측면이며 사용자의 인식이 없다면, 시스템이 손상될 수 있는 잠재적인 위험이 전반적으로 증가할 것이다.

 자세한 내용은 다음 링크를 참고한다.
http://icitech.org/wp-content/uploads/2016/03/ICIT-Brief-The-RansomwareReport2.pdf

방안 3: 데이터 복구 시도

멀웨어에 감염된 경우 백업 파일을 통해 데이터를 복구하는 것이 가장 확실한 방법이다. 감염되기 전의 백업이 존재한다면 복구가 쉽고 특정 시점으로 복원하는 것만으로 충분하다.

감염된 시스템을 사전에 백업해 두었고 이를 신뢰할 수 있는 경우, 사이버 범죄자의 요구를 무시하고 백업 파일을 통해 시스템을 정리하고 복원할 수 있다.

다른 방법은 파일 복구 도구나 셰도우 복사본을 통해 데이터를 복구하는 것이다. 안타깝게도 현재 대부분의 랜섬웨어는 셰도우 복사본을 제거하고 타사의 복구 프로세스와 복구 툴을 탐지하여 이를 죽일 수 있다. 복구 시점에도 시스템 레지스터가 감염되어 복원이 불가능할 수 있다.

방안 4: 몸값 지불

사이버 범죄자의 요구에 동의해 몸값을 지불하는 것은 마지막 수단이 돼야 한다. 몸값을 지불함으로써 사업에 대한 압박이 완화된다. 하지만 몸값을 지불한 후에도 멀웨어 운영자가 복호화 키를 제공하지 않은 사례가 존재한다. 피해자가 몸값을 지불하는 것이 유일한 방법일 경우 다음에 관한 배경 조사를 실시하는 것을 권장한다.

- 감염된 시스템의 랜섬웨어 종류
- 멀웨어 운영자의 평판(파일 복호화 키 제공 여부)

사이버 범죄자들은 몸값을 지불한 후에도 암호화 해제가 불가능하다는 평판을 얻는다면, 감염된 피해자들이 몸값을 지불하지 않을 것이라는 사실을 알고 있다. 따라서 일부 변종들은 신뢰의 의미로 무작위의 제한된 파일에 대한 무료 복호화 기능을 제공한다.

피해자들은 몸값을 지불하더라도 또다시 감염될 수 있다는 사실을 인식해야 한다. 일반 사용자는 사이버 범죄자를 신뢰해서는 안 된다. 피해자가 몸값을 지불할 수 있다고 판단되면 사이버 범죄자는 또다시 당신을 표적으로 삼을 것이다.

멀웨어 운영자가 데이터를 복호화하지 않는다면 시스템 복구는 어렵다. 최신 랜섬웨어는 RSA 2048과 같은 강력한 암호화 알고리즘을 사용한다.

따라서 일단 랜섬웨어에 감염되면 그 상황을 이해하는 것이 중요하다. 다음과 같은 경우는 다른 대처 방법이 없는 상태다.

- 감염된 시스템의 백업 파일도 손상된 경우
- 시스템 운영 중단으로 비즈니스 운영에 지장이 발생해 요구된 몸값보다 큰 손실이 발생한 경우
- 병원 시스템이 영향을 받고 환자의 생명이 위험에 처한 경우 등

피해자가 몸값을 지불하기로 결정한 경우 다음과 같은 요소를 고려해야 한다.

- 기업은 랜섬웨어 운영자가 요구하는 암호화 화폐를 통해 몸값을 지불해야 한다.
- 신용카드 및 기타 금융 정보를 몸값 지불을 위해 사용하거나 공유해서는 안 된다.
- 몸값 지불을 위해 카드나 계좌 정보가 사용된 경우, 추가적인 도용을 막기 위해 계좌를 동결시키거나 해지해야 한다.

▌ 사이버 보험 검토

사이버 위협이 날로 증가함에 따라 사이버 보험도 주류를 이루고 있다. 사이버 보험은 사업과 조직이 사이버 보안 사고와 관련된 위험의 일부를 보험사로 이전할 수 있도록 해준다.

사이버 위협 환경 및 사이버 위험의 영향

사이버 범죄가 꾸준히 증가하면서 다양한 산업군의 조직들이 여러 종류의 사이버 공격에 취약해지고 있다. 많은 기업에서 사이버 공격은 '가능성'이 아니라 '필연'이라는 사실을 깨달았다.

이런 사이버 공격은 지역, 산업 및 공격의 정교함에 따라 다음과 같은 상당한 재정적 영향을 미친다.

- 데이터 유출 평균 비용은 2년 전 110만 달러에서 현재 540만 달러로 증가했다.
- 여러 분석 보고서에 따르면 손상된 데이터 당 평균 비용은 150달러에서 227달러에 이른다.

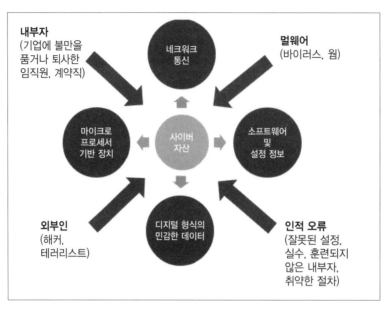

위험 환경

정보 보안 프로그램은 현재 자금 부족에 직면해 있으며, 이를 지원할 사이버 보험을 찾고 있다. 또한 평판 및 규제 위험과 같이 비금전적인 위험이 실현될 수 있다.

오늘날 사이버 공격은 기업에 수백만 달러의 손실을 가져다준다. 하나 이상의 사건에 대한 미국 기업들의 평균 재정 손실은 540만 달러다. 사이버 사건은 조직의 규모와 관계없이 산업 전반에 광범위하게 퍼져있다. 데이터 유출 사건의 52%는 해킹 활동을 통해 발생한 것으로 밝혀졌으며, 나머지 상당 부분은 내부자 또는 서드파티와 관련된 것으로 확인됐다.

사이버 보험의 필요성 증가

변화하는 사이버 위험 환경은 사이버 보험에 대한 관심을 유발하고 있다. 사이버 보험은 다양한 규모의 기업들이 사이버 사고와 관련된 위험의 일부를 보험사에 이전할 수 있도록 해준다. 사이버 보험은 예기치 못한 문제를 해결할 수 있는 수단을 제공할 수 있지만, 기업은 대게 다음과 같은 문제에 직면하게 된다.

- 비용과 위험 노출 사이의 적절한 균형을 유지하는 정책에 대한 선택

- 정책 복잡성 및 예외 사항에 대한 이해

- 사이버 보험이 적용되는 위험 유형과 잔여 위험의 영향에 대한 이해

사이버 위험이 증가함에 따라 기업은 사이버 보험을 통해 데이터 유출, 기밀 정보 손실 및 비즈니스 중단을 비롯한 다양한 사이버 위험 노출로 인한 손실을 줄일 수 있다.

사이버 보험 적용 범위

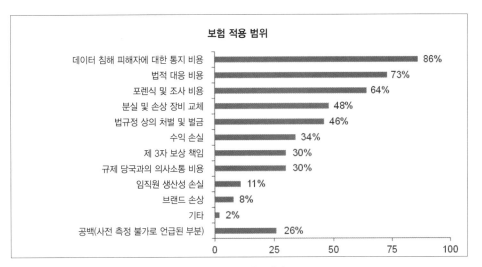

사이버 보험 적용 범위

사이버 보험은 딜로이트가 작성하고 하버드가 인용한 논문(http://rmas.fad.harvard.edu/ files/rmas/files/lu-cyber-insurance-cyber-risk-management-strat egy-03032015.pdf)에서 강조된 주요 영역에 대하여 보험을 제공함으로써 조직의 위험을 완화시키는 추가적인 보안 통제 장치로 간주될 수 있다.

- 데이터 손실 또는 유출에 대한 책임
- 법적 조사, 영향을 받은 당사자에 대한 통지 등 침해 대응을 위한 비용
- 규제 벌금 및 처벌과 관련된 결제 대금

사이버 보험 시장의 성숙

보험 회사 수의 증가와 함께 사이버 보험에 대한 수요 또한 2000년 출시된 시점부터 계속적으로 증가하고 있다. 이제 시장은 성숙해지고 그 규모는 날로 증가하고 있다. 그러나 사이버 사건이 증가함에도 불구하고 기업의 사이버 보험 채택률을 여전히 낮은 수준을 유지하고 있다. 이는 주로 다음과 같은 이유 때문이다.

- 인식 부족
- 보험 인수와 관련된 복잡도
- 위험 노출에 따른 보험 적용 범위 조정에 대한 과제

> **ⓘ** '처브 위험 조사: 사이버'에 따르면 응답 기업의 65% 이상이 사이버 보험에 가입하지 않고 있는 것으로 나타났으며, 의사 결정권자의 63%는 사이버 위험에 대해 우려하고 있었다.

사이버 보험이 제공하는 대표적인 혜택

사이버 보험에 투자하기 전에 여러 가지 보상 옵션을 관련된 전제 조건과 함께 고려해야 한다. 보험 제공자가 제공하는 가장 일반적인 보상 범위는 다음과 같다.

- 당사자 적용 범위: 조직에 직접적으로 발생하는 비용이라 할 수 있으며, 사이버 보안 사건으로 인한 손실을 방어한다. 주로 현재 만연해 있는 사이버 강탈, 사이버 보안 사건 통보, 비즈니스 서비스 중단 등 위기관리와 관련된 비용이 포함된다.

- 서드파티 적용 범위: 사이버 보안 사건으로 인해 발생하는 서드파티와 관련된 손실을 방어한다. 일반적으로 규제 비용, 의사소통 등이 포함된다.
- 일반 보상 범위 제외: 보험사는 전반적으로 고객의 요구 사항과 그들의 고객에 대한 분석 결과를 토대로 이에 부합하는 보험상품을 만든다. 따라서 과도한 위험으로부터 보험사를 보호하기 위해 특정 조항, 보험 적용 범위, 보상 한계 및 추가 섹션에 대한 내용을 명시적으로 포함하거나 제외할 수 있다. 여기에는 타사 서비스(예: 클라우드 등)의 성능 저하, 프로그래밍 오류로 인한 소프트웨어 오작동 등이 포함될 수 있다.

기업의 규모 (수익 기반)	중소 기업 (1억 달러 이하)	중견 기업 (1억 ~ 10억 달러)	대기업 (10억 달러 이상)
보상 금액	$1,000,000 – $5,000,000	$5,000,000 – $20,000,000	$15,000,000 – $25,000,000 +
연 보험료 (보험 보상 비용)	$7,000 – $15,000 (보상 금액 $100만 당)	$10,000 – $30,000 (보상 금액 $100만 당)	$20,000 – $50,000 (보상 금액 $100만 당)
일반적인 보상 한도 (지불금 제한)			
보상 한도는 단일 측면에 대한 지불금을 전체 보상 금액의 10 – 50%로 제한할 수 있음			
통지 비용	$100,000 – $500,000 상한	$500,000 – $2,000,000 상한	$1,500,000 – $2,500,000 상한
위기 관리 비용	$250,000 – $1,250,000 상한	$1,250,000 – $5,000,000 상한	$3,750,000 – $6,250,000 상한
법적 및 규제 방어 비용	$500,000 – $2,500,000 상한	$2,500,000 – $10,000,000 상한	$7,500,000 – $12,500,000 상한

딜로이트의 연구에 근거한 사이버 보험의 일반적인 보험료

일반적인 사이버 보험 인수 절차

보험사들은 사이버 보험 증권을 인수하기 위해 더욱 엄격한 절차를 도입하기 시작했다.

1. 개시 및 평가: 사이버 보험을 제공하는 보험사는 고객에게 조직의 정보 기술 및 보안 환경에 대한 자체 평가를 하도록 지시할 것이다. 보험사는 고객의 자체 평가를 토대로 평가하거나 독립적으로 고객을 평가할 수 있다.
2. 위험 평가: 고객이 1천만에서 1천5백만 달러가 넘는 보상금을 요구한다면, 보험사는 고객사가 서드파티 평가를 수행하도록 고객에게 요청할 수 있다.

3. 검토 및 보고: 제공자는 서드파티의 권고사항을 분석하고, 자체적으로 분석한 내용에 따라 결과를 제안한다.

4. 인수: 보험사는 전반적인 분석을 바탕으로 보험료를 산정한 다음, 보험 적용 범위 및 관련된 예외 사항들을 정의한다.

사이버 보험 선택 시 고려 사항

사이버 보험을 선택할 때에는 다음 사항을 고려해야 한다.

- 기업의 위험 부담에 대한 인식
  - 사이버 위험 범위 식별을 위한 현재 구현돼 있는 통제 장치를 분석하고 우선순위가 높은 위험 영역을 포괄하기 위한 사이버 보험 적용 범위를 평가한다.
  - 종합적인 분석을 통해 보안 통제 장치가 있는 영역은 적용 범위에 포함될 필요가 없을 수 있다.
- 정책 및 관련 복잡성 합리화
  - 시장에서 이용 가능한 여러 정책 중 일부는 막대한 보험 인수 절차를 요구할 수 있다. 따라서 보험 가입을 위해서는 보험을 확보하기 위해 충족해야 할 정책의 사전 조건을 이해하는 데 시간을 투자하는 것이 좋다.
  - 동시에 보험 적용 범위를 더 효과적으로 만들기 위해 확인해야 할 정책 예외 사항이 있음을 인식해야 한다.
- 프리미엄 비용과 보안 제어 장치 구축 사이의 균형 유지
  - 조직은 위험 부담을 파악한 후 비용 편익 분석을 실시하여 보상 적용 범위의 투자에 대한 전반적인 적합성 및 타당성을 판단해야 한다.
  - 일반적으로 조직 내에서 해결해야 하는 과제로 간주되는 위험을 감당하기 위해 사이버 보험을 보유하는 것이 바람직하다.

- 보험 청구 절차에 대한 명확성
  - 모든 사이버 보상금 청구는 동등하게 취급되지 않는다. 보상금 청구를 접수하기 위해 필요한 사항을 파악하고, 보험을 구매하기 전에 해당 요구 사항을 충족할 수 있는지 확인해야 한다.

사건이 발생할 경우 보험사는 증거의 무결성을 보존하는 방법을 이용해 공식적인 사고 대응 절차(로그 저장, 이메일, 법적 증거 및 기타 증거 포함)를 실행하도록 요구한다.

제3의 벤더가 지원하는 방법

타사 벤더는 다음과 같은 질문에 답변하기 위해 사이버 보험 중심의 위험 평가를 수행하는 데 도움을 줄 수 있다.

- 어떻게 적절한 보험상품을 선택하나요?
- 어떤 유형의 보상을 받아야 하나요?
- 사이버 보험을 포함해 현재 우리 조직이 직면하고 있는 추가 위험들은 무엇입니까?

다음 사항을 포함해 사이버 위험 보험에 기반을 둔 평가를 실시하는 것을 권장한다.

- 측정을 위한 보안 평가
  - 사이버 공격 방어 대책 마련
  - 현재의 위험 및 비즈니스에 미치는 잠재적 영향
- 평가 결과에 따른 보험 보상 적용 범위 분석
- 시장의 다양한 정책 및 적용 범위 비교
- 현재 역량과 보상 적용 범위 분석 결과에 기반을 두어 사이버 예방 정책과 사이버 위험 관리 전략을 정의함으로써 도출한 보안 프로그램 강화 기회 및 권고 사항

사이버 보험 중심 위험 평가

고객은 다음에 제시돼 있는 접근법을 통해 위험 노출을 이해하고 보험 정책을 평가하며 보험 선택에 대한 권장 사항을 제공할 뿐만 아니라 위험 요소를 개선하기 위한 보안 통제를 구현할 수 있다. 이 접근 방식은 다음과 같이 네 단계로 구분된다.

- 1단계: 현시점의 사이버 위험 평가 수행
- 2단계: 사이버 보험 옵션 평가
- 3단계: 적합 간격 분석 수행
- 4단계: 전략 및 권장 사항 개발

현 상태에 대한 사이버 위험 평가 수행

이번 절에서는 상위 차원에서의 사이버 위험을 확인하기 위한 위험 평가를 수행하고, 기업의 사이버 위험에 대응하는 보안 통제 상태를 분석하며, 주요 사이버 위험 및 이와 관련된 손실 범위를 이해하기 위한 시뮬레이션 활동을 수행한다. 여기에는 다음 내용이 포함된다.

- 위험 프로파일 개발: 주요 사이버 위험의 본질을 파악하고 이해하기 위한 사이버 위험 평가 수행
- 기업의 보안 상태 평가
  - 기업의 사이버 위험에 대응하는 보안 통제 현황 분석
  - 분석 결과를 기반으로 격차 확인
- 잠재적 손실 평가: 위협 시나리오를 제시하고 다양한 유형의 침해 또는 실패로 인한 잠재적인 재정 손실에 대한 시뮬레이션 진행
  - 시뮬레이션 결과를 토대로 잠재적 손실 범위 분석

사이버 보험 옵션 평가

이 절에서는 조직의 기본 보험 적용 범위를 이해하고 다양한 종류의 사이버 보험을 식별한다. 다양한 정책, 가격 및 통제 기대 사항을 분석하고 당사자 및 서드파티의 보험 적용 범위 옵션에 대해 검토한다. 이는 다음으로 구성되어 있다.

- 포괄적인 정책 옵션 검토
  - 당사자 및 서드파티의 보험 적용 범위 옵션에 대한 검토를 수행한다. 조직의 기존 정책을 분석하고 격차를 확인한다.
  - 정책 예외 대상 파악 및 잠재적 격차를 확인한다.
  - 보험 보상 범위를 평가하고 잠재적인 유발 요인을 이해한다.
- 정책 분석 결과를 기반으로 이에 맞는 장점 및 단점을 식별한다.
- 예외 사항과 적용 범위에 대한 현재 기능 및 격차를 매핑한다.

적합 간격 분석

이 절에서는 현재의 상태 평가를 기반으로 보험이 필요한 잠재적인 사이버 위험을 식별할 것이다. 이는 다음을 포함한다.

- 보험 구매 전 이행해야 하는 통제 격차 확인
- 구매 보험의 비용 편익 분석을 수행 및 내부 통제 이행

개발 전략 및 권고

이 절에서는 정책 요구 사항과 현재의 격차에 대해 서술하고 기본 요구 사항을 충족하기 위한 로드맵을 기반으로 구매 결정을 완료하기 위한 초기 사항을 확인하고 각 사항에 대한 우선순위를 지정한다.

▎ 멀웨어의 도덕적 딜레마

멀웨어는 대게 그 자체로 악의적이다. 그럼에도 불구하고 감염되면 피해자들이 멀웨어의 행위에 대해 고려하도록 만든다. 피해자가 멀웨어의 위협을 받고 있다면, 사이버 범죄자들의 요구에 대응하고 상황을 분석하기 위한 시간과 인내가 반드시 필요한 것은 아니다. 현재까지 멀웨어 추세는 유사한 접근 방식과 직접적인 진보 전략을 따르는 것으로 보인다.

멀웨어 운영자들은 전체 방정식에 윤리와 원칙을 도입했다. 악성 캠페인의 몸값 요구를 받아들이는 것은 특정 측면에서는 불쾌한 방법이지만, 대부분의 경우에 어쩔 수 없이 선택해야 한다. 몸값을 지불하는 것은 피해자의 환경에 침입하고 데이터를 탈취 및 통제하는 사이버 범죄자에게 동기부여를 제공한다. 또한 멀웨어 운영자가 더 강력한 잠재력을 가지고 향후의 공격을 계획하고 성장시킬 가능성을 열어준다.

이러한 멀웨어 공격은 환경 전반의 취약점뿐만 아니라 몸값 요구를 받아들이고 지불할지에 대한 분명한 답이 존재하지 않는다는 사실을 시사한다. 어떤 면에서는, 피해자가 패치되지 않은 환경에서 구식 애플리케이션과 소프트웨어를 사용함으로써 지불해야 하는 비용이라고 주장할 수 있다. 하지만 사업 운영을 위해 윈도우 XP와 같은 오래된 운영체제를 사용하는 사업 분야가 의료, 금융 등 여러 분야에 걸쳐 여전히 존재한다는 사실은 놀라운 일이 아니다. 일반 컴퓨터 사용자나 기업들도 이러한 범죄 행위에 감염되거나 비용을 지불하는 것을 선호하지는 않을 것이다.

심지어 사법 기관마저 해결할 수 없는 사건에 대해서는 피해자에게 '몸값 지불'을 제안하기도 한다. 하지만 공식 입장은 아니다. 피해자가 몸값을 지불하더라도 데이터를 복구할 수 있을지 여부는 확신하지 않기 때문이다. 따라서 조직은 이런 사건에 최선의 행동 방침을 결정할 수 있는 전략을 가져야 한다. 이는 다음을 포함한 여러 영역으로 나눌 수 있다.

- 모든 환경을 온라인 상태로 전환하는 절차에 대한 타임라인 보유
- 비즈니스 운영을 지속하기 위한 이해 관계자 간 책임 분담

- 중요 자산 보호: 고객 및 임직원 정보 등
- 조직 시스템에 대한 기술적이고 전략적인 조치

위 사항은 가장 중요한 영역이며, 두 조직이 없는 경우 기술적인 조치를 제외하고는 유사하다.

기술적 조치는 최소한 다음을 포함해야 한다.

- 심층적인 보안 아키텍처의 방어 체계 구축: 계층적 보안 및 방어는 전반적인 보안에 있어 중요한 요소이며, 각 계층에서 제공하는 보호 기능을 통해 중복적인 보안 체계를 구축한다. 이러한 심층 방어 전략의 주요 이점은 다음과 같은 조치를 제공한다는 것이다.
  - 보호
  - 탐지
  - 대응

    많은 시나리오에서, 계층적 보안 전략은 다른 계층의 기능을 통해 한 계층의 잠재적 취약점을 완화시킨다. 이 전략은 실질적으로 여러 계층을 통해 자산을 보호한다. 예를 들어 경계 계층(예. 인터넷과 내부망 및 내부 시스템)에서, 라우터, 방화벽, 침입 탐지(또는 사이버 범죄자와 공격자로부터 네트워크를 보호하기 위한 침입 차단 메커니즘)를 가능하도록 전형적인 네트워크 보안을 설계한다.

    경계 보안 장치 외에도, 이상 징후를 식별하기 위해 실시간 수동 모니터링을 시행하고 세 번째 계층으로 비정상 탐지에 대응하기 위한 자동화 메커니즘을 시행한다. 따라서 심층 방어는 포괄적인 보안을 제공하지 위한 모든 계층의 제어에 주안점을 둔다.

    계층 보안은 여러 시스템 및 서비스와 관련될 수 있다. 심층 전략에서 자신의 방어 상태를 측정하고 정의하기 위해서는, 잠재적인 위협으로부터 보호해야 하는 주요 자산을 식별하는 것이 중요하다. 이는 데이터 유형, 데이터의 위치 및 해당 데이터에 접근하는 방법에 대한 식별도 포함된다. 이것은 접근 방식을 더 안전하게 정의하는 데 도움이 된다.

- 환경 내의 주요 취약 영역 식별: 컴퓨팅 환경 내에는 일반적으로 취약하고 전체 시스템 보안에서 중요한 역할을 하는 여러 구성 요소가 존재한다. 여기에는 주로 다음 내용이 포함된다.
  - 인가되지 않은/패치되지 않은 소프트웨어(예: 브라우저, 메신저, 소셜 네트워킹 애플리케이션 등)
  - 데이터 처리: 사용자가 중요 데이터를 처리하는 방법과 저장하는 위치, 환경 내에서 중요하고 민감한 정보를 로깅하는 것
  - 사용자 행위: 사이버 보안의 틈새에서 조직의 가장 취약한 요소는 사람이다. 최신 암호화 멀웨어는 스피어 피싱, 사회 공학적 공격 및 클릭 미끼를 통한 다양하고 정교한 캠페인으로 이러한 취약점을 악용한다.
- 시스템을 해킹할 수 있는 실행 가능한 주요 단계: 다음 항목은 매우 높은 수준에서 모든 이해관계자가 공통적으로 준수해야 한다.
  - 엔드 포인트 보안
  - 시스템 서비스 강화
    - 포트, 포트 서비스 및 프로토콜
    - 보안 소프트웨어 설치
  - 중요 자산 및 개인 정보 취급
  - 스팸 및 피싱으로부터의 보호
  - 사회 공학 공격으로부터의 보호
  - 백업

개인 및 일반 컴퓨터 사용자의 경우 다음 항목은 매우 중요하며, 심각하게 고려해야 하는 사항이다.

엔드 포인트 보안 솔루션의 사용

엔드 포인트 솔루션을 구성하는 동안 다음 사항을 고려해야 한다.

- 인터넷으로부터 다운로드받은 모든 데이터 또는 문서를 검사해야 한다.
- 엔드 포인트 보안 소프트웨어의 새로운 버전이 제공되면 이를 다운로드해야 한다.
- 시스템이 일 단위로 악성 코드 탐지 패턴을 업데이트하도록 설정해야 한다. 또한 새로운 탐지 패턴이 존재할 경우 사용자에게 알림을 주고 즉시 업데이트 되도록 설정해야 한다.
- 실시간 모니터링 모드를 실행해야 한다.
- PC를 부팅하거나 재부팅할 때마다 운영체제 파일 및 메모리의 파일 검사가 자동으로 실행되도록 구성돼야 한다.
- 악성 코드 탐지 패턴을 업데이트할 때마다 PC에 있는 모든 파일에 대한 바이러스 검사를 수행해야 한다.
- 바이러스 검사는 우회하거나 비활성화돼서는 안 된다.
- 모든 수발신 이메일을 검사함으로써 잠재적인 악성 멀웨어를 확인한다. 바이러스 표시가 있는 모든 이메일은 격리, 검토, 삭제해야 한다.

시스템 강화

기본적으로 여러 포트에서 제한된 서비스 및 프로토콜을 사용하고 보안 소프트웨어 설치 메커니즘을 안전하게 유지하는 데 중점을 둔다.

포트, 서비스, 프로토콜

불필요한 포트, 서비스, 프로토콜을 식별해내는 것이 중요하다. 시스템은 조직의 기능적 요구 사항 및 위험 허용 수준을 지원하기 위해 필수적인 포트, 프로토콜, 서비스만을 사용할 수 있도록 시스템을 구성해야 한다.

불필요하게 열린 포트, 프로토콜, 서비스는 공격자가 시스템을 공격하려고 시도할 때 진입점을 제공한다. 특정 포트, 프로토콜 또는 서비스와 관련된 알려진 취약점이 존재하는 경우 이러한 위험은 더욱 증가한다.

또한 정의된 기능 요건에 따라 시스템 사용자에게 원격 연결이 제공돼야 한다. 조직이 원격 연결을 승인한 경우 보안 요구 사항 가이드라인에 따라 원격 접근에 대한 보안 구성을 식별하도록 한다.

보안 소프트웨어 설치

소프트웨어 설치에 대한 관리 방법을 결정해야 한다. 가장 간단한 방법은 사용자가 자체적으로 설치하는 것을 금지하고 조직 수준에서만 설치를 수행하도록 컴퓨터를 제어하는 것이다. 하지만 이 방법은 사용자 환경에 따라 실용적이지 않을 수 있다. 소프트웨어 설치를 제어하는 다른 방법으로는 다음 사항이 있다.

- 화이트리스트: 모든 소프트웨어를 점검하고 원본 소스에서 가져온다.
- 체크섬: 모든 소프트웨어의 코드 무결성을 확인한다.
- 인증서: 신뢰할 수 있는 공급자의 서명된 인증서가 있는 소프트웨어를 사용한다.
- 파일 확장자: .bat 같은 특정 확장자의 소프트웨어는 설치를 금지한다.

소프트웨어 측면에서는 다음과 같은 원칙이 중요하다.

- 설치하는 모든 소프트웨어는 모두 합법적으로 구입하며 유효 라이선스 계약의 적용을 받는다.
- 불법 또는 복제 소프트웨어를 사용하지 않는다.

정보 자산 및 개인 정보 취급

정보 자산에는 사용자/사용자 가족에게 가치 있는 정보 및 정보 시스템이 포함돼 있으므로 보호가 필요하다. 정보 자산의 예로는 고객 데이터, 사진, 비디오, 재무 기록 및 전자 매체가 있다.

최근에는 민감한 데이터 유출로 인하여 막대한 재정적 손실, 규제 조치, 부정적인 선전 및 기타 법적 규제를 당한 사례가 여러 건 발생했다.

모든 개인은 개인 정보 수집, 사용, 보유 및 공개에 있어 사생활을 존중해야 한다. 또한 무단 또는 부주의로 인한 노출을 방지할 방법에 대해 인식해야 한다.

스팸 및 피싱으로부터 보호

스팸은 사용자가 원치 않는 수많은 이메일을 보냄으로써 사용자의 사서함을 넘치게 만드는 행위다. 피싱이란 공격자가 합법적으로 보이는 이메일을 수신자에게 발송함으로써 수신자의 개인 정보 및 금융 정보를 수집하는 이메일 사기 기법이다. 스팸 메일은 사용자에게 할당된 디스크 공간을 채움으로써 실제로 받아야 하는 정상 메일을 찾기 어렵게 만든다.

피싱은 이메일 접근 거부부터 재정적 손실에 이르기까지 다양한 피해를 야기할 수 있다. 피싱은 그 사람의 신원을 탈취해, 도용하는 데 사용된다.

 주요 팁!
- 낯선 사람이 보낸 이메일의 첨부 파일을 열지 않는다.
- 스팸 필터 기능을 사용해 스팸 메일은 들어오는 즉시 정크 폴더로 보낸다.
- 스팸 메일에 회신하지 않는다.
- 의심스러운 이메일, 특히 알 수 없는 발신자가 보낸 이메일에 포함된 링크를 클릭하지 않는다.
- 웹 사이트 가입 시 회사 이메일 주소를 제공하지 않는다.
- 개인 정보를 제공하기 전에 이메일의 출처를 확인한다.

개인 시스템에 대한 랜섬웨어 공격은 나날이 확대되고 있다. 2016년 4분기에는 일반 대중을 대상으로 피싱 캠페인을 통한 다양한 암호화 랜섬웨어 공격이 발생했다. 개인과 조직이 취약해지면서 이런 공격과 캠페인을 통해 사이버 범죄자가 더욱 이득을 보기 때문에, 스팸과 피싱 기술을 이용한 방법이 주류가 되고 있다.

멀웨어 캠페인의 결과는 단순히 몸값 비용보다 훨씬 광범위하다. 개인 데이터의 생산성 손실에서부터 일반 사용자에 대한 서비스 중단에 이르기까지 그 영향은 엄청나다.

사회 공학적 공격으로부터 보호

사회 공학 방식은 조작을 통해 사용자로부터 기밀 정보를 얻는 것이다. 공격자는 미끼 또는 다른 방법을 사용해 사용자가 정보를 제공하도록 유도한다.

사회 공학 방식은 대부분 인간의 공통된 특성, 즉 도움을 구하고, 다른 사람을 신뢰하며, 다른 사람에게 영향을 미칠 수도 있다는 두려움에 의존한다.

악의적인 공격자들은 합법적인 개인으로 가장한다. 합법적인 개인으로 가장함으로써 당신의 정보 자산에 대해 이해하고 사용자 계좌 정보를 얻기 위해, 사용자 ID, 비밀번호 등의 기밀 정보를 누설하도록 유도한다.

 주요 팁!
- 계정 및 패스워드를 공유하지 않는다. 패스워드 정보를 전자 또는 전화로 다른 사람에게 제공하지 않는다.
- 기밀 정보를 낯선 사람에게 제공하지 않는다.
- 헬프 데스크 또는 IT 부서로부터 계정 관련된 전화를 받은 경우, 조직의 전화 시스템을 통해 다시 전화를 걸어 해당 통화가 정상적인 통화가 맞는지 확인한다.
- 누군가 기밀 정보나 소유권 정보를 부적절하게 얻으려고 하는 경우, 침입자가 있다고 가장하고 이를 조직에 공유 및 확인한다.

백업

백업은 조직과 시스템의 중요 데이터를 안전한 장소에 저장하는 프로세스로서 예기치 못한 재해가 발생하거나 시스템 장애가 발생할 경우 서비스 및 데이터를 복원하는 데 사용할 수 있다.

왜 백업을 해야 하는가

백업의 가장 중요한 측면은 조직이 어떤 형태의 시스템 장애에 직면하더라도 완벽한 서비스 복원을 보장할 수 있도록 준비하는 것이다. 백업의 유일한 목적은 기업 사용자와 고객이 비즈니스 서비스를 사용할 수 있도록 함으로써 제한된 시간 내에 비즈니스 연속성을 유지하는 것이다.

복구란 무엇인가

복구는 백업 파일로부터 제한 시간 내에 파일을 복원하는 작업이다.

- 오프라인 백업: 시스템을 종료되는 동안 백업이 완료되면 콜드 백업이라고 하는 오프라인 백업이 수행된다. 이때 환경의 전체 백업을 제공하기 위해 운영체제 유틸리티를 사용해 데이터를 복사하고 파일을 제어한다.
- 온라인(또는 핫) 백업: 온라인 백업은 시스템을 작동하는 동안 백업을 예약하는 일반적인 백업 방식이다. 멀웨어가 백업 드라이브까지 감염시키는 것을 방지하기 위해서는 신중하게 파일 백업을 수행하는 것이 좋다. 클라우드 기반 백업은 구글 드라이브, 드롭박스와 같은 서비스를 사용해 수행할 수 있다.
- 온라인 백업 빈도: 새로운 애플리케이션, 새로운 가족 비디오 또는 사진 내보내기 등과 같이 시스템을 크게 변경하거나 수정할 때마다 최대 매주 단위로 백업하는 것을 권장한다.

- 중요 파일: 운영체제 및 해당 데이터베이스에 속하는 모든 파일은 중요하다. 하나의 시스템에서 백업 드라이브로 파일을 이동하는 동안 멀웨어에 의한 미디어 오류로 파일이 손상되는 경우 해당 파일을 복구하는 것은 어렵다.

▌요약

랜섬웨어 공격은 날로 증가하고 있으며 아마추어 해커나 초보자도 범죄 활동에 가담하고 있다. 이런 사이버 공격을 완화시킬 수 있는 가장 효과적인 방법은 직원들에게 인식할 수 있는 환경을 조성하는 동시에 상황을 대처하기 위한 적절한 전략을 갖추는 것이다.

보안 및 사고 대응 팀을 구축하는 것이 가장 중요하며, 해당 팀은 포괄적인 보안 전략과 실행 계획을 결정하는 역할을 수행해야 한다. 정기적인 취약점 관리, 위기관리 원칙, 알려진 취약점 관리 절차, 애플리케이션 및 인프라 패치 관리, 벤더 감사 등의 역할도 해당 팀이 주체적으로 수행해야 한다. 이러한 조치들을 결합하면 조직이 공격에 노출되는 지점이 제한될 것이다. 전략과 주기적 평가를 바탕으로 사이버 보험에 대한 적절한 활용 사례도 만들 수 있다.

사업 전반에서 보안 탐지 및 차단 기능을 강화하기 위해서는 조직의 전략, 인재, 프로세스 및 기술 보안 요구 사항과 같은 핵심 요소를 포함하는 포괄적인 사이버 보안 프레임워크를 활용해야 한다. 위험 평가 및 완화에 대해 폭넓은 경험을 갖춘 보안 전문가를 자신의 팀으로 영입하는 고용주는 직원의 기술과 발전하는 위협 및 우선순위에 대한 자신감을 높일 수 있다. 위험 평가 및 완화와 관련된 폭넓은 경험을 갖춘 보안 전문가를 영입한 고용주는 직원의 기술력과 진화하는 위험 및 우선순위에 대한 이해에 대해 더욱더 확신을 가질 수 있을 것이다.

9장에서는 미래, 특히 모바일과 사물인터넷에 대한 최종적인 생각으로 이 책을 마무리한다. 또한 서버를 대상으로 하는 미래의 공격뿐만 아니라 기계 학습이 방어 및 공격에 어떻게 중요한 역할을 하는지도 논의한다.

09

랜섬웨어의 미래

9장의 핵심 목표는 미래 지향적인 시선을 바탕으로 모바일, 사물인터넷, 암호 화폐에 대한 개념을 정립하는 데 있다. 또한 사물인터넷과 사물인터넷 내 주요 영역, 그리고 웨어러블 장비와 스마트 홈 가전 제품을 포함한 다양한 환경에서의 미래의 주요 공격 방식에 대해 논의한다. 더불어, 새로운 기술과 프레임워크가 공격과 방어 영역에서 어떤 방식으로 주요 역할을 수행하는지 살펴본다.

9장에서 다루는 내용은 다음과 같다.

- 미래의 랜섬웨어
- 기능적인 보안에 초점을 맞추다
- 어디에나 있는 랜섬웨어

- 멀웨어와 강탈과 만난 사물인터넷
- 변화하는 비즈니스 모델

▌ 미래의 랜섬웨어

멀웨어 환경이 앞으로 어떻게 발전할 것인지 예측하는 것은 어렵지 않다. 랜섬웨어 산업은 현재 성장 중에 있고, 이 성장 패턴을 분석하면 랜섬웨어 산업이 미래에 어떤 형태로 변하는지 추측할 수 있다.

랜섬웨어 산업의 성장 단계는 지난 5년 동안 발생한 랜섬웨어 변종의 다양성과 숫자를 보면 알 수 있다. 랜섬웨어 변종은 새로운 기술과 보안 솔루션에 따라 변하여 방어 시스템을 회피한다. 또한 랜섬웨어 운영자는 초보 사이버 범죄자를 영입하고, 가능한 널리 멀웨어를 배포하기 위해 서비스형 랜섬웨어 같은 다양한 방법을 도입하여 랜섬웨어 비즈니스 모델을 발전시키고 있다.

멀웨어의 발전 과정을 분석해보면, 멀웨어 제작자와 운영자는 2~3년마다 운영 방식을 변경하고 새로운 멀웨어 변종을 도입한다.

세계적으로 멀웨어 추세가 증가하고 있지만, 멀웨어 제작자는 멀웨어 보호 기술의 증가, 사법 기관에 의한 멀웨어 서비스 중단 등의 이유로 정기적으로 운영 방식을 변경해야 한다. 멀웨어 제작자는 다른 사이버 범죄자들보다 훨씬 빠르게 범죄 방식을 변경하고 있는 것으로 보인다.

분야를 가리지 않는 멀웨어의 추세와 변종들을 보면, 암호 화폐에서 수준 높은 IoT 배포에 이르는 최신 기술 구현이 잠재적으로 멀웨어와 멀웨어와 관련된 강탈 방법의 미래를 공유할 수 있다는 점을 주목할 수 있다.

▌기능적인 보안에 초점을 맞추다

사법 기관은 멀웨어 운영자 검거를 목적으로 하기 때문에, 사이버 범죄자는 검거를 피하기 위해 사이버 범죄 방식을 개선하고 바꿔야 한다. 사법 기관과 보안 업체는 다양한 멀웨어 범죄자 검거 및 체포에 도움을 준 개인에게 다양한 보상을 제공한다. 예를 들어, FBI는 크립토락커 랜섬웨어 제작자와 설계자를 검거하는 데 증거를 제공한 사람에게 최대 3백만 달러의 포상금을 제공한다.

WANTED
BY THE FBI

Conspiracy to Participate in Racketeering Activity; Bank Fraud; Conspiracy to Violate the Computer Fraud and Abuse Act; Conspiracy to Violate the Identity Theft and Assumption Deterrence Act; Aggravated Identity Theft; Conspiracy; Computer Fraud; Wire Fraud; Money Laundering; Conspiracy to Commit Bank Fraud

EVGENIY MIKHAILOVICH BOGACHEV

Aliases: Yevgeniy Bogachev, Evgeniy Mikhaylovich Bogachev, "lucky12345", "slavik", "Pollingsoon"

DESCRIPTION

Date(s) of Birth Used:	October 28, 1983
Height:	Approximately 5'9"
Weight:	Approximately 180 pounds
NCIC:	W890989955
Occupation:	Bogachev works in the Information Technology field.

Hair:	Brown (usually shaves his head)
Eyes:	Brown
Sex:	Male
Race:	White

Remarks: Bogachev was last known to reside in Anapa, Russia. He is known to enjoy boating and may travel to locations along the Black Sea in his boat. He also owns property in Krasnodar, Russia.

FBI가 에브제나이 미하일로비치 보가체프(Evegeniy Mikhailovic Bogachev)를 대상으로 만든 현상금 공고문

이러한 예와 더불어, 다양한 사이버 범죄 조직은 멀웨어를 이용해 은밀하게 범죄를 저지르고 있고, 서비스형 랜섬웨어RaaS 같은 다양한 서비스들을 도입하여 자신들의 신원을 숨

기고 다양한 중개자를 영입하기 위한 목적을 달성하고자 한다. 또한 사이버 범죄 조직은 Tor와 I2P(Invisible Internet Project)를 사용해 그룹 구성원들과 통신하고 활동 동기화를 할 수 있는 철저한 보안 프로세스를 구현했다.

Tor와 I2P 같은 메커니즘은 랜섬웨어 제작자와 운영자에게 가장 중요한 요소인 네트워크 익명성을 제공한다. 익명성은 보안 솔루션 공급 업체와 사법 기관의 지속적인 '검거' 시도로부터 랜섬웨어 제작자와 운영자 자신을 지킬 수 있게 도와준다. 또한 Tor와 I2P 같은 메커니즘은 멀웨어 운영자가 중개자 및 기타 운영자를 관리하는 웹 포털 서비스의 위치를 숨겨준다.

유사한 방식으로, 멀웨어 제작자와 운영자는 주로 라이트코인과 비트코인 같은 암호 화폐를 피해자가 지불한 몸값의 매개체로 사용한다. 이를 통해, 사법 기관은 범죄 경로뿐 아니라 해당 돈에 대한 돈세탁 활동을 추적하기 어렵다.

멀웨어 운영자와 사이버 범죄자가 사용하는 호스팅 서비스는 다른 회사가 제공하는 도메인 및 호스팅 서비스로, 사이버 범죄자가 관련 법률을 피할 수 있는 여러 방안을 제공한다. 이런 서비스 제공 업체는 여러 단계의 재전송 기법을 포함하는 믹싱 서비스를 사용해 경로를 난독화하여 검거될 가능성을 낮춘다.

캡차Captcha 및 자바스크립트의 광범위한 사용을 포함한 다른 방법들은 랜섬웨어 작업과 관련된 핵심 활동을 시도하는데, 이는 집행기관이 멀웨어 활동을 추적하고 발견하기 어렵게 하는 또다른 계층을 추가한다. 크립토락커는 주로 이런 시도들을 통해 멀웨어 자동 다운로드를 방지한다. 반면에 크립토디펜스Cryptodefense는 이런 문제점을 해결해 지불 세부 사항에 대한 접근을 방지한다.

또한 IP 및 지리적 위치를 블랙리스트에 올리면 의심 지역(예를 들어 사법 기관이 위치하고 있는)의 특정 방문자가 멀웨어를 다운로드하는 것을 방지한다. 이는 대상 국가 이외의 다른 국가의 사용자와 범죄 조사자를 제한하기 위해 확장된다. 멀웨어 제작자와 운영자가 사용하는 메커니즘들은 날마다 증가하고 있다. 그러므로 사이버 범죄자가 자신의 범죄 행위를 저지하려는 시도를 막기 위해 미래 기술의 원동력을 사용할 것이라고 예상할 수 있다. 주요 미래 기술로는 인공지능, 머신러닝 알고리즘, 사물인터넷이 있다.

▌ 어디에나 존재하는 랜섬웨어

최근까지 랜섬웨어는 주로 가장 널리 쓰이는 운영체제(윈도우 운영체제)에만 존재하는 문제였다. 멀웨어는 점차 개선돼 맥 운영체제, 리눅스 운영체제, 모바일 운영체제, 브라우저 등 다른 운영체제와 플랫폼에서 사용할 수 있게 됐다. 다른 플랫폼들의 시장 점유율이 증가하면서, 플랫폼을 가리지 않는 멀웨어가 나날이 급증하여 일반 사용자들을 공격 대상으로 삼고 있다.

멀웨어의 진화를 보면, 멀웨어 제작자는 다른 주요 분야에 멀웨어 도입을 위해 노력하고 있다.

랜섬웨어는 초기에 주로 전통적인 윈도우 운영체제 사용자에게 존재하는 문제였다. 윈도우가 세계적으로 널리 쓰이는 운영체제가 되면서, 랜섬웨어는 더 이상 놀랍지 않은 일이 됐다. 다른 주요 운영체제인 리눅스 또는 맥 운영체제를 위해 특별히 제작된 랜섬웨어는 그 수가 적다. 이는 리눅스와 맥 운영체제는 낮은 시장 점유율을 가지고 있어, 랜섬웨어 제작자에게 이러한 운영체제를 타겟으로 하는 랜섬웨어를 제작하는 것이 매력적이지 않기 때문이다.

브로우록 같은 다중 플랫폼 랜섬웨어는 비핵심 희생자들을 목표로 하는 포괄적인 해결책으로 제작됐다. 하지만, 브로우록 같은 랜섬웨어는 효율성 면에서 한계를 가지고 있다. 브로우록은 오직 웹 브라우저를 목표로 하고 있기 때문에 상대적으로 쉽게 극복할 수 있다.

우리는 이미 모바일 폰에서 나타난 랜섬웨어를 봤다. 하지만 랜섬웨어가 나타날 가능성이 있는 다른 장소는 어디일까?

손목 위의 멀웨어

사물인터넷은 다양한 산업 분야를 통틀어 다양한 애플리케이션들이 있는 큰 시장을 가지고 있다. 스마트워치는 웨어러블 장비의 틈새 시장에서 상당히 중요한 영역을 차지하고 있다. 이는 최근 다양한 손목 시계 제조사를 통틀어 가전 소비 부문에서 탄력을 받은 중요한 영역이다. 최근에, 대부분의 손목 시계 제조사들 또한 그들이 개발한 운영체제를 사용하거나 웨어러블 장비를 위해 제작된 모바일 운영체제를 사용한다.

안드로이드 웨어는 구글 스마트워치를 위해 특수 제작된 모바일 운영체제다. 반면 워치 운영체제는 애플이 개발한 모바일 운영체제다. 안드로이드 웨어 스마트워치의 광범위한 커뮤니티의 지원 덕에 안드로이드 웨어 스마트워치가 더 인기가 많고 전 세계적으로 널리 사용되고 있다.

웨어러블의 발전과 관련 기술에 대한 과대 광고가 증가하면서, 다양한 멀웨어 제작자와 운영자의 관심을 끌 가능성이 크다.

멀웨어 관점에서 웨어러블 플랫폼을 고려할 때, 웨어러블 플랫폼 위에서 멀웨어가 동작하지 않을 구체적인 이유가 없는 것처럼 보인다. 웨어러블 장비는 일반적으로 터치 스크린을 통한 터치 동작을 통해 기저 시스템과 상호작용하여 작동한다. 추가로, 웨어러블 장비는 다양한 방법으로 작동되는 음성 명령 기능을 제공한다. 안드로이드 장비의 경우는 "OK Google" 등의 음성 명령 기능을 제공한다. 하드웨어 버튼은 매우 제한적인 기능을 가지고 있어 일반적으로 사용자가 사용하지 않는다. 대부분의 특성과 기능은 터치와 음성 명령으로 실행시킬 수 있다.

이런 장비들은 또한 와이파이를 통해 인터넷에 직접 접속할 수 있다. 이러한 장비는 와이파이 장비가 내장된 시스템 온 칩^{SoC} 하드웨어로 구성된다. 다양한 장비들은 또한 같은 플랫폼 또는 운영체제를 가진 모바일 같은 장비와 연결할 수 있다. 즉, 스마트워치에 직접 접속하거나 웨어러블 장비에 애플리케이션을 배포할 수 있는 기능을 제공한다. 이러한 기능은 한편으론 모바일 알림과 웨어러블 장비에 대한 경고를 제공해 편의성을 제공하지만 다른 한편으로는 멀웨어 제작자가 웨어러블 장비나 다른 장비들에 영향을 줄 수 있는 모바일 기기들에 적합한 멀웨어를 제작할 수 있는 다양한 경로를 제공한다. 현재 웨어러블 기기에서 사용할 수 있는 기능은 사물인터넷 생태계의 이점을 최대한 활용하여 다른 웨어러블 기기에서 기능이 확장될 수 있다.

이전에 언급된 웨어러블 장비의 핵심 영역과 더불어 이미 지금까지 논의되어 알려진 멀웨어의 동작에 따라, 웨어러블 장비를 목표로 한 가장 효과적인 랜섬웨어는 로커Locker 랜섬웨어가 될 것으로 볼 수 있다. 사이버 범죄의 관점에서 볼 때, 웨어러블 장치 자체를 잠그는 것이 웨어러블 내 데이터를 잠그는 것보다 흥미롭고, 또한 하나의 잠재적인 비즈니스 모델이 될 수 있다. 웨어러블 사용자가 웨어러블 장치에 중요한 데이터를 저장할 것으로는 예상되지 않는다. 웨어러블 하드웨어를 제어하는 데 한계가 있고, 상호작용 방법이 제한적이기 때문에, 이러한 장치는 다양한 형태의 멀웨어에 취약하다. 이러한 종류의 멀웨어가 웨어러블 장비를 공격하더라도, 사용자가 선택할 수 있는 행동은 멀웨어 작성자/운영자가 요구한대로 몸값을 지불하거나 장치를 공장 초기화 상태로 다시 설정하는 것이다. 이러한 멀웨어에 감염되면 해당 장비는 사용할 수 없게 된다.

안드로이드 웨어러블 장치에 애플리케이션을 배포하려면, 해당 장치를 안드로이드 폰과 블루투스를 통해 연결해야 한다. 일단 장치가 연결되면 사용자는 모바일 자체에서 애플리케이션 환경과 설정을 제어할 수 있다. 애플리케이션을 웨어러블 장치에 넣는 방법은 여러 가지 방법이 있다. 예를 들어, 플랫폼 별 애플리케이션 스토리지를 통해 설치하거나 직접 .apk 파일을 실행해 설치할 수 있다.

많은 경우에, 휴대 전화와 안드로이드 웨어러블 장치로 설치되는 애플리케이션은 무선 프로토콜을 사용해 사용자 작업 없이 안드로이 웨어러블을 장치를 변경한다. 이는 사이버 범죄자의 관점에서 볼 때, 모바일 사용자가 타사 애플리케이션 스토리지 또는 포털에서 스팸 메일 및 SMS(악성 포털에 대한 링크)를 통해 애플리케이션을 설치할 수 있다는 것이다.

웨어러블 장비의 멀웨어

멀웨어가 기기에 배포되는 일반적인 방법 중 하나는 사용자를 악성 웹 페이지 또는 애플리케이션 스토리지로 유인하여 유용한 애플리케이션으로 가장한 멀웨어를 다운로드받게 하는 것이다. 일반적으로 대부분의 경우에, 사용자는 정당한 출처처럼 가장하고 있는 출처에서 올바른 애플리케이션을 다운 받아 설치하고 있다고 믿게끔 속게 된다.

어플레이케이션 파일이 기기에 다운로드되면, 사용자 기기에 배포되고, 최초로 멀웨어가 설치된 기존 기기와 연관된 웨어러블 장비와 동기화를 진행한다. 일반적으로, 멀웨어 제작자가 웨어러블 장비의 운영체제 및 플랫폼에 대한 멀웨어를 다시 패키징하는 경우, 웨어러블 장비에서 멀웨어를 실행하는 것이 상대적으로 쉬워진다. 이는 상당히 쉬운 과정으로 볼 수 있다.

위와 같은 상황이 발생한 후, 사용자가 악성 애플리케이션을 실행하면 모바일 기기와 더불어 연결된 웨어러블 기기들이 모두 잠기게 되어 터치 및 제스처 기능을 사용할 수 없게 된다. 기기가 잠기면, 웨어러블 장비 또는 모바일 기기와의 소통 결과는 멀웨어가 제작된 현지 언어로 된 알림 메시지로 받게 된다.

보통, 기기 사용자가 원치 않는 애플리케이션이 있는 경우엔 사용자가 애플리케이션을 삭제할 수 있다. 하지만 불행하게도, 기기가 일단 랜섬웨어에 감염되면 사용자는 해당 애플리케이션을 삭제할 수 없다.

랜섬웨어는 사용자가 기기를 사용할 수 없게 만든다. 사용자가 기기를 사용하려고 할 때마다 몸값 요구 메시지가 사용자한테 나타나기 때문이다. 또한 기기의 모든 기능들이 영향을 받는데, 특히 터치 기능이나 하드웨어 버튼을 통해 동작하는 기능들이 큰 영향을 받는다. 그러므로, 멀웨어는 사용자와 기기 간의 모든 소통을 지속적으로 차단하고 방해하여, 사용자가 재설정 기능을 포함한 여러 기능에 대해 접근하는 것을 어렵게 한다. 이를 통해 기기를 관리하기 어렵게 만든다.

다양한 유형의 웨어러블 기술과 장비가 시장에 유통되고 있기 때문에, 일부 장비는 일정 시간동안 하드웨어 버튼을 눌러 강제 재부팅을 할 수 있는 기능이 있다. 이 같은 경우에 사용자는 멀웨어가 동작하기 전에 공장 초기화 기능을 실행할 수 있는 시간을 벌 수 있다. 이를 통해 사용자는 편의에 따라 모든 구성 및 설정을 삭제하고 새 기기 같은 스마트워치를 가질 수 있다. 기기가 다시 시작될 때 멀웨어가 호출되면 복구 기능이 정확하게 동작하지 않을 수 있다.

전반적으로, 다양한 상황에서 모든 감염 가능성을 확인했다면, 미래에는 멀웨어에서 웨어러블 기기에 이르기까지 다음과 같은 공격유형을 예상할 수 있다.

- **크로스 플랫폼 공격**: 코드 내에 작은 변형을 주어 잠재적으로 다른 웨어러블 기기 플랫폼을 감염시킬 수 있는 능력을 얻은 멀웨어
- **표적 공격**: 멀웨어 제작자는 잠재적으로 엔터프라이즈 모바일 환경의 보안 허점/취약점을 공격 목표로 삼을 수 있고, 모바일 사용자를 감염시키는 것을 시작으로 공격 대상으로 한 기기에 손상을 입힐 수 있다.
- **진보된 사회 공학적 공격**: 합법적인 애플리케이션으로 위장한 멀웨어는 잠재적으로 다양한 웨어러블 플랫폼을 공격 목표로 삼을 수 있다.
- **봇넷**: 모바일과 스마트워치 봇넷은 잠재적으로 기기와 기기 내 콘텐츠에 접근할 수 있는 권한을 취득할 수 있다. 패치가 적용되지 않은 공격 방법을 이용하면 공격자는 손상된 모바일 기기에 대해 루트 권한을 얻을 수 있다. 이를 이용하면 공격자는 이메일이나 텍스트 메시지를 주변 장치에 전송할 수 있다.

▌ 사물인터넷과 만난 멀웨어와 강탈 행위

다음 세대 기술 중 흥미로운 분야 중 하나는 바로 사물인터넷이다. 사물인터넷은 다른 분야와 달리 주기적으로 모든 분야에서 잠재적이고 역동적인 기회들을 창출하는 추세를 보이고 있다.

사물인터넷을 간단하게 정의하자면 연결된 사물들(애플리케이션, 기기, 사람)의 거대한 네트워크라고 할 수 있다. 사물 간 정보 공유와 데이터 흐름들은 이 기술의 중점적인 요소다. 사물인터넷은 모든 것을 연결하고 스마트하게 통신할 수 있는 도메인을 의미한다.

오늘날, 전 세계인들은 우리의 삶의 모든 면을 접하고 있는 사물인터넷에 크게 의존하고 있다. 다양한 사물인터넷 애플리케이션 분야는 웨어러블 장비, 스마트 소매, 스마트 홈, 의료 서비스 등을 포함한다. 하루가 마무리될 때, 모든 데이터를 테스트하고 검증하여 데이터의 품질과 정확성을 보장해야 한다. 사물인터넷 분야의 품질 보증은 통신, 연산, 소프트웨어와 관련된 다양한 면의 프로세스를 검증하는 것이다. 이는 IoT의 중요한 부분 중 하나다.

 가트너 사(Gartner Inc)는 사물인터넷 시장이 2020년까지 약 260억 단위로 성장할 것으로 내다봤다.

딜로이트(Deloitte)가 2015년에 발표한 TMT 예측 보고서에 따르면 사물인터넷과 관련된 수익은 매년 10~20% 증가하고 있는 반면 애플리케이션, 분석, 서비스 분야의 수익은 40~50%씩 증가해 더욱 빠른 증가율을 보이고 있다. 그러나 품질과 보안 관점에서는 이러한 사물인터넷 기기 및 시스템의 품질을 확인하고 보장하기 위한 기준이 거의 존재하지 않는다.

다음 절에서는 기존 접근 방식과 비교해 보안, 사물인터넷 기기 테스트, 다양한 과제 및 복잡성에 사용할 수 있는 접근 방식과 방법론에 대한 포괄적인 분석을 제공한다.

 가트너 사에 따르면 사물인터넷 상품과 서비스 제공 업체는 일반적으로 2020년 서비스 분야에서 3천억 달러 이상의 추가 매출을 창출할 것이라고 한다. 이는 다양한 시장에서 서비스 판매를 통해 세계 경제에 1조 9천억 달러의 가치를 추가할 것이다. 견고하고 신뢰할 수 있는 사물인터넷 시스템을 구축하는 것이 사물인터넷 시스템 및 애플리케이션과 기기에 몰입하는 사람들을 테스트하는 데 중점을 두는 접근법과 같이 중요하다.

이러한 광범위한 성장 기회는 멀웨어 제작자와 운영자에게도 기회가 될 수 있다. 현재 우리는 스마트 티비, 스마트 냉장고, 스마트 조명, 스마트 개폐 장치 등 서로 연결될 수 있는 스마트 홈 가전 제품을 볼 수 있다. 이러한 기기들은 애플리케이션 프로그래밍 인터페이스API에서 동작하는데, 이는 잠재적으로 사이버 범죄자들에 의해 손상을 입거나 탈취당할 수 있으며 강탈을 위해 사용될 수 있다. 여러 산업에 걸쳐 대부분의 기기들은 설계와 사용법에서 취약점을 가지고 있다. 예를 들어, 네트워크 결합 스토리지NAS는 이미 시놀로지 NAS^{Synology NAS} 제품을 목표로 한 암호화 랜섬웨어 변종인 시놀로커Synolocker 트로이 목마에 의해 공격을 당했다.

사물인터넷

사물인터넷은 최근 몇 년간 기술 분야와 공학 사회에서 가장 중요한 화두로 떠오르고 있다. 스마트폰, 태블릿, 전기자동차, 웨어러블 장비 같은 최첨단 장비에 대한 수요가 증가하면서, 사물인터넷은 이 기술을 사용하는 많은 장비들과 함께 다가올 시대의 기술 생태계를 변화시키고 새롭게 형성할 가능성이 크다.

사물인터넷의 개념은 매우 간단하다; 모든 것을 인터넷에 연결하는 것이다. 여기서 '사물'은 스마트폰, 웹캠, 마이크, 의료 진단 장비, 스마트 시계, 심지어 진공 청소 로봇 같이 센서와 네트워크 통신 기능이 있는 컴퓨터 기반 스마트 디바이스를 말한다. 사물인터넷은 동작할 수 있는 요소와 구성 단위가 필요하다. 하나의 사물인터넷 구성 단위는 인터넷을 통한 시스템과 장비 사이의 통신에 사용할 수 있는 어떠한 장비나 시스템을 의미한다.

> "사물인터넷은 사물 내부 상태 및 외부 환경과 통신, 인지 또는 반응할 수 있는 내장 기술을 포함한 물리적인 사물의 네트워크다." – 가트너

사물인터넷은 웨어러블 장비 시장에서 큰 진전을 이뤘다. 최근 사람들은 스마트 시계, 헬스 밴드, 스마트 안경 등을 구입하여, 건강 관리와 몸매 관리 등에 사용하는 경향이 있다. 또한, 스마트 의류와 신체 내장 기술의 확장을 위한 심도 깊은 의견들도 있다. 이러한 모든 것이 인터넷에 연결되어 사물인터넷 기술 발전 및 확장에 기여할 것이다.

내장형 사물인터넷 장비를 평가하다

사물인터넷과 관련하여 기존의 방식보다 발전된 소프트웨어 품질 보증과 보안 모델에 대한 필요성이 강하게 대두되고 있다. 품질 보증팀과 보안 팀은 유용성 테스팅, 장비가 사용될 환경에 대한 시뮬레이션, 안전한 방식으로 이뤄지는 정보 교환, 이러한 장비들의 성능이 영향을 받지 않는 것에 대해 더욱 집중해야 한다. 오늘날 사물인터넷 분야는 주로 모바일과 임베디드 시스템으로 구성되어 있다. 그러므로 사물인터넷을 위한 테스팅 방식은 데스크 탑 또는 웹 애플리케이션을 테스팅하는 전통적인 방법과는 다르게 진행해야 한다.

품질 보증 및 보안 팀은 사물인터넷 기기와 소통하기 위해 단순한 마우스와 키보드 사용을 뛰어 넘는 사용 사례 및 테스트 시나리오를 만들어야 한다. 품질 보증 및 보안 팀은 테스트를 설계하는 동안 신체 움직임, 음성 명령, 터치 및 센서 활용을 고려해야 하며 동시에 기기의 사용성과 성능 측면에 주목해야 한다. 품질 보증 및 보안 팀이 품질 테스트를 수행하기 위한 핵심은 '사용자'가 사물인터넷 기기나 모바일과 어떻게 상호작용을 하는지에 대해 생각하는 것이다. 이러한 모든 기기들이 실제로 우리 생활 속에서 작동하기 때문에, 사용자가 기기를 어떻게 경험하는지에 대해 테스트하는 것이 필수적이다. 만약 사용자의 소통 방식을 테스트하지 않는다면, 평가 및 품질 결정 중, 기기가 고객에게 안전하게 나갈 준비가 되었는지에 대한 여부를 결정하는 데 필요한 가장 중요한 정보가 부족해진다. 왜 '사용자 경험' 테스트가 사물인터넷 기기에 중요한 역할을 하는가?

일반적으로, 테스트 작업에는 사용자 규모, 생김새, 성별과 같은 물리적 요소가 고려돼야 한다. 또한 테스트 작업은 감각적인 반응인 시야, 소리, 방향성을 가지는 터치나 사람의 움직임과의 상호작용 등을 포함해야 한다. 이 모든 것이 테스트에 있어 매우 중요한 요소들이다. 마지막으로 가치를 고려하고 사물인터넷과 상호작용하는 사용자의 인식, 사고 방식, 성향, 감정의 측면을 가장 철저하게 테스트해야 한다.

사용자 경험을 채택하기 위한 첫 번째 접근법은 사용자/고객의 요구 조건을 이해하는 것이다. 새 기기를 테스트하는 경우, 시제품 발명 연구실에서 해당 기기를 사용하는 테스트 참여자를 관찰할 수 있다. 이 환경에서는 사용자의 반응에 집중하고 관찰할 수 있으며 기기에 대해 사용자가 보이는 반응에 대한 논의도 진행할 수 있다. 따라서 사용자 경험 테스트를 위한 접근법의 핵심은 '기능' 테스트뿐 아니라 고객이 실제로 사용하는 환경에서 테스트를 해야 한다는 것이다.

http://www.softwaretestingclass.com에 따르면 아래의 항목들은 사물인터넷 테스트와 보안의 일부분으로 생성될 수 있는 테스트 시나리오다.

- 기기가 성공적으로 네트워크와 데이터 연결에 등록할 수 있도록 만들어졌는지 확인하라.
- 사물인터넷 테스트와 관련된 모든 기기가 네트워크에 등록할 수 있는지 확인하라.
- 사물인터넷 테스트와 관련된 기기가 네트워크를 통해 데이터 송수신이 가능한지 확인하라.
- 사용자가 요청할 때 사물인터넷 기기들이 성공적으로 네트워크 접속을 해제하는지 확인하라.
- 사물인터넷 관련 기기가 사용자의 구체적인 요청이 있을 때까지 네트워크에서 접속 해제가 자주 발생하는지 확인하라.
- 요구 사항에 따라 최대 접속 횟수에 도달하면 미리 정의된 기간까지 네트워크 연결 시도를 막는지 확인하라.
- 사물인터넷 기기가 저전력 모드에서 데이터를 전송할 수 있는지 확인하라.
- 사물인터넷 기기의 임계 신호 범위를 확인하고 작동할 수 있는 범위를 확인하라.

사물인터넷은 현재 취약점이 많기 때문에 안전한 시스템이라고 볼 수 없다. 프레임워크를 구축하고 다양한 유형의 테스트를 실시하는 사물인터넷의 적극적인 테스트 접근법은 사물인터넷 생태계를 견고하게 만드는데 큰 도움을 줄 것이다.

보안 테스트는 사물인터넷 애플리케이션과 서비스를 테스트하는 데 있어 가장 중요한 영역 중 하나이지만, 신제품 출시를 위한 기업의 압력으로 인해 간과되는 경우가 많다. 또한 사물인터넷 제조업체가 보안 테스팅에 대한 이해가 부족한 경우도 있다. 보안 기기의 동작이 사용자의 일상 생활에 영향을 미치고 기기의 구성이 무선 연결을 통해 이뤄지므로 보안 테스트는 절대 잊어서는 안될 만큼 중요하다.

사물인터넷 기기가 의도적으로 잘못 구성된 경우, 이런 기기가 얼마나 취약한지는 불 보듯 뻔하다. 한 예로, 다른 기기의 전송을 차단하여 해당 기기의 제어권을 가져오는 것은 사물인터넷 시스템에 의해 원격으로 수행될 수 있다. 그러므로 보안 테스트는 시스템이 인가된 사용자에 의해서만 접근되고 장치와 시스템 사이에서 교환되는 정보가 해킹 공격에 의해 탈취될 수 없으며 변경되지 않도록 보장한다. 사물인터넷 생태계에서 보안 테스트의 일부로 포함될 수 있는 보안 기능으로는 인증 권한 부여 부족, 보안되지 않은 네트워크 서비스, 개인 정보 보호 문제, 안전하지 않은 소프트웨어/펌웨어, 전송 암호화 부재 등이 있다.

일반적인 보안 관측

전반적인 산업에 걸쳐, 여기에 나열된 다음 관측들은 사람, 프로세스 및 기술과 관련되며 사물인터넷의 보안 부재에 대한 가장 일반적인 근본 원인이며 다음과 같이 요약할 수 있다.

- **장치 보안에 대한 명확한 소유권이 없다**: 제품 연구개발팀은 제품 디자인 및 구성에 대해 잘 알고 있지만, 보안 요구 사항을 책임지는 당사자로 인식하지 않으며, 제품 설계, 개발 및 배포 라이프사이클에 보안을 적극적으로 포함하지 않는다.
- **제품 연구개발 팀이 사용할 기본 보안 요구 사항이 없다**: 특정 제품의 경우, 제품 연구개발팀은 특히 이러한 제품이 원격으로 쉽게 접근할 수 있게 될 때 기술적인 보안 기능에 대해 더 잘 알 수 있다. 다른 사람들에게는 기기가 있는 병원이나 임상 환경의 물리적 보안 제어에 더 많은 의존성을 보인다.

- 일반적으로 프로세스 과정이 부족하다.
    - 공식적인 보안 위험 평가의 부족을 포함해 제품 개발 라이프사이클에 보안을 적용
    - 스마트 장치 사용자에 대한 의식 증가(예를 들어, 병원 이용자가 설명서, 교육, 표준 최종 사용자 계약 등을 통해 준수해야 할 특정 보안 책임을 요청하는 것)
    - 공식화된 보안 패치 관리 프로세스의 디자인 및 개발을 위해 서드파티에게 아웃소싱하는 제품의 보안을 관리하는 것.
- **대부분의 범위 내 장치에는 기본 보안 제어가 부족하다**: 이러한 보안 기능의 부재(특수한 사용자 계정과 비밀번호 제어, 바이러스 백신, 보안 패치, 로그와 모니터링 등)는 온라인으로 이동하거나 원격으로 접근할 수 있게 되면서 위험에 대한 노출이 증가한다. 오직 지역 병원 네트워크에 연결된 장치일지라도 컴퓨터 바이러스 감염이나 해킹 활동(병원 환경을 목표로 하는)에 대한 위협이 커지면서 잠재적으로 이러한 장치가 더 취약해지고 실제적인 보안 제어가 효과적이지 않게 된다.
- **장치 내 기술적인 보안 제어 능력의 부재가 장치 판매에 영향을 끼치기 시작한다**: 이전 버전의 윈도우 운영체제 사용, 고객이 운영체제 취약성에 패치를 적용할 수 없는 상황 및 장치에 바이러스 백신 기능을 구현하는 데 어려움이 있는 경우, 고객은 회사의 장치를 선택하지 않거나 추가적인 노력(네트워크 분리 사용)이 요구된다. 또한 보안 위험 노출 증가로 인해 규정 준수에 관한 문제가 발생할 수 있다(예를 들어 환자 정보의 무단 공개 또는 유실 등).

요약하자면, 사물인터넷 보안과 테스트 과정의 복잡성은 실시간 IoT 인증 테스팅을 주요 고민거리로 만드는 대용량의 데이터 전송과 통신과 관련된 복잡성을 가지는 기기와 센서의 보안과 테스트 과정을 뛰어 넘을 것이다.

사물인터넷이 사이버 범죄자가 저지르는 범죄 행위의 주류가 될 가능성은 무궁무진하다. 사물인터넷을 이용한 사이버 범죄 시나리오 중 일부는 거주자를 집에 가두는 스마트 하우스, 랜섬웨어로 제어되는 스마트 자동차의 정상적인 속도 제어를 거부하는 것일 수 있

다. 실제로 소수의 보안 연구원이 주행 중인 차량을 원격 제어하고 전체 차량 시스템을 제어하는 사례가 있었다. 그들은 차량의 인포테인먼트 시스템(엔터테인먼트 시스템), 조향 장치, 브레이크 등과 같이 대부분의 차량의 기능을 원격으로 제어할 수 있었다. 이러한 종류의 공격은 기계 학습 및 인공 지능 프레임워크를 사용하는 컴퓨팅 기술을 고려하면 자동화하기 어렵지 않다.

과거에는 랜섬웨어에 감염됐다고 해서 반드시 생명에 위협이 발생하진 않았다. 미래에는, 랜섬웨어가 생명에 직접적인 위협이 될수도 있다는 무서운 전망이 현실에 조금 더 가까워질 수도 있다. 이러한 핵심 요소는 사물인터넷 공간에 내재되어 있다. 사물인터넷의 영향력은 분명히 불가지론적일 것이다.

▌ 변화하는 비즈니스 모델

멀웨어 제작자 및 운영자가 사이버 범죄 행위를 통해 재미와 이익을 추구하는 신참 사이버 범죄자를 대상으로 다양한 형태의 범죄 행위 도구킷을 판매하는 지하 시장이 있다. 이러한 도구는 사이버 범죄자가 랜섬웨어 및 강탈 행위에 쉽게 접근할 수 있게 해준다. 서비스형 랜섬웨어는 여러 멀웨어 인스턴스가 전환되어 사이버 공격 단체를 통해 무료로 제공되는 도구 중 하나다.

다양한 멀웨어 변종은 거의 모든 주요 요소에 접근해 정교한 멀웨어를 구축하고 백엔드 C&C 서버를 만드는 조항을 포함한 시스템을 인질로 잡는 데 사용될 수 있다. 사이버 범죄자는 강탈 메시지의 형태와 잠재적 피해자에게 받고자 하는 몸값을 사용자가 정의할 수 있는 멀웨어를 제작할 수 있다. 초기 형태의 일부는 트로이 랜섬웨어 K, 트로이 부트락 B 등이 있다.

사이버 범죄자는 잠재적으로 범죄 행위를 수익을 창출할 수 있는 매체로 보고 있으며, 대부분의 경우 비즈니스 벤처 기업으로 생각한다. 따라서 대부분의 성공적인 기술 발전과 혁신은 사이버 범죄자들에게 이를 자신들의 잠재적인 캠페인에 적용하도록 하는 동기를 부여한다. 멀웨어 제작자는 주로 악의적인 솔루션(멀웨어)으로 수익을 창출하고, 기술을 제작하는 다양한 그룹을 통해 멀웨어를 개선해 충분한 투자 수익^{ROI}을 얻는다. 톡스^{Tox}와 톨로커^{Torlocker}는 제작자가 서비스-서비스형 랜섬웨어를 제공해 운영 이익을 초월하는 주요 사례 중 하나다. 이는 초보 사용자가 범죄 활동에 들어갈 수 있게 함과 동시에 어떤 방식으로든 전 세계에 랜섬웨어를 배포함으로써 얻은 이익의 일부를 얻을 수 있게 해준다.

이런 유형의 비즈니스 모델의 성공을 고려할 때, 사이버 범죄자는 현재의 비즈니스 모델을 개선하고 새로운 혁신 기술과 현대화를 활용하는 멀웨어의 복잡성을 증가시키는 것을 기대할 것이다.

▌ 요약

따라서, 머지않아 규제되지 않은 암호 화폐와 IoT 생태계의 일부로써 대변혁을 일으킨 장치 같은 새로운 기술들에 의지하는 산업과 함께, 강탈, 멀웨어 캠페인 및 다양한 사이버 범죄 행위들이 급증할 것이다. 위와 같은 혁신적인 기술을 사용하고, 규제가 없는 산업을 이용해, 사이버 범죄자가 어떻게 돈을 취득하고, 여러 정교한 범죄 행위를 이용해 돈 세탁을 하는지 살펴봤다.

찾아보기

ㄱ

가상 화폐 309
가짜 안티바이러스 멀웨어 45
가짜 인보이스 164
감염 확산 184
개인 사용자 230
개인식별정보 133
게임오버 제우스 219
경계 방어 248
경찰 랜섬웨어 285
계정 도용 144, 164
계정 판매 144
공개 키 다운로드 240
공개 키 방식 239
공격 벡터 93
공공 기관 227
광고 클리커 33
교차 플랫폼 공격 304
구성 관리 263
금융 기관 228
금융 서비스 82
기업 보안 조치 152
기업 이메일 침해 157

ㄴ

낮은 대역폭의 HTTP 서비스 거부 공격 101
내부자 유출 136
네트워크 결합 스토리지 373
네트워크 기반 방화벽 251

ㄷ

다이어 트로이 목마 83
다크니스 86
대역폭 공격 98

대화 사칭범 168
데스크톱 잠금 기술 184
데이터 도용 132
데이터 도용 강탈 53
데이터 도용 강탈 방어 55
데이터 로커 65
데이터 백업 206
데이터 손실 214
데이터 유출 166
데이터 유형 133
도미노 피자 63
도지코인(DOGE) 79
드라이덱스 트로이 목마 83
드라이브 바이 다운로드 234
드라이빙 232
드로퍼 183
디셉션 208
디지털 강탈 42
디지털 화폐 309
디코이 기법 201

ㄹ

라이트코인(LTC) 79
랜드 공격 51
랜섬32 85
랜섬웨어 64, 70, 85
랜섬웨어의 표적 226
랜섬웨어 타임라인 279
램닛 86
러스톡 104
레드도어 105, 119
레베톤 70, 181
렉스 문디 63
로커 랜섬웨어 65
로커핀 293

록키 74, 219
루트킷 멀웨어 85
리자드 스쿼드 105, 110
리자드스트레서 DDoS 봇넷 96
리플렉터 50

ㅁ

마르코 게르케 34
마스터 좀비 50
마즈벤 86
마지드 자르 30
마처 57
매크로 멀웨어 86
머니팩 180
메일 폭탄 51
명령 제어 삭제 235
모니터링 204
모바일 강탈 55
모바일 랜섬웨어 271
모바일 멀웨어 270
모바일 봇넷 305
몸값 지불 214
몸캠 피싱 59
무이블랙캣 86

ㅂ

방화벽 250
백 공격 51
백업 361
버그 포칭 62
보안 솔루션 207
보안 아키텍처 246
복구 361
봇넷 67
부다페스트 협약 34
부하분산 127
분산 반사 서비스 거부 공격 50
분산 서비스 거부 공격 34, 48
분산형 호스팅 126
분실 136

블랙홀 라우팅 126
블록체인 310
비대칭 키 암호화 기법 239
비트코인 79, 313
비트크립트 73
빌리더퍼벳 75

ㅅ

사물인터넷 373
사용자 데이터그램 프로토콜 스톰 53
사이버 32
사이버 범죄 29
사이버 보험 345
사회 공학 기법 67, 305
상태 기반 패킷 탐지 253
샐리티 86
샘샘 75
샤르마 42
서드파티 지불 46
서비스 거부 45
서비스 비활성화 204
서비스 제한 204
서비스형 랜섬웨어 67, 326
소프트웨어 방화벽 251
소프트웨어 설치 보안 266
소프트웨어 업데이트 206
소프트웨어 제한 204
속도 및 연결 제한 127
스머프 공격 52
스케터샷 61
스크린샷 매니저 33
스탬파도 67
슬레이브 좀비 50
슬로로리스 102
슬로로스트와 슬로포스트 공격 101
슬로포스트 102
시놀로커 373
시스템 로그 데몬 52
시스템 보호 복구 208
심플로커 287
심플로커 배포 벡터 290

쏘우 75

ㅇ

아르마다 콜렉티브 105, 106
아만다 토드 60
아버 네트웍스 96, 125
아카마이 125
아파치2 51
악성 signed binaries 85
안드로이드 55
안드로이드 디펜더 280
암호화 랜섬웨어 212
암호화 알고리즘 213
암호 화폐 308
암호 화폐 탈취 73
애플리케이션 공격 100
애플리케이션 프록시 필터 254
앵글러 익스플로잇 킷 73
어파트레 219
에릭 쟈딘 39
에이치워크 86
엔드 포인트 방어 250
연결 에이징 127
연결 필터 254
영문 심플로커 291
와포메 86
우카시 180
웨어러블 장비 370
웹캠 매니저 33
윈록 188
유비쿼티 네트웍스 158
이메일 보안 205
이메일 첨부 파일 66
이베이 144
익스플로잇 킷 186
인질 잡기 243
인크립터 85
일회용 사칭 이메일 167
임퍼바 인캡슐라 124

ㅈ

자금 세탁 기술 187
장치 제거 205
전자 화폐 제도 309
전형적인 DDoS 공격 50
절도 136
정적 패킷 필터 253
제로이제이션 64
제이 벡커 43
제조업 82
조셉 포프 43
주소 결정 프로토콜 변조 51
지봇 72
지불 바우처 180
지불 방법 78
지불카드 사기 136
지싯 랜섬웨어 298
직소 67, 75

ㅊ

차이나 초퍼 웹셸 86
충돌에서 복원 196
취약성 평가 262
침입 차단 시스템 255

ㅋ

카디로브치 116
카딩 포럼 148
캡차 366
커넥션 플러드 99
커트웨일 104
케르베르 75
크리트로니 225
크립터비트 73
크립토디펜스 73, 366
크립토락커 65, 72, 215
크립토락커에 대한 검출 로직 268
크립토 랜섬웨어 65
크립토바이럴 강탈 64
크립토웰 3 85, 224

클라우드 스토리지 207
클라우드플레어 108, 125
키로깅 33

ㅌ

타원 곡선 암호화 기법 225
타쿠르 42
테슬라크립트 85, 221
트래픽 리디렉션 66, 186
트래픽 필터링 127
티어드롭 공격 53

ㅍ

파일 교환 관리 205
파일 기록 208
파일 시스템 활동 모니터링 201
파일 암호화 237
파일 하이재커 33
패치 203
패치 관리 126, 264
패치된 멀웨어 71
페이로드 183
페이세이프카드 180
페이팔 144
페트야 74
포켓몬고 게임 56
포켓몬고 얼티밋 56
표적 공격 234, 304
프로세스 테이블 공격 52
프로토콜 319
프루프포인트 158
플러드 98
피싱 33
피싱 캠페인 234
핑오브데스 52

ㅎ

하드웨어 방화벽 251
하이버마인드 기능 91
하이브리드 암호화 프로세스 64

할리우드 장로 병원 340
해시도스 102
해킹 33
헬스케어 81, 227
호스트 기반 방화벽 251
화면 잠금 179
확장성 126
히든 티어 85

A

Ad Clicker 33
AES 213
AES-256 216
AES 대칭 240
AES 암호화 기법 225
AIDS 트로이 목마 43
Akamai 125
akbo 104
Android.Lockscreen 196
ANDROIDOS_LOCKER.A 198
Apache2 51
API 호출 모니터링 200
Arbor Networks 96, 125
Armada Collective 106
ARP 51

B

BEC 157
BEC 방어 169
Billy the Puppet 75
BitCrypt 73
botnet 67
Bug poaching 62
Business E-mail Compromise 157

C

Captcha 366
CEO 사기 164
Cerber 75
China Chopper Webshell 86

Cloudflare 125
CloudFlare 108
Connection flood 99
CreateDesktop 200
Critroni 225
Cryptocurrency theft 73
Cryptodefense 366
CryptoDefense 73
CryptoLocker 65, 215
Cryptorbit 73
Cryptoviral 64
CryptoWall 3 85, 224
CTB 47
CTBLocker 224
CTB 로커 47, 224
Curve, Tor, Bitcoin 47
Cutwail 104

D

Darkness 86
DD4BC 105, 111
DDoS 34, 48
DDoS 강탈 90
DDoS 공격 91
DDoS 위협 98
DNS 94
DNS 공격 99
Dos, Denial of Service 45
DRDoS 50
Dridex 83
Dyre 83

E

EDA2 85
Encryptor 85
Eric Jardine 39
ExecutorService 242
Extensible Messaging and Presence Protocol 292
ezBTC 105
ezBTC 스쿼드 121

F

F5 네트웍스 125
File hijacker 33
flood 98

G

Gameover Zeus 219
GetThreadDesktop 200
GPCode 46

H

HELP_DECRYPT 244
HELP_YOUT_FILES 244
Hidden Tear 85
High Orbit Ion Cannon 103
Hivermind 91
HOIC 103, 105
HPing 103
HTTP 공격 100
H-Work 86

I

iCloud 58
iCloud 계정 탈취 58
Imperva Incapsula 124
IP 주소 차단 204

J

Jay Becker 43
Jigsaw 67
Jisut 298
Josef Popp 43

K

Keylogging 33

L

Last Week Tonight 200
Lizard Squad 105, 110
Lizardstresser 96
Locker 65
Locky 74, 219
LOIC 103, 104
LOWC 91
Low Orbit Ion Cannon 103

M

Maazben 86
Macro Gercke 34
Majid Yar 30
Marcher 57
Moneypak 180
Muieblackcat 86

N

NAS 373
NSQUERY 100
NXDOMAIN 100

P

Paysafecard 180
Personally Identifiable Information 133
Petya 74
PGPCoder 46
Phishing 33
PII 133
Ping of death 52
Proofpoint 158
Push 93

R

RaaS 67
Ramnit 86
Ransom32 85
RedDoor 105, 119

RefRef 105
regsvr32 193
Reveton 70
Rex Mundi 63
RSA 213
RSA-2048 216
RSA 공개 키 240
RUDY 103
rundll32 193
Rustock 104

S

Sality 86
Samsam 75
Saw 75
scatter-shot 61
Screenshot manager 33
sextortion 59
Sharma 42
Slowloris 103
Slowlost 101
Slowpost 101
SMS 좀비 276
social engineering 67
SSH 프로세스 테이블 52
SSL 재협상 102
Stampado 67
Stamp.EK 익스플로잇 킷 189
SwitchDesktop 200
Syn 93
Synolocker 373
SYN 플러드 99
SYN 플러드 공격 51
Syslogd 52

T

TCF(The Tor Carding Forum) 94, 148
TCP 리셋 52
Teardrop 53
TeslaCrypt 85, 221

TFN2K 104
Thakur 42
THC는 The Hackers Choice 102
The Armada Collective 105
The DDos Threat Spectrum 98
traffic redirection 66
Trojan.Ransomlock 79
TROJ_CRIBIT.A 73
TROJ_CRIBIT.B 73
TROJ_CRYPTRBIT.H 73
TROJ_REVETON.SM4 193
TROJ_REVETON.SM6 193
TROJ_UPATRE 72
TRUNO 103

U

Ubiquiti Networks 158
UDP DDoS 플러드 94
UDP Storm 53
UDP 프래그먼트 93
UDP 플러드 99
Ukash 180
Upatre 219

W

W32/Ransom 193
W32/Reveton 193
Wapome 86
War driving 232
Webcam manager 33
Win32/Reveton 190
Windows Defender 206
WORM_CRILOCK.A 72

X

XMPP 292

Z

ZBOT 72
Zeroization 64

기호

$ DATA 201
#RefRef 103

번호

3 DES 213

에이콘출판의 기틀을 마련하신 故 정완재 선생님 (1935-2004)

디지털 강탈

랜섬웨어, 디도스를 포함한 사이버 강탈 공격 방어하기

발 행 | 2019년 1월 2일

지은이 | 다냐 타카르
옮긴이 | 김수연 · 박소현 · 차현준

펴낸이 | 권 성 준
편집장 | 황 영 주
편 집 | 배 혜 진
디자인 | 박 주 란

에이콘출판주식회사
서울특별시 양천구 국회대로 287 (목동)
전화 02-2653-7600, 팩스 02-2653-0433
www.acornpub.co.kr / editor@acornpub.co.kr

한국어판 ⓒ 에이콘출판주식회사, 2019, Printed in Korea.
ISBN 979-11-6175-231-0
ISBN 978-89-6077-210-6 (세트)
http://www.acornpub.co.kr/book/digital-extortion

이 도서의 국립중앙도서관 출판시도서목록(CIP)은 서지정보유통지원시스템 홈페이지(http://seoji.nl.go.kr)와
국가자료공동목록시스템(http://www.nl.go.kr/kolisnet)에서 이용하실 수 있습니다.(CIP제어번호: CIP2018041628)

책값은 뒤표지에 있습니다.